大展好書　好書大展
品嘗好書　冠群可期

易學智慧：24

古易今話

大展出版社有限公司

# 《周易學說》卷首

## 前 言

《古易今詁》是本十分神奇的天書，是探討天體構成的資料，是追尋人生價值的槓桿和橋樑，是人類社會發展的里程碑。

《周易學說》是中華民族文化寶庫中一顆燦爛的明珠，它對天體的形成和人身價值作出了科學地論斷。明言卦象，說明卦理，實際上是在說明萬物發展變化之運動規律。

在《乾》卦中，論述了天體形成的四大要素——元、亨、利、貞。

元，是始。公元，公曆的開始，元旦，一年的開始，《乾》卦中的「元」是帶有物資元素成分大氣的開始。是構成天體的基本條件，是孕育萬物的精髓，是先天的產物。

在天地沒有形成以前，元氣已經有了，它從無到有不斷地擴大，這個歷史階段易學稱混元一氣，混沌，鴻蒙時期。吉林科技出版社出版一套《少兒百萬通》這本書的150頁介紹了宇宙的形成是在150億年前，宇宙發生了一次大爆炸。「宇宙大球放射著多種光線太空通亮通亮……早期的宇宙有氫和氦的物資團，它們是原始緻密火球中的

成分。……最後形成富有億萬個閃光點的各種天體。」這段文字，寫出了宇宙的起源，說明了天體的形成。

《乾》卦是天，高出地面以上的部分稱做天。由於地球被厚厚地大氣層包裹著，離開了地面就處在大氣團當中，實際上天就是指這厚厚的大氣團從中起到的作用。我說大氣團是孕育生命的搖籃，因為大氣團裡含有各種元素素質成分，亨、利、貞就是由大氣團發揮作用穿越大氣團到了太空，現代科學證實太空沒有空氣。到了那裡人體失重，是由於失去了大氣團保護作用，同時失去了地球磁場引力作用所產生的結果。易學中的空亡，指的就是這種情況，說六甲空亡是十干不到之地。

《彖辭》說：「大哉乾元，萬物資始。」乾元之所以偉大，是它生成了萬物，萬物從它開始，它是統領萬物的資本，構成了天體，孕育了人類，以貫萬古。這裡學問博大精深，筆者只能說點膚淺的認識。

我對《易經》的興趣，原於《立春占年考》的發現。一個偶然的機會，在新華書店的書架上一本《周易學說》跳進了我的眼簾。在閱讀過程中試探著用每年立春的交節時刻用來起卦，驚奇地發現其準確度很高。

《立春占年考》考證了1900年庚子賠款到1999年一百年中社會發展變化情況。從中發現，可以把它說成是人類社會發展的里程碑。

井卦三爻盼王明，救星果真降凡塵。

井水仁德比山高，救星恩惠似海深。

翻身不忘共產黨，吃水莫忘掘井人。

清涼井水無人飲，人民產生惻隱心。

這是根據《井》卦三爻的爻詞，寫在《立春占年考》中1949年《井》卦下面的驗證歌。

《井》卦在《立春占年考》中只出現兩次，第一次是出現在1916年，也就是袁世凱稱洪憲皇帝的那一年。其年正月初二午時立春得《井》之《需》卦，一爻發動。爻詞說：「井泥不食，舊井無禽。象曰：井泥不食，下也，舊井無禽，時舍也。」

原來，這是一口被歷史拋棄的廢井。井底下積滿了一層腐爛發臭的淤泥，毒氣很大，連飛禽走獸都不敢靠近。袁世凱偏要取這口井裡水去喝，其結果只坐了八十三天的皇帝，被有毒的井水毒死了。

人類社會就是一口井，人們必須要吃這口井裡的水才能生存下去。但有一點是必須做到的，就是要經常修整這口井，使之井壁堅固，井水清潔，定期掏清混水，只有這樣做，井水才會保持永久地甘甜。

封建社會這口井千餘年來，無人修整。向人們貫育了一整套封建禮教，已經不適宜時代發展的需要。所以，人類社會十分困乏，上層建築需要改造。《序卦傳》說：「困乎上者必反下，故受之以井。」這裡的「上」就是在指上層建築。「下」指的是乎頭百姓。上層建築感到困乏，老百姓會怎麼樣呢？已經困乏的到了極其嚴重的程度，達到了再也不能困乏的程度。所以，1949年在中國共產黨的領導下取得了解放戰爭的勝利，建立了中華人民共和國。這一年，正月初七日午時立春，得《井》之《坎》卦，三

爻發動。爻詞說:「井渫不食,為我心惻。可用汲,王明並受其福。象曰:井渫不食,行惻也。求王明,受福也。」渫,是清除。意思是說井水已經清除得特別乾淨了,而人們卻不去汲水飲用,這是一種表達惻隱之心的行為,人們看到了修井人捨生忘死,用鮮紅的血水換來的清涼甘甜的井水,便產生了惻隱之心。「可用汲」這是在提醒世人,井水可以飲用了「王明並受其福。」親切地忠告,新來的領導人非常的英明,我們可以和領袖一起共同享受幸福生活。這是多麼貼切地卦詞,它道出了千百年來廣大勞苦大眾的共同心聲。

中國歷史上的清王朝,從雍正皇帝開始,逐步地走向消亡。《雍正皇帝》這部電視劇,就是揭露當時社會背景一種真實寫照。滿朝的方武官員都成了阻礙社會發展的絆腳石,對有利於社會發展的新生事物格格不入,甚至抱有敵對態度。王子王孫爭權奪利,整個上層建築全成了小人。到光緒年間,危機四伏,內憂外患,一齊襲來。這種局面一直延續到了1911年辛亥革命。

辛亥革命是黎明前的曙光,在《立春占年考》中得《復》之《臨》卦。

《復》卦是一陽初生,良心發現。在《易經》中,陽爻看成是剛健、光明,是有運動能力的君子,象徵著光明。陰爻是黑暗、柔弱,沒有運動能力的小人。黑暗社會,小人橫行,卦中一陽露出地面,人們開始嚮往光明。孫中山看到中國社會的黑暗,腐敗無能完全是封建制度造成的,喊出了革命的口號,決心建立一個人人平等的民主

國家。由於這個口號適應了民心，得到人民的擁護，才取得了 1911 年辛亥革命的勝利。

1912 年建立中華民國，在《立春占年考》中得《蒙》之《未濟》。正應了孫中山把總統的位置讓給了袁世凱這一歷史事實。

《蒙》卦卦詞說：「匪我求童蒙，童蒙求我。」不是我去求不懂事的小孩，是不懂事的小孩前來求我。這句卦詞是根據《蒙》卦卦象作出的解釋。六五君爻處在《艮》宮，是不懂事的孩子。《艮》是小童，因為在六子卦中，《艮》是最小的男孩。九二一陽爻，便是卦詞中的「我」。在《蒙》卦中，「我最剛健，是光明的所在，六五這個小皇帝一定要來求我去作他的老師。這就應合了孫中山代總統讓袁世凱來擔當民國大任。

孫中山讓袁世凱出來革命，完成民主革命的重任，由於袁世凱答應了孫中山的革命的要求，騙取了民國總統的席位。

袁世凱當上民國大總統以後，背信棄義，做起了當皇帝的美夢。1915 年得《豫》之《坤》卦。《豫》卦卦詞說：「豫，利建候行師。」「建候」二字就是建立王候的意思。國語司空季子曰：「豫，樂也。利建候行師居樂出威之謂也。」袁世凱「居樂出威」何嘗不樂？哪裡曉得 1916 年得《井》卦初爻，會被廢井中的淤泥毒死呢！

《易經》中的《剝》卦，是闡述黑暗世界的卦象。在《立春占年考》中只出現兩次，一次是 1921 年，二次是 1925 年。五年當中兩次《剝》。《剝》是陰剝陽，小人剝

君子「剝」是一層一層往下削，如同小學生在削鉛筆。卦中五陰一齊向上攻擊，決心剝掉上面一陽。從卦象可以看出當時社會的黑暗。中國共產黨誕生在這樣一個黑暗的社會裡。

1931年「九一八」事變，這一年得《比》之《萃》卦。

「比」的意思是緊挨著或緊靠著的兩樣東西。《水地比》是水和地面緊挨著，水不光挨著地面，還不時地下潤，從不滿足。《比》卦卦詞說：「不寧方來，後夫凶。」《象辭》解釋說：「不寧方來，上下應也。後夫凶，其道窮也。」日本人來了，「不寧方來」。日本人是「後夫凶」，無惡不作。「其道窮也」是指後夫走上了滅絕人性的絕路。「上下應也」是說九五一陽和下面四陰上下呼應，採取了不抵抗政策，給日本人侵入中國製造了良好的條件。

日本人在中國能待多久，在《比》卦中可以找到答案。用八卦的先天數進行判斷，上卦《坎》先天數是六，下卦《坤》先天數是八，上下兩卦總數共十四，正應日本人侵佔中國十四年的時間。

1936年《西安事變》，得《訟》之《渙》卦。在《立春占年考》中《訟》卦只出現這一次。正應張學良、楊虎成和蔣介石打官司。張楊二將軍要求蔣介石聯合共產黨，共同抗日蔣介石不同意，才迫使張楊二將軍扣留蔣介石暴發了《西安事變》。蔣介石迫於無奈，只好答應聯共抗日的主張。

《訟》卦四爻發動，卦中午火兄弟兩重化出未土。午未生合，是真心實意地相合。九五申金化出巳次，是剋

合。剋合是假合，面合心不合。把午火看作是張、楊二將軍，而九五君爻正是蔣介石了。午火剋申金，正是張楊和蔣打嘴仗，口舌之爭。這樣兩種截然不同的政治主張，在卦中顯現出來了。

《訟》卦九五旬空，是總統被架空，有政策不能貫徹執行的象徵。這與當時的社會現實十分附和。

在《立春占年考》中九五旬空，其準確率很高。宣統元年九五旬空，第二年又旬空，旬空與宣統皇帝的巧合，達到了驚人的程度。

1916、1917 連續二年九五旬空，這九五旬空與袁世凱的皇帝夢很有緣份。1995 年得《泰》卦六五旬空，這期間正是高喊減輕農民負擔的時候，一直到 2001 年九五又旬空農民負擔不僅減不下來。反而越喊越加重。直到國家免除了農業稅，農民才算沒有了負擔。

《立春占年考》的問世，承擔了社會發展里程碑的角色。人類社會出現什麼樣重大事件都能在《立春占年考》中找到答案。把它納入《古易今詁》這本書中，用它證實古易的神、奇。這種神奇，並不是神仙安排的，而是天體運動規律演化的結果。是物質相互感應所導致的結果。此書是破除迷信的鑰匙，從這裡可以看到迷信思想的虛偽性，《易經》道理的可靠性，萬物相互感應的重要性。

中華民族的苦難，是封建禮教毒害的結果，但不能把封建禮教中的道德看成一團糟，有益的東西還應汲取。封建禮教中的道德觀念，也有好的一面。人們對孔子的敬仰，可以看出在這一點上他對人類社會做出了巨大的貢

獻。在他的一生中，為人類社會的發展四處奔波，周遊列國，成了人們敬仰的聖人，可就是沒有做官，這說明人的命運還是決定了一切。

《古易今話》不光是對《周易學說》的詮釋，更主要的是在發展和應用上下工夫，讓《易經》理論服務於人民。《易經》中的陰陽變化說白了就是溫度與物質化學反應的變化。雞蛋得到了適宜的溫度就能孵化出小雞。陽指的是光離子和電離子發揮的作用。陰指的就是物質群，由於陰陽的結合與分化產生作用。所以，萬物相互感應，書中增加了《萬物感應論》。是對《周易學說》的進一步說明。由於筆者水準有限，其目的是好的，能不能達到讀者的需求，這就很難說了。一心要現這個醜，只好硬著頭皮寫書，這裡只能道歉，是我無辜地耗費了您的保貴時間，如果您幫助的話，請提出批評和建議，我願交這樣的朋友。

要弄懂萬物相互感應，還應從宇宙大爆炸說起，「宇宙火球放射著多種光線。」「最後形成富有億萬個閃光點的各種天體。」這「各種天體」相互之間是有關聯的，物資的磁場和電磁波在起作用。太陽是光離子和電離子的有機結合，地球之所以繞太陽運轉，是磁場的作用。地球上萬物的產生，太陽起著決定性作用。所以，人類能生活在地球上與太陽和地球的作用是分不開的。人的命運是天地感應產生的結果。

人的吉凶禍福，生老病死是由人身素質決定的。與萬物發展變化的運動規律有關，並不是什麼神仙安排的。什

麼前世的脫生，後世的轉化等說法都是沒有根據的。要正確地理解易書中陰陽互變問題，並不是什麼活人為陽，死人為陰，陰陽轉化。

在六十四卦中，陰陽變化是有條件的，它受著時間、空間和所處位置的約束。卦象能與實際的現象相吻合，完全是數字的作用。天干是 10 個數字，地支是 12 個數字，它們最小的公倍數是六十，用六十個花甲子紀年、紀月、紀日、紀時就形成了一個數字網路，這個數字網路和卦象上的數字兩相比較，是在不斷地探索中摸索出來的吉凶規律。它和現代電腦有著極其相似之處。

電腦圖像是透過鍵盤上發出來的，八卦中的六個爻位，就是電腦上鍵盤的密碼。用爻位上的地支與年、月、日、時上的地支兩相對照，判斷五行活動的規律。這其中就是在搞數字遊戲。

《易經》理數是二進制，宇宙間時空概念和物資屬性聯繫在一起的。具體的表達方式就是陰陽五行，陰陽五行是萬事萬物的象徵。它的運動「是全方位、多維性的，而且是無限演化的模型。$2^0$、$2^1$、$2^2$、$2^3$、$2^4$、$2^5$、$2^5$、$2^6$、$2^{12}$」（擇自《易經綜述》時空和物資的不可分性〈284〉頁）這是萬物發展變化的一個簡單模式，其運動規律是木生火，火生土，土生金，金生水，水生木，成「○」環運動。

《易經綜述》302 頁三易學的數理中說：「空間和時間是同時產生、同時存在的。有了時空就有了物資，這已不是無數了，已進入太極渾沌態了。所以，太極是 2＝1。

這時兩儀還未分出來。還處於「含三為一」的狀態。陰與陽是 0 與 1。有人認為「0」是不遲於九世紀印度人發明的，其實六千年前中國人就已發現了「0」。在漢朝時，「0」就有了具體廣泛的應用。還有小數和負數，在全陽子的《周易參同契發揮》序言中就直接用「0」這個符號作文字應用了。「成仙還丹之道如此『0』而已矣。此『0』何名乎？太極是也。」所以，「0」是中國人發明的。兩儀是 $2^1=2$，是陰陽兩儀，是宇宙鴻蒙正開，時空相變以後形成的物資。」「陰陽的 2，不是一分為二的 2，而是把宇宙間萬事萬物都用二進制來運算。萊而尼茲的發明就來源中國的「--」和「—」。易學卦象的組合實際上是現代數學排列組合法的始祖。

陰陽五行的表達方式就是天干地支，然而天干地支便成了陰陽五行的符號和密碼。我們用電的性質加以說明，電有正極和負極，正極是陽。在天干如同甲、丙、戊、庚、壬。負極是陰，在天干如同乙、丁、己、辛、癸。在地支子、寅、辰、午、申、戌如同陽電（即正極）。正極、負極完好，無短路，電可以發揮其功能（燈泡亮了）。有一極受到損傷，造成短路，燈泡不會亮，這就失去了電的功能與作用。

天干和地支結合到一起，表示在各個時空範圍之內所起到的功能與作用。天干是陽，地支是陰。六十花甲子就是這樣組合起來的。天干表示天是陽，地支表示地是陰。這樣，如同電的正極加負極。

正極是「＋1」，負極是「－1」正負相加其公式是：

（＋1）＋（－1）

＝1－1

＝0

這「0」是陰陽的有機結合，表示一個完整地循環週期。六十花甲子就是這樣的六十個循環週期。

用六十花甲子紀年、紀月、紀日、紀時所顯示出來的四個循環週期，哪一個循環週期發生了問題，哪裡就會有事發生。京房易就是用六個爻位上的干支，來考察年、月、日、時四組干支的循環週期。這向組干支是物質循環的顯示符號，其規律是以順序進行的。其天干的順序是：

甲　乙　丙　丁　戊　己　庚　辛　壬　癸

　1　2　3　4　5　6　7　8　9　10

其地支的順序是：

　子　丑　寅　卯　辰　巳　午　未　申　酉　戌　亥

　1　2　3　4　5　6　7　8　9　10　11　12

我們用《立春占年考》的時間起卦法來說明時空素質網的形成。

要知《立春占年考》，年干時支日月找。

除以八折餘為卦，除以六折是動爻。

餘數正對先天數，可知年時好不好。

《立春占年考》採用年干係數加立春月份，年前立春用十二數，年後立春用一數。然後用日數加時辰地支係數。上卦求法是年干系數加月份，加日數，除以 8 餘數為卦。

例 1. 1911年辛亥正月初七日卯時立春，年干係數 8，

時支係數 4。

1. **上卦求法**：

$$8＋1＋7＝16$$

用年、月、日的總數除以八則是：

$$16÷8＝2$$

無餘數為《坤》卦。

2. **下卦求法**：用上卦總數加時支序數的和除以八，餘數為卦。

$$（16＋4）÷8$$
$$＝2……4$$

餘數 4 是震卦。所以，1911 年得《復》卦。

3. **動爻的求法**：用全卦總數除以六，餘數是動爻：

$$20÷6＝3……2$$

二爻發動得《復》之《臨》卦。

例 2. 1949 年正月初七日午時立春

己丑　丙寅　乙丑　壬午

1. **上卦**：

$$（6＋1＋7）÷8$$
$$＝1……6（坎）$$

2. **下卦**：

$$（6＋1＋7＋7）÷8$$
$$＝2……5（巽）$$

3. **求動爻**：

$$21÷6＝3……3$$

1949 年得《井》之《坎》。

《立春占年考》解讀《易經》最顯著的特點就是接觸實際，這是《古易今詁》這本書的宗旨。《古易今詁》告訴世人的是《易經》是破譯天體形成的資料，是破譯人類社會發展的平台，是破譯人生價值的窗口。在年時預測中顯示出一種強大的說服力。先從《巽》卦說起。

例一：

1900 年庚子光緒 26 年，清政府內憂外患，八國聯軍打進北京，火燒圓明園。國內義和團運動風起雲湧。歷史稱這一年為庚子賠款。得《巽》之《渙》卦。

| 庚子 | 戊寅 | 戊申 | 己未 |
| --- | --- | --- | --- |

巽　　　　　　　　　　　渙

| 兄弟 | 卯——世 | 卯—— | 朱雀 |
| --- | --- | --- | --- |
| 子孫 | 巳—— | 巳——世 | 青龍 |
| 妻財 | 未— — | 未— — | 玄武 |
| 官鬼 | 酉——應 | 午— — | 白虎 |
| 父母 | 亥—— | 辰——應 | 騰蛇 |
| 妻財 | 丑— — | 寅— — | 勾陳 |

年支子水刑世爻卯，剋九五巳火君爻。卦中九五巳火受月建寅木刑剋，日支申雖今已火，由於寅、巳、申三刑齊全為忌不小。其災難免。月上寅木雖生巳火。但其刑太重。父母爻亥水化出辰土入墓妻財丑化寅為回頭剋。從初爻到上爻，爻爻不順，又何況《巽》卦六沖。這是萬物感應中最典型的卦例。在《立春占年考》中是第一次出現，第二次是 1933 年癸酉，中華民國 22 年得《巽》之《蠱》卦。

例二：

| 兄弟 | 卯——世 | 寅—— | 滕蛇 |
| 子孫 | 巳—— | 子— — | 勾陳 |
| 妻財 | 未— — | 戌——世 | 朱雀 |
| 官鬼 | 酉——應 | 酉— — | 青龍 |
| 父母 | 亥—— | 亥— — | 玄武 |
| 妻財 | 丑— — | 丑— —應 | 白虎 |

年支酉金沖世爻卯木，九五巳火化出子水回頭剋，月支寅木雖生九五巳火，但生中有刑。日支丑，時支未在卦中互沖。巳酉丑三合成局由於巳化於回頭一沖，三合局不成。亥卯未三合成局，由於丑、未相沖而三合局不成。

例三：新中國成立以後，1999 年得《巽》之《渙》卦，這是《巽》卦的第三次出現。

| 己卯 | | 乙丑 | 丁亥 | | 丁未 |
| 兄弟 | 卯——世 | | 卯—— | | 青龍 |
| 子孫 | 巳—— | | 巳——世 | | 玄武 |
| 妻財 | 未— — | | 未— — | | 白虎 |
| 官鬼 | 酉——應 | | 午— — | | 滕蛇 |
| 父母 | 亥—— | | 辰— —應 | | 勾陳 |
| 妻財 | 丑— — | | 寅— — | | 朱雀 |

年支卯木臨世爻得日支亥水相生，日支、時支與世爻亥卯未三合成局，沒有損傷是萬眾一心，民安國泰的象徵。九五巳火得年支卯木相生，日辰亥水沖巳火為暗動，九五之君生卦中妻財一片欣欣向榮，增增日上的象徵。

官爻酉化出午火回頭剋，時支未與午六合，午未一合

官炎有救。一片祥和景象。

《立春占年考》的神奇就神奇在這裡，說它是人類社會發展的里程碑並不為過。

在《立春占年考》中《復》卦出現兩次，一是 1911年，一是 1918 年，正處在民主革命興盛時期。

《剝》卦出現兩次，一是 1921 年，一是 1925 年，中國社會的黑暗在這裡顯示出來了。

《井》卦出現兩次，從初爻動到三爻動，對新舊中國社會產生了鮮明的對比。

《泰》卦出現兩次，第一次出現在 1991 年，第二次出現在 1995 年。《象辭》說：「泰，小往大來，吉、亨則是天地交而萬物通也，上下交而其志同也。」這期間，正是中國社會興旺發達的大好時期。《象傳》說：「天地交，泰；後以財成天地之道，輔相天地之宜，以左右民。」

中國的國民經濟日新月異，千百年來「交皇粘粖」的禮法制度取消了。農民不僅不交納國稅反而得到了國家的資助，這個變化實在是了不起，達到了「輔相天地之宜，以左右民」的說法。

《泰》卦不僅在建國前 49 間沒有出現，就是 20 世紀50 年代到 80 年代期間也沒有出現。中國社會從《困》卦到《井》卦，一直困到 1978 年。1978 年《雷火豐》是中國社會一個轉折點。從 20 世紀 80 年代開始，國運蒸蒸日上，國富民強。

人類社會的發展，與大自然有著千絲萬縷地聯繫，這是時間與物質的不可分勝。

在天地、萬物中間，人是萬物的代表。因為人有理智，人的出生與死亡萬物的出生與死亡是一個道理。《易經》的理論就是說明這個道理的一本天書。

《易經》的著眼點就體現在一個「變」字上，事物的變化只有變好和變化兩種可能。所以，《易經》是二進制。一卦有六個爻位，從初爻到上爻能變好，哪一爻能變壞是根據時空條件和所處的位置決定的。這是古人作易的高明之處。說其有科學道理，就體現在這一點上。

周洪太

# ◇ 目　錄 ◇

## 上　經

### 乾卦第一

乾，元，亨，利，貞。

古老的《易經》是研究天體形成和天地間萬事萬物發展變化的一本書。

乾是天。《易經》對天的解釋是「元，亨，利，貞」。「元、亨、利、貞」四字，是構成天體的四大要素，是唯物辨證法的高度概括，是唯物主義世界觀的真實體現。

天是什麼？在大老的文化寶庫中，只有《易經》作出了這樣的論述。地平面以上的部分稱做天，實際上指的就是宇宙的空間，地球是宇宙空間的一員，地球由厚厚的大氣包裹著。這厚厚的大氣層就是孕育天地的搖籃。

在天地沒有形成以前，就像太空一樣，什麼都沒有。漸漸地產生了氣體。這氣體就是由元素成分構成的。沒有元素成分，也形成不了氣體。《乾》卦中的「元」指的就是這樣的氣體。《乾鑿度》說：「有形生於無形，太易者未見氣也，太初者氣之始也，太始者形之始也，太素者質之始也。」《乾鑿度》這本書把宇宙沒有形成之前的這種

氣體的形成分作四個歷史階段，在這四個歷史階段中由氣發生了質的變化。

「元」就是質，這種「質」就是孕育天地的基本素質。是構成天體、萬事萬物的精髓。「亨」、「利」、「貞」就是說明這種質的基本性質。

楊萬里說：「德三名四，其實則一，元出而亨，物始而遍。利入而貞，物成則復也。周子日，元亨誠之通，利貞誠之復，復者何？復於一元而已。」楊萬里的說法符合事物發展變化的運動規律。物質元素一產生就是相互亨通的，有利因素和不利因素就是在這種亨通的相互運動中演化而來的，透過各種演化促使物體的本質各不相同。所以《乾鑿度》說：「太素形堅而成質」這就是「貞」。

「德之名四」指「元、亨、利、貞」四字，古人把這四個字說成是《乾》卦四德。德，指道德。萬事萬物都要遵循發展變化之運動規律這個規律稱做道，這個規律在發展變化過程中不出格、不出軌稱做「德」。「道德」一詞就是指有著好的品質，一個道德高尚的人，總是抱著一定的信念，不出格。他所做的一切，總是對國家有利，對人民有利，不計較個人得失在社會上總是受到人們的尊重，所以處處行得通。這就是馬其昶所說：「故元包亨利貞之三德」的道理。

【原文】初九，潛龍勿用。

【譯文】初九一爻是潛伏在地下的一條龍，不可以應用。

【釋文】凡是卦的頭一爻都說成「初爻」遇陽爻說成

「初九」，「九」表示陽。「初六」表示陰。

《乾》卦初九是伏藏在地下的龍，不能應用的意思是說占卦人如果得了這一爻，不要去做任何事情，無論幹什麼都不會成功。

「《子夏傳》云：龍所以象陽也。」這是對「龍」字的解釋。「龍」是陽的象徵物。所以《乾》卦六爻都用「龍」作比喻物。

中華民族是龍的傳人，這句話便來源於《易經》。

「乾鑿度云：易氣從下生。鄭注云，易本無形，自微及著，故以下爻為始。」這是對卦氣的解釋。《易經》六十四卦，每個卦的運動規律皆是從下開始，逐爻上行至爻並沒有結束，返回來便是下卦的開始，這說明大氣的運轉規律是「0」環運動，無始無終。

「沈磷士曰：龍，假象也。天地之氣有升降，君子之道有行藏。龍之為物，能飛能潛，故借龍比君子之德。」用龍比做人的行為，龍在不適宜的情況下都能潛藏，人更應如此，該作的一定去作，不該作的一定不作。作了不該作的事，定有災禍找上門來。

【原文】九二，見龍在田，利見大人。

【譯文】陽氣到了二爻，看見龍臥在田野裡。得了這一爻有利於去見大人物。

【釋文】二爻是下卦中爻，下卦以中爻為吉，它和上卦中爻產生感應，上卦中爻是君位。下卦中爻是大臣。由於二爻處在天、地、人三元的地元之上，所以說成是地面。「利見大人」利於見九五之君，大人指君王。

「蔡青曰：大人，德位兼全之稱。九二未得位，而大人之德已著。所謂居仁由義，大人之事備矣。」

卦有六個爻位，一、三、五三個爻位為陽位，陽爻居之為得位，陰爻居之為不得位；二、四、六三個爻位為陰位，陰爻居之為得位，陽爻居之不得位。《乾》卦九二為不得位。蔡青說九二雖然不得位，然而都是具備了大人物之道德，可以去做大人物要做的事情了。所以，「胡瑗曰：聖賢君子之德，發見於世，利見大才大德之居。」

「李士鉁曰：二剛健得中，無君位而有君德。舜的陶漁耕稼這身致天下士，孔子以匹夫化三千人，聖人出見，莫不以得見為幸。」

二爻之陽剛健而得中位，不是君王的位置而具備君王一樣的道德，像古時舜帝是打漁種田人出身，能夠達到管理天下的賢能人士，像孔子一個平常人出身的人，卻能教化三千弟子成為萬古的聖人，誰不以為能得到「利見大人」而感到幸運呢。這是對「利見大人」的解釋。

【原文】九三，君子終日乾乾，夕惕若，厲無咎。

【譯文】九三這一爻，像君子整天忙碌不休，到了晚上會感到應小心謹慎，這種現象要特別小心，但不會出現過錯。

【釋文】「淮南子云：終日乾乾，以陽動也。夕惕若厲，以陰息也。因曰以動，因夜以息，惟有道者能行之。」陽動陰息是曰動夜息。在天、地、人三元中，三爻屬人元之初。處下卦之終。李士鉁說：「三為人位，是天人之際，危微之界也。處兩乾相行之間是絕續之交也。卦

至三而將變，是變動之地也。惟因時而懼，故能謹持於天人絕續之交，防閑於出入變動之際，雖有危而無咎矣。」三爻的小心謹慎是因為所處的環境決定的。由於處在天元和人元交際的位置，環境要產生變化，為了適應這種變化的環境，不得不產生戒懼之心。這是很自然的現象。

「劉沅曰：變龍言君子。龍，物之君子；君子，人之龍也。居下卦之終，故曰終日。下爻終而上爻繼，乾而又乾，健而不息之象也。若，語助詞。厲，危也。九三重剛不中，居下之上，乃危地。然性體剛健，朝夕乾惕，則敬畏為安，雖危無咎也。」

三爻不言龍，而言君子，劉沅對此進行了解釋。說龍是物中君子；君子是人中之龍。在《易經》中，處處用「君子」一詞，這是對好人的一種尊稱。應釋為「您」。

【原文】九四，或躍在淵，無咎。

【譯文】九四一爻，疑惑自己是在深淵的水面上跳躍。沒有過錯。

【釋文】九四處上卦之初，陽氣由下卦進入上卦，又是天元、人元相交之地。龍在這裡飛躍，展示才能，沒有錯。

「或」是疑惑。龍為什麼疑惑呢？因這裡是陽居陰位，不是施展才能的場所。所以產生了疑惑之心。

「劉沅曰：或者，欲進未定之詞。居上之下，未敢輕進，故欲躍而仍在淵。占者能審時度理以為進退，何咎之有？」由於產生了懷疑不敢輕易地冒進。所以，這一躍並沒有跳出水面上空，為了弄清情況，必須審時度勢，應進

則進，應退則退，這樣做不會有錯誤。

【原文】九五，飛龍在天，利見大人。

【譯文】九五是君王之位，飛龍在天上，有利於去見大人物。

【釋文】五爻是天元之初，上卦中間一爻，和下卦中爻兩相感應。是全卦的主宰。在《立春占年考》中，主要去看五爻。《乾》卦五爻是陽居陰位，即得中又得正，所以是君王之位。「李士鉁曰：九五剛健中正，居一卦之尊，變化飛騰，施澤於天下，故稱飛龍。」飛龍是施展才能之龍，變化無常，恩及天下。正如劉沅所說：「占者得之，在上則利見有德之大人，如堯見舜；在下則利見有德位之大人，如舜見堯。」

【原文】上九，亢龍有悔。

【譯文】到了上九，是飛得最高的龍，自己感到後悔。

【釋文】《易經》六十四卦中第六個爻位皆稱做「上」。「上」是到了最上面的意思。書中對「有悔」作出了很多解釋，賈宜說：「亢龍往而不返，故曰有悔。」荀爽說：「升極當降，故有悔。」劉濂說：「陽極盛而陰生，龍既飛而思潛，此自然之理，故曰有悔。」姚配中說：「在上失位，故有悔。」劉沅說：「高而危，滿而損，故有悔。」

上述種種說法，不無道理。而李士鉁卻說：「故亢龍有悔，戒剛之太過也。」這句話解釋得好，凡事不可太過，太過必然要有悔。上九在眾爻之上，此陽太過便產生

了後悔之心，適中而可，這是易學的精華。換個說法，萬物都在尋求平衡，找不到平衡就會有悔。

【原文】用九，見群龍無首，吉。

【譯文】凡是陽爻，用九表示。看見一群龍並沒有領頭的才吉祥。

【釋文】九，在自然數中是最大的一個數。用九表示陽，說明陽最大。陽就是龍，「群龍」指整個陽類，「無首吉」是說陽沒有頭沒有尾。陽是最大的公，散佈整個宇宙，是形成萬物的精髓。這句話是《乾》卦的結尾。也是對《乾》卦的總結。說明陽是「群龍」，散佈在六十四卦之中，大無頭，廣無邊。陰離開陽不能成物。只因有了陽，才有宇宙，才有天地、萬物和人類。

《乾》卦到了上九已經結束，為什麼又用「用九」來作結束語呢？「用九」的含義是說陽是有用的，它並沒有結束，而是分佈在了六十四卦當中。即使有陰，也要用九，只有用九，陰陽才能相互轉化，循環不已。劉沅解釋說：「用九則窮上返下，易飛為潛。乾元之理，終始循環，無所不利。」劉沅說出了陽的運動規律是「○」環運動。

【原文】彖曰：大哉乾元！萬物資始，乃統天。雲行雨施，品物流行。大明終始，六位時成，時乘六龍以御天。

【譯文】偉大啊《乾》卦之元！它是宇宙間萬事萬物的開始，只因有了元，才能統領天地，無論是雲霧的流通還是雨雪的降臨，宇宙間各種品物的流行都是要透過

《乾》元的作用才能夠完成。太陽的起落，六個方位和時間的形成都是《乾》元的作用。時間就像六條龍駕著的車在天地間運行。

【釋文】《彖辭》一開頭就讚揚了《乾》卦的偉大。往遠說是萬類物資的開始，能統領天體的運行；往細說天上的雲行雨施，地球上萬物的流行；往大說太陽的長遠光照，六個方位的形成，隨著時間的延伸，就好像由六條龍駕著的車在宇宙間運行。明言乾元之偉大，實際是讚頌陽氣的作用及功能。同時，也是在解釋「元」字。

《乾》卦中有「元」，《坤》卦中也有「元」。陰由陽而起作用。陰陽是不可分的統一體。所以有陰陽互根的說法。如果分開講，陽是光，陰是氣。所以「宇宙」二字就是表示時間、空間兩個概念。光氣充滿宇宙，大爆炸以後形成天體。

「項世安曰：元氣一動，屯而為雲，解而為雨，皆生於天之一水。（《繫辭》中說水數是一。）自元而亨者象之。」元氣一開始運動，聚積在一起就是雲，分解以後由空中降下來就是雨，皆生於天之一水。這種自然現象說明了元氣是亨通的。「時乘六龍的御天」六龍指《乾》卦中六個爻位，在《乾》卦中六個爻位全是由龍來打比方。沈鱗士解釋說：「龍，假象也。天地之氣有升降，君子之道有行藏，龍之為物，能飛能潛，故借龍比君子之德。」

「馬其昶曰：陰陽一氣而已。氣聚而光生，則陽之發也。氣堅則成質，則陰之凝也。光不離乎氣。而亦不雜乎氣。在天為明命，在人為明德，在易為光明。」這是對

《乾》元的進一步說明。陰之所以能凝是陽的作用。光與氣相輔相成。「氣聚而光生」氣裡含質,「氣堅則成質」是氣聚的結果。這光和氣能「統天」能「御天」。所以,《彪謹案》總結說:「統天者,無所不包,言其氣魄之大。御天者,無所不通,言其變化之神。」

【原文】**乾道變化,各正性命,保合太和,乃利貞。**

【譯文】《乾》元變化之道理,是各自在各自的運動中漸漸地形成各自的屬性和人的生命一樣各自有各自的屬性。當生命達到保合太和以後,才能有利於各自的貞正。

【釋文】世界上萬物的品質貞正還是不貞正,源於「保合太和」的程度。物質只有達到「保合太和」以後,才能夠貞正。

「本義云:太和,陰陽會合沖和之氣也。各正者,得於有生之初,保合者,全於有生之後(彪謹案:變者化之漸。化者,變之成。物所受為性,天所賦為命。保合太和,天地萬物皆然。天地便是大底萬物,萬物便是小底天地。此釋利貞之義也。」作者把天地看成是萬物中的成員。因為天地的形成和萬物的產生是一個道理;把萬物同樣看成是天地,同樣是在說明萬物的形成是和天地的形成是相同的。這種唯物觀已經被今人所掌握。他給唯心主義者敲了一下警鐘。

乾元之氣就好像六條龍駕駛的一輛車,在時間的海洋裡航行,隨著乾元之氣的變化,萬物漸漸地產生了。由於萬物相互感應,各自形成了各自的性命。萬物相互感應的過程,就是使其達到保合太和的過程,只有在這種過程中

才能真正體驗到利貞的作用。

「沈善登曰：盈天地間，無非光氣變化所為也，光氣安養互發，乃能變化生物。乾元資始為性，坤元資生為命。一大靈光，湛寂虛明為太易之全體。光一成而不變，故曰形於一謂之性。氣聚成形，故曰分於道謂之命。以全體制分形，此所以能各正而保合也。」

這裡的「乾道變化」實際上指的是分子的組合方式，由於分子式的不同，萬物的性質各不相同。正像沈善登所說「盈天地間，無非光氣變化所為也。光氣交養互發，乃能變化生物。」「保合太和」有融會貫通之意。保是守住存住、維護住。合，指融會貫通。和，指平和不猛烈。「各正性命」和「保合太和」應是因果關係。這「正」字應有多層含義，詣意淵深。字裡行間並沒有提「利貞」二字，而實際上也正是在解釋「利貞」在「乾道變化」中所起的作用。大到天體運行，小到人類社會上的萬事萬物都是有利因素和不利因素相互在起作用。

【原文】首出庶物，萬國咸寧。

【譯文】最早產生出來的各種物類繁多，各種世界一片安寧。

【釋文】天地時空形成以後，最先分化出來的應該是水，最早出現的植物應該是水中生長的藻類植物，最先產生的動物應該是水中單細胞冷血動物。最早產生的人類應是在花草樹木野果類植物產生以後。起初的人們是群居，有人發現了火把野物燒熟了吃，稱他是聖人，拜他為王。有人發現了五穀，說他是神農，拜他為王。人類的早期生

活沒有戰爭，所以說「萬國咸寧」。《三字經》中「人之初，性本善，心相近，習相遠」寫的就是這時的情景。

【原文】象曰：天行健，君子以自強不息。

【譯文】《象傳》解釋說：天體的運行十分剛健，人的性格和天體運行一樣自強不息。

【釋文】《乾》卦是陽性，剛健有力，善於運動，這是構成天體的主要特徵。太陽光素的強烈地照射，把土壤中的有機質演化成動、植物，天體演化的最大功能就是善於發揮。凡是能夠達到有機結合的，儘量達到結合的程度哪怕結合得十分不好。「以」，在於。「君子以自強不息」這原本就是一種天性。具備了這種天性的人，就能幹出一番大事業。

【原文】潛龍勿用，陽在下也。見龍在田，德施普也。終日乾乾，反覆道也。或躍在淵，進無咎也。飛龍在天，大人造也。亢龍有悔，盈不可久也。用九，天德不可為首也。

【譯文】潛伏的龍不可應用，是由於陽還沒有露出地面。發現了龍臥在了田野裡，是陽德普遍地施捨到了整個天下。整天地繁忙不休是陽德反覆運行的道理。疑惑自己的行動，所以沒有跳出水面，這樣做，要前進是不會有過錯的。飛龍在天上施展功力，正是大人物應該做的。飛得最高的龍有些後悔，是由於高到了極點不可能長久地持續下去。用九這個數表示陽，說明天體的功德是最大的了然而不可用其作為首領。

【釋文】這段文字是《象傳》對《乾》卦全文的集體

解釋。

「潛龍勿用」是初九的爻詞。「李士鉁曰：陽氣初生，伏藏在下，須養晦俟時。人物潛於夜以養其精神，草本潛於冬以養其英華。珠寶潛於山川以養其光彩。潛而勿用，養其陽也。今日之潛，正他日見飛之本耳。初爻言初，則知上為終，所以定一卦之時也。上爻言上，則知初為下，所以定一卦之位也。」這段話把初爻不可用的原因說得十分明確。馬其昶說：「初九，陽氣在初當潛，動而化陰失正。」「勿用，言其不可化也。」馬其昶說初爻不可發動，一發動由陽變陰，失去了它本身應有的特性。「正」字馬教授說「當位者謂之正，陽居陽位、陰居陰位謂之正，陽居陰，陰居陽，其位不當，皆不正也。」所以《象傳》說「潛龍勿用」的原因是「陽在下也」。

「見龍在田，德施普也」是九二爻詞，由於陽氣的運動不斷地上升，九二便出現在地面上，看見龍就臥在田野裡面是一種比喻說法。「王升曰：此爻變，為離，有見龍象。」二爻變陰，下卦變成《離》卦。《離》是太陽，太陽出來了，才能看見田裡有龍，這是一層。第二層意思是有了太陽，大地才能得到溫暖。所以陸希聲說：「陽氣見於田，則生植利於民。聖人見於世，則教化見於物，故曰德施普。」

「終日乾乾，反覆道也。」是對九三爻詞的解釋。「李士鉁曰：天之行一日一週，至西猶惕，則乾乾不息，無時不在戒懼之中。此宋儒常惺惺法也。乾為天道，三為人位，是天人之際，危微之界。處兩乾相行之間，是絕續之

交也。卦至三而將變，是變動之地，惟因時而懼，故能僅持於天人絕續之交，防閑於出入變動之際，雖有危而無咎矣。」

三爻卦，三爻是天位；六爻卦，三爻是人位。所以李士鉁說「是天人之際，危微之界。」九三爻詞說「君子終日乾乾，夕惕若，厲，無咎」意思是一年三百六十五天，天天是這樣。是什麼樣呢？「夕惕若」到了晚上要特別小心「厲」，有厲害關係。這是什麼原因呢？因為下卦已經走到了盡頭，再往前走就進入了上卦「是變動之地」。說三爻是太陽落山的時候，因三爻是下卦最後一爻。到這時候要特別小心由於處在天人交雜之地。

「或躍在淵，進無咎也。」是九四的爻詞。孔穎達對「或」字的解釋說：「或，疑也。陽氣漸進，似若龍體欲飛，猶疑惑也。」《本義》對「躍」解釋說：「躍者，無所緣而絕於地特未飛爾。」是「深昧不測之所。」蘇秉國對「淵」字解釋說：「說文云淵，回水也。龍本水物在淵則有借而得以上達，故可躍而上也。」林希元解釋說：「九陽爻，四陰位，陽主進陰主退，是進退未定也。將進而未必於進，非不進也。審進退之時，可進然後進也。」劉沅解釋說：「或者，欲進未定之詞，居上之下，未敢輕進，故欲躍而仍在淵。占者能審時度理以為進退，何咎之有。」

【原文】飛龍在天，大人造也。

【譯文】龍在天上騰飛施展功能，是大人物應該這樣做的。

【釋文】九五是君王之位，就像一條龍在天上騰飛，古人對君王是龍的說法原於《易經》。

「孔穎達曰：陽氣盛致於天，猶若聖人有龍德飛騰而居天位。」這裡的「聖人」是指君王。君王坐在龍椅上，統治天下人民。

【原文】亢龍有悔，盈不可久也。

【譯文】龍飛到了最高點感到有點後悔，是說事物達到了極點是不可能持久的。

【釋文】飛龍飛得越高，越能顯示出神通的廣大，為什麼會感到後悔呢？這是《易經》理論的高明之處。原來是由於其高高在上，成了孤家寡人，無人幫助，無人響應。反思已往感到後悔。《易經》哲理的可貴就表現在這個地方。說明了一個做人的道理。

【原文】用九，天德不可為道也。

【譯文】用九表示陽，是說明天的功德是沒有盡頭的。

【釋文】《象傳》這樣解釋「用九」有雙層含義：一是說明陽德的普遍性，廣泛性和深遠性。一是說陽德是不可以用來當首領的。陽德沒有貴賤之分，一律平等。「九」是最大的自然數，但它不是頭。它可以結合在數以萬計的數字當中，組成各種不同的數字網路。在物質的大家庭裡它就是一個小小的分子。「不可為首也」是說陽的運動無始無終，就像地球自轉和公轉一樣。

【原文】文言曰：元者善之長也，亨者嘉之會也，利者義之和也，貞者事之幹也。

【譯文】在善良當中，元是處在第一位的，在美好當中，亨是最美好的集會了，在義氣當中，利是最和睦的使者了，在萬事萬物當中，貞是區分品質優劣的最重要標準了。

【釋文】《文言》一開頭就闡述了元、亨、利、貞的重要性。說他們是構成天體的四大要素，因為天體構成是最善良不過的大事情了。元素包括光素，有光普照天下，才會有世界。只有光素和各種元素的亨通才能構成天體。只有有利因素和不利因素的互相轉化，才能演化出大千世界。「元」、「亨」、「利」是演化萬物的必要條件，只有「元」、「亨」、「貞」才能形成物質、物體的貞正。

「本義云：元者生物之始，於時為春，於人為仁，眾善之長。亨者生物之通，於時為夏，於人為禮，眾美之眾。利者生物得宜，於時為秋，於人為義，而得其分之和。貞者生物成足，於時為冬，於人為智，眾事之幹。」《本義》這本書用形象地比喻來說明「元、亨、利、貞」的含義。

《周易學說》15頁「彪謹案：元德為本然之善，眾善由此而出，故曰善之長。陽德通於陰而大亨，有昏冓之意，故嘉會。利與義似不相同，然利役於私則害義而不利，利溥於公則與義和合而成大利。木以干而能立，事以貞而能成。即利且貞，所以成其為亨，即所以成其為元也。」這段話把《文言》中的「元、亨、利、貞」的解釋說得合情入理。

【原文】君子體仁足以長人，嘉會足以合禮，利物足

以和義，貞固足以幹事。君子行此四德者，故曰乾，元，亨，利，貞。

【譯文】君子能體會理解仁的真正含義就足以高人一等，美好的集會就足以合乎禮的標準，有利於萬事萬物的行為就一定能和義的概念融合在一起，本質貞正，堅定不移才能幹出一番大事業。只有君子的行動具備了這四種道德，才能說是《乾》卦中的「元、亨、利、貞。」

【釋文】「元，亨，利，貞」不僅是構成天體的四大要素，也同樣是人格具備的四大要素。人身素質的好壞就取決於「元，亨，利，貞。」

「體仁」是指體會、理解並能做到。「嘉會」是對「亨」的進一步說明，各種元素素質有亨通宇宙的功能，每到一處都有美好地會合，這種會合是要符合客觀現實制約的，不符合禮節的東西是站不住腳的，也就是說是行不通的。所以「足以合禮」。「利物足以和義」是對「利」字的進一步說明。無論什麼素質，必須「利物」，不利物就是種不道德的行為。所以說「足以和義」。對物有利就是講義氣，這種說法是單方面只從道德的角度提出來的，目的是用來教化世人。如果要從事物發展變化運動規律中說，有利因素和不利因素是同時存的，有相輔相成和相反相成的結果。「貞固足以幹事」中「貞固」是純正，堅固。人具備了這種素質就能幹一番大事業。王應麟說：「貞者元之本」這種說法是符合客觀實際的。元素素質本身就是「貞」的存在。所以，「元，亨，利，貞」是種組合的作用，是分不開的。《彪謹案》說：「君子上法天德，貴能行之。

天行健，君子法天亦行健，一行字最佳，在盡人道以合天道，此即發明天人合一之旨。天人一貫，君子亦天也。」這是在說明天體形成和人體形成是一個道理。

【原文】初九曰潛龍勿用，何謂也？子曰：龍德隱者也。不易乎世，不成乎名，遁世無悶，不見是而無悶。樂則行之，憂者違之，確乎其不可拔，潛龍也。

【譯文】初九說潛伏著的龍不要去用，是什麼意見？孔子說：是龍有著高尚的道德，隱藏起來了。（它）不想去改變社會上的風俗（它）不想在這個世界上成名，隱藏起來並不煩悶，看不見社會上的是是非非，所以沒有煩惱和憂悶。（天道顯）（龍）感到高興，才會有所行動，（天道晦）（龍）感到憂慮，便潛藏了起來。（龍）的性格確實是不可改變的，這就是潛龍。

【釋文】《乾》卦初爻，陽氣初成，天道不顯，陽氣作用微薄。用「潛龍」形容這種微薄之氣，是《易經》精妙所在。然而這裡面卻隱藏著一種消極的處世哲學。要人們迴避矛盾，不與惡勢力抗爭，是不可取的。而這裡用意的另一面是說並不是不與惡勢力抗爭，而是時間不到。

【原文】九二曰見龍在田，利見大人，何謂也？子曰：龍德而正中者也。庸言之信，庸行之謹。閑邪存其誠，善世而不伐，德博而化。易曰見龍在田，利見大人，君德也。

【譯文】九二爻詞說：見龍出現在田野裡，有利去見大人物是什麼意思呢？孔子說：是龍的道德得到了正中的地理位置，（在這裡）聽到了很平常的語言（它）也能真

誠地相信，看到很平常的語言（它）也能謹慎地對待，對那些正事的外的閒雜事務也能虛心的進行處理。太平盛世期間，不能用武力去征服百姓，應用淵博的道理去教化（他們）。所以《易經》說：「見龍在田，利見大人。」這是君德。

【釋文】《文言》在這裡闡述君主的道德，是《易經》把君主看成是龍體化身的一種表現方法。陽氣來到了田野裡，一片春暖花開的大好季節。也正是藉機讚揚龍德的大好時機，君主的恩惠，就像春天的陽光一樣，給人類帶來了無限地溫暖。《文言》在這裡宣揚「誠信」把「誠信」說成是君德，弘揚「誠信」精神是《易經》一個宗旨。

【原文】九三曰君子終日乾乾，夕惕若，厲無咎。何謂也？子曰：君子進德修業。忠信所以進德也。修辭立其誠，所以居業也。是故居上位而不驕，在下位而不憂。故乾乾因其時而惕，雖危無咎矣。

【譯文】九三爻詞說「君子終日乾乾，夕惕若，厲無咎。」是說什麼呢？孔子說：君子要不斷地進化自己的道德，管理好自己的事業。能做到忠、信這兩個字，就是進德。說話有信用，具備誠實的品德，才能守住自己的事業。要想做事，必須事先知道這件事（可以做）然後才能去做，這時才可以說這是一個機遇，知道這件事到什麼時候結束，到結束的時候必須結束。盡到自己的力量，這裡存有仁義之心。如果能做到這一點，地位高尚而不驕傲，地位低下而不憂慮。這就是爻詞所說的「終日乾乾」。雖處境不好，總是那麼小心謹慎，情況再嚴厲，危險也會沒

有了。

【釋文】九三爻詞在講進德修業之事，「語類云：忠信，心也。修業，事也。蘊於心所的見於事，修於事所以養其心。聖學內外兩進，非二事也。」《語類》的這段話，說進德修業本是一回事，是心境與事業的相互勾通《彪謹案》說：「君子曰乾夕惕，惟憂德之不進，業之不修。周子云：聖之道存諸心，蘊之為德性，發之為事業。是德因業顯。事業之措施的德性為本，而德之進即所以為修業之地也。進修各有其時，當進德之時，光明必要諸行健，是因其時而惕也。當修業之時，行健必本於光明，亦因其時而惕也。自強所以能至，不息所以能終。聖人善用因，故能隨時以處中。素位而行，不願乎其外，無入而自得。時時進修時時惕厲，所以無咎。知也者，光明之為用也知至知終，是知之無弗明。至之終之，是行之無弗健。乾之行健，即乾之所以為光明也。九三所處之位，知處上之道而不敢驕，知處下之道而不足憂，惟與時偕行而已。」這段話，作者把進德修業闡述得十分透徹。「事業措施以德性為本」，這是今人實在不可缺少的金玉良言。

【原文】九四曰或躍在淵，無咎。可謂也？子曰：上下無常，非為邪也。進退無恆，非離群也。君子進德修業，欲及時也，故無咎。

【譯文】九四爻詞說「或躍在淵，無咎是說什麼呢？」孔子說：（處在九四這個位置上）往上進一位好，還是往下退一位好，是沒有常規的，（由於進退沒有一定規律）這不能說是離群。君子進德修業，要想幹什麼，要想達到

目的，一定要做到及時，抓住時機才無過錯。

【釋文】九三說進德修業要正大光明，守誠信，慎時度事，九四說進德修業要著準苗頭，抓住時機，無論在哪，什麼時候，只要抓住時機不會有錯。

【原文】九五曰飛龍在天，利見大人。何謂也？子曰：同聲相應，同氣相求。水流濕，火就燥。雲從龍，風從虎。聖人作而萬物視。本手天者親上，本乎地者親下，則各以其類也。

【譯文】九五爻詞說「龍飛大天，利見大人」是說什麼呢？孔子說：相同的聲音兩相呼應，相同的氣體兩相尋求。水往有水的地方流，火往乾柴的地方燒。雲往有龍的地方聚，風從有虎跳躍的地方生。聖人興起萬物都能看見。動物的頭都朝向天空，所以動物與大自然中的山山水水親近，植物的根長在地下，所以植物與土地親近。這是由於萬物的種類各不相同。所以，各自能自動地順從自己的類別。

【釋文】這段文字寫出了萬物相互感應的道理。物以類聚，人以群分。大自然就是在這種各有所長，取長補短的氛圍中生息繁衍。九二是陽氣來到了地面，大地回春生氣盎然。陽氣來到了九五，充滿了天上人間。正是君主施恩於天下百姓的大好時機。在這種時空條件之下，小人物要想到大人物十分容易，吉祥不斷地降臨。就像一條龍騰空而起，雲馬上就會聚到龍的周圍一樣；就像虎在山中跳躍，風馬上就會從它身邊生起一樣；有如動、植物需要什麼生活條件和環境，大自然就會賦予其什麼樣的條件。需

要什麼樣的營養，大自然就賦予什麼樣的營養。在這種情況下，萬物相互感應，會產生物以類聚，人的群分的現象。由於君王的興起施恩於天下，所以萬物都能看得見。君思是萬物生存的根本，所以「本乎天者親上，本乎地者親下。」這裡的「聖人」指君王，實際上是在闡述陽氣。

【原文】上九曰亢龍有悔。何謂也？子曰：貴而無位，高而無民，賢人在位而無輔是以動而有悔也。

【譯文】上九說「亢龍有悔是在說什麼呢？孔子說：陽氣雖貴，行到了上九，不是它應有位置。就像一個失去了國家的君主，出身雖然高貴，而失去了國內的人民，有賢有之士卻得不到幫助，在這種情況下，妄自行動是要有悔恨的。」

【譯文】陽氣到了上九以過了中爻，是天的邊緣。身處陰爻已不得位，加之過中所以高高在上，成了孤家寡人怎麼能無悔呢？在這種情況下，審時度勢馬上改變初衷，與陰結合，方得無事。實際上到了上九，馬上就要進入嚴冬，陽氣應潛藏，待時而動。

【原文】潛龍勿用，下也。見龍在田，時舍也。終日乾乾，行事也。或躍在淵，自試也。飛龍在天，上治也。亢龍有悔，窮之災也，乾元用九，天下治也。

【譯文】潛龍不能用是因為其處在卦的最下面。看見龍出現在田野裡是因時間不到而被放棄了。天天繁忙不休，是人們正在做各種事情。由於疑惑沒有跳出水面，是在進行自行試探。飛龍能在天上，是由於處在興盛時期，天下大治。飛得最高的龍感到後悔，是由於陽氣達到了極

點，這是一種災難。《乾》卦之「元」用九表示，是天下大治的象徵。

【釋文】「下也」指陽氣在下，剛剛形成，氣質微弱不可應用。「時舍也」指陽氣在這個時間裡還沒有應用，被拋棄掉了。「行事也」是說陽氣到了這裡，開始施展他的威力。沒有白天黑夜地在開展運動。「自試也」自己試探然後決定（可行與否）。「上治也」正是統治天下的大好時機。《新華字典》402 頁「上：④按規定時間進行某種活動。上課，上班。」「窮之災也」到了山窮水盡的地步就是災。朱震解釋說：「窮則變，變則通。窮不知變，窮之災也。」

【原文】潛龍勿用，陽氣潛藏。見龍在田，天下文明。終日乾乾，與時偕行。或躍在淵，乾道乃革。飛龍在天，乃位乎天德。亢龍有悔，與時偕極。乾元用九，乃見天則。

【譯文】伏藏的龍不可用是陽氣在伏藏，看見龍出現在田野裡就像太陽露出地面，天下一片文明。天天繁忙不休是說與時間共同往前行走，由於產生懷疑沒有跳出水面，是《乾》的道理產生的變化。飛龍在天上才能在它的位置上施展功德。飛得最高的龍有些後悔，是由它與時間共同走到了極點。乾元用九是乾道變化的規則。

【釋文】「潛龍勿用」指的是陽氣潛藏。馬融解釋說：「初九建子之月，陽氣動於黃泉。」「建子之月」是指農曆的十一月。《坎》中一陽生於《坤》中。就是陽氣動於黃泉的意思。「黃泉」指地下，黃指地，泉指地下水。「潛

藏」二字應解釋為陽氣初成沒有露出地面「見龍在田」是陽氣來到了地面，大地一片復甦，百草萌發。就像早晨太陽出來了一樣，所以說「天下文明」。還有人說《乾》卦二爻一變陰，便成了《離》卦，《離》是太陽。「終日乾乾」是指陽氣與時間共同進行。「或躍在淵」由於陽氣從下卦進入上卦，卦體有了改變。「飛龍在天」陽氣上升到九五是君主的位置，在這裡應向大自然施捨恩惠，展現天理和道德。「亢龍有悔」陽氣和時間共同來到最上一爻再往前是危險區域，所以有悔。因時間是永不停留的。所以陽氣要和陰結合，最後藏了起來。「乾元用九」是說《乾》元之氣只要這「九」個數字之內就沒有違犯規則。谷家傑解釋說：「則者，有準而不過之意。用九，正天準則不過度。」「彪謹案：不變者天之則也，至變者天之用也。唯其則千古不變而有常，故能至變的神其用而不失其常。不變之則不可見，必用九乃可見。是不變之道實寓於至變之中也。」

【原文】乾元者，始而亨者也。利貞者性情也。乾始觸的美利利天下，不言所利，大矣或！

【譯文】《乾》卦之「元」從一產生開始就是亨通的。「利」和「貞」二字是說明「乾元」的兩個詞。「乾元」一開始就能以美以利益於天下，然而卻總也不說它對天體有多大利益，真是太偉大了！

【釋文】前一部分解釋爻詞，這段話是在說「元」，「亨」，「利」，「貞」。並對其進行了高度地讚揚。天下的美麗就是「元，亨，利，貞」的作用。天體構成和人類及

其大自然的一切利益都來自於「元，亨，利，貞」四字「干寶曰：以施化利萬物之性，以純一正萬物之惰。」「乾元」之氣由大氣演化成天體，這中間有一個過程。吉林出版社出版了一本《少兒百萬通》這本書的 150 頁《宇宙間最大的奧秘》一文中說：「150 億年前，發生一件了不起的事件。我們不可說那是一次驚天動地的事件，因為事件發生前沒有天，也沒有地。那個事件發生是一次爆炸。那次大爆炸一經發生，就成為宇宙間最大的奧秘。在沒有空間，沒有時間，沒有一切的虛無中發生了一件事，難道不是宇宙中最大的奧秘嗎？

在大爆炸發生以後，空間向四面八方擴展，時間向前向遠延伸，宇宙火球放射著多種光線太空通亮通亮……早期的宇宙有氫和氦的物質團，它們是原始緻密火球中的成分。……最後形成富有億萬個閃光點的各種天體。」天體就這樣產生了。地球、太陽、月球、火星等九大行星都是這「億萬個閃光點」中的一員。我們可以想像，這天體的構成是何等地美麗。在磁場和電磁波的作用下，各個閃光點之間都有聯繫，在相互感應的作用下各自形成了各自的軌道。這就是「天之則也」。

【原文】大哉乾乎！則健中正，純粹精也。六爻發揮，旁通情也。時乘六龍，以御天也，雲行雨施，天下平也。

【譯文】偉大啊乾卦！剛健中正是你的本性。具備著「純粹精」三種性情。六個爻一起發揮作用，可以旁通萬物之情。時間，乘坐著六條龍的車，行走在天體之中，就

好像在雲霧中穿行，又能在暴雨中施展才能，天地間到處有你的足跡，是你，使天下萬物找到了平衡。

【釋文】這段文字是對《乾》卦的讚頌。

「純」，指陽氣之純。「粹」，氣聚一處為粹。有高出一般的意思。「精」，是說純陽之氣是構成天體、萬物和人類的精髓。

透過卦的六個爻位，可以知道人的過去和未來，此乃「旁通情」也。「時乘六龍」以下四句是寫「乾元」在天體中發揮的作用。

萬物都在尋找平衡是乾元的精髓，詳見附卷。

【原文】君子以成德為行，日可見之行也。潛之為言也，隱而未見，行而未成，是以君子弗用也。

【譯文】君子把修養成高尚的道德做為自己行動的準則，這種行動準則在每一天的言行中都可以體現出來。要說一個潛字，就是隱藏起來，把心中的遠大理想隱藏起來，宏偉的事業不去完成，這只是君子暫時放棄不用而已。

【釋文】《文言》的這段話，是在告誡世人，心懷大志的人，在能行得通的情況下儘量地實行，在行不通的情況下一定要隱藏起來等到時機成熟以後，再去實行。這裡是說明一個「潛」字。

【原文】君子學以聚之，問的辯之，寬以居之，仁的行之。易曰見龍在田，利見大人，君德也。

【譯文】君子的學業是用來積累知識，發現疑問提出辯論，是為了明辯是非。要做到起居寬容，行為仁慈。所

以,《易經》說「見龍在田,利見大人」是君主的恩德。

【釋文】《乾》卦三爻不是君位,《文言》說其是具有君德。是因為九二是下卦中爻,一個卦只有兩個中爻。九五得中是君位,而九二不是君位而有君德。是上下感應產生的結果。有英明的君主,才有忠正的臣民。欲語有「上樑不正底樑歪」。

【原文】九三重剛而不中,上不在天,下不在田,故乾乾因其時而惕,雖危無咎矣。

【譯文】九三是陽居陰位不是中爻,上不佔天元,下佔地元。所以,天天繁忙一到晚上就特別小心,這種情況雖然危險然而不會出現過錯。

【釋文】九三、九四兩爻處人元。九二、九一兩爻是地元。九三下接地元。「下不在田」的說法應怎樣理解呢?《周易學說》沒有提及。只有孔穎達說了一句「不在田,謂非二位。」原來這句的意思是「身不在田」。「上不在天,下不在田」是「上不佔天元,下不佔地元。」

【原文】九四重剛而不中,上不在天,下不在田,中不在人,故或之。或之者,疑之也,故無咎。

【譯文】九四居兩《乾》卦相交之地,而不得中爻。上面的天元,下地能地元都沒有佔到。雖佔到人元當中而是緊挨天元,離地很高遠,不在人群中。所以感到疑惑。惑字就是疑的意思。原本沒有錯。

【釋文】這段文字用卦的爻位進行說明,這裡的「重剛」並不是陽居陽位。因九四是陰位。要說九四「躍」的原因,也可能因為不得正位。九四走出下卦,進入上卦,

處兩乾之交，這裡的「重剛」應是指此而言之。

【原文】夫大人者，與天地含其德，與日月合其明，與四時合其序，與鬼神合其吉凶，先天而天弗違，後天而奉天時。天且弗違，而況於人乎。況於鬼神乎？

【譯文】大人，有著與天地一樣的道德和日月一樣散發著光明。有著和春夏秋冬一樣的時間順序。和鬼神一樣有吉有凶。在天體沒有形成以前，天就不敢違背它的意願，天體形成以後便能遵奉天時。天體都不敢違背大人，又何況人了，更何況什麼鬼神了。

【釋文】《易經》中的「大人」是人類道德的化身。這裡論述的就是道德的起源，活動範圍及其起到的作用。道德中其份量最重的就是「無私」。「天下大公」是什麼？就是「無私」。「劉沅曰：覆載無和之謂德，照臨無私之謂明，生息無私之謂序，禍福無私之謂吉凶。合德，包含遍育之仁。合明，精義入神之智。合序，變化鼓舞之教。合吉凶，慶賞形威之當。」

有了物質之時，道德就已經有了。由質變成物的過程，全是道德起著作用。正因如此，道德便成了人類活動的準則。所以「先天而天弗違，後天而奉天時。」人的道德隨著天時的更遷，也在起著微妙地變化。封建社會有其一套道德標準，新中國成立以後，其道德標準產生了變化。這就叫「後天而奉天時」。

【原文】亢之為言也，知進而不知退，知存而不知亡，知得而不知喪。其唯聖人乎！知進退存亡而不失其正者，其唯聖人乎！

【譯文】要說上九的「亢」字，只知道前進而不知道後退，只知道生存而不知道死亡，只知道獲得多少而不計較損失的大小。這不是唯一的聖人嗎！知道進退存亡而不喪失正義的人是唯一的聖人！

【釋文】：上段文字讚揚「大人」這段文字讚揚「亢」字。實際是闡述「道德」。說明有「道德」的人就是「聖人」。

「聖人」就是光明，光明就是純陽之氣，《乾》卦到了上六是《乾元》之氣達到了極點，這段文字是在讚頌《乾》「元」之氣的高貴品質。闡述了上九一爻的重要性。

古人作卦旨意淵深，書中作者為此作出了總結，值得一讀，現錄如下：

「彪謹案：聖人畫卦，以象天地萬物之形狀，包括於六十四卦中。極天地萬物之情變，顯著於三百八十四爻內。繫辭言易道變動不居，周流六虛，道有變動故曰爻。天道有日月晝夜之變，地道有剛柔燥濕之變，人道有行止動靜善惡之變。聖人設爻以效三者之變。動者變，變者化。吉凶悔吝生乎動，聖人於其動而將變未化之頃，觀象繫辭，示人以當變不當變，故曰擬議的成其變化。卦有彖辭，斷其本然之象。爻有象辭，擬議其將然之象。皆文王作，所謂經也。孔子既釋卦象，又釋兩卦相重之象（大象），六爻之象（小象），所謂傳也。彪初讀抱潤先生所著易費氏學，一再過而茫然。即而請業，尋其從人之途。蓋先生於此窮數十年之力，蒐輯眾說，薈萃折衷，書成刊行已十年，而復增削之，其稿屢易，求之愈精深而其理乃

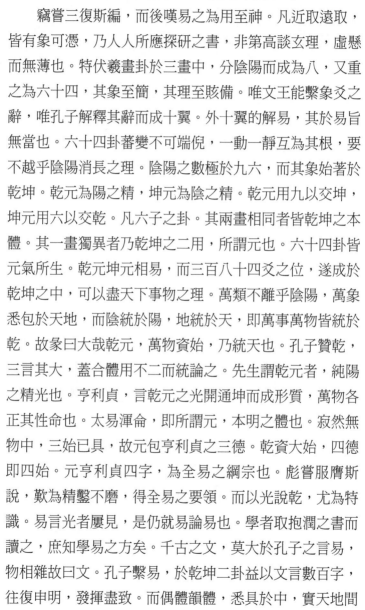

益顯著。大旨據十翼以解經，一宗費氏家法。」

　　竊嘗三復斯編，而後嘆易之為用至神。凡近取遠取，皆有象可憑，乃人人所應探研之書，非第高談玄理，虛懸而無薄也。特伏羲畫卦於三畫中，分陰陽而成為八，又重之為六十四，其象至簡，其理至賅備。唯文王能繫象爻之辭，唯孔子解釋其辭而成十翼。外十翼的解易，其於易旨無當也。六十四卦蕃變不可端倪，一動一靜互為其根，要不越乎陰陽消長之理。陰陽之數極於九六，而其象始著於乾坤。乾元為陽之精，坤元為陰之精。乾元用九以交坤，坤元用六以交乾。凡六子之卦。其兩畫相同者皆乾坤之本體。其一畫獨異者乃乾坤之二用，所謂元也。六十四卦皆元氣所生。乾元坤元相易，而三百八十四爻之位，遂成於乾坤之中，可以盡天下事物之理。萬類不離乎陰陽，萬象悉包於天地，而陰統於陽，地統於天，即萬事萬物皆統於乾。故象曰大哉乾元，萬物資始，乃統天也。孔子贊乾，三言其大，蓋合體用不二而統論之。先生謂乾元者，純陽之精光也。亨利貞，言乾元之光開通坤而成形質，萬物各正其性命也。太易渾侖，即所謂元，本明之體也。寂然無物中，三始已具，故元包亨利貞之三德。乾資大始，四德即四始。元亨利貞四字，為全易之綱宗也。彪嘗服膺斯說，歎為精鑿不磨，得全易之要領。而以光說乾，尤為特識。易言光者屢見，是仍就易論易也。學者取抱潤之書而讀之，庶知學易之方矣。千古之文，莫大於孔子之言易，物相雜故曰文。孔子繫易，於乾坤二卦益以文言數百字，往復申明，發揮盡致。而偶體韻體，悉具於中，實天地間

之至文。此阮文達的怪稱為千古文章之祖也。」

## 坤卦第二

坤，元，亨，利牝馬之貞。

《坤》卦為地，指地球。也可以說成是構成地球的素質「陰」。《乾》卦之「元」是構成天體的因素，《坤》是由《乾》之因素衍化而成的結晶。《乾》是素，《坤》是質。

《坤》中「元」即《乾》中之「元」，所不同的是《坤》「元」帶有質的成分。

《乾》元，亨，利，貞。《坤》同樣是元，亨，利，貞，只不過多了一個修飾成分。《乾》是牡馬，《坤》是牝馬。雌性馬溫柔，十分忠貞，太陽好比牡馬，地球就牝馬。這是陰陽具有的特性。

「項世安曰：牝取其順，馬取其行。順者坤之元，行者坤之亨。利者宜此，貞者修此而已。」陽主動，陰主靜，牝馬之行實際上是《乾》「元」作用。陽是因素，陰是結晶，即成「牝馬」不是純陰。而這裡的「牝馬」只不過是形容《坤》之順而打個比方。

「李士鉁曰：坤者乾之所變化，非兩物也，乾者氣之始，坤者形之始。乾健者陽之體，坤順者陽之母。陽奇陰偶，偶，朋之象也。坤喪陰朋而從乎陽，猶臣去朋黨的事君，婦捨所親以事夫。道之正，陰之利也。」這是李士鉁對「利」字的解釋。坤中之利是出於陽的利益。然後產生變化。這就體現一個「順」字上。

「劉沅曰：坤為地，與天合德而育萬物者，故其元亨

與乾同。乾純陽，而有變化之象，故如龍。坤純陰，而孕陽之德，合剛健於內，故為牝馬。坤以順為德，而孕陽之剛，一元賴以施用不窮，正如牝馬馴而健，君子體之，亦當寓健於順。」劉沅說明孕陽德這就是陰陽互根的說法。

「馬其昶曰：坤元者，純陰之精氣也。亨則通於乾，光氣渾合，化生萬物。特乾資始而無形，坤資生則氣凝而成質。故在乾卦曰元亨利貞，而坤則曰元亨利牝馬之貞。馬，乾象也。乾之所施，而坤保含之，遂成形質。所謂保合太和乃利貞也。此言陰陽化育之功，乃坤之全德也。乾坤同具四德，然元亨屬乾者多，利貞屬坤者多。故以下復就利貞二德而析言之。」馬其昶說出了「陰陽化育之功」是坤之全德。

「彪謹案」乾言龍，坤言馬，文王根據龍馬負圖之意而設乾坤，智慧絕頂。龍馬負圖，天地精深之理，借龍馬以顯其象，非尋常物類可比。龍神化而能舉天，馬任重而能行也。合龍馬為一象，此實天地精靈之氣鐘毓而成，乾健坤順之理即於茲寓焉。文王據龍之象以說乾，據馬之象以說坤，蓋即河圖之所見者言之也。乾陽主動，取龍之變化無窮，以喻乾道之變化無窮。坤陰主靜，取牝馬之柔順至極，以喻坤道之柔順極至。坤元以順為貞，故云利牝馬之貞。

【原文】君子有攸往，先迷，後得主，利。

【譯文】君子沒有去不到的地方，先雖迷惑，到後來卻能得到主宰，受到利益。

【釋文】這一句明言人事，實際是在闡述地球衍化形

成的過程「君子有攸往」是在說「亨」。萬物亨通，沒有不到的地方。「先迷」指天體形成以前，乾元之質無所從，正像俞琰所說：「坤從乾而行，先乎乾則迷而失道。」宇宙大爆炸以後，天體形成了，地球圍繞太陽運轉，這種現象為「後得主」。由無形的物質衍化成地球，只有圍著太陽運轉，一切順利。太陽就是地球的「主」。

「彪謹案：元氣生天生地，天無形而地有形天實居生，地承天之後著形質而為後天，不得先乎天也。」

《易經》是禮教的發源地，陰從陽，婦從夫，無夫從子，臣從君等，封建社會的指導原則稱之天道。

【原文】西南得朋，東北喪朋。安貞吉。

【譯文】向西南方向走，可以得到朋友（西南方向，有你的朋友）。向東北方向走，要喪失朋友（東北方向，喪失了朋友）。只要安定不動，保持正義，可以吉祥。

【釋文】後天八卦方位，正南《離》卦的位置；西南《坤》卦的位置；正西《兌》卦的位置。這三卦都是陰卦，故「西南得朋」。正東《震》卦；東北《艮》卦；正比《坎》卦這三卦都是陽卦。故「東北喪朋」。

往西南能得到朋友的幫助，因為那裡是陰的故鄉；往東北得不到朋友的幫助，同時會喪失朋友，因那裡是異性所在，無論是得朋友還是失朋友，最好安定不動才會吉祥。這是因為陰至靜的緣故。

【原文】彖曰：至哉坤元！萬物資生，乃順承天。坤厚載物，德合無疆。含弘光大，品物咸亨。

【譯文】《彖辭》說：到了坤元！萬物開始生長，這

是順從天的結果。坤元淳厚樸實,覆載萬物運行,她的道德和萬物的道德永遠是合在一起的。無論到了哪裡你都找不到它們的界限。萬物含著坤元的偉大隨著時間地流逝並能不斷地發揚光大,無邊無際,萬古無疆。使萬物的種類和品質永遠得到亨通。

【釋文】這段文字是對地球的讚美。元素的成分發展到了質的程度,由於「保合太和」以後便產生了大爆炸,相同質聚集在一起形成億萬個火球,這火球就是地球的前身。隨著時間的流逝,火球外表的質溫度不斷地下降,便形成了厚厚的地幔。萬物在這以後才能漸漸地產生,「到了坤元」!應是在這以後。

「蜀才曰:天有無疆之德,而坤合之。含弘者,包雜之廣。光大者,發越之盛。」這是蜀才對「含弘光大」的解釋。而蔡元定的解釋卻又進了一層。「蔡元定曰:含弘,坤之事也;光大,乾之事也。合德合乎乾,故亦光大。」這就是光指陽,質指陰的說法。

「馬其昶曰:天以生物為心,地即承天而化生萬物,故曰:「德合無疆」。《彖辭》讚揚《坤》卦有三無疆,「德合無疆」是《坤》卦之一德。

【原文】牝馬地類,行地無疆。柔順利貞,君子攸行。先迷失道,後順得常。

【譯文】牝馬和地球是同一種物類,地球的運行沒有邊際的。性格柔順又有利於貞正,這是君子應該做到的。一開始迷失了道路,天體形成後便得到了運行的常規。

【釋文】這段文字是對地球能圍繞太陽運行作出的讚

頌。《坤》卦最大的道德，就是一個「順」字，它順從太陽，得到了天體運行的常規，這個常規就是「行地無疆」。這是《坤》卦之二德。

「馬其昶曰：馬能柔順健行，於坤亨之義尤切。馬之行地，用其力也。君子攸（彪謹案：所也。）行，順其道也。循秩序而後利，順消長而後貞，是之謂柔順。」馬其昶在這裡強調了君子的行動。他說出了君子的行動要遵循事物發展變化之運動規律，只有遵循了這種規律，才能得到應得的利益。順著潮流的消長而後做到正，這就是「順」。順潮流的消長十分容易，要做到「正」就難了，而只有這「正」字才是《坤》的基本道德。

【原文】西南得朋，乃與類行。東北喪朋，乃終有慶。安貞之吉，應地無疆。

【譯文】往西南能得到朋友。是由於與同類共同行走。往東北失去朋友，然而終究會有值得慶幸之事。只有安守貞正的本分，才應合了地球的廣寞無邊。

【釋文】西南屬陰，能得到同類的幫助。東北屬陽，陰到陽地一定要被消滅，而轉化陽以後，同樣放射光明，這是值得慶賀的事情。這就是所謂窮則思變，變則吉的道理。這段文字讚揚了《坤》能消能長的美德，是《坤》之三德。

「程傳曰：象有三無疆，德合無疆，天之不已也；應地無疆，地之無窮也；行地無疆，馬之行健也。」這是對《彖辭》作出的總結。

「吳汝綸曰：淮南云陽氣起於東北，盡於西南。陰氣

起於西南，盡於東北。陰陽始，皆調適相似，日長其類，以浸相遠。此殆古易家說。坤之西南得朋者，陰氣於西南也。東北喪朋，陰盡而陽起也。」從《淮南子》這本書中可以看到陰陽二氣的起源。吳汝綸用來論證：

「馬其昶曰：「陰陽大義三端，一化育無疆，二秩序無疆，三消長無疆。」馬其昶給《彖辭》的「三無疆做出了這樣的結論，是有科學性的。」『德合無疆』是陰陽相合，這『德』就在『合』中。陰陽合和，萬物才能化生。所以，化育無疆；『行地無疆』是指陰陽發展變化之運動規律的『無疆』。這個規律是不能改變的，所以『秩序無疆』；『應地無疆』是指陰能應合陽，消長按變化規律行事。所以『消長無疆』。

【原文】象曰：地勢坤，君子以厚德載物。

【譯文】《象傳》說：地的形勢就是坤，君子要有地球那樣淳厚的道德，覆載天下的萬物。

【釋文】這裡的「君子」是指君王。同樣也是在指天下的每一個人。意謂要人們具備有地球一樣的道德。

「林希元曰：君子以一身任天下之責，群黎百姓倚我以為安，鳥獸昆蟲草木倚我以為命。唯厚德能承載天下之物，不厚何濟？」林希元的這段話是對君主而言。說君主要有地球一樣的道德，這是對君主的厚望。

「彪謹案：君子能容物，以其厚德如地也，自強不息是崇效天，厚德載物是卑法地。」這段按語說明了一個人應該具有的道德。

【原文】初六，履霜，堅冰至。

【譯文】初六爻詞，腳底下踩到霜了，應知道凍成堅冰的季節馬上會到來。

【釋文】陰始凝，霜也。見到霜，是天氣漸涼的象徵，也是秋末冬初季節。

陽用九，陰用六。初指《坤》最下一爻。「六」標明屬性為陰。「說文云：六，易之數陰變於六，正於八。」

「程傳云：陰始生於下，至微也。聖人於陰始凝而為霜，則以將長為戒，當知陰漸盛而至堅冰矣。不人雖微，長則漸至於盛，故戒於初」程傳用「霜」比作「小人」，因陰是小人，陽是君子，這是作卦兩大特點。意在告誡世人壞事從小而起，小孩子拿人家一根針，養成習慣長大以後就會去盜竊昂貴的物品，導致犯罪。

「王應麟曰：乾初九，復也，潛龍勿用，即閉關之意。坤初六，姤也，履霜堅冰至，即女壯之戒。」王應麟用卦氣的往復運動規律解釋初六。《坤》卦初生一陽是《復》卦，乾卦初生一陰是《姤》卦。「女壯之戒」是在說明女孩子從小就要養其怎樣做女人，怎樣遵守婦道。在這種思想的指使下，古人便作出了《女兒經》。《女兒經》這本書就是寫女孩子應怎樣去做的道理。

【原文】象曰：履霜堅冰，陰始凝也。馴致其道，至堅冰也。

【譯文】《象傳》說：「履霜堅冰」四字，是在說明陰氣才開始凝固，要順著這個道理發展下去，就是結成堅固的冰了。

【釋文】爻詞後面的《象傳》叫小象，卦詞後面的《象

傳》叫大象。大象解釋卦詞，小象解釋爻詞。馴，順從。致，達到。順著一個道理走下去，就是不斷地發展下去。

「司馬光曰：履霜堅冰，君子攘惡於未芽，杜禍於未萌。」司馬光的解釋十分深刻。惡劣的風俗習慣一定要防範在萌芽當中，杜絕禍患也同樣是從萌芽開始，等壞事惡習形成以後，悔之晚矣。

【原文】六二，直方大，不習無不利。象曰：六二之動，直以方也。不習無不利，地道光也。

【譯文】到六二這一爻，不僅直同時方而且大，不用反覆去做沒有不順利的。《象傳》說：六二的運動，是直而方也。不用反覆去做沒有不利的，是地道有光。

【釋文】六二得中爻又陰居陰位是得到了正位，這一中一正便成了坤卦主要一爻。《乾》五爻是主爻，《坤》二爻是主爻。所以能有地道之光。六二有天德是陰陽互根的作用。地道生光是得正的原因。因方有正義。古人認為天圓地方。地德有「方」。

「鄭康成曰：直也，方也，地之性。此爻得中氣而在地上。自然之性，廣生萬物，故生動直而且方。」鄭康成說「直」，「方」是地的性質。具備了這種性質才能「廣生萬物」。

「折中云：乾五得乾道之純，傳曰位天德，坤二得坤道之純，傳曰地道光。明乾坤之主，在此二爻。」《折中》這段文字是在說明六二是《坤》卦的主要一爻。

「李士鉁曰：直者乾之德，而坤效之。天為大，惟地配天，故稱大也。」李士鉁對「大」字作出了解釋。

「馬其昶曰：此所謂動，謂畫卦之動，非爻變而為他卦，故曰六二之動。天光發於地上直達無阻，其行至速。夫乾之動也直，直者陽之光也。光氣渾合，乾直坤亦直也。不習謂二不化坎。坎險阻，水行坎習，故曰習坎。坤順從天，行無所疑，故不習矣。習當坎德，不習者地道也。」馬其昶說六二之「動」的「動」字是畫卦之動。實際上應是指卦氣之動。這段文字把《乾》陽直接說成是太陽，太陽光照射地球，其光是直的。這是天地合德的因素。馬其昶提到了變不變的問，因為六二是地球之主不可能變坎。也決不會變坎的。《坎》卦卦辭是「習坎」不等於這裡用了一個「習」字，會化坎。所以文中提醒說「不習謂二不化坎」。這七個字便說出了地球之所以偉大的道德。

【原文】六三，含章可貞，或從王事，無成有終。象曰：含章可貞，以時發也。或從王事，知光大也。

【譯文】六三這一爻，內含著乾陽的章法可以得到貞正，有時去為王者做些事情，雖然不能說是自成大業，卻得到了一個好的結果。《象傳》說：含有乾陽的章法可以得到貞正。是按照時間發揮著作用。有時去為王者做些事情，是深知光的偉大。

【釋文】六三是陰坐陽位，所以「含章可貞」透過這一爻說明陰含陽德的道理。地道之所以有光就體現在這裡。

《象傳》強調了時間的作用，陰是隨著時間在發揮作用。「彪謹案：發坤三之義曰以時發，是修業之事，貴必

待其時也。時之為用大矣哉！」案文說修業必待時，時機不可失，可見時間的重要性。俗語有「一寸光陰一寸金，寸金難買寸光陰」的說法。

【原文】六四，括囊，無咎無譽。象曰：括囊無咎，慎不害也。

【譯文】六四，綁住口袋嘴，沒有過錯也沒有榮譽。《象傳》說：把口袋嘴綁起來是出於謹慎，這樣做可以不受傷害。

【釋文】括，捆綁。囊，口袋。這是一種形象地比喻，六四是上卦初爻，卦氣由下卦剛一進入上卦，人生地不熟，不能隨便地亂說話，把嘴閉得嚴嚴地。這樣，可以沒有過失，但也不會有什麼榮譽。

「劉沅曰：坤中虛，故為囊。四入上坤，重陰凝閉，有括之象。重陰不中，上下閉隔，能藏智晦光，咎譽並無。忘其囊之富，並不露其括之跡，即不以罪招咎，亦不求名招尤。」劉沅說不求名不要榮譽，不惹禍不會招來過失和怨恨。在六四這種時空條件之下，必須要這樣做。

【原文】六五，黃裳，元吉。象曰：黃裳元吉，文在中也。

【譯文】六五，穿上黃色的衣服，一切都是吉祥的。《象傳》說：穿黃衣服吉祥，是文明的表現。

【釋文】黃是地色，六五穿黃衣服說明六五是大地的主人（因五爻是君位）。封建社會的君主都穿黃衣服，這種習俗源於《易經》。

穿黃衣服是主宰文明的表現。皇帝就像天上的太陽，

主宰著天氣的文明。九五是君，六五是臣，九五的衣服賞賜六五，說明天地合德的道理。所以一切吉祥。「李士鉁曰：坤純臣道，故五亦為臣。乾元托體於五，坤五凝乾之元，猶地函天之氣，月借日之光，臣成君之功也。」

附解云：「人所以盡性立命者，只全乎受中之本然耳。聖人的性功教人，存其渾然在中之體，靜極而太極在我，即坤元之靜也。擴其猝然無我之衷，動極而太和為春，即乾元之動也。」

又云：黃帝，堯，舜垂衣裳而治，蓋取諸乾坤。人無衣裳，與物何異？衣裳之飾，所以發天地之文明，人道由此立，一切章采由此興。衣法乾，裳法坤，切身之文，莫先於是。附解說「盡性立命」全在於得中道，說明了陰陽之氣得中爻的重要性。「中」有正義。為適中，只有適中，才會找到平衡。物平才能靜這也是陰主靜的根源。「又云」是對「裳」的解釋。衣為上是乾，裳為下是坤，也可以說衣是君在上，裳是臣在下。所以，「衣法乾，裳法坤」人與物的區別就體現在衣服上，這是最大地文明。人喜歡穿好衣服，說明了文飾的重要性。

【原文】上六，龍戰於野，其血玄黃。象曰：龍戰於野，其道窮也。

【譯文】上六，在田野裡和龍展開了戰爭，流出了黃色和玄色的血。《象傳》說：在田野裡和龍展開戰爭，是由於走到窮途末路了。

【釋文】龍，陽物。是陰和陽展開了戰爭。這一戰非同小可，流出了玄色和黃色的血。這玄血是陽，黃血是

陰，兩種血交織在一起，天地一片黯然，瀟瑟。

《易經》元氣的運動規律是「〇」環運動所謂的物極必反，否極泰來是說在運動中超出了範圍，違背了原則。這裡的「野」就是指揮出了範圍。指野外或郊外。春季陰氣超出了範圍，就要受到陽氣的制約；秋季陽氣超出了範圍，就要受到陰氣的制約，這是萬物感應的一種規律。說白了，就是太陽光照射的溫度而起的作用。

「李士鉁曰：不言戰龍而言龍戰，陽來伐之，不與之敵陽，猶臣不可敵君也。血，陰象，玄，天色。居天之上，故玄。黃、地色。坤為地，故黃。易窮則變，初六以陰消陽，上六則陽來伐陰，陰不足以敵陽，故傷出血。見為天地之雜色也。」

【原文】用六，利永貞。象曰：用六永貞，以大終也。

【譯文】用六表示陰，有利於永遠貞正。《象傳》說：用六有利於永遠貞正。是《坤》卦到此爻而結束的緣故。

【釋文】《坤》陰用六，而有兩種說法一是陰六和天一共同生出一水，只有六才能起到生水的作用。二是根據古人「參天兩地」的說法。天、地、人三元是三個數字，用三作標準數，三個三是九，九是天；兩個三是六，六是地。古人認為有三重天，兩重地。在人世的底下還有一層地獄，是閻王居住的地方。

萬物以無形到有形，透過不斷地演化，最終結成形質而為終。形質就是品質，品質貞正不貞正到六以後再也不能改變了。在這種情況下和天一才能共同生出水。

「李士鉁曰：陽主進，故不用七而用九。陰主退，故不用八而用六。坤道承乾，乾出於一，坤終於六。萬事萬物出於乾之一，莫不終於坤之六。用六者，陰之正道，所以順乾元而終其用也。乾之一所謂元，推極於九則不見其元，而無往非元也。坤之一所謂貞，推極於六則無時非貞也，故利永貞。乾用九，以無首為大始；坤用六，以永貞為大終。惟無始故為大始，惟終乾，故為大終。凡數生於奇而成於偶，九即「一」畫之究竟，六即「--」之究竟。九六者天地自然之數也，又卦立於三，三其三則九，兩其三則六，所謂參天兩地而奇數也。」李士鉁論述了只有用六才利永貞的道理。

「朱子曰：利永貞，即乾之利貞。乾吉在無首，坤利在永貞。是說二用變卦，陽為大，陰為小，陰變為陽，所謂大終。言始小而終大也。」朱子對「利永貞」進行了解釋。陽為大是君子，陰為小，是小人。所以，「貞正」二字對陰來說就顯得十分重要了。

無形到有形是無中生有，無中生有而言無首，始小而終大是小往大來，利在永貞是九六之妙用。其六九之數實不可分，陰陽合和而為質。所以「馬其昶曰：保合太和乃利貞。」

「彪謹案：乾元入坤，坤元入乾，此即天地之大用。六十四卦陰陽變化，莫非九六之妙用為之，即皆乾坤之元氣為之也。雇氏所說，即根據說卦，乾以君之，坤以藏之而推其義。」

【原文】《文言》曰：坤至柔而動也剛，至靜而德方。

後得主而有常，含萬物而化光。坤道其順乎！承天而時行。

【譯文】《文言》說：坤極其溫柔同時行動起來卻十分剛健。極其文靜同時道德又十分正直。能在後天得主並遵循常規而絲毫不亂，包含萬物而生化不窮，光輝卓著而順天時。

【釋文】這段文字是全文的總起，抒發了對地球的讚美之詞。表達了地球在溫柔文靜中動而藏剛的性格。堅持不懈地圍著太陽運轉，隨著時間不斷地前進。是她繁衍了萬物而生化不窮，這種道德只用了一個「方」體現了出來。

「劉沅曰：乾剛坤柔，乾動坤靜，定體也。然坤固至柔，承乾之施，而動以生物，其機不可止遏，則亦至剛矣。坤固至靜，然有乾之化，而德能廣生、形氣各有攸屬，則又至方也。蓋以乾為主，讓功於乾，常若居後，實則得所至而有常。（彪謹案：有常即利字意。）故能含育萬物，化生不窮，光輝宣著，順承天道而時行，不敢先時而起，不敢後時而不應，所以配天於無窮也。」

【原文】積善三家，必有餘慶。積不善之家，必有餘殃。臣弒其君，子弒其父，非一朝一夕之故，其所由來者漸矣！由辯之不早辯也。易曰履霜堅冰至，蓋言順也。

【譯文】積累善良的人家，一定會有值得慶賀的事情不知不覺地降臨；積累不善的人家，一定會有災殃找上門來。臣民暗殺君主，兒子暗殺父親，不是一個早上或一個晚上就釀成的事故，事情的由來是一點一點在漫長的時間

裡形成的。這種逆反心理是逐漸形成的！由於對事情的爭辯沒能及早地爭辯明白所產生的後果。所以，《易經》說：「履霜堅冰至」。就是在說明無論什麼事情，都要做到「和順」。

【釋文】這段文字是在闡述一個「順」字。「順」是《坤》卦的道德。

《文言》用人類社會上存在的事例說明「順從」的必要性。也正是在說明《坤》卦的道德。《坤》卦的道德就是一個「順」字。

人人順從道理，社會上就不會出現多行不義之人。「彪謹案：蜀帝戒後主曰，勿以惡小而為之，勿以善小而不為，頗得其義。」

劉沅曰：「蓋言順也，坤固以順為德，而順於理不順於私，順其私則堅冰至矣。」這段話說中了人類社會的道理，做人要順其理而不去順其私。公而公的道理，私有私的道理，如果私要侵害了公的利益，那就不要去順從。做到這一點，臣不會去弒君，子不會去弒父。

【原文】直其正也，方其義也。君子敬以直內，義以方外，敬義立而德不孤。直方大，不習無不利，則不疑其所行也。

【譯文】心性正直才能堅持正義，所謂直就是正；外表大方其心存仁義，所謂方就是義。君子敬重內心的正直和仁義其德性不孤，其活動範圍一定很大。這就是「直」、「方」、「大」。遇事不用反反覆覆地去做，沒有不順利的，用不著懷疑自己的行動是對還是錯。

【釋文】這段文字闡述了「直」,「方」,「大」。這是對地球的讚美。同時說明了做人也要做這樣的人。

「語類云:敬解直字,義解方字,大孤解大字,施之於人,事君忠,事親悅,交友信,不待習而無一不利。」《語類》說達到了「直」,「方」,「大」的程度,事奉君主能忠心耿耿;事奉親人能使親人高興;交朋友也能取得朋友的信任。

劉沅曰:「直乃奉天之施,而生物無不遂其正則然。方乃順天之化,而物各得其所,其義則然。內欲其直,則敬以居心。外欲其方,則義以行事。敬義者,內外交飾之功,實人心自然之理。」「直」是太陽光線之直,是天體的施捨。有了陽光才能出生萬物。這就是「正」的道理。地球的廣寞無邊曰「方」,只有廣寞無邊萬物才「各得其所」。這就是「義」的道理。地球的內裡正,外行仁義,這也是做人的道理。

【原文】**陰雖有美,含之以從王事,弗敢成也。地道也,妻道也,臣道也。地道無成而代有終也。**

【譯文】坤元三陰雖有她的美德,內心總是含藏著乾陽,一心想著為乾陽做事,私自是成不了事業的。從來不敢私自成就事業。這就是地球的道理。做妻子的道理。做臣子的道理。地球自己成不了事業而是代替乾陽完成乾陽交給的事業。

【釋文】「含章可貞,或從王事,無成有終」是闡述地球為乾陽成就事業。地球美德是乾陽賦予的,地球是在為乾陽完成各項事業寫出了地球對乾陽的無限忠貞,無私

奉獻。

《文言》從這個道理中推論到夫妻關係，父子關係，君臣關係，這三種關係與地球太陽的關係是同一道理。

宋衷曰：地終天功，臣終君事，婦終夫業故曰代終。這是對「代終」二字的角釋。

「二程遺書云：天地日月一般，朋之光乃日之光也。地中生物者，皆天氣也。無成代終，地之道也。」這是對「無成代終」的解釋。月光來自太陽，大地生出萬物全是天氣的作用，所以坤陰是無成的，而是天的作用透過坤陰來完成。

「蔡清曰：弗敢成，即含章之道，用於從王事者。」這是對「含章」二字的解釋。陰中含陽，陰是質，陽是素的原因。

「劉沅曰：地功弗居，地道之常。地統於天，不有其功，無成者也。然代天生物，物無不成，天功實賴以終，此地所以能成其大與天同功也。」

【原文】天地變化，草木蕃。天地閉，賢人隱。易曰括囊，無咎無譽，蓋言謹也。

【譯文】天地間有春夏秋冬的變化，從春天開始，草木開始蕃盛，以秋後開始，天地開始閉塞，就像社會風氣開始不好，賢能人士便隱藏了起來。《易經》說「括囊，無咎無譽」就是在告訴人們到了這個時候要謹慎行事。

【釋文】這做文字是對四爻爻詞的說明，天地之氣行到了《坤》卦四爻，這裡不是陰之中氣，呈現出「天地閉」的氣氛。在這種情況下，處處要謹慎，多看少說話，待在

屋子裡，關上房門，與外界少來往。這樣做，沒有什麼過錯，也不會得到什麼榮譽。

這是一種消積的處世哲理。世道黯然就要藏起來，這種說法不符合道理，萬物都在尋求平衡，達不到平衡，必須會有事。舊中國社會上世道黯然，從清政府後期一直到新中國成立，人民的反抗運動就一直沒有停止過。沒有這些反抗，新中國就建立不起來。按「天地閉」，世上賢人隱的說法，現在還不知「閉」到什麼程度。

【原文】君子黃中通理，正位居體，美在其中，而暢於四支，發於事業，美之至也！

【譯文】君子應當知道黃色當中通於道理，是地球內通天體。由於地球得到了天體中的正位，全身穿上了黃色的衣裳，美麗就體現在她的體內，卻能通向四支，使事業得到不斷地發展。使體內的美麗呈現在天地之間，這種美麗是最美不過的了。

【釋文】《文言》的這段文字，是對「黃裳」的解釋，是對五爻的讚美。

《坤》卦五爻是《坤》之體，是地球的全部展現，是美的全部亮向。地球的美，就體現在「黃中通理」。「黃中通理」是地通天，同時也是對元、亨、利、貞的高度讚揚。只有「黃中通理，才能「暢於四友」，「發於事業」，這個理，就是一個「順」。只要順於理，則能暢通無阻。發於事業，展現美德。

「虞翻曰：黃，地色。以乾通坤，故稱通理，五正陽位，故曰正位。體，四支也，謂股肱。」乾通坤是通理，

因為陰質一於陽精。五能正陽位。是五源於陽。說明坤通陽。無論怎麼說都體現一個「順」字。

「鄭汝諧曰：古服制十二章，衣為繪，裳用繡。考工記云五采供為繡。裳備五彩，為至美至文。衣為上比作天，裳為下比作地。用「裳」是取土、下之意。與古服制有關係嗎？說「裳」之美是讚美地球，與古服制有關係嗎？

「劉沅曰：地含天這元氣於內，天故不窮。人法之而黃居中，意誠心正，卑亦修矣。天位乎上而藏命，性命之根，生於太極，惟土德含育之，身潤德即日新。聖人所以配地博厚，而孟子言充實之謂美，亦此旨也。」「性命之根，生於太極，惟土德含育之。」這句話說出了「黃」字的中心實質。正因為「黃」才能產生生命，萬物之性命，來源於「黃」讚美「黃」就是讚美「土」；讚美「土」就是讚美生命。

「馬其昶曰：美在其中，陰中含陽也。暢四支，發事業，美之至，則化陽之功用矣。通理，謂直達湊理，此釋黃義。正位居體。釋裳意。明五雖化陽，乃不失為純臣也。」「黃」之美是「暢四支、發事業」，「美在其中」是「陰中含陽也」。「正體居體」讚美「黃」之「正」也。這「正」字卻能說明《坤》之「乃不失為純臣也」。

【原文】陰疑於陽必戰。為其嫌於無陽也，故稱龍焉。猶未離其類也，故稱血焉。夫玄黃者，天地之雜也。天玄而地黃。

【譯文】陰的懷疑是出在陽的身上，一定會有戰爭發

生。正當堅冰季節，是陰極盛時，這時是不會有陽的。所以把陰說成是「龍」。如同是離不開同類一樣，「陰」稱之為「血」。所謂的「玄黃」是天地交雜之色，天色玄地色黃。

【**釋文**】這是對上六爻詞的解釋。「龍」是《乾》陽的象徵。「血」是《坤》陰的象徵。「玄」是《乾》陽之色，「黃」是《坤》之色。陰陽相互感應，是不會發生戰爭的，這戰爭是由於陰產生懷疑之心。是由時空條件的決定的。陰至上六，高盛至極，自己並沒感覺到是窮途末路，才能導致對陽產生懷疑。

由於陰認為此時無陽，爻詞才用龍字打比方。萬物都離不開陰陽兩類。「血」和「黃」是陰類；「龍」和「玄」是陽類。這是對陰陽類別的說明。

「干室曰：陰在上六，十月之時。卦成於乾，乾體純剛，不堪陰盛，故曰龍戰。戌亥，乾之都也，故稱龍。未離陰類，故曰血。陰陽色雜，故曰玄黃。」《乾》上六是五月，《乾》上六是十月。十冬臘月其陰正盛。這是從時間而言。從方位上說十月正是戌亥之地。又是《乾》卦居所（即方位）。陰陽交戰是出於此種原因。十月將昌盛，到了陽地，陽不欲其盛故戰。所以天地一片黯然而蕭瑟。

「劉沅曰：卦本純陰，未嘗有陽。然陽自未嘗無也。與陽者戰，而戰者陰也。陽在卦外陰乃卦體，故言戰。陰陽至於交戰，已非天地之常。戰而傷血，玄黃皆有，則天地俱傷，天地亦不能成其為天地矣。況在人乎？陰極盛，陽必有傷，陰即不能獨全。聖人即像以明理，所謂利永貞

者，天地自安其常，人心常如其故皆太和矣。」用陰陽之理比作人體，陰盛傷陽，陽盛傷陰，原本就是同一道理。要想達到「利永貞」就應像天地一樣，各自安守常規。各自安守常規才能體質康泰，利於貞正。

「彪謹案：上六為陰之窮，正所謂堅冰之候也。陰極盛而疑於陽，疑陽之出，則陽不得不與陰戰。其在月令所云，陰陽爭，死生分。是日長至之時，陽將死而陰漸生，即乾上九亢龍之義也。又云陰陽爭，諸生蕩。是日短至之時，陰漸退而陽初復，即坤上六龍戰之義也。陰陽相含，乾上爻象龍之亢，純陽中含微陽焉。坤上爻象龍之戰，純陰中含微陽焉。天地含而陰陽不分，天地雜而陰陽始也。所謂雜者，正天地絪縕，萬物化群之道，不得不如是也。究之純陽純陰之體，本未常雜，故曰天玄地黃。」

《彪謹案》說到日長至，日短至的問題。冬至正十月日長至；夏至正午（五）月日短至，這是陰陽互生的場所。陰生五月，陽生十月。「龍」象徵陽開始生長。這就是「絪縕」的道理。

「附解曰：天地未分，太極居天地之始。天地即分，太極在天地之中。天地即太極之體也，天色乎地，地居天中，天地何可強分哉？第人居天地內，以在上在下之形言之，則天高地下而乾坤判矣。然乾行乎地中，實馭乎坤之外。坤孕於天之內，又載乎天之元。伏羲畫卦，純陽純陰，取象天地，以天地陰陽本無偏勝，故能萬古不毀也。乾健坤順，健者賴順者以收，順者賴健者以立，六十四卦皆從乾坤出。天地之理全在於人，人之所以盡性立命者，

只全乎受中之本體耳。聖人以盡性立命以塑人，故於卦爻
之變異者諄諄示戒，而於乾坤一一詳明。文王就卜筮吉凶
言，夫子一一引之於理，所以申其旨也。」附解對乾坤作
了全面地說明。從天地的形成說到人的盡性之命。全來於
太極，天體運轉是個大太極；人的身體就是一個小太極，
無論大、小太極皆賴於乾健坤順，伏羲畫卦為言吉凶，孔
子以其理來說人事。使《易經》不斷地向前發展。

## 屯卦第三

屯，元亨，利貞，勿用有攸往，利建侯。

屯在天地出現以後。是處在聚集諸存萬物物資的歷史
階段。屯是聚集，諸存的意思。上面「一」橫是地，下面
「屮」是草，草木剛從地下開始萌發。《序卦傳》說：「有
天地然後萬物生焉，盈天地之間者惟萬物，故受之以
屯。」這是在說屯是孕育萬物的開始。

天地初開，首先分化出來的就是水，《屯》卦，上卦
是水，《坎》為水；下卦是雷，《震》為雷。顧名思義，《水
雷屯》霹靂閃電，大雨傾盆。這雨不知下了多少年，地球
上一片汪洋，水面佔了地球的百分之七十。《序卦傳》中
的盈字，就是指水而言。水氣上升為雲，凝而下沉為雨，
聚集於地面為水，水見陽光而化，萬物從水而生。

「王家傳曰：繼天地以用事者，長子也。次子也。其
次坎，又其次艮。此三男相繼，以效其芳於天造草昧之日
（吳翊寅曰：草昧，漢書引作昒。說文：屮，讀若徹，艸
木初生也。屯，從屮貫一，象艸萌芽，遍徹地上。董遏

云：昧，故作未。說文木上曰末，從木，一在其上。一即
地也。詩疏云：昧者，木生根也。）癖天荒，理地脈，發
初性而盡開物成務之通也。」這段文字，王宗傳為「屯」
字作出了考證。

「歐陽修曰：居屯之世，勿用有攸往者，眾人也。治
屯之時，動乎險而經綸之，大人君子也。故曰利建侯。」
屯蒙之時，人的行動處處有危險，生活十分艱難。能擺脫
困境的人，就是大人物。所以在這種情況之下，對建立五
侯十分地有利。

「李士鉁曰：屯象草木初生，氣盈而鬱結未通，故
難。惟難故盈。屯，人道也。下卦震一索得男，剛柔始
交，生人之始也。上卦坎得乾之中畫，即後天之乾也，此
屯所以繼乾坤也。人生之始為屯，所謂人生於憂患也。然
則易固憂患之書與？」《乾》、《坤》生有六子。三男是
《震》、《坎》、《艮》三卦，而《屯》卦全都具備。這說
明《屯》卦是「人道也」。人初生，天地一片草昧，所以
生活處處艱難。人生於憂患之中的說法，來源於《易
經》。卦詞告誡人們得了這一卦不要去應用，其原因是處
境太艱難。

「馬其昶曰：震初一陽道出，元也。四互坤為眾為
順，初四相應，亨也，建侯，利也。志行正，貞也。皆主
乎震。」這是對「元亨，利貞」的解釋。馬其昶說《屯》
卦之所以能「元亨，利貞」全是《震》卦的作用。這是由
於《震》是長男的原因。父母年邁，由長男主事。家庭中
有很多成員，一致順從（擁護）長男。這是因為初爻，四

爻兩相呼應。

【原文】彖曰：屯，剛柔始交而難出。動乎險中，大亨貞。雷雨之動滿盈，天造草昧，宜建侯而不安。

【譯文】《彖辭》說：處屯之時，剛柔剛開始相交是天地初開之時，災難叢生。要想行動，時時處處都在十分危險當中。只有貞正和亨通能力很大的物種才能行得通。雷雨的震動充滿了天地之間，天地造化出的草木都非常地暗昧，即使對建侯有利，也是得不到安寧。

【釋文】這段文字，說出了很多不利因素。屯時之難，就難在「動乎險中」只要一動，就處在危險之中，這就描繪出了當時處於危險的情況。這種情況，就是草木的暗昧。

「白虎通云：王者即位，先封賢者，憂民之急也。故列土為疆，非為諸侯；張官設府，非為卿大夫，皆為民也。易曰利建侯，此言因所利而利之。」這是對「利建侯」的解釋。建侯不是為諸侯，也不是為卿大夫，而是為了人民，所以要選拔賢者。和現代人選領導，是一個道理。

【原文】象曰：雲雷，屯；君子以經綸。

【譯文】《象傳》說：雲聚而雷鳴，是《屯》卦；君子在天下要大展宏圖。

【釋文】《象傳》說只有厚厚的烏雲密聚在天空，雷聲閃電才會出現。《屯》聚集在一起，就是說君子要有把千絲萬縷的絲線織成布的本領。

「張洪之曰：君子有濟屯之才，上古聖人無論矣。禹治水，稷教稼，始奠厥君，經綸也。周公修禮樂，則經論

之至矣。」這是對「經綸」二字的說明。「經綸」天下者，王也。古人群居，一群之王十分重要，在危難當中，其王者自出。張洪之用「禹」、「稷」、「周公」進行了說明。

【原文】初九，磐桓，利居貞，利建侯。象曰：雖磐桓，志行正也。以貴下賤，大得民也。

【譯文】初九，巨大的岩石就地旋轉了起來，有利於居守貞正，有利於建立五侯。《象傳》說：磐石雖然就地旋轉，它的志向和行動是正確的。陽本來是很高貴的，卻能夠來到下賤的位置上。這樣一來，大大地得到了民心。

【釋文】初爻是陽位，初九得了正位。所以《象傳》說「志行正也。」初九之志，不想前進。所以就地滾動，沒有向前滾動。這就是「利居貞」。有利於就地居守貞正。初九這樣「磐桓，卻大得民心。」因初爻是平民百姓的位置，高貴人物來到了老百姓中，由於走得正行得正，深受百姓擁護，所以大得民心。

「劉沅曰：初九一陽為濟屯之主，才可有為，時尚有待，故不苟於進，利於居正不渝。蓋建侯即所以濟屯，而方建則戡國示顯，得磐桓之義也。夫子恐人以磐桓為遲疑，建侯為威服，故曰：雖磐桓，乃心存濟世，行欲安民，志行正也。建侯者，俯從民望，以貴下賤，大得斯民願治之心也。」

「李士鉁曰：初九震主，震驚百里，諸侯之象。而以陽下陰，又上承互坤，有土有民之象。江海下於水，而百川赴焉；君子下於民，而四方歸焉。初非侯位，而有侯通，故利建之。」劉沅說「建侯者俯從民望」。李士鉁說

「江海下於水，而百川赴焉；君子下於民，而四方歸焉。」初爻不是侯位而利建侯，是初九「志行正也。」所以，「磐桓者，待時也，動而不變之象也。」（馬其昶語）

《易經》帶有濃厚的封建社會的階級性，把陽說成高貴，是統治者，把人民說成下賤，是被統治者。由於初爻在下是平民百姓，所以下賤。

「王弼曰：息亂以靜，守靜以候。安民在正，弘正有謙。屯難之時，陰求於陽，弱求於強，民思其主之時也。爻備斯義，宜得其民。」《屯》卦處在有難之時，正氣必須要得到伸張正氣不起，民不聊生。陽爻為正，陰爻為邪，陽是君子主光明，陰是小人主黑暗。初九陽得陽位，貴重而貞正，百姓把求生慾望寄託在初爻身上。所以劉沅說：「夫子恐人談以磐桓為遲疑，建侯為威服，故曰：雖磐桓，乃心存濟世，行欲安民，志行正也。建侯者，俯從民望以貴下賤，大得斯民願治之心也。」

【原文】六二，屯如，邅如，乘馬班如，匪寇婚媾。女子貞不字，十年乃字。象曰：六二之難，乘剛也。十年乃字，反常也。

【譯文】六二，在屯聚十分艱難的情況下，走動十分困難，怎麼走也走不出去，就好像騎在馬背上原地打轉。有匪寇搶親來了，六二十分貞正，決不嫁給匪寇，十年以後才嫁人。《象傳》說：「六二的艱險，是由於下面緊挨著初九一陽爻。不嫁給九五是種反常現象。

【釋文】邅（ㄓㄢ），難走。如，「……情況之下」。用在動詞、形容詞後表示情況。班，「彪謹案：班，鄭作

般。說文：般，辟也，象舟之旋。」走不出去。貞不字，「語類云：貞不字，未許嫁也。」字，字據，結婚證。六二和九五兩相感應，由於下坐初九和初九很近便產生了感應；離九五很遠，所以「不字」。

「張浚曰：二抱志守節，於艱難之世，義不苟合，是為女貞。」張浚對六二的守節給予了肯定。作出了正確地評價。

「朱兆熊曰：二稱女子，稱字，固未嫁之辭。蓋五屯膏，不下求二，故二與五本沒有定分。從一之義，可責婦人，不可責女子。舍初又安所復字？字五常也，字初非常也。惟非常不失其常，故象方反常。」

二爻和五爻兩相感應，由於離初九很近，初九一陽前來搶親，匪寇是初九。六二貞正，決心嫁給九五，故九五是正配，這是「不字」的原因。古人十分重視貞節，弘揚女必從一的高貴品質。若是現代人決不會出現這種情況，初九、六二往來頻繁，一定會私奔。

【原文】六三，即鹿無虞，惟入於林中。君子幾，不如捨，住吝。

【譯文】六三，一隻鹿就在眼前跑掉了，虞人沒有用箭去射，眼看著它鑽入了林中。君子與其用箭射鹿，不如捨棄讓它跑掉，要是追趕鹿用箭去射，一定會有吝難。

【釋文】即，隨即（跑掉）。無，沒（用箭射）。虞，指獵人。幾，同機。用來打獵的弓箭。這裡指用箭去射。

「鄭康成曰：機，弩牙也。」

「虞翻曰：機，就也。虞，謂虞人。艮為山，坎為叢

木。」

「劉沅曰：鹿，陽獸，謂九五也。震坎皆有象於木，故曰林中。吝，齒難之意。君子知幾以為不如且捨，若徑必有吝。」為什麼會有吝難，李士鉁解釋說：「陰迷而不能濟，不如捨而自全。所以事貴量力也。」原來六三是陰，陰為迷。九五是陽，是鹿，鹿是陽物，速度很快，六三就是用箭去射，也是無洛於事，不如捨棄叫它跑掉，別人還不會說你自不量力。所以李士鉁說：「事貴量力也。」

【原文】象曰：即鹿無虞，以從禽也。君子捨之，徑吝窮也。

【譯文】《象傳》說：讓鹿在眼前跑掉是用來順從禽獸的意願，君子遇到這種事情都會這樣做的。如果去追殺吝難無窮。

【釋文】「淮南子云：君子懼失仁義，小人俱失利。觀其所懼，知各殊矣。」一個「懼」字，說出了兩種態度，君子懼怕「失仁義」，小人懼怕「失利」，其二者何去何從，是君子和小人的分水嶺。

【原文】六四，乘馬班如，求婚媾。往吉，無不利。象曰：求而往，明也。

【譯文】六四，有男人騎馬在六四家門前打轉，是有人求婚來了，出去迎接是吉祥的，沒有不利的地方。《象傳》說：有人來求婚，然後出去迎接，是正大光明的事情。

【釋文】六四緊靠九五，是君主手下的大臣，國家重

臣之家，有人來求婚，會是什麼人呢？「劉牧曰：初為康屯之主，四得正而應之，見求而往，所以為明。」劉牧說是初九來求婚。初九是諸侯王者，到皇帝手下的大臣家求婚，門當戶對。但初九畢竟是平民之位，現時還沒有當上諸侯王，似乎不合情理。「劉沅曰：五陽四陰，君臣遇合，喻以婚媾。待上之求而後徑，明於進退，乃可濟屯。」劉沅卻說是君主向手下的大臣求婚。按理，九五和六二相感應，是正配，六四應是偏妃。六四入了皇宮初九便成了光棍。天下之大，理欲何求？

【原文】九五，屯其膏，小貞吉，大貞凶。象曰：屯其膏，施未光也。

【譯文】九五，國君把國家的金銀和大批的糧食全部囤積起來。私人的小事能按正道辦理是吉祥的，國家的大事即使安排得很正確，也是會有凶的。《象傳》說：國家把多錢和糧食囤積起來，這種措施是不能發光的。

【釋文】「谷永曰：民饑饉而吏不卹，百姓困而賦斂重，易屯其膏。」屯難之時，人民苦不聊生，官吏不去同情百姓的苦難，反而國稅壓得人們喘不過氣來，農民的血汗錢都被官府征去了，這就是「屯其膏」。

李士鉁：「小貞吉，大貞凶」的解釋說：「陰為小，小者陰臣之象。屯之於小，臣下不專施與，所以裕其源而蓄其勢，故吉。陽為大，大者君之象。屯之於大，膏澤不下於民，則盈滿為災，故凶。猶坎水小則宜聚，大者宜拽此定理也。」「小貞吉，大貞凶」並非君主屯積錢糧就凶，小臣囤積錢糧就吉。「小貞吉」指的初九，初九是平民之

位，而據有建侯之才，德高望重，民眾皆伏。居屯難之時，能解民憂身懷眾望，所以「吉」也。「大貞凶」指九五一陽，身居君位，有錢糧囤積起來，不能不施於民，天下怨聲載道，所以「凶」也。所以《象傳》解釋說：「屯其膏，施未光也。」

「馬其昶曰：施澤如光之普照，則廣且大。今未光，以救民之主尚未作也。天造草昧之時，侯由下起，其曰宜建侯，柳子厚所謂眾群之長就而聽命者也。外傳，主震雷，長也。屯之長既主震初，則五非卦主可知。曰屯其膏，著卦時也。坎雨稱膏，互艮止之，為屯其膏。非五屯之，時未至也。五於此時，化柔則吉，用剛則凶。五化則變坎險為坤順，且柔能納剛，初即可升五而濟屯矣。凡易例，大小皆謂陰陽。貞吉，貞凶，皆為吉凶由漸而致。」馬其昶說出了九五和初九能吉能凶的道理，九五化陰等於退位，把君位讓給初九。這樣，一切吉祥。說則容易，事出則難矣。

【原文】上六，乘馬班如，泣血漣如。象曰：泣如漣如，何可長也？

【譯文】上六，騎在馬身上原地打轉，眼淚像血一樣奪眶而出。《象傳》說：哭得眼淚像血一樣往下滴，怎麼能長久地生存下去呢？

【釋文】血是陰的象徵物。卦到上爻必須產生變化。爻詞用哭來形容。是窮途末路的象徵。

「劉沅曰：淚由悲聲而出，血出則無聲。悲無聲而淚亦出，曰泣血。」這是對「泣血」的解釋。

「王弼曰：處險難之极，下無應援，進無所適，雖此於五，五屯其膏，不與相得，故泣血漣如。」

## 蒙卦第四

【原文】蒙，亨，匪我求童蒙，童蒙求我。初筮告，再三瀆，瀆者不告，利貞。

【譯文】《蒙》卦，亨通，不是我去求不懂事的孩子，是不懂事的孩子來求我。初次請求占卜可以告訴，如果表現出再三地輕慢，輕慢是不會告訴的。有利於辦正事。

【釋文】《序卦傳》說：「屯者，物之始生也。生物必蒙，故受之以蒙。」事物初生事事難明，所以求卦問事。問卦人是童蒙，卦師是我。不是我去求童蒙，是童蒙來求我。占筮一次可以把事情告訴你，再三占筮，是對神的不尊重，不尊重神，神是不會把事情告訴你的。這是在寫求神算卦的事。

萬物初成，事事難明，遇事求神這是古人唯一的辦法。伏羲會算卦，卦就是他發明的，人們找他算卦，他便成了人們心中尊敬的神，所以，他便成了當時的皇帝。

《蒙》卦，上卦《艮》是小男，小男就是童蒙。下卦《坎》是中男，中男是卦師。《坎》中有一陽，陽主光明，這一陽就是「我」，「我」是卦師，是神。這是一層；童蒙指學生，我是老師，學生向老師求學，這是二層；人類初期，天下險難，人們的起居，處處困難，有不明的事理相互請教，有能人發現了新招，人們爭相去學，拜他為師。這是三層。

「劉沅曰：序卦云，蒙者，蒙也，物之穉也。物生必蒙，故次於屯。童蒙，艮也。坎在下，剛中而為主，我也。五分二應，求我之象筮，蒙昧而求於神明之事，初則至誠專一，再三則疑貳瀆慢。王恐人以蒙自安，以蒙棄人故言蒙不終蒙，有可亨之理，但須人自去其蒙，我乃可以發其蒙。」蒙之可亨之理，就是討教別人。

「李士鉁曰：屯，君道；蒙，師道。作之君，作之師，聖人所以繼天地而起也。又屯，長男中男卦；蒙，中男少男卦。乾坤開闢而復，天地盡以其事付之三男矣。有世道之責者，何所諉乎？二五交，陰陽通，故亨。孔子曰，不憤不起，不悱不發。孟子曰，國於心，衡於慮而後作；微於色，發於聲，而後喻。先儒曰，大疑大悟，小疑小悟。此蒙之所以亨也。艮為少男，五陰爻暗昧，故童蒙。二陽爻開明，故能開五之蒙。二五正應，匪二求五，乃五求二，所謂禮聞來學，不聞往教也。師嚴然後道尊。瀆者不告，恐褻道也。坎為叢棘而得中氣，蓍之象，故筮。詩云，我龜即厭，不我告猶。即瀆者不告之義。震初索，初筮之象。坎再索，艮三索，再三之象。二互震之初爻，五歷四三以至二，所謂初筮。三為坎，是亦教誨為再筮；四為艮，為三筮，皆非正應，故不告。然非吝也，蓄極求通，一言頓解，故不告以俟之。舉一隅，不以三隅反，則不復，教之道也。所謂不屑之教誨，是亦教誨也。」用卦象解釋卦詞，《易》學者的慣例。

【原文】彖曰：蒙，山下有險，險而止蒙。蒙亨，以亨行時中也。匪我求童蒙，童蒙求我，志應也。初筮告，

以剛中也。再三瀆，瀆則不告，瀆蒙也。蒙以養正，聖功也。

【譯文】《彖辭》說：《蒙》卦是山下有危險，有危險就必須要停止行動，這就是《蒙》卦。所謂《蒙》卦亨通，是指在迷蒙的環境中得以行動。是行動在這段時間當中。不是我求童蒙，是童蒙求我，說明童蒙和我的志向是相通的。「初筮告」是用來說明下卦《坎》中一陽得中。「再三瀆，瀆者不告」是說明占卦人太不尊重了。蒙昧期間可以培養正氣，這是聖人的功勞。

【釋文】《彖辭》中的「蒙以養正」意義淵深。說明在什麼也不懂的情況下，可以培養出貞正的品質，這種品質的培育全是聖人的功勞。這句話在中國的上古時期，得以驗證。換句話說，這句話是對中國社會發展的高度概括。

卦詞中強調了一個「瀆」字。「瀆」是輕慢，態度不認真。也就是表現得不誠實。《易經》對「誠實」要求很高，說「誠實」是作人的本質。也就是說作為一個人，一定要誠實。

「彪謹案：二五相應，以九二之陽化六五之陰柔，是謂養正。」這是作者對養正的解釋，也是《蒙》卦詞的中心。說明了陰陽相互感應的道理。《蒙》卦九二是全卦之主爻，雖不得君位，而有君德。

【原文】象曰：山下出泉，蒙；君子以果行育德。

【譯文】《象傳》說：山下暴出一股清泉，君子要用果斷的敏敢的性格培養出高尚的道德。

【釋文】「果行」指「言必信，行必果」有如山下暴出的一股清泉，泉水一出，對大地就會產生影響。人的話一經說出口，對人們和社會就會產生一定的影響。信用是最重要的，說話不講信用，難言道德。

《象傳》是在進一步地說明「蒙以養正」「養正」首先應作到的就是「果行育德」。做不到這一點，難以「養正」。

【原文】初六，發蒙，利用刑人，用說桎梏。以往吝。

【譯文】初六，迷蒙發展下去，會被刑事犯所利用。用刑律去勸說那些不法分子，按照自己的想法去做會有吝難。

【釋文】屯蒙之時，不明事理，很容易上當受騙。違背國法之事在所難免。所以，要用刑律要束自己。不能按照自己的想法任意去做。用刑法去勸說，便成了當務之急。刑人，違法之人。桎古代拘事犯人兩腳的刑具。梏古代拘住犯人兩手的刑具。桎梏，指刑律。以往，是指「按照……去。」「利用刑人，是指把犯人和犯罪是實公佈於眾，用來教育別人從周朝開始這種禮法一直沿用到新中國成立以後。

【原文】九二，包蒙，吉。納婦，吉。子克家。象曰：子克家，剛柔接也。

【譯文】包括全蒙，吉。用來取妻納妾吉。有兒子要克其家。《象傳》說：「子克家」由於九二一陽和六五一陰兩相接應。

【釋文】九二是《蒙》卦主爻，包攬整個《蒙》卦。九二之所以吉祥，因為九二是能解謎蒙的老師。是社會上唯一德高望重之人。

《坎》為中男，是水，是兒子。《蒙》卦在《離》宮，《離》是家，是火。水正剋火，所以「子克家」。

「錢澄之曰：易之為道，以天包地，以陽包陰，以君子包小人。泰曰包荒，姤曰包魚，蒙曰包蒙，皆主於九二，以剛中也。非剛則力不足以包，非中則量不能包。」陽包陰，陽能化陰，陰不能包陽，陰被陽所化；君子包小人，君子能教化小人，小人不能包君子，小人為君子所教化。天地陰陽，人類社會本同一理。

「劉沅曰：剛中為群陰之主，已有德而又能容人，必能善化其蒙也。坎中男得乾之正爻故子必克家。妻子不必皆賢，惟有德者可以化之，此包蒙之義也。接，謂群陰聽命，和諧在其中矣。」劉沅說出了陽包陰，君子包小人的道理。

【原文】六三，勿用取女，見金夫，不有躬，無攸利。象曰：勿用取女，行不順也。

【譯文】六三，不要用這一爻去取女人，六三經經常和九二在一起（這女人經常和鄰居家一個男人混在一起），失去了身體。不會有有利的地方。《象傳》說：「勿用取女」是行動不順利。

【釋文】「見金夫」是指六三經常看見九二（兩人混在一起）這是古人在禮貌上最忌諱的地方。「閨女」這個名詞來源於封建社會。閨女是不允許經常走出家門和男人

打交道的。由於六三有出軌行動，《象傳》解釋說；六三的行動，不去順從禮法。就是說沒有受到禮法的約束。取這樣的女人，是沒有益處的。

「姚配中曰：坊記云，男女無媒不交，無幣不相見，恐男女之無別也。以此坊民，民猶有自獻其身。見金夫，不有躬，則自獻其身矣。禮，女有五不取。」六三違犯了五不取。所以「勿用取女」。

「丁晏曰：臣道、妻道皆當戒此。士大夫立身必先以廉恥為本。」「廉恥」二字是人人都要講究的，要把握住這個尺度，很難。而對於有修養的人來說並不是難事，難於不難就體現在一個人的素質上。

【原文】六四，困蒙，吝。象曰：困蒙之吝，獨遠實也。

【譯文】六四，被困在蒙昧當中，有吝難。《象傳》說：「困蒙之吝」是由於離陽爻太遠了。

【釋文】「實」，誠實。指陽。六四處在六三、六五兩陰爻中間，被陰所困。

「劉沅曰：初與三比之陽，五比上之陽初、三、五皆陽位，而三、五又與陽應。惟六四與所應皆陰，故曰獨遠。四陰位，上下皆陰困於蒙昧這中而不能出。吝，難之也，恥之也。獨遠於誠實之道，不自求賢的啟蒙。」六四處群陰之中，加之陰居陰位，其不誠實從而可知。

在《立春占年考》中，民國元年得《蒙》這《未濟》，正是四爻發動。民國被困在了群陰之中，正因為離光明太遠了。九二之陽「子克家」因此篡奪了民國大總統的席

位。袁世凱的不誠實要想啟蒙談何容易。姚配中說：「化者失正成未濟，不化則蒙氣不除，是以困吝。」正因為袁世凱之化變成了未濟，到一九一六年死於《井》底。

【原文】六五，童蒙，吉。象曰：童蒙之吉，順的巽也。

【譯文】六五，童年的迷蒙，吉。《象傳》說：童年的迷蒙能吉，順著這個道理發展下去就是《巽》卦。

【譯文】人在童年，不明事理，所以求學智拜師，這樣做是吉祥的。隨著年齡的不斷增長，知識的積累越來越多，這就是從陰變成了陽的道理。《艮》卦六五變陽，就是《巽》卦。

「劉沅曰：仰而比上九，順也。俯而應九二，巽也。皆虛已下賢之象。」劉沅說六五自己謙虛，能接納下層賢能人士。具有這樣的高貴品質，一定吉祥。在這裡揭示了主題「蒙以養正，聖功也。」

【原文】上九，擊蒙。不利為寇，利禦寇。象曰：利用禦寇，上下順也。

【譯文】打擊迷濛。對當盜匪不利，對打擊盜匪有利。《象傳》說：利用上九打擊盜匪，是上下都順從道理。

【釋文】上九有陽剛之氣，是光明、真正的大人君子，對當盜匪之徒怎麼能有利呢？要是打擊盜匪便是他應有的職責。這樣，才順從道理。

「李士鉁曰；寇以邪擊正，禦寇以正擊邪，蒙之終言禦寇，形以弼教之義。詩書禮樂，教之正也；斧鉞甲兵，教之變也。其所以勉人為善之意一也。」《易經》宗旨，

就是勉勵人們去做善事。

## 需卦第五

需，有孚，光亨，貞吉，利涉大川。

《需》卦有信用，光明而天下亨通，一切貞正事物皆吉。對過高山大川有利。

水氣積聚天空為雲，凝成水柱下降為雨，雨為萬物所需。需就是講信用，需就是要，有要就給，是需。所以光明，能亨通天下。對一切貞正的事物皆吉，即使要跨越高山大川也是有利的。

「劉沅曰：乾德中正，不遽進而需以待之故名需。水氣大天為雲，方雲而未雨，蒸養太和，亦需之象。序卦曰，物稚不可不養也，故受之以需。坎中爻得乾正體，當需而需，是誠信相孚之象。乾陽，故光，健行，故亨，貞吉」《水天需》是水在天上，「方雲而未雨」必須要等待水蒸氣飽和以後才會下雨。水蒸氣能不能飽和，是「需」的關鍵。地上需要雨，天上就下雨，這才是《需》卦的真正含義。

「李士鉁曰：澤水在天上，聚而不洩，故夬。坎水在天上，流而不息，故需。優游涵養所以需也。九五剛中，有可需之時。天生一水坎乾同德，是以有孚。互離，光明之象。事壞於操切，政敗於苟且，王者久道化成，不於目前計其功，並不必於吾身敗其效，優游漸漬，民日遷善而不自知，所以廣大亨通正固而吉。子曰，欲速則不達。又曰，如有王者，必世而後仁。此之謂也。渡水之道，當安

靜以俟時；濟難之時，貴從容不迫。此需之所以利涉也。」李士鉁說要想亨通，凡事不能操之過急。這是成大事者必須做到的。

【原文】彖曰：需，須也，險在前也。剛健而不陷，其義不困窮矣。需，有孚，光亨，貞吉，位乎天位，以正中也。利涉大川，往有功也。

【譯文】《彖辭》說：需，是必須要做到的意思。上卦《坎》是險，所以有危險在前。九五剛健而不會被攻破，需的意義是無窮無盡的。需有誠信，光明亨通無阻擋，貞正而吉祥。九五的位置處在天的位置上，即得正又得中，對跨越高山大川十分有利，只要去就會有功。

【釋文】「張浚曰：夫需，天下須以養也，為天下須非剛健有孚君子，其能養惠天下而充其所以為光乎？貞吉，以中正吉也。中正則道協天人，治的光大。」天下必須要有營養，這種營養，是天下萬物的必需品，賦予這種必需品的過程，就是需。萬物需要的是陽光雨露及有機質，只有天地才能做到。

天下萬物都在尋求平衡，要說需，就是需要平衡。這是大自然必須做到的。為了滿足天下萬物各方面的需要，需的意義也便成了無窮無盡的了。需的性質，就是講誠信，給萬物帶來了光明和暢通。能使萬物貞正而吉祥，這是第一層。接著說明九五「位乎天位」是天賦予其位置，處在這個位置上是即正又中的。有了這樣的優越條件，無艱難險阻都不在話下，只要有行動一定會有功勞，這是第二層。這裡強調的是「中正」二字，「正」指本質正，正

大光明。「中」，位置處中。六十四卦中，位置得中是得天道，德在其中。下卦中爻知上卦中爻兩相乎應，為一卦之主。正像張浚所說：「道協天人，治以光大」。古人把皇帝稱為天子，其義則源於此。

《彖辭》對卦詞的解釋，闡述了萬物相互感應的道理，萬物之需，就必須。萬物的需要，必須由大自然來完成。需使需要者滿意，這裡飽含誠信，光明和暢能，這是貞吉的基本條件，也是萬物尋求平衡的基本原因。

【原文】象曰：雲上於天，需；君子以飲食宴樂。

【譯文】《象傳》說：天上佈滿了烏雲是《需》卦；這就像人們需要吃飯和歡樂一樣。

【釋文】天上佈滿了烏雲，待時而雨。需要用雨，及時而下，就如同一個到吃飯的時候一定要吃飯。到該娛樂的時候一定要娛樂一樣。

「司馬光曰：雲上於天，萬物蔭之，滂沱下施，萬物飲之。以豐的肥，以榮以滋，故君子的飲食宴樂。」「程傳云：飲食以養其氣體，宴樂以和其心志。」

「黃澤曰：天地開闢以來，水生物之功為大。雨自上降，滋潤百穀草木，而後動物得所養此需所以為飲食也。」

【原文】初九，需於郊，利用恆，無咎。象曰：需於郊，不犯難行也。利用恆無咎，未失常也。

【譯文】初九，所需要的東西還在遠遠的郊外，想要得到它，須要有持久的恆心才能做到，這樣會無過失。《象傳》說：「需於郊」想要去取，行走起來並不困難。「利

用恆無咎」沒有失掉常規。

【釋文】初九是「乾龍勿用」時期，萬物所需要的陽氣暫時不會得到，必須耐心地等待，所以「利用恆」。「郊」應引申為遠，指時間還很長。「恆」，指其心不變，不論等到多長的時間，心情不會改變。由於心情不變，所以不失常規。

【原文】九二，需於沙，小有言，終吉。象曰：需於沙，衍在中也。雖小有言，以終吉也。

【譯文】需要存在沙子中間，小人說些不中聽的話，終歸是吉祥的。《象傳》說：需要存在沙子中間是多餘的，雖犯小語，終歸總是吉的。

【譯文】九二、九五兩相感應。陰陽相感，兩陽遇到一起是不能產生感應的，就像兩堆沙子一樣。沙子是無機物，和萬物之間不能產生感應。所以，沙子是什麼營養也不需要的。在沙子中求需是多餘的。「衍」，多餘的。正因為有這種多餘，才導致有人在背地裡說壞話。

【原文】九三，需於泥，致寇至。象曰：需於泥，災在外也。自我致寇，敬慎不敗也。

【譯文】九三，需到了水邊上的泥中，這裡容易招致盜匪的到來。《象傳》說：需在泥中是災來自外面。是自身招來的盜匪。居心尊敬一點，做事謹慎一點，是不會失敗的。

【釋文】九三是下卦《乾》的最後一爻，與上卦《坎》鄰近，岸邊與水相接的地方是泥，這泥是水浸岸邊之土造成的。所以《坎》水是「寇」，指六四而言。這泥畢竟不

是水。所以災從外來，從上卦來。為了表達對《乾》的忠誠，準則銘刻在心，就是「敬於居心」，行動起來十分謹慎，這樣做是不會失敗的。

【原文】六四，需於血，出自穴。象曰：需於血，順以聽也。

【譯文】六曰，需要存在血管裡，自然出自於大經脈。《象傳》說：需在血管裡，是順從氣血的運動從而聽從心臟的調喚。

【釋文】上卦《坎》是血。血是陰物，所以六四一陰「需於血」。

「馬其昶曰：需者飲食之道。上古穴居野處，茹毛飲血。需於血，肉食也。出自穴，將進位於朝，不家食，古也。古昔射獵為生，不能強天下皆不肉食，特有其節耳。供祭禮，允君疱，待賓客，因民之慾而利導之，使之尊君親上，而矜惜物命之意，亦寓其中。魯人獵較，孔子亦獵較。孔子先簿正祭器，不以四方之食供簿正，得順以聽之道。六四得位承五，有此象。」

又曰：四得位承五，不可變也。故當需。內經云；人臥，血歸於肝。肝受血而能視，足受血能步，掌受血而能握，指受血而能攝。此即需於血之義。受也者、需也。又云，臥出而風吹之，血凝於膚者為痺，凝於脈者為泣，凝於足者為厥。此三者血行而不得反其空，故為痺闕也。注云，空者，血流之道，大經隧也。此即出自穴之義。空者，穴也。血順以聽於氣，則身強而疾不作。四養身，五養天下。」

　　馬其昶對「需於血，出自穴」作出了兩種解釋。一是說上古人們住的是山洞，吃的是野物身上的肉。「需於血」是指吃野獸的肉。「出自穴」是指出自己的家門，到朝野裡去做官，這是根據六四是皇帝手下大臣之位作出的解釋。「順以聽也」是順從民俗，聽從君主頒發的愛惜物，珍惜生命，不亂殺野獸的號召。

　　二是說人的身體各個部位都需要血，「出自穴」是說血出自於大經隧，實際上是在指心臟。「順的聽也」是說血順從心臟聽從於氣，才能身體強壯，不長疾病。

　　【原文】九五，需於酒食，貞吉。象曰：酒食，貞吉，以中正也。

　　【譯文】九五，需要在酒食上，貞正而吉祥。《象傳》說：「酒食貞吉」是中正起到的作用。

　　【釋文】人要安樂，需要就體現在酒食上。俗語：人以食為天。不吃飯是不行的。如果再有酒，小康生活。就是貞正吉祥。《象傳》說：「以中正也」意思是說這都是「中」和「正」的作用。「中」是指卦的中間一爻，卦有三爻，得到中間一爻謂得「中」；「正」是指陽得到了陽的位置。是謂「正」位。具備了「中正」二字，就是指萬物在發展變化運動中找到了平衡。九五是《需》卦之主，「有孚光亨，貞吉，利涉大川」就體現在這裡。

　　【原文】上六，入於穴，有不速之客三人來，敬之，終吉。象曰：不速之客來，敬之終吉。雖不當位，未大失也。

　　【譯文】上六，進入房中，發現屋裡坐著三位不速之

客，用尊敬的禮節招待他們，始終是吉祥的。《象傳》說：「不速之客來，敬之終吉」是說上六雖然所處的位置不適當，不會有過失。

【釋文】「穴」指山洞，是上古人居住的地方。是家。「有不速這客三人來」指下卦三陰來到了上六。

在六十四卦中，惟《需》卦沒有凶爻。萬物尋找平衡的過程，就是需的過程。這個過程是不會有凶的。萬物求需，只能敬而順之，敬而聽之。大千世界，光明磊落，皆是需的結果《彖辭》有「需，須也，險在前也。」「險在前」是指《屯》、《蒙》時期，天地初開，盈滿天地之間的全是水。《坎》是水。「習坎」反反覆覆地沖刷，天地衍化到《需》，地球上有了人類，指上古時期。所以爻詞用「穴」。

《序卦傳》說：「物稚不可不養也，故受之以需。」需是為了養，馬其昶說四爻是論述養身，五爻是論述養天下。《需》卦的意義太偉大了。

## 訟卦第六

訟，有孚窒惕，中吉，終凶。利見大人，不利涉大川。

《訟》卦，有值得叫人相信的事實，上卦剛健，下卦凶險，案情塞阻不通，雙方小心謹慎。辦案期間吉祥，結案後有凶。

「訟」了從言從公，到公堂上去說話，是口舌爭辯的意思。打官司就是爭辯是非。

　　九五、九二兩陽相對，官司鬱結不通。所以原、被告各自小心。警惕對方。這期間是吉的，終訟的後卻有凶。

　　【原文】彖曰：訟，上剛下險，險而健訟。訟，有孚窒惕，中吉，剛來而得中也。終凶，訟不可成也。利見大人，尚中正也。不利涉大川，入於淵也。

　　【譯文】《彖辭》說：《訟》卦，上卦剛健，下卦陰險，由於剛健遇凶險，所以成訟卦。《訟》卦卦詞說：「有孚窒惕，中吉。」是下卦九二得到了中爻的位置。「終凶」是說訟不可成。「利見大人」是由於九五不是中正的。「不利涉大川」是說仰仗自身剛健而冒險，將要掉進萬丈深淵。

　　【釋文】《彖辭》這段話似乎針對「西安事變中張學良、楊虎成二將軍作出的解釋。在《立春占年考》中，一九三六年得《訟》卦。上卦剛健推九五君爻，下卦凶險是說下卦冒昧危險。《坎》中一陽是出自《坤》卦中爻，在群蒙中跳出一陽。在「中正」的前題下，扣住了蔣介石。這期間是吉祥無事的。日本投降前是「中吉」階段，日本降後，國民黨打響了反共第一槍，這以後是終凶階段。這場官司正應「訟不可成」楊虎城被暗殺，張學良被軟禁終身，豈不掉入萬丈深淵嗎！

　　【原文】象曰：天與水違行，訟；君子以作事謀始。

　　【譯文】《象傳》說：天氣上升，水氣下潤，天氣與水氣相互違背行事，這就是爭訟的原因。君子無論作什麼事情，都需要事先考慮好會不會出現後果問題。

　　【釋文】凡是利害衝突，必須事先考慮好會不會出現

問題，出現了問題應怎樣化解，最好不去爭訟。李光地說：「理明於索，則爭心不生，慮周於先，則爭端不起。」深悟此十八個字，十分重要。

【原文】初六，不永所事，小有言，終吉。象曰：不永所事，訟不可長也。雖小有言，其辯明也。

【譯文】初六，所做的事情不能拖得時間太長，會有小人說長道短，最終還是吉的。《象傳》說：不把所做的事情拖得太長，不會發生爭論之事。雖有小人言，早晚是會弄明白的。

【釋文】無論什麼事，時間一長會節外生枝。所以《象傳》警告世人「不永所事」。

【原文】九二，不克訟，歸而逋，其邑人三百戶，無眚。

【譯文】九二，這場官司不犯剋害，到家以後出去躲一躲，村子裡三百戶族人不會受到連累，沒有災禍。

【釋文】「馬融曰：眚，災也。」

「劉沅曰：變坤，三爻皆陰，為三百戶。象自上而下，故曰歸。坎，坤體，故為邑。又互離，戶象。九二剛中獨訟，二陰皆不與之，故皆無眚。言其自取，不足累人也。」

「李國松曰：邑人無算，明罪不連坐也。」

【原文】象曰：不克訟歸逋，竄也。自下訟上，患至掇也。

【譯文】《象傳》說：「不克訟歸逋」是說回家後逃走了。要與上司打官司是咎由自取。

【釋文】九二是下屬，九五是上司，下屬和上司打官司，自找麻煩。

「李士鉁曰：二，不卦之主，位為大夫。三百戶，共食邑也。二敢與五訟，以下陵上，以臣犯君，必取大禍，不保其家，惟不克而歸逋，故得保其私邑，可以無眚」。二以陽居陰位故不克。眚，災也。不爭，故無災。凡訟起於爭，貪以求得，反失其所有者。二之逋，二之幸也。」

【原文】六三，食舊德，貞厲，終吉。或從王事，無成。象曰：食舊德，從上吉也。

【譯文】六三，要保全《坤》卦中原有的恩德，貞正得非常厲害，終歸吉祥。或者去為君王辦事，沒有完成。《象傳》說：「食舊德」能順從上九就是吉祥。

【釋文】「食舊德」指《坤》卦之道德。

「項世安曰：舊德，坤也。坤動成坎，初六，六三皆舊爻也。曰貞，曰或從王事無成，皆六三舊辭。從上吉，謂從上九。」「終吉」就是指順從上九才能吉。因為下卦三爻和上卦三爻互相感應。這是吉的根本原因。卦爻的吉凶就是闡述萬物相互感應的道理。

【原文】九四，不克訟，復即命，渝，安貞吉。象曰：復即命渝，安貞不失也。

【譯文】九四，不克九五（九五是訟）反而聽從九五的命令，變成了安全貞正而吉。《象傳》說：能回過頭來聽從九五的命令，是不失安貞的緣故。

【釋文】《訟》卦九五是訟，不克訟，是不克九五。「復即命」是說馬上改變了對待九五的態度，聽從他的命

令。「渝」是變。改變態度。

九二不克九五，是處在訟事已經形成的情況之下，九二採取了逃匿的方式而無災。九四是剛一產生爭訟的念頭，就能做到馬上改變立場，認識到自己的錯誤。這說明吉凶的產生只是一念之差。

九四的觀點為什麼能轉變得這樣快呢？因為九四與初六相感應，不想與九五去爭。而九五得中得正，用中正感化了九四，使九四能馬上認識到自己的錯誤。

【原文】九五，訟，元吉。象曰：訟元吉，以中正也。

【譯文】九五，是訟。原本就是吉祥的。《象傳》說：「訟元吉」是由於九五中正的緣故。

【釋文】「王肅曰：以中正之德，齊乘爭之俗，元吉也。」上古群爭，訟事四起，而九五以中正之德，平息紛爭之勢，這種做法就是元吉。

「王弼說：用其中正以斷枉直，中則不過正則不邪。」這是對「中」、「正」二字的解釋。居君主之位，有中、正之德，是息「訟」的基本條件。

「張爾岐曰：九五陽剛中正，聽訟而得其平者也。有孚而窒者遇之，自然獲伸。」有阻塞不通的案子，來到九五，沒有解決不了的。

「李士鉁曰：天下之大，人情而已；治天下之道，平其情而已。情不平則爭，小而口舌大而干戈，皆訟之象。卦惟九五一爻當位，中正居尊，一卦之主，天下無與爭者。故直言訟而無他辭。中則不過，正則不偏，以之訟則

獲理，以之聽訟則息爭而平其情。人心平則天下治，其為吉也大矣哉！」按著上述幾人的說法九五一「訟」字，應是「聽訟」。君主聽天下之訟，以治理天下。

【原文】上九，或錫之鞶帶，終朝三褫之。象曰：以訟受服，亦不足敬也。

【譯文】上九，或者說在本來缺理的情況下，任憑一股衝勁硬是把官司打贏了，官府還賞賜一條華麗的帶子。由於心裡不安，一天三次總是在想有人來搶這條帶子。《象傳》說：用打官司得來的服飾（即帶子）是不足受人尊敬的。

【釋文】「或錫」本不該賞賜反而賞賜了。「鞶帶」一種服飾的大帶子。「終朝」指一日之內。褫，奪。

上九陽氣過盛，本來理虧，卻把官司打贏了。說明官府都懼怕三分。贏了官司本應高興卻怎麼也高興不起來，整天提心吊膽，怕有人來奪取他的帶子。這是《易經》在告誡天下人千萬不要去做虧心事。凡做虧心事的人，還真不會這樣想。所以，人們才說這是聖人之心，但願天人人都能體會聖人心，人間的邪惡就不會出現。

## 師卦第七

師，貞，丈人吉，無咎。《師》卦，貞正，長者吉祥，不會錯。

「鄭康成曰：多以軍為名，次以師為名，少的旅為名。師者，舉中之言。丈人言長，能御眾，有干正人之德，以法度為人之長。吉而無咎，謂天子，諸侯主軍

者。」

師，指軍隊。鄭康成解釋的「師」字，是當代社會軍隊編製的名稱。和古人所說的「師」字義意並不相同。

「劉沅曰：一陽居下卦之中，五陰從之，將統兵之象。二以剛中居下，五以柔居上前任之，君命將出師之象。序卦，訟必有眾起，故受之以師。師由爭起，故繼訟。卦德內險外順，險道而以順行，師之義也。」

師指軍隊。從《需》卦中可以體會到，萬物由求需中產生了私慾，私慾即是私心。為了飲食產生爭執，人與人之間發生口角。是「訟」之起源。群體與群體之間，國與國之間的爭執，從而產生了軍隊。所以，《序卦傳》說：「訟必有眾起」。《師》卦，上卦《坤》順，下卦《坎》險，軍隊的作用是為了擺脫凶險，取得和順，在危難中求發展所採取的一種方式。

【原文】彖曰：師，眾也。貞，正也。能以眾也，可以王矣。剛中而應，行險而順，以此毒天下，而民從之，吉又何咎矣！

【譯文】《彖辭》說：軍隊是由眾多的士兵組成的，必須要行正義。能行正義的軍隊可以在天下做王了。（九二）陽剛得中和六五君爻兩相感應，行在險中而五個陰爻齊來順從以此來奪得天下，而天下民眾沒有不順從的，原本就是吉的，那裡會有錯呢！

【釋文】「毒」指使用藥物把疾病治好。這裡引申為奪天下。用軍隊整治混亂的局面。王引之對「毒」的解釋說：「廣雅，毒，安也。老子，亭之毒之，亦謂平之安之

也。孟子曰，文王一怒而安天下之民。」

【原文】象曰：地中有水，師；君子以容民畜眾。

【譯文】《象傳》說：地中含有水，是《師》卦；君子統領的軍隊都是人民充當的，人民聚集在一起便是軍隊。

【釋文】由於「地中有水」萬物才能生長，地和水是不能分開的；軍隊成員都是來自老百姓，軍隊和老百姓應當是一家人。要讓田地產糧食，地裡離不開水。水同樣離不開田地。要想社會向前發展，人民離不開軍隊，軍隊離不開人民。這個論斷已經成為歷史事實。

【原文】初六，師出以律，否藏凶。象曰：師出以律，失律凶也。

【譯文】初六，軍隊憑出發前發出的號角聲中可以判斷其戰鬥力的好壞。號角聲不齊凶。《象傳》說：「師出以律」是角號聲不齊失去了戰鬥能力由此而凶。

【釋文】「律」古稱號角為律。否藏號聲不齊，快慢都有，顯得雜亂。

軍隊有沒有戰鬥力，體現在軍隊的紀律是否嚴明。號角是軍隊紀律的象徵。

「左傳云：執事順成為藏，逆為否。眾散為弱，川壅為澤。有律以如己也，故曰律。否藏且律竭也，盈而以竭，所以凶也。不行之謂臨，有師而不從，臨孰甚焉。」軍隊的號角就是命令，號角不齊說明軍心渙散，軍心渙散是不能打勝仗的。

【原文】九二，在師中，吉，無咎。五三錫命。象

曰：在師中吉，承天寵也，王三錫命，懷萬邦也。

【譯文】九二，在軍隊當中吉，沒有錯。君主多次發佈賞賜的命令。《象傳》說：「在師中吉」是承受君主的寵信。「王三錫命」君王是為了關懷天下的安定，重賞功臣。

【釋文】「項安世曰：二之勝，非己之功，以與五應，得君寵也。五之錫，非喜其能勝，以二用中德，能懷吾民也。將而知此，則無恃功之心；君而知此，則不賞殘民之將。」二、五正應。二之陽能率眾陰，是用二之中德。

「劉沅曰：天，即王也。王謂六五。下順九二，為錫命賢將之象。三，坤三爻皆順也。懷萬邦，故寵任之，非予以擅權也。蓋深戒人臣專寵自擅之弊。」「王三錫命」中的「三」應解釋為「再三」或者「多次」。並不是指坤陰三爻之順。

【原文】六三，師或輿屍，凶。象曰：師或輿屍，大無功也。

【譯文】六三，軍隊出征，有時用車拉著死去士兵的屍體，凶。《象傳》說：「師或輿屍」是由於作戰不利，是不會有功勞的。

【釋文】輿，戰車。戰車是作戰工具，拉屍體是犯忌諱的。所以《象傳》用了一個「大」字。意為深感嘆息。

「虞翻曰：坎為車，多眚，失位，乘剛，無應，故輿屍凶矣。」《坎》卦為險，所以多災。六三陰居陽位謂「失位」。下臨九二是「乘剛」。六三與上卦三爻相應。兩陰相對叫「無應」。由於存有多種不利條件，因此而打敗

僅，用車拉屍體。

【原文】六四，**師左次，無咎。**象曰：**左次無咎，未失常也。**

【譯文】六四，部隊往回返，無過失。《象傳》說：部隊往回返，沒過失，是因為沒有失去作戰的常規。

【釋文】六四是上卦初爻，卦氣本上行而下卦《坎》水之陰來到這裡，前進困難，因水氣下潤的緣故，所以要返回去。進進退退是兵家常事，所以《象傳》說「未失常也」。

「程傳曰：左次，退舍也。見可而進，知難而退，師之常也。度不能勝，而完師，愈於覆敗遠矣。」「左次」是往回返。猜測這一仗不能取勝，便返了回來。

「李士鉁曰：雖不能勝，亦不致敗，故無咎。」

【原文】六五，**田有禽，利執言，無咎。長子帥師，弟子輿屍，貞凶。**

【譯文】六五，在田野操練軍隊，發現禽獸，看作敵人。用箭射之，利用這種方式向士兵宣言。沒有過失。用長子帥領軍隊，讓弟子用戰車載死屍，這種做法雖貞正卻有凶。

【釋文】「何楷曰：於師言田者，古人一歲三田，所以習武事也。」古人操練軍隊，一年進行三次。

「虞翻曰：震長子，指九二。弟子謂六三。」《師》卦下卦的互卦是《震》卦。《震》為長子。因九二是陽，率領五陰；六三是陰，在下卦，是弟子《坤》順是戰車，弟子駕的戰車上裝著屍體。

【原文】象曰：長子帥師，以中行也。弟子輿屍，使不當也。

【譯文】《象傳》說：「長子帥師」是因為長子得到了中間的位置。「弟子輿屍」是說弟子本來不能帥師，強使之去帥師，只能是把士兵的屍體用戰車拉回來。

【釋文】《象傳》說用長子帥師，因長子得中位，是陽爻，定能打勝仗。弟子帥師，弟子是陰爻，不得中位，一定要打敗仗，戰車定人變為拉屍體的工具，這是使用人材的不適當。

六五君位，有發號施令的權力，是用長子帥師，還是用弟子帥師，《象傳》作出了明確地說明。深刻地闡述了興師任用將師的重要性。

【原文】上六，大君有命，開國承家，小人勿用。象曰：大君有命，以正功也。小人勿用，必亂邦也。

【譯文】國君頒佈了命令，建立國家，分封諸侯，設立士大夫，小人一律不許任用。《象傳》說：「國君有命」到了上六，用正義論功，進行賞賜。「小人勿用」如任用了小人國家一定要混亂。

【釋文】這段爻詞是在警告天下人，凡是開國成家，張官設府，決不能任用小人，小人若是有了勢力，國家一定要混亂。劉沅說：「正功，功無濫予。有才無德，故必亂邦。」劉沅強調了「有才無德」之人，定會亂邦。

## 比卦第八

比，吉。原筮，元永貞，無咎。不寧方來，後夫凶。

《比》卦的吉祥，是由於在原先占卜之時就已經有了「元，永，貞」。所以，不會錯。不安寧的因素來了，後來的很凶，《比》是緊挨著靠著的意思，上卦《坎》中一陽具備「元、永、貞」之德這是不會錯的。水和地面比親，水不時地下潤，從不滿足。原本是土剋水，現在成了水反來剋土了，來到地面上的水這樣地貪心，這是凶的基本原因。

「子夏傳曰：地得水而柔，水得地而流，比之象也。夫凶者生於乖爭，今即比親，故云比吉。」這是對「吉」的解釋。水和地面十分親近，怎麼能不吉呢？

「李士鉁曰：陰以陽為夫，上六獨乘陽不下，自外生成，互艮為背，上在背後，後夫之象。」這是對「後夫」的解釋。上卦的互卦是《艮》卦，《艮》為背。上六處在背後。所以上六是「後夫」。

「吳澄曰：考工記云，不寧，蓋諸侯之不朝貢者。」這是對「不寧」的解釋。諸侯不向朝庭納貢，是諸侯反叛之心。所以，不安寧的因素來了。

【原文】《彖曰》：比，吉也。比，輔也。下順從也。原筮，元，永，貞，無咎，以剛中也。不寧方來，上下應也。後夫凶，其道窮也。

【譯文】《彖傳》說：比是吉的，比是相輔相成的，下面四陰爻順從上面一陽爻，上卦《坎》中一陽具有元，永，貞的道德，不會有錯，是由於陽剛得正得中的緣故。不安寧的因素一併前來，是因為君主和手下大臣們上下呼應的緣故。後夫很凶，後夫走上了滅絕人性的歧途。

【釋文】《立春占年考》中 1931 年得《比》卦正應「九一八」事變。日本人來和中國比親，說什麼「大東亞共榮」與卦象十分吻合。上卦《坎》水下潤，從不滿足，下卦《坤》土順從。蔣介石決不抵抗，一勁兒順從。後夫窮凶極惡，中國人災難降臨。這都是蔣介石和其下屬（親日派）一手造成的。日本人在中國橫行十四年在《比》卦中找到了答案。用河圖先天數計算《坎》六，《坤》八巧合十四年。說《易經》是人類社會的里程碑就體現在這裡。

【原文】象曰：地上有水，比；先王的建萬國，親諸侯。

【譯文】《象傳》說：地的上面是水，這就是《比》卦；先王用比的意義建立一萬個國家，親近天下諸侯。

【釋文】「劉沅曰：九五下臨坤地，建萬國象。一陽下撫群陰，親諸侯象。建國本以親民，而曰親諸侯者，親諸侯即所以親民。諸侯宣佈德意，群生歸極，天下一家，中國一人之道在是矣。」

【原文】初六，有孚比之，無咎。有孚盈缶，終來有它，吉。

【譯文】初六有誠信和六二比親，沒有做錯。正因為有誠信，《坎》之雨水從天上掉下來降落在我的地罐裡，終歸是由於有了它，才能夠得到吉祥。

【釋文】缶，土製的器皿。這裡指《坤》卦。「盈缶」是說天上的雨水落下來，裝滿了土罐子。「它」指六五。「有它」有了六五才能吉祥。

「李士鉁曰：初為民位，當比之始，能以陰順，雖不

正，可以無咎。詩云，邦千里，惟民所止，言民之咸願來也。水之流也，以土為源，王道之成也，以民為本。初正應在四，誠信之極，不應五而終歸五，故有它而吉。」初與四發生感應，四也是陰，陰與陰是同類，並不能產生感應。因初有誠信，能和二爻比親，共同去順從五爻。所以「有它吉」。讚揚了《坤》卦有誠信和能順從陽的道德。

《魯恭諫擊匈奴疏》云：人道爻於下，則陰陽和於上。祥風時雨覆被遠方，夷狄重譯而至矣。易曰有孚盈缶，終來有它，吉。言甘雨滿我的缶，誠來有它而吉矣。」

【原文】象曰：比之初六，有它吉也。

【譯文】《象傳》說：初六的「比」有九五是吉祥的。

【釋文】初六和六二臨近，六二和九五兩相感應，初六借了六二的光，和六二共同去找九五得到了吉祥。

【原文】六二，比之自內，貞吉。象曰：比之自內，不自失也。

【譯文】六二，比親近要發自於自己的內心，心正則吉。《象傳》說：發自內心的情感，才不會失掉自己的承諾。

【釋文】六二得中得正，所以說是發自內心的比。「彪謹案：貞吉者，寧正而吉，不失其所守。如太公於文，尹於渴，諸葛於先主皆以中正之道應上之求親相比輔，內不失巳，有自內貞吉之象。」六二中正，具備諸葛亮對待劉備那樣的思想感情。這種感情是發自內心的。

【原文】六三，比之匪人。象曰：比之匪人，不亦傷

乎？

【譯文】六三，強盜心中的比。《象傳》說：強盜的親近，不是要受到他的傷害嗎？

【釋文】「匪人」是行為不正的人。行為不正，亦心術不正，和心術不正的人親近，是晚是要受其傷害的。

「劉沅曰：陰柔不中正，乘、承，應皆陰，所比皆非其人之象。傷，哀傷，即哀哉之意，深憫嘆之。」六三上承六四是陰，下乘六二是陰。所受其感應的上六也是陰，所以成了陰中小人，心術不正。和這種人打交道，太可嘆了。

「劉氏曰：凡居者之鄰，學者之友，仕者之同僚，皆當戒匪人之傷焉。」無論什麼人，都應提防小人之傷害。

【原文】六四，外比之，貞吉。象曰：外比於賢，以從上也。

【譯文】六四和外卦比親，貞正吉祥。《象傳》說：外卦十分賢明，是順從了上面的九五。

【釋文】「干寶曰：上比聖主，下御列國，方伯之象。能外親九服賢德之君，務宣上志，綏萬邦也。」干寶對六四作出了高度地評價。六四諸侯大臣之位。有如方伯之賢德，協肋君主，治理天下。

【原文】九五，顯比，王用三驅，失前禽，邑人不誠，吉。象曰：顯比之吉，位中正也。捨逆取順，失前禽也。邑人不誠，上使中也。

【譯文】九五功名顯赫之比。君王在練兵場上三次騎馬去射飛禽，沒有射中，讓前面的飛禽跑掉了。但觀看的

老百姓心中十分馴服，沒有發出警告。吉祥。《象傳》說：顯比的吉祥是由於所處的位置正確，同時又得中氣。三次射飛鳥沒有射中，因為飛鳥飛的方向不對，反方向飛來的鳥是不能用箭去射的。所以讓飛鳥飛走了。老百姓親眼看到君主這樣仁慈，是君主的行動適應了百姓的心情。所以「邑人不誡」。「上」指皇上。「使中」是指君主的行動中了百姓的心意。

【釋文】九五對「前禽」如此仁慈，百姓無不愛戴。

「鄭康成曰：王者習兵於鬼狩，驅禽而射之，三則已。法軍禮也。失前禽者，在前不逆而射之，旁去又不射，惟背走者順而射之，不中則已，是皆所以失之。用兵之法亦如是，降者不射，奔者不禦，皆為敵不敵已，加以仁恩養威之道。」用軍隊的禮法練兵，鄭康成說這是「仁恩養威之道」。

「王安石曰：上下相比，強不凌弱，眾不暴寡，雖邑人，可以不戒。民心罔中，惟爾之中，故曰：上使中也。」這是對「上使中也」的解釋。說明民心與君心是相同的。

「劉沅曰：顯，光明之意。上下相比，至公無私，故曰顯比。顯比者，上以公正無私比下，下亦然也。五，君位乾體，故曰王。坤為大輿，五乘之，下接四陰，三驅之象。失前禽，開一而之綱，無苛求也。荒服之遠，梗化之徒寬以居之，失前禽之意也。九五剛中之德，統制全陰，德盛而民從之。不識不知，相忘於帝力，由上德化使之然也。中即正中之中，上以此比民，民亦以此應也。」劉沅

透過對「顯」的說明，讚揚了九五的仁德，使天下百姓折服。

「馬其昶曰：三驅失前禽者，言上六在外五不強使之比。下四陰象邑人，上六一陰象前禽。」這是用卦象進行解釋。

【原文】上六，比之無首，凶。象曰：比之無首，無所終也。

【譯文】上六《比》卦到此沒了頭緒（沒有頭領），凶。《象傳》說：「比之無首」是沒有結果。

【釋文】上六不順九五，因自身柔弱，沒有活動能力，只好「凶」在這裡。

「述義云：四陰皆上比五，是為有首。上在五上，無首也。乾無首者，陽不自以為首得君道也；比無首凶者，陰不以陽為首，失臣道也。」陽為君，陽為臣，陰不以陽為首領，是失臣道，所的「凶」也。

上　經

## 小畜卦第九

小畜，亨。密雲不雨，自我西郊。

《小畜》卦，陰氣凝聚天上，雲很密就是不下雨，罪過在我西歧。

《風天小畜》上卦《巽》居性為陰。陰為小。「小」字指《巽》。陰雲佈滿天空。而且很密，就是不下雨。陽氣不相輔，有雨下不來烏雲雨密佈，天必黑暗，黑暗無雨、萬物已枯焦人民飢苦歲月難熬。這是在揭示紂王的殘暴。君主就是不聽文王勸阻，反而把文五打入大牢。文王認為自己的任務沒有完成，在《小畜》卦詞中寫出「自我西郊」四個字的悔過書。

「李士鉁曰：畜，聚也，養也。乾陽剛健之德，以柔順養之。巽，陰卦，故風天小畜。艮，陽卦，故山天大畜。卦畫一陰居四，得位上行，五陽應之，體巽順之德，象兌澤之聚，以下畜乎三陽。陰為卦主，故名小畜。大畜，君畜臣也。小畜，臣畜君也。孟子曰，畜君何尤？畜君者好君也。臣能畜君、君能從臣，所以亨也。一陰在上，而巽離兌三陰皆備，密雲之象。乾為郊，互兌位於

西，故自我西郊。我文王自謂。文王臣順事紂，君之陽德未成，澤不被於天下。文王不忍斥紂，且的畜君未成，引為己過。以為陽德不成，陰之過也；君德不成，臣之咎也。徒深望雨之思，恨無回天之力曰密雲不雨，望君者切矣，所謂王庶幾改之，予日望之也。曰自我西郊，自責者深矣，所謂臣罪當誅，天王聖明也。」這段文字，寫得十分透徹，文王的高貴品質，躍然紙上，萬古留芳。

【原文】彖曰：小畜，柔得位而上下應之，曰小玄。健而巽，剛中而志行，乃亨。密雲不雨，尚往也。自我西郊，施未行也。

【譯文】《彖辭》說：《小畜》卦，六四一陰得正位上下五陽齊來感應，叫小畜。在五陽剛健中有一陰之《巽》卦，陽氣得中志才能行，這就是通。雲密不下雨，陰氣還在上行，是自我西岐讓天下雨的措施未得施行。

【釋文】《小畜》五陽一陰，《彖辭》強調一陰的作用。《小畜》之所以亨通，是由於一陰在起作用。陰氣上行，天不下雨。怎樣才能使陰氣下行呢？必須要由陽來起作用。西方是「兌」，《兌》卦是陰，起不到下雨的作用。所以，讓天下雨的措施未得施行。

「張浚曰：九五剛中，六四比而乘之，其志行乃通。不雨，德澤不施也。臣之誠意雖通於上，而君德未孚，若天氣未應。」臣一心諫君而君德未孚。君主就是不聽臣子的勸告，這裡暗指文王與紂王之事，文王是臣，紂王是君。紂王殘暴，不聽勸告。這就像天不下雨一樣。

【原文】象曰：風行天上，小畜；君子以懿文德。

【譯文】《象傳》說：風行動在天的上面是《小畜》，君子要用美好的文明弘揚天下的道德。

【釋文】人的文明與道德，就像天空中刮的風，夏天炎熱的季節要能遇到涼風；冬季寒冷的天氣，如能遇到暖風，這就如同一個人具備了高尚的道德，天下文明就體現在道德當中。《象傳》在勸人積善成德，並給惡勢力一種無情地抨擊。

【原文】初九，復自道，何其咎，吉。象曰：復自道，其義吉也。

【譯文】初九，返回自己潛藏的舊道，會有什麼錯。是古。《象傳》說：「復自道」就其本身的意義來說吉的。

【釋文】復舊道是種憂慮之詞，唯恐走前面的道路有差錯，決定返回舊道。

「董仲舒曰：魯桓忘其憂而禍逮其身，齊桓憂其憂而立功名。推而散之，凡人憂而不知憂者凶，有憂而深憂者吉。易曰，復自道何其咎。此之謂也。」

【原文】九二，牽復，吉。象曰：牽復在中，亦不自失也。

【譯文】九二，被初九牽著而復，吉。《象傳》說：九二處在中爻隨從初九牽連而復，是不會迷失方向的。

【釋文】初九和六四正應，所以吉。九二、九五都是陽，不相感應。九二能隨從初九牽復前進，英明之舉。所以吉。

【原文】九三，輿說輻，夫妻反目。象曰：夫妻反目，不能正室也。

【譯文】九三，車軸和車輻條脫離了，就像夫妻反目成仇，難以生活在一起。說，同脫。有分離的意思。《象傳》說：「夫妻反目」是不能有正室妻子的。

【釋文】「李士鉁曰：三四陰陽比合，有夫妻象。下卦乾為夫，上卦巽長女為妻。三四當兩卦相接之際，一陰一陽，互卦巽離成家人，亦夫妻象。互離為目，動而上行，目象不正，巽又為多白眼，反目象。妻當在內，夫當在外；妻當在下，夫當在上。今夫在內而妻在外，妻又乘夫，反目之道。三不中正，不能以夫正妻，而反見制於妻，是以兩均不服而反目也。曰不能正室，蓋以責夫也。」夫妻所處的位置顛倒是反目之象。男人領導不了女人，女人反而牽制男人，男人不服從而反目。九三和上九正應，而上九反是陽爻。六四與初九正應不是九三的正室。所以，九三沒有正室妻子。

【原文】六四，有孚，血去惕出，無咎。象曰：有孚惕出，上合志也。

【譯文】六四，正因為守有誠信，密聚天空的陰雲像一攤攤血漸漸離去，懷疑和警惕之心從而排出，這是不會有過錯的。《象傳》說：「有孚惕出」是六四的作法符合了九五的志向，理所當然地沒有過錯。

【釋文】六四得正位，一心順從九五，所以沒有過錯。

「馬其昶曰：陽為氣，陰為血；陽主喜，陰主憂。六四一陰為巽主爻，又互兌正秋，秋之為言愀愀也，憂惕之象也。凡人憂多凝為患，陰凝於陽必戰。血去者，巽風散

之。血得氣而行，不凝聚也。陰順承陽，不凝於陽，皆有
孚之所致。積孚而志行，志行而後血去惕出，象所謂剛中
而志行乃亨也。血去惕出之謂亨，文王雖有孚，而上不合
志，故密雲不雨。志不大行，則亦終身憂患已矣。吾友鄭
杲曰，太史公言文王陰行善，文王宣無陽德哉？君之謂
陽，臣之謂陰也。皇之不極，王風起於諸侯。一以柔順行
之，臣道然也。胡安定言文王志在明夷，而道在小畜。」

　　四爻陰位，五爻陽位，四爻臣位，五爻居位。五喻紂
王，四喻文王。文王盼望紂王不施暴政，就像滿天的陰雲
漸漸離去，從而能排出其警惕（憂慮）之心。血是陰物，
這是比喻滿天的烏雲。

　　【原文】九五，有孚攣如，富以其鄰。象曰：有孚攣
如，不獨富也。

　　【譯文】九五有誠信，就像手腳痙攣聚在了一起。因
此，鄰居能和自己一起富了起來。《象傳》說：「有孚攣
如」，不是單獨為了自己富。

　　【釋文】「朱震曰：易言交如者，異體交也；攣如者，
同體交也。四虛五實，而五與之共位食祿，四得盡其心，
能以富用其鄰也。」「攣如」手腳痙攣的樣子。一個人手
腳聚在了一起，抱得很緊，說明九五能與六四同心同德使
六四富了起來。四、五都在上卦，所以說是同體相交。九
五實心待下，六四虛心待上，天下何愁不富。四是人位，
五是天位，天叫人富人豈能不富。

　　【原文】上九，既雨既處，尚德載。婦貞厲，月幾
望。君子征凶。象曰：既雨既處，德積載也。君子征凶，

有所疑也。

【譯文】上九，既然下雨，就是好處，這是積德產生的結果。婦女貞正的厲害，月亮幾乎要圓了。正人層子象徵著有凶。《象傳》說：「既雨既處」是道德得到了積載。「君子征凶」因位處九五之上，心中存有疑慮。

【釋文】文王是文化之王，一本《易經》弘揚天下文明。殘暴的紂王把人間文明喪失殆盡。文王用作反面教材，闡述道德的重要性。人無德有如天無雨，《小畜》卦就是要人們積載陰德。卦中以六四一陰為主，負擔起拯救世人的重任。「密雲不雨」本來是無雨，到了上九，卻下起了雨，並說明這是積德的結果。這是在向世人敲警鐘，缺乏道德修養是極其可惡的。

## 履卦第十

履虎尾。不咥人，亨。

踩著老虎尾巴了，老虎不咬人。亨通。

「馬融曰：咥，齧也。」

「程傳云：履，踐也，藉也。」

「本義云：履，有所躡而進之義。」

「劉沆曰：履，禮也。禮，人之所踐履也序卦：物畜然後有禮，故受之以履。內和悅而外剛健，禮嚴而和之道。」「外剛健」指《乾》卦；「內和悅」指《兌》卦。禮貌是人們必須要執行的。所以把《履》卦說成是「禮」。

【原文】象曰：履，柔履剛也。說而應乎乾，是以履虎尾，不咥人，亨。剛中正，履帝位而不疚，光明也。

【譯文】《彖辭》說：《履》卦，是六四一陰踩到了《乾》的尾巴上了。下卦和悅是陰卦和上卦《乾》陽產生感應，這就是踩到了老虎的尾巴，老虎沒有咬人。亨。陽爻得中得正，坐在皇帝的位置上而不內疚，無限光明。

【釋文】「楊時曰：禮以用和為貴，說而應，和之至也。」這是從禮制的角度解釋《履》卦，就體現在一個「和」字上。萬事「和」為貴。和睦相處，一切順利。

「呂祖謙曰：踐履功夫，須試驗於至危至難處，始無往不利。自履帝位推之，自尊反卑，自履虎尾推之，自危及安。天下時位，皆在其中矣。」在道路上行走，體驗在最危險最難的地方，克服了困難和危險，就沒有不順利的了，用王位來推論，在位時十分地尊貴，退位以後便成了一般百姓。用踩到老虎尾巴推論，剛一踩到時十分地危險，老虎沒有咬人便平安無事了。天下事都包括其中了。這樣解釋《履》卦說得透徹，明瞭。

「王宗傳曰：履，德之基也。吉凶相逢，皆自所履始。是以君子恐懼戒敬，不敢失足。書云：若蹈虎尾。」「履」是道德的基礎，這句話說得好。人的道德只有在履行的過程中才能體現出來。無論是好事還是壞事，都有一個道德標準。只有君子能按道德標準行事，小人卻不顧及。

「許桂林曰：乾為虎，兌以後履之，故曰柔履剛。凡陰利處後，以後履尾，故得不咥。」虎在前，和悅在後，先危而後快。

「李士鉁曰：身世間莫匪危機，所恃以存者禮耳。有

禮則安，無禮則危。詩曰，人而無禮，不死何俟？有禮所以不死也。禮主乎敬，履虎尾，敬之甚矣。禮貴乎和，不咥人，和之至矣。嘉會以合禮，履之所以亨也。」李士鉁強調了「禮」的重要性。「禮節」二字是人必須具備的。處處按禮節辦事，處處受人敬重。沒有禮貌，討人厭惡。老虎之所以不咬人，是人有禮貌，對虎十分地和悅，使老虎受到感動。

【原文】象曰：上天下澤、履；君子以辯上下，定民志。

【譯文】《象傳》說：上卦是天下卦是澤，這就是《履》卦；君子要辨明上面和下面的利害關係，堅定天下人的志向。

【釋文】《履》卦是論述禮教之卦，劉牧說：「尊卑序則民志定，禮之用也。」尊貴卑賤要有順序，這樣才能堅定人民的志向，是禮教的作用。

「司馬光曰：履者，人之所履也。民生有欲，喜進務得而不可厭者也。不以禮節之，則貪侈無窮。是故先王作，為禮以治之，使尊卑有等，長幼有倫，然後上下各安其分，而無覬覦之心。此先王制世御俗之方也。」透過司馬光的解釋，說明了《象傳》是在申明禮教。人生是有私慾的，禮教就是約束私慾的教誨。司馬光先說出了禮教的重要性。

「劉沅曰：上下有定分，即有定理。位各稱其德，士各修其業，人各恭其分，禮存乎其間矣。」這是在說明禮的廣泛性。天下萬事萬物各有各的道理，存在道理就存在

禮。「有理（禮）走遍天下。」理和禮有不可分之處。

【原文】初九，素履，往無咎。象曰：素履之往，獨行願也。

【譯文】樸素地行走，只要去就不會錯，《象傳》說：樸素地行走，而單獨行動是自己的心願。

【釋文】「李士鉁曰：素，無飾也。履道之始，無位之地，外不求應，內不失正，素位而往，無假緣飾。禮曰，甘受和，白受采。初之素，禮之本也。」禮，產生於樸素之中，「上下有定分，即有定理……禮存乎其間矣。」有定理就會有禮，禮教存在於人類社會之中，按理（禮）行動決不會錯。禮的心願是單獨行動，不可妄加任何的修飾成分。如果加上了修飾成分，便違背了禮的心願。有人說，他沒理（禮）或不講理（禮），這是「禮」所不願聽到的。

【原文】九二，履道坦坦，幽人貞吉。象曰：幽人貞吉，中不自亂也。

【譯文】九二，禮道寬廣而平坦，安閒之人貞正而吉。《象傳》說：「幽人貞吉」是說人要安閒，位置要適中，自心不會混亂。

【釋文】行走的道路寬廣而又平坦是九二得到了中氣。行走的道路就是禮的道路。禮教廣擴無邊，安閒的人同樣處在禮教當中，人為什麼能夠安閒，是所處的位置造成的。只要一個人所處的位置適當，自心不會混亂。

「李士鉁曰：陽為人，二居澤中，一陰掩之，幽蔽之象。履得中道，無行險徼倖之心，雖見幽蔽，守其志節而

不變，故貞吉。詩曰：考槃在澗，碩人之寬。獨寐寤言，永矢弗諼。此幽人之貞吉也。」

【原文】六三，眇能視，跛能履。履虎尾，咥人，凶。武人為於大君。

【譯文】六三，眼睛瞎了一隻還能看，腿有點瘸還能走，踩著老虎尾巴了，老虎咬人凶。有習武之人為謀求大君之位在進行活動。

【釋文】老虎也懂禮節，對老虎彬彬有禮，老虎不咬人，對老虎很不恭敬，像瞎了眼似的往虎尾巴上踩，老虎咬人了。走路像瘸本來是一種不嚴謹的舉止行為，老虎見到這個樣子一定會不順眼。這是在說明人的儀表和行為必須嚴謹，對人要有禮貌。

六三處下卦之終，正是《兌》曰。由於不中不正，不懂禮節，沒有禮貌。處在陽剛的位置上，慾望張狂，一心想當大君。《兌》卦位在正西，時值正秋，風掃落葉。武人有股肅殺之氣，李士鉁說：「後世如項羽、安祿山輩以武夫稱帝號，即此象。」

【原文】象曰：眇能視，不足以有明也，跛能履，不足以與行也。咥人之凶，位不當也。武人為於大君，志剛了。

【譯文】《象傳》說：瞎了一隻眼睛還能看，但看得不能十分明瞭，腿瘸還能走，但與健全的人是走不到一起去的。老虎咬人很凶，是所處的位置不適當。武人要當大君是志氣太剛烈。

【釋文】《象傳》在告誡世人，遇事多問幾個為什麼，

不可以盲從。看問題要全面，要和好人走，不與壞人行。跟壞人混在一起，遲早會受報應的。姚鼐說：「小人固陰柔，而其發乃甚可畏。彼既制有海內矣，其吉凶皆未可決。羿速亡而夏傳子，後世且有不僅傳子者，聖人以此語置咥人凶之下，若以為余意者然，實則此正履之所以為履者，聖人自不欲盡言之耳。」小人得天下是不能長久持續下去的。孔穎達說：「以六三之微，欲行九五之志，頑愚之甚。」

【原文】九四，履虎尾，愬愬，終吉。象曰：愬愬，終吉，志行也。

【譯文】九四，踩到老虎尾巴上顯出十分恐懼的樣子，到最後終於吉了。《象傳》說：顯出十分恐懼的樣子終於吉了是其志向得到了實行。

【釋文】「愬愬」是恐懼的樣子。就三、四兩爻比較而言，劉沅說：「三，才本柔暗而志剛猛，所以觸禍。四，才本剛明而志恐懼所以免禍。」初之獨行者，遠君也。四之志行者，近君也。三無才而志剛故禍，四有才而志懼，免禍。沒災沒禍，才起了主導作用。在人生旅途中，有才智的人一生多順；有志氣的人如果缺乏才智，一生多有不順。所以，「俞琰曰：履以和行，故六三之志徒剛，九四之志則行」。

「李士鉁曰：三多凶，而又以陰居陽；四多懼，而又以陽居陰，故三凶而四終吉。」這是卦位判吉凶。陰居陽位有凶，陽居陰位終吉。這是出於陽剛陰柔的緣故。

【原文】九五夬，履，貞厲。象曰：夬履貞厲，位正

當也。

【譯文】九五，決心履行職務，貞正得十分厲害。《象傳》說：「夬履，貞厲」，是所處的位置特別適當。

【釋文】《乾》龍九五是「龍飛在天」正是施展才能的時候。而《履》卦九五正是在說明《乾》卦九五，在其位，必謀其政。履行職務的責任，是其君主的本分。所以《象傳》說「位正當也」。

「干寶曰：夬，決也。萬方所履，一決於前，恆懼危厲。」

「馬其昶曰：柔乘五剛，則卦取夬義。柔履五剛，則主爻取夬義。九五，象所謂剛中正履帝位者，知厲乃能不疚而光明。故夬亦曰其危乃光也。上天下澤之中，一陰為梗，以位正當之五，決位下當之三。象大書特書履帝位者所以正名定分，黜武人之為於大君，亦猶春秋之志也。」

【原文】上九，視履考祥，其旋無吉。象曰：元吉在上，大有慶也。

【譯文】上九，在履行職務的最後階段回頭看一下所走過的履途，檢查一下是否有不適宜的地方。轉了一週返了回來，這樣做大吉。《象傳》說：元吉在上九這個位置上，是應該大大地慶賀一番。

【釋文】「李國松曰：此以上爻終卦義也。視履考祥，動而之正，不與三應。即三失所恃，亦可同歸元吉。劉子政言，考祥應之福，省災異之禍，以揆當世之變，放遠妄邪之黨，杜閉群枉之門，使是非炳然可知，則百異消滅而眾祥並至，殆即此爻義矣。」

「彪謹案：人之所履，各行其志。志光明則所履亦正大而光明。內省不疚，無惡於志；志不可見，於履見之。欲定民志，即定之於所履，故上下之分不可不辯。分最著者，莫過於上天下澤。上之所履如天健之無私，下之所履如澤悅之無忤，則民志大定，所謂履而後安者也。……」

## 泰卦第十一

泰，小往大來，吉，亨。

《泰》卦有三層含義。一，小的走了，大的來了。二，小人走了，君子來了。三，黑暗過去了，光明到來了。吉祥，亨通。

「鄭康成曰：泰，通也。」

「虞翻曰：坤陰詘外為小往，乾陽信內為大來。」

「羅澤南曰：泰，正月之卦，陰消陽長，故曰小往大來。」羅澤南的說法十分正確。陰消是寒冷逐消亡，陽長是指溫暖逐漸地到來，也可以說成是黑暗即將過去，光明馬上來到來。

「劉沅曰：序卦，履而泰然後安，故受之以泰。謂人必履禮就而後上下各得其和，故泰繼履也。由內之外曰往，自外之內曰來。以氣化言，陰陽交，萬物通，天地之泰也。以人事言陽為君，陰為臣，上下志通，朝庭之泰也。大居內，小居外，各得其所。由陰陽之和平，天下之泰也。」劉沅說明了三個方面。一，「陰陽交，萬物通，天地之泰也。」二，「陽為君，陽為臣，上下志通，朝廷之泰也。」三，「大居內小居外，各得其所，由陰陽之和

平，天下之泰也。」這三方面，把天、地、人和萬事萬物都說出來了。不管哪一方面，提綱挈領地闡述出來。歸根到底就是萬物相感產生的作用。「陰陽交，萬物通」便是主線。

【原文】彖曰：泰，小往大來，吉，亨，則是天地交而萬物通也，上下交而其志同也。內陽而外陰，內健而外順，內君子而外小人。君子道長，小人道消也。

【譯文】《彖辭》說：《泰》卦，小的過去了，大的到來了，吉祥又亨通。這就是天地（陰陽）交感而萬物亨通，上卦和下卦交感其志向才能夠相同。內卦是陽而外卦是陰，內卦剛健而外卦柔順，內卦是君子，外卦是小人，君子的道德在不斷地增長，小人的道德在不斷消亡。

【釋文】「小往大來」是由小到大的意思，正處在一種不斷地走向興旺發達。這就是《泰》卦。所謂「否極泰來」就是在說明宇宙間萬事萬物一種發展變化的運動規律。人類社會也同樣如此。中國社會的黑暗與貪窮從封建社會開始，一直延續到新中國的建成，中華人民共和國成立的後，貪窮面貌並沒有改觀，七十年代末期是個轉折點，1979 年《山天大畜》開始為「小往」。1991 年得《泰》卦為「大來」。這是人所共睹的歷史事實。

「李士鉁曰：坤氣上升，所以天道。乾氣下降，所以成地道。二氣相交，則陰陽通，萬物生也。內陽，生物之原。外陰，所以成物也。內健，幹事之本。外順，所以成事也。內君子，起化之人；外小人，所以順化也，故吉而亨。」

「項安世曰：彖具三義，首於陰陽二氣，無所抑揚，取其交而已。次以內外為義，重內輕外，已有抑揚。末以消長為義，全是好陽而惡陰。」《彖辭》說明了《泰》卦三個方面的意義。一是陰陽交萬物生的道理，強調了一個「交」字。交就是感，萬物相感而產生變化。二是「重內輕外」，這是說明陰只有在順從陽的情況下才能成事。陽在起著主導作用。三是「末以消長為義」，「小人道消」是小人順從了居子，社會上正義佔了上峰，歪風牙邪氣減少了。「君子道長」是正義事業不斷地增長，前途光明，就會一片興旺發達。

《泰》卦闡述的是陰陽相互感應的通理，這個道理是千真萬確的，是唯物辯證法的基本原則。

【原文】象曰：天地交，泰；後以財成天地之道，輔相天地之宜，以左右氏。

【譯文】《象傳》說：天地交感是《泰》卦；天地交感以後財物才會在天地之中出現，財物的出現是輔助天地，使天地兩相適宜，只有天地兩相適宜，才能扶植天下萬物及人類的生存。

【釋文】《象傳》闡述了萬物尋找平衡的道理。由於天體在尋求平衡，所以萬物也同樣在尋求平衡。找到平衡就是《泰》。陰陽和平，世道昌盛。所以，輔相天地之宜，以左右民。何謂「財」？益我之物，財也。水益禾苗，水是禾苗之財；肥益禾苗，肥是禾苗之財；光益禾苗，光是禾苗之財。天下之財，是天下尋求平衡的源泉。「以左右民」指用來扶植天下人民。用來扶植天下人民

的，只有財。在《立春占年考》中，《泰》卦只出現兩次。一是1991年，一是1995年，這標明，中國社會已進入了興盛時期。

【原文】初九，拔茅茹，以其滙，征吉。象曰：「拔茅征吉，志在外也。」

【譯文】初九，拔茅的同時連匯聚在一起的根一起拔了出來。因為茅的根在地下都相互連在一起的，這種現象吉祥。《象傳》說「拔茅征吉」是初九的志向寄託在外卦身上。

【釋文】茅，多年生草本植物。茹，根。「李士鉁曰：茅根為茹，初在地下，故稱茹。茅叢生，故否泰之初皆取象焉。茅唯人所用，用則登於宗宙，不用則老於山林。茅不自達，必俟人拔之。拔，擢也。用賢者首舉一大賢，則群賢從之。震爻為征，陽主進故征。得時有應，首慶登庸，故吉。」

下卦《乾》三陽爻象叢生的茅草，初九拔茅，九二，九三的根一起在地下被拔了出來，因為茅草的根在地下是相互匯聚在一起的。這是一種借代，說明國家選拔人材，把最好的賢能人士選拔出來，和賢能人士一樣的好人都站了出來，爭相為國效力。俗語物以類聚，人以群分。國家能重用好人是國之幸，民之福也。用了壞人，國必晦，民必殃。

【原文】九二，包荒，用馮河，不遐遺。朋亡，得尚於中行。象曰：包荒得尚於中行，以光大也。

【譯文】九二，包容全陰，用這樣的氣勢涉水過河，

不會因為遙遠就把陰丟失掉了。為包容全《坤》失去了朋友，得到的只能是在《乾》陽之中不停地向前運行。《象傳》說：能包容全《坤》向前運行，是來源於光能的偉大。

【釋文】這段爻詞，是對光素的讚揚。萬物皆陰凝而成，凝陰的作用依賴於光。沒有光合作用，萬物皆難的形成。這就是陽包陰的道理。

「虞翻曰：馮河，涉河。」河指水，水是在光合作用下分化出來的。陰陽相感，首先分化出來的就是水。有了水，萬物開始滋生。這就是「馮河」的原意。

「程傳云：陽剛得中，上應於五。五以柔順得中，下應於二。二雖居臣位，五治泰者也。」這是對「得尚於中行」的解釋。陰陽（指二五兩爻）感而適中，意為找到了平衡。這是這段爻詞的中心。

「龍仁夫曰：乾包坤，曰包荒。」

「李光地曰：包荒者，天地之心也。」天地以生物為心。就像一對夫妻盼望生兒育女一樣。

「錢一本曰：二五同志，合交的成用。將拯地所載而為之治，先際天所覆而為之包。荒者，全坤之勢。包者，全乾之量。」

「李士鉁曰：五為建中之居，而五柔二剛。所以成天地之化，弼五以得中者，二之力也，故得尚於中行。尚，上進也。」二，五在中行，二起主導作用，而五順從之。

「又曰：量容一國者，始足的治一國。量容天下者，始足以治天下。包荒，致泰之本也。四海一家，何所謂遐？故不遐遺。大道為公，何所謂朋？故朋亡。書曰，凡

厥庶民，無有淫朋，人無有比德。」這是對九二之陽的讚頌。說明天下為公的道理，接著他又說：「無黨無偏，王道平平。」蓋一中為極，天下無私，則泰矣。」

【原文】九三，無平無陂，無往不復。艱貞無咎，勿恤其孚，於食有福。象曰：無往不復，天地際也。

【譯文】沒有平地不會有山坡，沒有過去不會有反覆。艱難貞正不會有錯，不用擔心有沒有誠信，得到食物就是福。《象傳》說：「無往不復」是由於處在天地的邊緣。

【釋文】「虞翻曰：陂，傾也。」事物總是相反相成、相輔相成的，沒有平地，就是不會有高山。平與不平總是相對而言。朱軾說：「平，泰也。陂，否也。所以泰者，陰往居外之故。陰非長往，無有往而不復者。」這是事物發展變化的一種運動規律。內卦《乾》陽之泰到了九三這個位置上，已經走到了平坦的邊緣，再往前走就是不平有坡的否地了。處在這種情況下，只要不怕艱難，堅持正義，抱有誠信不會有錯，錯與不錯，主要體現在能不能得到食物，只要有飯吃，有衣穿，有錢花就是福。

「李士鉁曰：九三過中，陽以極而陰將至，下卦終而上卦來。莫謂世已平，固無平而不陂也。莫謂時已往，固無往而不復也。治極則防其亂，必艱難不敢康逸，正固不敢紛更，乃可無咎。三在泰中，守成之象。艱貞者，守成之良法也。書曰，君子所其無逸，艱之謂也。詩曰，不愆不忘，率由舊章，貞之謂也，乾直為平，而不中則陂，出下卦為往，而互震則復，故有平陂往復之象。乾為反覆道，天地循環，屈伸相倚。三當變化之地，天地之間，故

特於此發明其理，使人因時為人道也。勿恤者，宜恤也。以實德感通，其思有以孚之。兌口承之為食，乾為福，三，公卿之位，得食封邑，時在泰中，故於時有福，三以天之高而下於地，以陽之上而下乎陰，滿而不溢，所以常保富也。高而不危，所以常保貴也。是以處泰而獲福也。」

【原文】六四，翩翩，不富以其鄰，不戒的孚。象曰：翩翩不富，皆失實也。不戒以孚，中心願也。

【譯文】六四，風流瀟灑，不讓他的鄰居富有，對誠信從不存有戒心。《象傳》說：瀟灑大方並不富有，全是由於內心空虛。對誠信沒有戒備之心是六四的心願。

【釋文】鄰，近鄰六五，遠鄰上六，三陰皆不富有。六四和初九感應，初九是「潛龍勿用」之陽，六四很艱難富有，要想讓鄰居能夠富有很難做到。但她也不懷疑對方的誠信，發自內心的願望就是要用誠信去感染對方。

「虞翻曰：陰虛無陽，故不富。」六四陰居陰位，純陰無陽。

「李士鉁曰：翩翩，經舉貌。不富者，陰居陰位，謙虛退遜，雖在顯位，不自滿假也。以陰乘陽，防其危逼，宜有戒。三四內外相接，交必的信。四志在下復，故不戒以孚。孚之道內實外虛，三陽實，故其孚。四陰虛，故以孚也。」

【原文】六五，帝乙歸妹，以祉元吉。象曰：以祉元吉，中以行願也。

【譯文】帝乙把妹妹下嫁級九二，借福而元吉。《象

傳》說：借福元吉，由於位置適中，甘心情願地這樣去做。

【釋文】「白虎通云：帝乙，謂成渴」

「乾鑿度云：泰者，正月之卦，陽氣始通陰道極順，故因此以見湯之嫁妹，能順天地之道，立教戒之義也。」《泰》卦陰能順陽，是出嫁女順男夫之象。用「帝乙歸妹」恰到好處。

「陵希聲曰：五以柔在上，帝女象。配二下嫁象。天下降猶男下女。天復於上，地復於下，天地之大義。地以順承天也。五志於順，故獲祉福。居中降志，故曰中的行願。」「天在下，天氣上行，地在上，地氣下降」陰陽氣交，男女婚配之象。天地能生萬物，功德全賴於此。《泰》卦九五是《易經》之中心論點。

「馬其昶曰：自屯以下，卦皆剛柔交而成，故凡言元者，皆兼乾元坤元也。陵賈新書云，乾坤以仁和合，八卦的義相承。以仁和合，謂以元相交也。乾坤之元，始交難生，至泰而各還乾坤之體，其氣大通，萬物蒙福，故曰以祉元吉。」《乾》、《坤》自《屯》始交，萬物始生，天地之始，從難開始，直到《泰》卦，「其氣大通，萬物蒙福。」

【原文】上六，城復於隍，勿用師，自邑告命，貞吝。象曰：城復於隍，其命亂也。

【譯文】堅固的城牆倒塌在起初疊城牆時取土用的溝裡，對外的防線倒了，不能用兵護衛了，下令告訴城內的人，要自加防範。由於貞正有了吝難。《象傳》說：「城

復於隍」是由於政府的政策混亂造成的。

【釋文】《坤》土到了上六，腐朽得倒不堪扶，所以「城復於隍」。城牆初壘十分堅固，到了後期為什麼會自行倒塌呢？這期間有一段風化過程。這就是萬物發展變化之運動規律。這裡在告誡世人「沒有不散的宴席。」隍是壘城牆時在牆外取土挖出的溝。

「李士鉁曰：政雖美，久不修則敝。城雖堅，久不治則壞。此泰極否來之象。坤為眾，互震長子帥師，有用師象。然城以壞，無可以守，安可以戰？內政未修，安可攘外？沉權柄不移，內憂方大，若更貪功黷武，徼福境外，愈促其亡，故勿用師也。震為命，兌為口。世將治則命自上而下，將亂則命自下反上。天下有道，則庶人不議。泰將成否，故邑人來告其命在而議之。」

修國政和修補城牆，修整井壁，掏清井水是同一個道理。俗語，創業容易守業難，要使國家不斷地向前發展，必須勤修國政，補弊救偏政策不可以混亂。

## 否卦第十二

否之匪人，不利君子貞，大往小來。

否是心術不正之人，對正人君子不利，光明就要過去，黑暗就要到來。

「劉沅曰：序卦云：物不可終通，故受之以否。卦象卦德皆與泰相反。人者，天地之心也。善人多則天地之正氣伸，陰陽和平。天地無否時，人道失則匪人多而天地否，非天地果有閉塞不通之時也。聖人的扶衰濟世望人，

故於此不重天道，言由小人疾害君子，遂成否運而大往小來也。」

《天地否》是陰不入陽，陰主靜，居下卦不能主動上行，陽主動陽氣上行，陽主動陽氣上行，不能下交陰，陰陽離散，所以人心否閉。這也是萬物在發展變化過程中產生的一種自然現象，是萬物相感產生的結果。正如劉沅所說：「天地無否時，人道失則匪人多而天地否。」所謂「人道失」就是人與人之間，國與民之間不講道理，不講道理就是失去禮法。「克己復禮」就是對此而言。

「呂大臨曰：否閉之世，丑正惡直，不利於君子之守正。」由於陽氣外越，世道否閉，小人、壞人理直氣壯，惡勢力統治天下，對守正之君子不利。只好隱氣吞聲，躲藏起來。

「蘁澤南曰：否七月卦，陽消而陰長，故曰大往不來。」

【原文】彖曰：否之匪人，不利君子貞，大往小來，則是天地不交而萬物不通也，上下不交而天下無邦也。內陰而外陽，內柔而外剛。

【譯文】《彖辭》說：《否》之時，全是些心術不正之人，對執行正義的人很不利。偉大的時期過去了，小人橫行的時期到來了，這就是天氣地氣不相交而萬物不能相通。上級領導不了解下級而造成天下沒有國家的現象。《否》卦，內卦是陰，卦外是陽卦；內卦是陰柔外卦是剛健。

【釋文】「否」是壞，陰陽不交，萬物反感。也就是

人們所說的混亂時期。春秋戰國時代無義戰，可稱為混亂時期。

「李士鉁曰：乾上坤下，泰反成否。天氣一升而不下降，地氣沈降而不上升，所謂天地閉，賢人隱也。陽來陰去，於時為春，則萬物生，故泰。陽去陰來，於時為秋，萬物不生，故否。」

【原文】內小人而外君子，小人道長，君子道消也。

【譯文】內卦全是小人而外卦全是君子，小人的道德逐漸上長，君子的道德漸漸消亡。

【釋文】內心裝著的全是小人的壞道，而外表看上去卻像一個君子。壞道一天一天地增長，正人君子只好隱藏起來。這兩句是在說明當《否》之時，偽君子太多了。正氣根本樹立不起來，凡是好人都是要遭到壞人的毒害。

「劉向曰：讒邪進則眾賢退，群枉盛則正士消。小人道長，君子道消，則政日亂，故為否，否者，閉而亂也。」這是對封建五朝的描繪，君主親近小人，賢人就必須後退。奸邪盛，正氣必消亡。小人囂張，否閉之時。

【原文】象曰：天地不交，否；君子以儉德辟難，不可榮以祿。

【譯文】《象傳》說：天氣地氣不相交感，是《否》卦；君子要收斂道德用來避難，不可榮躍吃國家奉祿。

【釋文】楊萬里曰：非能忍天下不可忍之窮，不能辟天下不可辟之難。窮之不忍，誘之者至矣。誘之所投，禍之所隨。唯不可榮以祿，則免矣。「忍是忍不下去的，辟是辟不開的，誘惑更是難以抵禦的。這個三個方面無法擺

脫，只好不去吃國家奉祿。

「張洪之曰：苟全性命於亂世，不求聞達於諸侯，知時也。李二曲屢徵不起，至陝督移病榻省廨，經粒六日不食，得予歸。顧自嘆曰，生我名者殺我身，是皆洗心未密，不能自晦之所致。自是荊扉嚴鎖，惟顧亭林至則見之。」

【原文】初六，拔茅茹，以其滙貞吉亨。象曰：拔茅貞吉，志在君也。

【譯文】初六，拔茅草連根一起拔了出來，由於茅草根連在一起，貞正吉祥又能亨通。《象傳》說：「拔茅貞吉」是志向寄託在了陽的身上。

【釋文】《否》、《泰》兩卦初爻都是闡述選拔人才的道理。國家把德才兼備的人選拔出來，然而，凡是具備德才的人都能紛紛起來為國家效力。在國家興旺時期要這樣做，在國運衰退的情況下，也要這樣做。這種做法在《泰》卦曰：征吉「是證明其吉。而《否》卦曰：貞吉亨」是在說只有「正」才能吉而亨通。這裡是在強調一個「貞」字。做不到這一點，難以吉。更談不上亨通了。一切都在「壞」的環境中，要想做到「正」那就太難了。這裡充分地說明「貞正」二字的重要性。

「馬其昶曰：泰時君子道長，所拔皆正，曰征吉，不曰貞吉，速其進也。否時不利君子貞曰貞吉亨，歆之也。化初為陽，乃能吉亨。志在君，志在陽也。否何嘗不可轉？亦視乎所拔之人貞與不貞耳。」這話十分重要。在一部電視劇裡……一位高級幹部說「上面一根針，下面一條

線」。這話說出了官場的奧秘。上面有什麼樣的針，下面穿著什麼樣的線。

「劉沅曰：三陰連類而進，亦象拔茅連茹以滙。然小人初進，未必便欲害君子。特勢盛欲興，乃害正誤國。聖人戒而誘之，以言能守正福國利民而吉，則天下蒙福，已亦受賜而亨也。此導小人以正之義。」否卦三陰為陽所用。而小人被利用，能正與否深不可知。關鍵是在陽的作用。陽不與陰交，陰要想正，難矣。正因如此，才強調了「貞吉亨」三字。這是聖人心。

【原文】六二，包承，小人吉，大人否亨。象曰：大人否亨，不亂群也。

【譯文】六二，承受九五的包容，小人得到了吉祥，大人的壞事從而得到了亨通。《象傳》說：「大人否亨」大人是不會和小人成為一群的。

【釋文】這一段爻詞，是《否》卦的中心，九五包容了小人，是小人得到了重用。小人成了主宰天下的關鍵人物，所以九五竟作出一些錯事、壞事。惡勢力籠罩天下，「大人否亨」是大人的壞事通於天下。宋主聽信了秦檜便殺了岳飛。我這樣解釋「大人否亨」是在邪批《三國》。《易經》的本義是「大人」不與小人合群，所以，大人就在這種很壞的環境中得以亨通。「大人」指九五。

「劉沅曰：群為三陽，二承五，不與小人為群，故否而亨。易為君子謀，故專美大人。」這是對「群」字的說明。「大人」為一國之主，三陰為「群」。所以，不可以混為一談。「大人」永遠是正大光明，《易經》就是讚美「大

人」的。

「李士鉁曰：六二居地之中，包天之氣，地承天而受其氣。小人事君子而能順其心，得陰之道，故小人吉。」這是對「小人吉」的說明。小人最會順從君主的心願。所以小人多受君主的恩寵。小人吉，君子否。這是《否》卦的重點。

【原文】六三，包羞。位不當也。

【譯文】六三，被陽所包，感到羞愧。《象傳》說：六三「包羞」是所處的位置不適當。

【釋文】下卦三陰被上卦三陽包容，初六被國家提技錄用。六二由於得中氣，很會阿諛奉承，深得君主的歡心而受寵。唯主三不中不正，自己感到羞愧。這是對小人無情地鞭笞小人要知羞，世上無小人。文王作《易經》其義在弘揚文明，崇尚道德。對小人的作為痛心疾首。

「馬其昶曰：秦之包方於乾，象天包地。否之包言於坤。象地為天所包，大人小人，皆以位言。當否時，五包於上，二承於下，而中正不變，五乃有應，大人之否所由亨也，否爻多失正，獨二五陰陽不亂，在卦義為不交，在爻位則得正。曰小人吉，在人否亨，見禍福之相關，二五之宜交也。曰不亂群，見中正之能濟否，二五之不可復變也。」

「又曰：三亦見包於上。處下體之上，位不當而艮止不去，為包羞。當小人道理長之時，三之所為或無凶咎，然而君子恥之。」

【原文】九四，有命無咎，疇離祉。象曰：有命無

咎，志行也。

【譯文】「九四，有君命在身，按君主的命令去做，不會有錯，同類缺不了福。《象傳》說：「有命無咎」是由於按著君主志向行事

【釋文】這是在說明萬物相互感應的道理，大臣執行君命，應是指去執法行治理國家的方針政策。是施福於天下，政策行得通上行下效，天下同受其福。疇，指同類。這同類是指什麼人說的呢？小人橫行之時，只有小人才受其福。天下一團糟，小人吉，賢人隱，何以言福。

【原文】九五，休否，大人吉。其亡其亡，繫於苞桑。象曰：大人之吉，位正當也。

【譯文】九五，休止否閉狀態，大人吉祥。要滅亡了，要滅亡，人的生命就寄託在苞桑之上。《象傳》說：「大人之吉」是由於所處的位置適當。

【釋文】九五坐著龍椅，其位置適當，天下一片否閉，只有君主還能吉祥。「其亡，其亡」這是君主為擺脫困境向天下人發自於內心的吶喊。「苞桑」指茂盛的桑。桑可以養蠶織布做衣裳，桑甚可以吃。是人們衣食的根本是養命的源泉。「苞桑」只能扶植，不可毀壞，借「苞桑」之名，喻弘揚正氣的迫切性。國無正氣，民不聊生。人民就是「苞桑」，國家要靠人民來供養。人民自己養活不了自己，拿什麼來供養國家呢？休否的關鍵就是內修國政，弘揚正義，讓天下人安居樂業。

「王符曰：易稱其亡其亡，繫於苞桑。是故養壽之士，先病服藥。養世之君，先亂任賢，是以身常安，國脈

永也。」亂世之君任用賢能人士就如同病人吃藥一樣。病人不服藥其病難好；亂世不用賢人，其亂難消。

「陵希聲曰：苞桑之戒，志在下民而固其根本也。有固必有民，無民難言其國。民是國之根。國要興旺，不可傷根。」

「李士鉁曰：撥亂反正，君之任也。惟大人為能已亂。孔子不能治春秋之亂，有共德，無其位也。桀、紂不能救夏、商之亡，有其位無其德也。當此爻者，其湯、武乎？有大人之德，當否之時，體乾之惕，深慮其亡，而所以不亡者即在此也。」這段論述說明了君主的重要性。是全文的重點。坐在君主這個位置上，必須要具備高尚地道德。透過歷史的見證，這是一條普遍的真理。

「馬其昶曰：大人吉，則陽不可變也。其亡云者，言天下將危亡矣，不可不亟亟焉任賢以維繫民心。二在下，有苞桑象。苞桑，尤民心之所繫也。大人欲休天下之否，必使民心有所繫，而後亂群之徒乃不作。有六二小人吉，斯有九五之大人吉。兩爻之義，蓋相發也。」

《易經》講陰陽互變，陰可變陽，陽可變陰。是人心耶！人心變化多端。在大革命期間革命者變成了反革命，才出現了「叛徒」這個詞。反革命集團內部出現了革命者，才有了「起義」這樣的字眼。「小人」指黑暗勢力。「大人」指光明正大之人。「小人」是陰的代表，「大人」是陽的代表。所以，九五之大人是絕對不可以變的。處否之時，大人處境可想而知。為擺脫這種處境，一定要行使措施。扶植正義。正義就在廣大人民之中。清政府鎮壓義和

團，鎮壓維新派，就是在扼殺正義。

【原文】上九，傾否，先否後喜。象曰：不終則傾，何可長也。

【譯文】上九，否閉傾頹，先有否後有喜。《象傳》說：否到最後一定要傾頹的，是不會長遠地持續下去的。

【釋文】上九是《否》卦最後一爻，《否》到最後便自行傾頹。這是事物發展變化之運動規律。解除了《否》自然會有喜。壞事沒有了，好事會層出不窮。

「程傳云：上九否之終也。物理極而必反，故否道傾覆而變。先極否也，後傾喜也。」這是在說明否極必反的道理。

「劉沅曰：言否無長否之理，惟賴傾否者之有德有才而已。物有終始，太和之理無終始，一元運化，安有否時？因人事不修，泰轉為否遂諉於天道之常。聖人以扶衰濟世望人，故於否卦不重天道。自來誤解，不識陰陽不可偏廢之義。故夫子發明卦，推論得失如此。」天體運轉本無否時可言，而《泰》、《否》兩卦專論世事。是人為是事如此。用事物發展變化之運動規律，說明治理國家「否」、「泰」的根本原因。君主要重用了小人，天下一定要《否》。說明君主選拔人材的重要性。小人最會順從君主的心願，所以小人極容易得到君主的歡心。天下之《否》，就是從這裡開始。當君主發覺了事實真相，天下已亂到了不可收拾的地步。撥亂反正，不如守正。要知如此，何必當初。事情就是這樣，不以人的意志為轉移。

## 同人卦第十三

同人於野，亨，利涉大川，利君子貞。

同樣是人，躲藏在野外，現在開始亨通，對跨越高山大川有利，對君子的貞正有利。

《同人》上卦《乾》陽是天，下卦《離》是太陽，又是人心。太陽出來了，天下一片光明。《否》時小人當道，賢人隱的時代過去了。《序卦傳》說，天下不能終否，繼之同人，《同人》的含義，正人君子同樣是人，為什麼要躲躲藏藏呢。天下人一條心，共同嚮往光明。正氣起來了，所以「利涉大川，利君子貞。」

《同人》卦是在闡述萬物都在尋求平衡的道理。說明萬物發展變化之運動規律和社會發展的必然趨勢。萬物感應的最終體現，是惟物辯證質的核心力量。

「蘇軾曰：野，無求之地，凡從我者皆誠同也。」野外閒居，心無所求，否閉之時，這是求全惟一途徑。正氣起來，《同人》一起相從，心誠者志同。萬眾一心。

「劉沅曰：離火上應乎天，是人心不昧其本，故為同人。人不同而心同，心同則是天下人皆可同也。」人心之本，就是嚮往光明。同樣是人，不可分為三六九等，《同人》之心，人人平等，欺人欺心，決不能同人。「貞」字就顯得十分重要了。人心要正，天下大同。

【原文】彖曰：同人，柔得位得中而應乎乾，曰同人。同人曰，同人於野，亨，利涉大川，乾行也。文明以健，中正而應，君子正也。惟君子為能通天下之志。

【譯文】《彖辭》說：《同人》卦六二一陰得位位得中順應上卦《乾》，說這樣現像是《同人》。《同人》卦詞說「同人於野，亨，利涉大川」是《乾》陽在運行。文明（指《離》卦）和剛健（指《乾》卦）結合在一起，得中得正而能相互產生感應。這就是人們所說的君子的正。只有君子的作為才能通向天下人的共同心願。

【釋文】《同人》下卦是《離》，《離》是太陽，又是人心。太陽出來了，人心所向，天下文明，伴隨剛健而來，中正之氣不斷地上升，小人橫行的時代過去了。正人君子大義凌然，代表了天下人的共同心願。

「淮南子云：茫茫昧昧，與元同氣。故至德者言同略，事同指，上下一心，無歧道旁見者。渴障之於邪，開導之於善，而民向方矣。易曰同人於野，利涉大川。」「野」是滿山遍野鋪天蓋地，用「茫茫昧昧」進行描寫。不是「與元同氣」而就是「元」氣。《乾》元，《坤》元兩相結合，天下才能「文明以健」。天下《否》不《否》，關鍵在於陰陽二氣能不能結合在一起。

「程傳云：同人曰三字，羨文。天下之志萬殊，理則一也。文明獨理，故能明大同之義剛健克己，故能盡大同之道。」人心大同的道理，是飽經磨難後的一種共同反應。人的心願各不相同，而嚮往光明總是一致的。殊路同歸這才是《同人》的道理。

「劉沅曰：同人曰者，明文王不直云同人，而云同人於野之故。同人，大有，五剛一柔，並以柔為主。大有得中，同人得位，應乎乾以人合天。乾天也，離虛明，人心

也。乾在離上，人心之天也，人不同而其心之天同。必有至公至明至誠至虛之量，始可以合天下而為一，此同人於野所由亨也。唯君子以正通之，正者感而通，不正者化而通，焉往而不同哉？」天下之「正義」不以人的意志為轉移。君子行正是素質所關；小人不行正，同樣是素質所關，正義通，小人被化，強行其通，不得不通。所以聞明天下至。

人心是什麼？人心就是一個「私」字。《離》中一陰就是人心。所以，君子因私有時也便是小人。小人之心人人有之。人的心志如何關鍵在素質的形成。大人君子陽剛多而私心少就像《同人》、《大有》兩卦。卦中只有一陰，一陽被五陽所化，其大光明。

【原文】象曰：天與火，同人；君子以類族辨物。

【譯文】《象傳》說：天與火同在一起是《同人》卦；君子應按著萬物的種類和世人宗族關係分辨事物。

【釋文】《象傳》在警告世人要分清事物的好壞，無論對待任何事物都要有主見，考究其性質，來源，分門別類，不可盲目隨從，這是辨別小人的基本方法。不這樣做，就要上當受騙，其禍無窮。

同樣是人，人心都是相同的，遇到集體問題，其想法各不相同。何謂君子？何謂小人？就體現在一個「私」字上。私心重為小人，私心輕是君子。為大公，私心輕的人馬上會想到公；公能爭服私；私心重的人，一心為自己著想，損公肥私，害人害己。否與泰就是兩種人的衍化。是否是泰是公與私相互感應產生的結果。否，人所不欲，所

以不得人心;泰,萬民所望,人心所向。所以,出以公心,人人稱頌。傷天害理,千古罪人。書中錄出張浚一句話:「離火在人屬心,為志。」《離》火是太陽,人心嚮往光明,所以是人心,是志向。

【原文】初九,同人於門,無咎。象曰:出門同人,又誰咎也?

【譯文】初九,同人一起在門前,沒有過錯。《象傳》說:走出門後同人在一起,又會是誰有錯呢?

【釋文】凡是人,同屬一門。在這個門裡沒有對錯之分。這是在論述人人平等的道理。凡是人,沒有高低、貴賤的分別,這是《同人》卦的基本觀點。強凌弱,大吃小,官欺民不是人類的公平,不是聖人的主張。皇帝保護不好自己的臣民,不是好皇帝;國家法度不謹嚴人民不能安居樂業,不是好國家。人身權利能不能平等是衡量一個國家的基本標準。

人,「哇」的一聲降生了,根本沒有錯,錯就錯在強凌弱,大吃小,官欺民。「出門同人」指出生以後同人生活在一起。

【原文】六二,同人於宗,吝。象曰:同人於宗,吝道也。

【譯文】六二,同人在於宗族。有吝難。《象傳》說:同人在於宗族是吝的道理。

【釋文】陽為精,陰為血。一個宗族有一個血統。由於血統的不同,吝難一定會產生。

一個宗族是一種血統,不允許有兩種血統的產生。一

家人出現了兩種血統，吝難一定要產生。

一個宗族，必然同姓，同姓和同姓不能結婚，同姓結婚會有吝難。「彪謹案，又案：初爻言同人於門，是同於門內，一家之人同氣相親之象。二言同人於宗，施之敬宗合族則可，若婚姻則取異姓而不取同姓。左傳云，男女同姓，其生不蕃，此周制也。」

【原文】九三，伏戎於莽，升其高陵，三歲不興。象曰：伏戎於莽，敵剛也。三歲不興，安行也？

【譯文】九三，草叢中埋伏有軍事設施再往上升就是很高的丘陵。三年不會興旺。《象傳》說：「伏戎於莽」是敵人剛健，「三歲不興」怎麼還能往前走呢？

【釋文】九三是下卦之陽，臨近上卦，為了抵防上卦，伏有軍事設施。上卦是天，下卦是太陽，畢竟不是同類，懷有戒備之心。

一個爻位用一年計算，到了九三是三年，所以三年不興。

「李舜臣曰：天下之理，萃則必爭。卦以同為義，而三則伏戎，四則乘墉，五則大師克相遇。故易中必知險，簡中必知阻。」天下的道理，凡是聚集在一起的，必須要產生紛爭。天下雖大同，百紛爭在所難免。尤其是同類相見，各自逞凶。九三伏戎，九四乘其墉，九五大師克就是在說明這個道理。

「王夫之曰：升陵，謂五也。托處尊高，灼見其情形，而三之伏戎無所施，至於三歲必潰矣。此五之所以大師能克也。」王夫之說九三有野心，想要上升到高陵，（高

陵是九五）所以在三年後便會自行崩潰。這是九三不得中氣的原因。

「李光地曰：同極必異，人情之常。三居下卦之極，過剛無應，不和之甚。」人心不和志向不投，同中存異，自然之理。這是《易經》唯物觀念的高明之處。

【原文】九四，乘其墉，弗克攻，吉。象曰：乘其墉，義弗克也。其吉，則困而反則也。

【譯文】九四，騎馬站在牆外要攻打城內，有高大的城牆隔著，還是不打吉。《象傳》說：「乘其墉」的說法，還是不打城內為吉。這種吉，是由於遇到困惑而反回來的法則。

【釋文】遇到困惑而改變主意這是做事經常遇到的一種規律。九四要攻打下卦，九三是一堵高牆，這堵牆，不太好過。而六二本身又得中又得正，所以不打為吉。

「惠棟曰：釋宮云，牆謂之墉。馬融梓材注云，卑曰垣，高曰墉。」這是對「墉」的解釋。

「劉沅曰：則，法則也。」法則就是一種規律。

「李士鉁曰：四不能攻，窮而思反，自安矜義。又三多凶，四多懼，三體離燥，四體乾惕。三與二近，勢所必爭。四與二遠，畏難而止，所以能反而吉也。」九四是「惑躍在淵」之爻，不脫離水平面，沒有過錯。所以反回來吉祥。

【原文】九五，同人，先號咷而後笑，大師克相遇。象曰：同人之先，心中直也。大師相遇，言相克也。

【譯文】九五，同人一起，先是流淚痛哭然後仰天大

笑，大部隊攻克強敵而上下會合。《象傳》說：同人之先號咷，是心中無底。硬是靠中正，正直打了勝仗。大部隊會合是說打了勝仗。

【釋文】六二與九五同心，兩相感應。九三不正，有強搶六二的野心。六二不是九三的對手，九五擔心六二的損失，先是痛哭起來。由於二、五兩夾擊，又有九四的扶助，終於打敗了強敵而後大笑。

《同人》卦論述的中心：同樣是人，弘揚天下人人平等。樹正氣，殺歪風，使邪風氣不得上揚，才能達到由否到泰的轉化。所以爻詞多言戰爭。這是人類社會發展的必然。好與壞，善與惡，是兩種狀態的對立，不用武力征服是難以統一的。矛盾的初生是口舌是非，發展下去造成官訟，由官訟再發展，兵戎相見。正則勝邪則敗。這是人類社會發展變化的必然規律。

「李士鉁曰：二五以中應中，跡不同而心同。離為甲兵，萬物戰乎乾，乾亦兵戎象。二至五互姤，姤遇也。彼此同心，終能去三四之梗塞而相遇也。」這是用卦象說明卦理，二、五相感，而三、四從中梗阻之。由於下卦的互卦是《姤》卦，《姤》卦是遇。因此，二、五得以相遇而重逢。

「馬其昶曰：五為卦主，先號咷者，痛三之悖道也。當大同時用師相克，故其中直之心不能不號咷耳。」這是對「號咷」的解釋。

「彪謹案：老子云，抗兵相加，哀者勝矣。范文正先天下之憂而憂，後天下之樂而樂。皆此意也。」

【原文】上九，同人於郊，無悔。象曰：同人於郊，志未得也。

【譯文】上九，同人一起站在郊外，沒有悔恨。《象傳》說：「同人於郊」是志向沒有得到伸張。

【釋文】《同人》上九志向未伸。但其心不死。還要按著《同人》的道路一直走下去，這是在寫人心。人不死，其志不滅。天下大同人心所向，不達目的，永不罷休。天體就是按這樣一種規律，永無休止。

「王弼曰：處同人之時，最在於外，不獲同志，而遠於內爭，故雖無悔咎，亦未得志。」上九遠在國外，不能參入國內正義之爭，其志向未能得到伸張。這是「亦未得志」的慨嘆。為了完成心願，還要一直走下去。

「馬其昶曰：彖之同人於野，以位之上下取象。爻之同人於郊，以卦之內外取象。在下者有應於上，故懼其私。在外者無應於內，故志未得。」九三與上九同陽，其志不同心，所以不能互應。不得志就體現在這裡。

「彪謹案：恆解言，必有至公至明至誠至虛之量，始能合四海為一人，蓋深得同人之要義，竊惟卦象取天與火，天之體至誠而用至公，火之體至廣而用至明。人之心理亦然。時時葆其至誠至虛之體，廓其至公至明之用，則天下之志同而無弗通矣。君子行健以法天，光明若觀火。離中爻虛，上應乾中爻之實，中正之心互相感應。以人同人，實以人同天也。堯舜稽古同天，而成時雍之化，舟車所至，人力所通，無弗同焉。曰同人於野，有車書大同之義。曰利涉大川，有同舟共濟之義。於可同者求其同，一

家之中，由親近以反疏遠。初同門，二同宗，此類其族而同之也。於不可同者亦求其同，一國之中，或伏莽窺伺，或乘墉竊據，惟感之以至誠，待之以至公，如天之無弗冒也；容之以至虛，燭之以至明，如火之無弗照也。至積之既久，使敵我者終不能興，功我者困而自反。三與四雖極難同，亦莫不奔走偕來焉。此辨其物而同之也。九五剛中與二應，上下同德，以大師促成大同之化，克而相遇。克之云者，非徒用師爭勝，必先有克己自勝之道，乃能與人相見以天。克去其心之爾虞我詐，同歸於至誠。克去其心之昏蔽，同歸於至明。則天下之志通矣。於此右猶有不通者，則本其先憂後樂之懷，充其善與人同之量，仁義之師，有征無戰，大師克之，莫非相見以天，復何悔乎？然雖無悔，而僅同於郊，猶未盡大同之量，此修己以安百姓，博施濟眾，堯舜其猶病諸。郊視野為近，曰志未得，是志在同人於野可知。此卦首之辭，所以首揭之曰同人於野亨。必如是，乃能得亨之道也。」這篇案文總結得好，直得一讀，特錄與此。

## 大有卦第十四

大有，元亨。

《大有》卦，元氣亨通。

「吳澄曰：大，謂陽。有者，盛多之義。詩旨且有，釋文，有，猶多也。」陽是大，有是多。《大有》卦既大又多也。

「劉沅曰：大有，有者大也。同人之離在下，人心

也。大有離在上，君心也。日光下照庶繁昌，君心下交，賢才滙出。人物之盛，君皆有之。故為大人。序卦，與人同者，物必歸焉，故受之以大有。

又曰：一陰虛中下賢，而眾陽從之，蓋居尊不自滿足者。比，以九居五，而應之者五陰則庶民之象。此應之者五陽，則賢人之象。賢人應之，所有孰大於是？故元亨。」《同人》卦闡述人心，《大有》卦闡述君心。君心在上如日光下照，天下一片光明。賢能人士爭相報國，天下一片昌盛，應有盡有，無所不有。稱之《大有》。

「李士鉁曰：離火在乾天之上，文明及遠無所不照。一陰居尊，五陽皆為所有，故名大有。老子曰，天下之物生於有，有生於無。六五虛中而至一卦，無所有故無所不有也。天體虛也，有風雲日月、雨露雷霆咸在焉。心體虛心，而思維知覺、百骸五官咸繫焉。故君子虛心以接物，則物無不容。學者虛心以求理，則理無不獲。王侯虛心以求賢，則賢無不至。皆此道也。」李士鉁闡述了虛心的道理。只有虛心，無求不有，無求不應。要想大有，只要虛心，這是一條真理。

【原文】象曰：大有，柔得尊位，大中而上下應之。曰大有。其德剛健而文明，應乎天而時行，是以元亨。

【譯文】《彖辭》說：大有卦，陰柔得九五尊位，天下大中而上下之陽全都受到感應，叫大有。六五道德剛健，同時文明，順應天道，隨著時間前行，這就是元亨。

【釋文】一陰居九五之位，是君主之心，君主擁有天下，無所不有。卦中五陽一齊響應。道德剛健，天下文

明，順應天道並隨著時間前進。這就是元氣亨通。

「虞翻曰：謂五以日而行於天也。以乾亨坤，是以元亨。」太陽在天體中運行，是《乾》元通於《坤》元，所以能使元氣在天體中亨通。天地生萬物，萬物之所以能生，全是太陽的作用。有了太陽地球上才有萬物，所謂大有。

「張浚曰：得乾之中曰大中。當大有之世，非用柔無以得天下賢，非得賢無以保天下大業。」這是對「大中」的解釋。六五一陰得乾之中，陰虛能容物，只有這一陰才能得到天下之大。

「劉沅曰：上下，謂五陽。內剛健則克勝其私，外文明則灼見其理。」下卦全陽，所以克掉其私。外卦是太陽，所以天下文明由此可見。

「李士鉁曰：以坤爻而有乾元，故元。陰陽交通，文明剛健，故亨。六五坤虛，不自滿假，而明照天下。不自有，則天下所有皆為之有。不自用，則天下賢才皆為之用。故能體元而出庶物之上，致亨通天下之情也。」《大有》本天下所有，君心在上，明照天下。應有盡有，無所不有。

【原文】象曰：火在天上，大有；君子以遏惡揚善，順天休命。

【譯文】《象傳》說：火在天上是《大有》卦；君子要抑制凶惡發揚善良，順應天理一直到停止生命。

【釋文】天理就是一個「善」字，人之善良就是天理。世有不善之人，是萬物感應產生的結果。「人之初，性本

善心，相近，習相遠」。「習」是反覆去做。人反覆去做的只有吃了。越吃越饞，越待越懶。人之不善從饞懶而生。有人即饞又懶，從不去做壞事，這種人能順應天理而少陽剛之氣，有了陽則之氣如果不中不正，心懷歹意，禍國殃民。對於這種人一定要抑制。

【原文】初九，無交害，匪咎。艱則無咎。象曰：大有初九，無交害也。

【譯文】初九，不與上卦《離》火相交，不受《離火》之害。不會錯，處在艱難之中就沒有錯。《象傳》說《大有》卦初九，不與火相交是不會受害的。

【釋文】火能剋金，上卦是火，下卦是金。初九離上卦很遠，上卦的火是傷害不到初九的。越往上走，離火越近，所以處在艱難當中，雖艱難卻不會錯。

「馬其昶曰：交害，言陽動而交於陰，害者陰也。大有自初至四，皆不宜變，變陰則不能有其大。」《大有》初爻沒有異性干擾，不會受到傷害。《大有》卦之所以能夠大有，全在於有下卦三陽爻，所以馬其昶說「自初至四皆不宜變」。

「彪謹案，又案：此與坤初陰始凝同意。履霜之初，堅冰尚未至也，而助之以堅冰至，君子防微杜漸，常慎厥初矣。」

【原文】九二，大車以載，有攸往，無咎。象曰：大車以載，積中不敗也。

【譯文】九二用大拉著，只要有去的地方就不會錯。《象傳》說「大車以載」聚集在中爻是不會失敗的。

【釋文】九二得中氣，是下卦主爻。和上卦六五兩相感應，一人之下，萬人之上，無論走到哪裡，怎麼能有錯呢？

「劉沅曰：乾為圓為輪，又為馬，大車象。三陽上征，載以攸往之象。九二剛中，上應六五，合群賢以事一人，任重而不專，讓功於五，故無咎。陽多之卦皆稱積，積陽應五，無致敗之理。」

【原文】九三，公用亨於天子，小人弗克。象曰：公用亨於天子，小人害也。

【譯文】九三，諸侯公將（自家所有）貢獻給了君主，小人不克居主，《象傳》說：諸侯朝獻君主是接受了小人的毒害。

【釋文】「亨」應是「亨」，古時「亨」「享」通用。九三是「公」，「公」指諸侯。九三又是「小人」。諸侯公把自家所有獻給了天子，並不是為了天子，也不是為了國家。而是為了個人達到某種私慾向天子的賄賂。這種賄賂是沒有克意的。所以，爻詞說「小人弗克」。小人為了討好天子。可以使用各種手段。這種賄賂便能討得天子的歡心。從而達到個人的私慾。所以《象傳》才說這是小人的毒害。古人把《易經》視為聖人之書，聖人的偉大就表現在這裡。凡是「送禮」都是好事，有誰能說這是壞事呢？只有「聖人」作出了這樣英明地論斷。凡是一個領導，只要接受了人家的禮物，就必須答應人家的請求，可想而知，這其中會給國家利益和人民大眾的利益造成多大地損失呢？把「送禮」之人說成是「小人」也只有《易經》。

【原文】九四，匪其彭，無咎。《象傳》說：匪其彭無咎，明辨皙也。

【譯文】九四，分清正道還是旁門左道才不會有錯。《象傳》說：「匪其彭無咎」是能明辨是非。

【釋文】九四爻詞是承接九三爻詞而來，說明九三「送禮」的目的是為了什麼，要有一個辨別能力。為了公共事業「送禮」還是為了個人私慾來「送禮」應該弄清楚。按姚永朴的解釋說「旁」是古邪字。那就是說「送禮」的目的是幹壞事。如果不能明辨是非，怎麼能行呢？「皙」同晰。

「陸德明曰：子夏作旁。姚信云，彭，旁也。」

「俞越曰：匪有分別之義。周官匪頒注云匪，分也。」

「姚永朴曰：周髀算經，旁至注，旁，古邪字。」

九四是君主手下第一要員，對九三送給君主的禮物九四一定要明辨。因九四是執行政務的關鍵人物，九四有權進行干涉。斬斷伸向國家的黑手，國家才能安定。小人陰謀得逞，是國家政治腐敗的基本原因。所以九四「明辨皙也」。

【原文】六五，厥孚交如，威如，吉。象曰：厥孚交如，信以發志也。威如之吉，易而無備也。

【譯文】六五，其誠信通於四海，其容貌威嚴天下，吉祥。《象傳》說：「厥孚交加」是由於誠信使其志向得以發揚。「威如之吉」不管形勢有什麼變化都不用戒備。

【釋文】「交如」天地一片相交的樣子「威如」威嚴

的樣子。

誠信是人類社會的根本，有了誠信，天下威服，所以凡事不用戒備。萬物尋求平衡，就是在尋求誠實和信用。有了誠實和信用，心理自然平衡。水平不流，人平不語，所以凡事不用戒備。

《易經》弘揚道德和人類文明，誠信是人應具備的首要道德。從而體現《易經》的偉大

【原文】上九，自天祐之，吉無不利。象曰：大有上吉，自天祐也。

【譯文】上九，來自上天的保祐，吉祥沒有不得利的地方。《象傳》說：《大有》卦上吉，是來自天神的保祐。

【釋文】身臨天際卻能得到天神的保祐這是堅守誠信的結果。可見，這誠信是何等地重要。這是對誠信的進一步說明。

神仙能保祐誠信嗎？「精忠報國」的岳飛就不會死在秦檜手裡，《楊家將》的男人也不會一個一個地死去。這只不過是聖人的一種心情而已。聖人弘揚「誠信」二字，提到了致關重要的位置，用神仙保祐的字眼來告誡世人的心。這是古人的一種寫作方法。

《大有》卦上吉是萬物相互感應的結果，六五的英明在感化著全天下，連小人被感化得都五體投地，那裡還會有不吉呢？整個人類社會，一個國家的元首就是全國人民的指路明燈，有如天上的太陽。《火天大有》正是太陽照臨天下的時候。所以「吉無不利」。

## 謙卦第十五

謙，亨，君子有終。

《序卦傳》說：「大有者不可以盈，故受之以謙。」人越是富有應越加以謙虛，只有謙虛才不會盈。作到了這一點，才會有終。

這是在闡述萬物相互感應的道理。人富有以後必須要保持謙虛，這是種科學道理。也是富有者很難做到事情。《易經》的科學性就體現在這裡，說《易經》是人類社會的里程碑，恰如其分。你能不能越過這個里程碑，就看你的感悟程度了。「終」指完成了使命。有始有終。

「鄭康成曰：亨者，嘉會之禮。以謙主至自貶損以下人。惟艮之堅因，坤之厚順，乃能終之。」高出地平面的部分叫做山，今山反而居地平面以下，可謂謙虛之至了。只有謙虛才能亨通，這裡是說萬物相感的道理。

「虞翻曰：君子謂三，艮終萬物。」這是對「君子有終」的解釋。卦中九三是全卦主爻，陽是君子。《艮》卦位在東北，所處時間正是一年的結尾，所以說「艮終萬物」。

「馮椅曰：一陽在上下為剝復，象陽氣之消長。在中為師比，象眾之所歸。至於三四在二體之際，當六畫之中，故以其自上而退處於下者為謙，自下而奮出於上者為豫。」這是在說明一陽在卦中所處的位置來確定卦象。《謙》卦中一陽爻處在下卦，就好像由上卦退到下卦來的所以稱《謙》；《豫》卦中一陽爻在上卦，就好像從下卦

在興奮中跳到上卦來的，所以「利建候」。

「劉沅曰：地卑下，山高大而居其下，謙之象。以崇高之德而處於卑下，謙之意也。」《易經》觀念天尊地卑，陽尊陰卑。而《艮》中一陽處地卑之下，可謂謙虛之至極矣。

【原文】彖曰：謙，亨，天道下濟而光明，地道卑而上行。

【譯文】《彖辭》說：《謙》卦亨通，天道對下有益處而天下光明，地道卑劣卻能上行。

【釋文】「天道」指九三，九三是陽，陽是天道，《坤》為地，是地道。天本在上，卻處在下卦。所以「濟下」，對下面有益處。把光明帶給了人間。

「楊名時曰：凡陽皆天，凡陰皆地。故謙止一陽，稱天。姤止一陰，稱地。」《謙》卦以一陽為主，稱作天；《姤》卦以一陰為主，稱作地。

「劉沅曰：艮本坤體，乾一陽下交之，故為下濟。地居上卦，故為上行。天下濟，謙也而光明則亨矣。地卑，謙也而上行則亨矣，此釋謙之必亨也。」天能下濟而使天下光明，地本卑，卻也能得以上行，這是《謙》卦亨通的根本原因。這是在解釋「亨」的道理，也說明只有謙虛才能處處行得通的道理。

【原文】天道虧盈而益謙。地道變盈而流謙。鬼神害盈而福謙。人道惡盈而好謙。謙尊而光，卑而不可踰。君子之終也。

【譯文】乾陽之氣的盈滿和虧缺對謙虛是有好處的。

大地的高山大河，平原，湖海的變化達到一定程度也必須流向於謙虛。鬼神對盈滿造成的災害，卻能給人帶來福氣。做人的道理就是厭惡自滿而喜歡謙虛。謙虛能使人受到尊重從而發揚光大。對於卑劣的東西一定不要越過。這就是君子的最終目的。

【釋文】「天道虧盈」指地球繞太陽運轉，人們可以看到太陽有時在中午、為盈。有時在西下，指夕陽是虧缺；月亮繞地球運轉，十五、十六日為盈滿，十七、十八以後為虧缺無論是「盈滿」還是虧缺，都會給人帶來好處。

「地道變盈」指桑田變滄海，滄海變桑田，不管是變成滄海，還是變成桑田，都是會給人帶來好處。

「鬼神害盈」鬼神對盈滿造成的災害，卻能使人得到幸福。這裡是說明盈滿必有災的道理。除了天災人禍以外，鬼神也要找上門來。

「謙尊而光」是對前四句的總結。謙虛不僅能受到尊重同時也十分光榮。緊接著說「卑而不可踰」。這是反襯，可卑惡劣的東西一定不可越過。說明了君子的最終目的。闡述了「謙受益，滿遭損」的道理。

「韓詩外傳云：德行寬裕，守之以恭者榮，土地廣大，守之以儉者安。祿位尊盛，守之以卑者貴。人眾兵強，守之以畏者勝。聰明智知，守之以愚者善。博聞強記，守之以淺者智。此六守者，皆謙德也。故易有一道，大足以守天下，中足以守其國家。近足以守其身，謙之謂也。易曰，謙亨，君子有終吉。」《韓詩外傳》用反比的

方式寫出了謙德有七守，透過七守說明謙虛的好處。謙虛的重要性非同一般，往大了說能守天下，次一點能守國家，往近了說能守住自己。換句話說：人不謙虛，一守不住天下，二守不住國家，三守不住自己，是失敗的根源。寫出了謙虛的好處，同時也說明了自滿的壞處。

【原文】象曰：地中有山，謙；君子以裒多益寡，稱物平施。

【譯文】《象傳》說：大地中間有座山，是《謙》卦；君子要聚集大多數人的優點，來補益自身的不足，衡量萬物的品質和行為，一定要用公道平等的方式方法去進行實施。

【釋文】裒，是聚，裒多，是集中大多數人的優點。「益寡」是補益自身的不足。「寡」指少，不足。「稱物平施」是說能用自身的優點去彌補他人的不足。這裡是在告誡富有之人，不要把自己看作比別人高出一頭。

「裒」有往下減的意思，「裒多」是把自己多餘的東西拿出來，「益寡」是說把這些東西送給窮人。使窮人也像自己一樣富有起來。這兩種解釋缺一不可，「稱物平施」，就體現在這兩種解釋當中。

《象傳》闡述的是萬物尋求平衡的道理。萬事萬物達不到平衡，就會產生碰撞。有如人的心理不平衡，矛盾一定會產生。《大有》期間，人人找到了心理平衡，所以，一切吉祥。到了《謙》卦處處亨通，是謙虛的結果。

【原文】初六，謙謙君子，用涉大川，吉。象曰：謙謙君子，卑以自牧也。

【譯文】謙而又謙才是君子，這樣做可以踏遍高山大川。一切吉祥。《象傳》說：「謙謙君子」是出於自身卑劣而用來自養其道德。

【釋文】凡卦初爻，是平民百姓和萬物的位置，由於出身卑劣，所以謙而又謙。這樣做是為了自養其德，才能完成大事業，一切吉祥。

「鄭康成曰：牧，養也。」「自牧」做好自身修養。初六一陰是小人，由於處在陽的位置上，能做到謙虛，就是君子。所以「謙謙君子」說明小人也可以成為君子。

「王安石曰：利涉，其才利於涉耳。用涉，用此以涉，然後吉也。」這是對爻詞「利涉」和「用涉」的說明。初六「用涉」是用謙虛而觸涉。沒有謙虛而難涉矣。

「李士鉁曰：山在地下，為謙。初又在山下，故謙而又謙。君子不欲多上人，謙自有君子之道。」

【原文】六二，鳴謙，貞吉。象曰：鳴謙貞吉，中心得也。

【譯文】六二，鳥叫發出了謙的聲音，聽到這種聲音，貞正吉祥。《象傳》說：「鳴謙貞吉」是在下卦中心得到的。

【釋文】二爻是下卦的中心。得到了這一爻叫得中氣。憑這一點，便能聽到鳥發出謙的聲音。

這是在強調謙虛的重要性。連一隻小鳥都在喊謙虛，怎麼能說謙虛不重要呢？

「劉沅曰：二五皆中，其心相得，故謙德合而吉，此鳴而得其應者。」透過劉沅的解釋便構成了一幅生動地圖

畫。六五在上卦中爻鳴謙，六二在下卦中爻鳴謙，兩相呼應，這兩隻鳥的叫聲便融合到了一起，形成了《謙》卦的中心。《謙》卦六五並沒有鳴謙，而「鳴謙」卻出現在上六。是喜悅還是憂鳴？形成了鮮明地對比。

【原文】九三，勞謙，君子有終，吉。象曰：勞謙君子，萬民服也。

【譯文】九三，有功勞而又謙虛，君子作事有始有終。吉。《象傳》說：「有功勞又能謙虛的君子，是萬民能夠服從的基本原因。

【釋文】九三一陽，不以光明而自居，並不把自己凌駕於眾人之上，而是深入群眾當中，下濟民望，並做到有始有終。所以，天下人沒有不服從的。

「李士鉁曰：坎為勞卦。勞，功也，事功日勞。九三為卦主，以陽爻而避尊位，故與象辭同。書曰，汝惟不矜，天下莫與汝爭功。此君子所以克終也。」《謙》卦下互是《坎》卦「習坎」為勞，是功也。九三陽居下卦之上，是《謙》卦主要一爻。不以自身高貴而自居，深入群陰之間，「天道下濟而光明」這就是《謙》卦的中心思想。說明只有謙虛才能有始有終。

「彪謹案：周公一沐三握髮，一飯三吐哺，公之勞於身者也，兼三王，施四事，繼日待旦，公之勞於心者也。」這是作者對周公的讚頌。

【原文】六四，無不利，撝謙。象曰：無不利。撝謙，不違則也。

【譯文】沒有不利的，因為謙虛得到了發揮。《象傳》

說：「無不利撝謙」是由於沒有違背規則。

【釋文】「朱震曰：四柔順而正，上以奉六五之君，下以下九三勞謙之臣，上下皆得其宜。撝謙者，撝散其謙之道，佈於上下也。」六四大臣之位，上臨六五之君，下有勞謙之臣，所處位置條件有利。所以說「上下皆得其宜。」「撝」是揮。君主發出號令，由六四進行指揮。由於方法得當，沒有違背原則（法規）。「無不利」是結果，「撝謙」是前因。

【原文】六五，不富，以其鄰利用侵伐，無不利。象曰：利用侵伐，征不服也。

【譯文】六五，並不富有，惟恐鄰邦不服，用兵進行侵伐，沒有不利的。《象傳》說：「利用侵伐」是征討不服者。

【釋文】六五一國之君，因處處謙虛，所以自己並不富有。上下兩鄰爻都是陰爻，為征服小人心，所以動用了兵力。這是君主應有的權力。《坤》卦有順德，所以「無不利。」

【原文】上六，鳴謙，利用行師，征邑國。象曰：鳴謙，志未得也。可用行師，征邑國也。

【譯文】上六，是謙在叫喊，利用軍隊的行動征伐邑國。《象傳》說：「鳴謙」是心願沒有達到。可以利用出征的方式去征伐邑國

【釋文】上六之鳴，是向部隊發出的號角，去征服不講謙虛的邑國。六五征不服，上六征邑國，這說明不謙虛的人是眾矢之的。人不謙虛，必須用武力征伐，貪心不足

是謙虛的大敵，不用武力，不能征服。

上六謙虛之志沒有得到發揚，是由於所處的位置決定的，心有餘而力不足。所以「鳴謙」。

## 豫卦第十六

豫，利建侯行師。

《豫》卦是樂，對建立王侯和率領軍隊出征有利。

「劉沅曰：豫，和也。陽氣潛於地中，動而發聲，通暢生機，時之和也。一陽用事，五陰從之，位之和也。順理而動，人之和也。序卦，大有而能謙必豫，放受之以豫。坤為眾，震其師也。坤為邦國，人愛戴而立君，大眾同心，師出行而有功，故利建侯行師。」

《豫》卦上卦《震》為雷。下卦《坤》，《坤》是地。雷鳴大地，陽氣上升，「通暢生機」是陰陽和順之時機。一陽居上卦之初，人元用事，是所處的位置十分合理。下卦三陰順從九四一陽，是「順以動」這種運動合情合理。《豫》卦具備這「三和」所以「利建侯行師」。

【原文】象曰：豫，剛應而志行，順以動，豫。豫，順以動，故天地如之，而況建侯行師乎？

【譯文】《象辭》說：《豫》卦，九四一陽應合五個陰爻，其志向以大行，五陰有《坤》卦之道德，而能順從一陽行動。這就是《豫》卦。《豫》卦能順從一陽行動，從這裡可以知道，天體的運行和《豫》卦是同一個道理，又何況建立王侯和率部隊作戰的行動呢？

【釋文】《豫》卦來自《坤》卦的道德。順從陽進行

活動。九四一陽上乘君主的命令，下能順眾陰之心。所以，和悅而樂。雷聲一響驚天動地，其樂自在威嚴之中。

「國語司空季子曰：豫，樂也。利建侯行師，居樂出威之謂也。」居者樂，行者威，適宜建立國家王侯或者出兵征戰。建國國必興，興師必得勝。

「九家云：建侯以興利，行師以出害，民所豫樂。」建立王侯是為了國家的利益，國家沒有王侯是不行的。出兵打仗是為了征討不服，安定國家，為民除害。從而說明國家沒有好皇帝不行，領兵沒有好將領不行。要具備雷厲風行的威嚴。

「馬其昶曰：樂威皆指四也。四處內外之交，在內則為震侯，以奠安坤邑，故居樂。在外則為長子，率坤眾以行師，故出威。」

四爻一陽為《豫》卦之主爻，下卦《坤》在九四的率領下，人人心悅誠服。所以，天下安居樂業。上卦《震》是長子，按古禮制，有父從父，無父從兄。長子為大。雷的威力很強。所以，率眾陰出征，施展出其威風。

【原文】天地以順動，故日月不過，而四時不忒。聖人的順動，則刑罰清而民服。豫之時義大矣哉！

【譯文】天地由於順著規律運動，所以日月的運轉從不起越軌道，一年當中四個季節的變化從來不差。君主能順從道德規範行動，國家的法律嚴明而賞罰十分得當，天下的百姓沒有不服從的。這就是《豫》卦之時，而其意義太偉大了！

【釋文】《彖辭》強調了一個「順」字圍繞「順」字

展開了論述。說明了凡事都要順從道理。陰陽變化的道理而轉化成了一種規律，這個規律是神聖不可侵犯的。

　　1915 年在《立春占年考》中是《豫》卦，正是袁世凱做皇帝夢的那一年。袁世凱做皇帝是順天理而動嗎？恰恰相反，袁世凱是逆天行事。有誰知道，就在這一年卻得了《豫》卦呢？又有誰知道到了第二年，也就是一九一六年在《立春占年考》中卻得了《井》卦初爻被一口廢井裡的苦水毒死呢？這一樂一悲說明了什麼？說明袁世凱一個封建王朝的重臣，卻能獲得民主革命的勝利果實，怎麼能不樂呢？是樂是悲，是順是逆，竟然在《井》卦初爻。

　　《豫》卦「順以動」指順從（規律）行動，袁世凱沒有順從民主革命這個社會發展變化的運動規律，這是他滅亡的根本原因。

　　【原文】象曰：雷出地奮，豫；先王以作樂崇德，殷薦之上帝，以配祖考。

　　【譯文】《象傳》說：雷發出了轟鳴聲，大地感到振奮，這就是《豫》卦；先王用作樂的方式尊迪道德，並把他慇勤地推薦給上帝，用以配合祭祀祖宗。

　　雷到驚蟄而發聲，大地甦醒，動物出蟄，其興奮十分了得。為了慶賀這種心情，先王用作樂的方式推崇道德。這並不單純是為了抒發感情，更重要的是祭祀上帝和祖宗。道德就在這種方式推動下發揚光大。

　　雷一發聲，大地開始振奮，是由於陰陽氣通，天地和合而發聲。陽氣上升，萬物甦醒。萬物之振奮就像先王推崇道德一樣。有了道德人人和悅，喪失了道德，會給天地

造成一片昏暗。所以，這雷聲就是在向天下宣揚道德，天下人怎麼能不樂呢？

【原文】初六，鳴豫，凶。象曰：初六鳴豫，志窮凶也。

【譯文】初六，喊叫樂，有凶。《象傳》說：喊叫樂有凶，是由於達不到心願而有凶。

【釋文】樂是不能喊的，凡是喊樂之人就是有種逆反心理在作怪。是凶的象徵。

「劉沅曰：初與四應，四為豫主，近君得權。初不中正，上下懸絕，本無德而特四為援，欲相唱和為樂，不求諸己而求諸人，其志必窮故凶。」由於初六和九四正應，初六樂得忘乎所以，才大喊了起來，它哪裡知道，初六是「履霜堅冰至」之爻，自己的心願很難達成。以至有凶的跡象。

【原文】六二，介於石，不終日，貞吉。象曰：不終日貞吉，以中正也。

【譯文】六二，心裡如放一塊石頭，用不到一日，貞正大吉。《象傳》說：「不終日貞吉」是出於中正的緣故。

【釋文】六二，介，放在心裡。不終日，用不到一日。

「李士鉁曰：六二得中居正，安靜自守，如石之止而不移，則不為權勢所動，如石之靜而無慾，則不為榮利所誘。」石頭，無機物，不接受任何感應。所以「不為權勢所動」，「不為榮利所誘」。這是對堅貞不屈的一種讚揚，人如果能具備這樣的品質，就是一個道德高尚的人。

【原文】六三，盱豫，悔遲有悔。象曰：盱豫有悔，位不當也。

【譯文】六三，兩隻眼睛向上看著發笑，悔改得太晚了而感到悔恨。《象傳》說：「盱豫有悔」是所處的位置不適當。

【釋文】「郝懿行曰：盱，上視。陰柔不以中居高位，不勝其豫，視瞻高傲，故宜有悔。鳴發於聲，盱形於目。」兩眼向上看而發笑是輕慢自傲的神態。所以「悔遲有悔」。是說由於改悔遲了從而產生悔吝。

「李士鉁曰：六三不中正而比於四，以陰乘陽，順而媚之。果能知悔，此即一線之靈明猶足改行以遠害也。孟子曰，如知其非義，斯速已矣。去之不速，故重悔也。凡陰以得陽為美，豫之初以應陽而凶，三以承陽而悔，而吉反在不與相應之六二。益不中正而求悅，聖人所惡也；中正而不求悅，聖人所喜也。此默邪崇正之意也。」

人不中不正，心存歹意，他所喜歡的一定不是正義，凡是中正之人，並不求得別人的歡心，一切按道理去執行。無禮的事不去做。這是聖人所喜歡的。李士鉁用初爻，二爻和三爻的實際例子說明聖人心願為，《易經》作出了高度地評價。

【原文】九四，由豫，大有得。勿疑，朋盍簪。象曰：由豫大有得，志大行也。

【譯文】九四，快樂從這裡發出，會有大大地收穫。不用疑惑，朋友全都能相聚從而匯合在一起。《象傳》說：「由豫大有得」是心願得到了大行。

【釋文】陽是君子，是光明，是春天的雷聲，是人們心中的快樂。所以快樂就從這裡發出。雷聲一響，大地回春，萬物從這時開始發越，所以「大有得」。得到的是溫暖，是和悅，是快樂。有什麼樣的心願達不到呢？朋友遍天下，處處得以生。朋友齊相聚，盎然是新春。

「王弼曰：盍，合也。」「朋盍簪」佈滿天下的朋友就像用髮簪別住頭髮一樣合在了一起。「朋」指物而言。陰得陽而萬物叢生，物為陰陽的化身。天下能有萬物，全是陰陽合化作用。

【原文】六五，貞疾，恆不死。象曰：六五貞疾，乘剛也。恆不死，中未亡也。

【譯文】六五，由貞正積累成疾，永不會死。《象傳》說：「六五貞疾」是由於乘坐在九四之上的緣故。「恆不死」是由於處於中間位置所以永不死亡。

【釋文】「劉沅曰：互坎為心疾。六五居尊宜豫，而受制於四，心有病焉，常病人之豫不由已，亦病已之豫不得自由也，故貞疾。然因疾則戒損其驕淫，而益其畏慎，生於憂患故恆不死。」陰居陽位而受九四一陽控制，這是六五的心疾。六五心不貞正，然而在九四貞正之陽的控制之下，所以身不由己。這種心病倒成了一種好事，使之「損其驕淫，而益其畏慎」。六五本陰，所的生於憂患。正因為有貞正之九四的控制，才能做到「恆不死」。「恆不死」有永遠不變的意思。

【原文】上六，鳴豫成，有渝無咎。象曰：鳴豫在上，何可長也。

【譯文】上六，在昏暗中歡樂而成終結，有變動就沒有錯。《象傳》說：昏暗中的歡樂怎麼能長久地持續下去呢。

【釋文】「李士鉁曰：人情樂極則昏，故豫終必冥。成，卦之終也。渝，變也。此示人改過之法。」人情樂到了極點，必須達到昏暗的程度。所以《豫》卦到了最後，必然昏暗，這是事物發展的必然規律。要想改變這種規律就必須得「變」。這是改變過錯的一種必要方式。只要改變方式來彌補以前的過錯就能「無咎」。

## 隨卦第十七

隨，元亨，利貞，無咎。

只有隨從，才能亨通終始，有利貞正，不會錯。

萬物隨從陰陽變化規律而產生，這是元亨利貞的一種運動規律，這裡的《隨》應指規律。

「鄭康成曰：天下慕其行而隨從之。能長之以善，通其嘉禮，和之以義，干之的正，則功成而有福。若無此四德，則有凶咎。「焦贛曰：漢高帝與項籍，其明徵也。」劉邦能統治天下，是劉邦善於招賢納士，利用智能之士。以智勝天下。正符合了鄭康成所總結出的四德。

【原文】象曰：隨，剛來而不柔，動而說。隨，大亨，貞無咎，而天下隨時。隨時之義大矣哉！

【譯文】《彖辭》說：《隨》卦，陽剛來到了下卦《坤》的初爻，下卦成《震》動，而上卦是《兌》悅。《隨》卦大亨通，貞正不會錯。從而說明天下隨時，隨時二字的意

義實在是太大了！

【釋文】《彖辭》闡述了《隨》卦的形成並說明只要有行動就會高興，《隨》卦大亨通，只要貞正就不會有過失。所以，貞正是隨從的主要條件。離開了貞正，過失馬上就會找到頭上。

《彖辭》強調了「隨時」，「隨時」二字其義淵深，能做到隨時而動，絕頂聰明，但千萬不要忘記「貞正」二字，有了貞正，可以放心行動。「隨時」指順從規律行動之。如果人的行動違背了萬物變化之運動規律，災咎重重。

【原文】象曰：澤中有雷，隨；君子以向晦入宴息。

【譯文】《象傳》說：《兌》卦中有《震》卦是《隨》卦；君子天天走向黃昏，吃過晚飯後上床休息。

【釋文】《象傳》在說明君子應隨時而動，《震》卦是東方，日出而作；《兌》卦是西方，日落而息，夙興夜寢。《震》卦為春，《兌》卦為秋，春種秋收，是農家的行動規律「馮椅曰：天地之隨，為晝夜，為寒暑，為古今。君子之隨，為動息，為語默，為行藏。」《震》卦為雷，雷二月發聲，至八月聲藏。雷發聲萬物萌動，雷聲藏萬物收斂。

【原文】初九，官有渝，貞吉。出門交有動。象曰：官有渝，從正吉也。出門交有功，不失也。

【譯文】初九，官有變，貞正者吉祥。出門遇六二與其相交成為朋友有功勞。《象傳》說：「官有渝」能順從正義就是吉祥。「出門交有功」是說只有這樣作，才能不

失其正義。

【釋文】初爻是萬物，平民百姓的位置。陽主光明，爻詞說成是官，官不能總待在這裡「官有渝」。指陽變陰，變成陽則便成為小人。所以強調「貞吉」。爻詞是在說明無論平民百姓還是有官人員，只有「貞正」才能吉祥。這就是說人要隨從的只有「貞正」二字。

初九與九四兩爻相感應，由於都是陽爻，不能產生感應。一走出大門遇到了六二，和六二交朋友才能「貞正吉祥」。這裡是在說明隨時的必要性。

【原文】六二，繫小子，失丈夫。象曰：繫小子，弗兼與也。

【譯文】六二，困拴住了初九，失去了丈夫。《象傳》說：拴住初九，兩個男人都沒有得到。

【釋文】「小子」指初九。六二本來與九五兩相感應，是天生的一對。由於六二離初九很近，一出門便能相遇。所以，六二把初九拴住了。一個女人不能嫁兩個男人，九五見六二拴住了初九，便離了婚。所以「失丈夫」。

婚姻是自然形成的，不可以施加外力，拴是拴不住的，所以「弗兼與也」。兩個男人都沒有得到。

【原文】六三，繫丈夫，失小子。隨有求得，利居貞。象曰：繫丈夫，志舍下也。

【譯文】六三，拴住九四，失去了初九，女人隨從男人，是為了徵求得到好處，有利於保持住貞正。《象傳》說：「繫丈夫」是決心捨棄下面的初九。

【釋文】六三與上六兩爻相感，由於都是陰，不能感

應，六三上靠九四，所以九四是丈夫。「小子」指初九。因初九沒有原配，並向六三求婚，六三決心捨棄初九，便符合了事物發展變化之運動規律。因這裡有著一種遠近的區別。

「馬其昶曰：陰陽之情，近而相得，初以剛來下三二兩柔，三與初非近也，義當上隨九四。初隨二，五隨上，皆柔乘剛。惟三四之隨得乘陽之義，是其貞也。然三本失位，捨初小子而隨四。四亦失位，象的人事，其殆殉夫而不雇者，與求仁得仁，不可不許其貞。爻言不當位凡十六，在六三者十焉。而隨之六三，爻義後善，此三爻之變例。」

【原文】九曰，隨有獲，貞凶。有孚在道，以明何咎！象曰：隋有獲，其義凶也。有孚在道，明功也。

【譯文】九四，隨從就得有收穫，對堅貞正義方面有凶。有誠信存在於道德當中，憑借光明的動力哪裡還有錯！《象傳》說：「隨有獲」的意義是凶的。「有孚在道」是光明的功勞。

【釋文】誰對隨從講條件，要收穫就是對正義的傷害，一定有凶。

隨從是種自然規律，不能講條件，要收穫取得利益。

規律就是誠實和信用，不可打半點折扣。在規律中要收穫，就是對正義的傷害，之所以能有凶，是由於其脫離了其正常之軌道。九四是臣位，君主手下第一臣子，手有實權。向君主討收穫，「其義凶也」。臣子無條件地順從君主，天經地義。如果從中討收穫，違背了常規，一定有

凶。

由於九四是陽，「有孚在道」。之所以不言凶咎，是光明的功勞。

九四爻詞說明運動規律就存在於誠實和信用當中。相反，不誠實不守信用就必定會有凶。

「馬其昶曰：初二相隨，五上相隨，本同一體。三四異體，懼其不隨，故此兩爻皆明曰隨三求四，四獲三，是隨有獲矣。然處君子之位不可以得眾而妄動，三體震善動，故戒之曰征凶。陰陽相感有孚，四孚三成艮。一陽上止而光明，止則不妄動，陽為主而陰隨之。其止也，其明也，得剛上柔下之道，亦有何咎？九四多的化柔承陽為吉，此不化無咎，是四爻之變例。」

【原文】九五，孚於嘉，吉。象曰：孚於嘉吉，位正中也。

【譯文】九五，在美好中講求誠信，吉《象傳》說：「孚於嘉吉」是位置正又得中的緣故。

【釋文】五爻是陽位，同時又是上卦中間一爻，「九五」得到了這樣一爻，可說得上是嘉美的了。然而美中加美的是講求誠實和信用，這是一般人所做不到的事情。

九五是《隨》卦的中心，闡述了誠實，信用在隨從中的重要作用。

誠信在於美好，美好來自於誠信。隨從最基本的道德就是誠信。九五誠信於天下，天下才有誠信之美德。

這裡是在闡述萬物相互感應的道理，九五講誠信，天下必有誠信的存在。上層建築是國家的根本，其所感應的

是全國人民，上面有實下面的虛無法存在。下虛不在打，而在感化。打擊虛假，越打越假，其根不在下面。易理淵深，道理就是道德，其理性越明，德性越深。

【原文】上六，拘繫之，乃從，維之。王用亨於西山。象曰：拘繫之，上窮也。

【譯文】上六，拘留拴住誠信，誠信會仍然隨從上六，把誠信維護好，周王用來享受在岐山。《象傳》說：「拘繫之」的做法是由於上六已到了《隨》卦的終點。

【釋文】之，指誠信，乃從，仍然從的意思。

「吳汝綸曰：乃讀為仍，乃從，又從也。」。

「李士鉁曰：互艮手為拘，五巽繩為繫，兩繫稱維。上柔弱失位。繫於九五之陽，不能離去，隨之極也。王，指五，上不在位，而志繫於王。文王為西山諸侯，聽命於紂，得享其境內之山，時拘於羑里，因窮之至，而心在王室，結繫不解，深望紂鑑其心而用其道也。」

「乾鑿度云：隨，二月之卦，萬物隨陽而出，拘繫之，維持之，明被陽化而陰欲隨之也。」二月陽氣來到了地面，萬物隨之而生。這是大自然的一種運動規律。要把這種陽氣拘留住，維持住，這是上六爻詞的含義，這種生氣想留是留不住的。而文王卻能把它留住，用來供養西山的人民享用。讓光明和溫暖灑滿人間「拘繫之的」「之」，指陽光，陽氣就是光明和溫暖。誠實和信用。上六是對九五爻詞進一步地說明，意思是不要讓這種美好輕易地逝去，一定要永遠地保留在人間。讓天下人永遠能享受到這種美好和光明。

《隨》卦說明隨時之義，西伯候隨從商王商朝傳到紂的手裡，殘暴無道，誠信早已拋到了九宵雲外。文王朝盼紂王守住誠信。早日使天下康寧。九五爻詞用「孚於嘉吉」這是隨從的基本條件，而紂王反其道而行之，文王深知丟掉誠信，國破家亡的道理，所以，上六爻詞用「拘繫之」。「王用亨於西山」。李士鉁說「王」指五，「上不在位，而志繫於王。」「志繫於王」而王不隨其志，怎麼辦？西伯侯是諸侯之王，紂王不隨從誠信，西伯侯隨從之。所以，這裡把紂王挪用到文王身上。文本在岐山誠信待人，才有西周之光明取代了商紂的黑暗。

## 蠱卦第十八

蠱，元亨。

《新華字典》對《蠱》的解釋是把許多毒蟲放在盤子裡，使其相互吞食，最後剩下死的毒蟲叫蠱。舊時傳說可用來毒人。

《左傳》云：「於文皿蟲為蠱，在周易女感男，風落山，謂之蠱。」《蠱》卦是由《艮》卦和《巽》組合而成。《艮》為少男，《巽》為長女。長也惑少男。所以左傳云「在周易女惑男」。

「伏曼容曰：蠱，惑亂也。萬事從惑而起故以蠱為事。尚書大傳云，乃命五史以書五帝之蠱事。」蠱指事，是惑亂之事。

「劉沅曰：物敗壞而生蠱，凡事敗壞而後有事。序卦，以喜從人者必有事，故受之以蠱。」事物敗壞是由運

動規律所致，所以《易經》中有《蠱》卦。

【原文】利涉大川，先甲三日，後甲三日。

【譯文】有利於跨越高山大川。萬物萌發要察其未脫殼之三日之前和解殼以後的三天才能知曉。

【釋文】甲，指物種萌發之殼。甲是木，泛指植物。萬物種子萌發以後，幼芽從中長出，種子外殼漸脫。

「劉沅曰：先甲，未事；後甲，已事也。天地生機在木，以喻人事，三日猶三月，詩曰一之日二之日。甲木旺於春，水生木，其原在冬三月。至巳而盈，子洩母氣，衰謝在夏三月先甲三日，言治蠱當審其機於未萌，未蠱之時即豫為救蠱之地。後甲三日，言治蠱當察其機於將衰，方蠱之時，即豫為防蠱之道也。本卦艮居陽生於冬，甲木含生之機，而艮以止之，成一年之歲功，即啟二年之春景。巽居下，陰生於夏，甲木將盡之兆，而巽以動之，萬物皆齊以相見，實發洩而無餘。凡事豫為之備，法斯義也。」凡事將生，事前必有跡象產生，「山雨欲來風滿樓」。透過跡象來判斷事物，把事情制止在未萌之中，謂「先甲三日」；事情發生以後，怎樣才能使事情處理得十分圓滿，使損傷達到最小的程度，謂「後甲三日」。

【原文】彖曰：蠱，剛上而柔下，巽而止蠱。蠱，元亨而天下治也。利涉大川，往有事也。先甲三日，後甲三日，終則有始，天行也。

【譯文】《彖辭》說：《蠱》卦，上卦《艮》是陽卦，下卦《巽》是陰卦，風能治止惑亂的發生。《蠱》卦元亨能使天下達到大治，天下大治有利於去創建一番大事業，

只要去就是有事，未萌在先甲三日，治理在後甲三日，只有壞事到了終點才有好事的從新開始，這是天體運行的規律。

【釋文】《彖辭》用科學的方法闡述了《蠱》卦的道理，《巽》是風，風能制理惑亂。唯恐食物惑亂，放在通風良好的地方。晾曬乾燥的糧食，就不會霉亂，壞事可以變成好事，《蠱》卦由於元亨，可以使天下大治。楊萬里說：「亂不自治，蠱不自飭，不植不立，不振不起。」基於此，只要去就是有事，要把亂變成治，把壞變成好。這種變的基本方法就是把事情扼治在未萌當中，也就是說根治住腐敗的土壤。沒有腐敗的土壤，壞事就不會發生。對於已經發生的壞事，最好彌補辦法就是大事化小，小事化了，不再氾濫。把損失制止在最小的程度。

【原文】象曰：山下有風，蠱；君子以振民育德。

【譯文】《象傳》說：山下有風就是《蠱》卦；君子要振奮民心培育天下人的良好道德。

【釋文】風能傳播病菌，同時也能吹散病菌。山下之風是製造惑亂之風；也是吹散惑亂之風。世人不可小瞧這風，起什麼風，全在山的作用，它可以阻擋住風的方向，從卦理上體會，《民》山是陽，是光明，所以「元亨天下治」。從人的心理活動方面體會，人人尋求光明，惑亂的事情人所不欲，由於萬物相互感應，壞事終究要變成好事。這就是《彖辭》所說「終則有始」。壞事絕不會無止境地發展下去。「先甲三日，後甲三日」從中起主要作用的就是道德。只要存有社會公德。惑亂征服不了人心。所

以，《象傳》強調「振民育德」。

陰陽相感，萬物所化，有正與不正之分，陽為光明是正氣，陰為黑暗是邪氣。由於化育之動，才有好與壞之分《周易學說》的作者給《蠱》分出七種類型：一、心之蠱。二、身之蠱。三、家之蠱。四、鄉之蠱。五、國之蠱。六、天下之蠱。七、元氣之蠱。《案文》中說「君子治之有道，即振民以塞蠱之流，又育德以清蠱之源。施乾轉坤，隨其事以為之干，時時無神默運，為天補偏救弊，調和天地之元氣而亨之，能使陰陽變理，蠱象全消，乾坤各得其位，則泰運開而天下治矣。」

【原文】初六，干父這蠱，有子考無咎，厲終吉。象曰：干父這蠱，意承考也。

【譯文】初六，干與父親身上的惑亂，有兒子時對其惑亂進行思索研究不會出錯，雖然發展得十分嚴重，最終還是吉祥的。《象傳》說「干父之蠱」意思是有兒子繼承考察。

【釋文】干，干與，干涉。有兒子能干與其父身上存在的麻煩事，考究原委，找出原因，無論蠱事發展得多麼嚴重，最終是吉祥的。

「蘇軾曰：器久不用而出生謂之蠱，人久宴溺而疾生謂之蠱，天下久安無為而弊生謂之蠱，蠱之災非一日之故也，必世而後見，故爻皆以父子言之。」這段文字說明蠱事必須由後人或後世來治理，當事人是無法來治理的，所以用父子言之。

「李光曰：天下蠱壞，非行善繼之子，不足以振起

之。宣王承厲王，修車馬，備器械，復會諸侯於東都，可謂有子矣。中興之業，維以盡付之大臣，蠱卦特稱父子者以此。」這段話是說國家要有一個好的接班人。

【原文】九二，幹母之蠱，不可貞。象曰：幹母之蠱，得中道也。

【譯文】九二，幹與母親身上的惑亂，不可以正面去講。《象傳》說：「幹母之蠱」是由於得到了中間一爻的道理。

【釋文】「李士鉁曰：救母之過，在內失隱，當委曲權變，有不容以正道匡拂者，如凱風，親之過小者也，小，隱也，凱風之母有過隱於門內，中菁之言不可道，故其詩淳婉轉諷喻，言情而不言理，此即幹母之蠱不可貞也。」

【原文】九三，幹父之蠱，小有悔，無大咎，象曰：幹父之蠱，終無咎也。

【譯文】九三，幹與父親身上的惑亂，心中有點後悔，沒有過錯。《象傳》說：「幹父之蠱，」到最後一直沒有錯。

【釋文】「劉沅曰：悔以心言，咎以理言。九三陽剛之才，能乾父蠱者，第過剛自用不免小有悔，而意主幹蠱，無大咎也，聖人散人，欲併其小悔而亦無之，人子以成親美為孝，故許其終無咎，以為天下勸也。」

【原文】六四，裕父之蠱，往見吝。象曰：裕父之蠱，往未得也。

【譯文】六四，父親由於富裕，身上產生了惑亂之

事，如要因此而去，一定會有吝難《象傳》說：「裕父之蠱」去了以後是得不到滿意的。

【釋文】「劉沆曰：強以立事為干，怠而委事為裕，正相友也。六四以陽居陰，不能有為，怠緩則蠱日深，未得遂其治蠱之意，蓋惜其才不足也。」劉沆用陰陽動靜的道理解釋此爻。陽主明陰主昏，陽能成事，陰能壞事。如在這種情況下，去了怎麼能得到滿意呢？

「李士鉁曰：干蠱之道，不激不隨，偏剛偏柔，皆非中道。初，二、五、上皆有剛柔之義。三不中而遇剛，故悔。四不中而過柔，故吝。然從父之命安得為孝？四方裕固不及三之干也。「李士鉁的陰陽互濟為得中道來解釋此爻。萬物化生，必須陰陽互濟。有陽無陰，有陰無陽，難成其效。功不成而事必壞。這是惑亂的基本原因。六四陰得陰位，純陰無成事之理，這是往吝基本的原因。

【原文】六五，干父之蠱，用譽。象曰：干父用譽，承以德也。

【譯文】六五，干與父親身上的惑亂，用其自身的榮譽，可以掩蓋父親身上的惑亂。《象傳》說：「干父用譽」是承受大德不積小怨。

【釋文】六五尊位，榮譽很高，其父之蠱事不用親自去考究，用自身的榮譽便掩蓋住了。這是封建王朝榮譽觀。

「劉沆曰：六五以柔居剛，又能得中，其干蠱也善繼善述，引咎而歸美於親，彰其父之失，而人因子以頌其父，故為用譽，此干蠱之最善者也。」父有過而不彰，因

兒子位尊而顯，「而人因子以頌其父」使其父便可以明目張膽，這不僅不能使父改過，而只能起到添柴助燃，使其父壞事做絕，這種封建社會的榮譽感和價值觀，給中國社會造成了十分嚴重的危險害。「仗勢欺人」這句話就是由此而來，《易經》的毒害十分了得。

「李士鉁曰：六五柔居剛位，剛則有干蠱之才，柔則能順以將事，又得中居顯，足蓋前人之衍。孝經云，立身揚名以顯父母，孝三終也，蓋已有美名，父母亦有令聞。」封建禮教重於道德，「立身揚名以顯父母」的說法不無道理。兒子是父母教養出來的，沒有道德高尚的父親，難有道德高尚的兒子。兒子身尊位顯，父母以此為榮。這裡不應以惑亂之事相捉並論，壞事就是壞事，不能因身尊位顯而壞事就沒了，封建社會就是在這種說法的影響下才有「只許州官滿山放火，不許百姓夜晚點燈。」中華民族的災難與《易經》的影響是分不開的。

【原文】上九，不事王侯，高尚其事。象曰：不事王侯，志可則也。

【譯文】上九，不為王侯做朝中之事，從事比朝廷之事還要高尚的事業。《象傳》說：「不事王侯，其志向可以說是天下人的楷模。

【釋文】《蠱》卦的中心是治蠱。表明兒子進孝的心情。上九之蠱是「不事王侯」，不為朝廷做事，卻從事比國事更高尚的事業。這種志向當然是人們的模範了。劉沅說：「人以事為事，上以不事為事，不事之事更高於事，其尚之也，宜哉。天下有事蠱，有心蠱，事蠱在一時，心

蠱在萬世，上以世外之心，抱道而處不治事蠱而治心蠱，不治一時之蠱，而治萬世之蠱。高尚其事，即孟子言居仁由義，尚志之事，非以放情物外為高尚已也，故曰志可則。」

當政者只能治事蠱，卻治不了心蠱。孔子是教育家，創建了一整套的封建道德，可以說是治心蠱的代表人物了。治心蠱之所的高尚，是因為其能建起一個公平合理的世界，樹立起一個天下大公的思想體系。正如劉沅所說「上九高尚其事，高尚正所以勵一世之人心，存萬古之名教，而蠱愛之心未嘗一日忘也，故曰志可則。」

# 上 經

## 臨卦第十九

臨，元，亨，利，貞。至於八月有凶。

《臨》卦元亨利貞。到八月有凶。

《臨》卦是大。「劉沅曰：序卦，有事而後可大，故受之以臨。臨為十二月卦，臨者大也。韓康伯曰，可大之業，由事而生。二月方長，而盛大，故次於蠱，下卦兌說感人，有以德臨人之象；上卦坤順，以位臨人，亦必順人情，教人之意深矣。」

《蠱》卦指事，「有事而後可大」。事越發展越大，《臨》卦二陽上長而盛大，這是萬物發展變化的自然規律。所以，《臨》卦「無，亨，利，貞。」

《臨》卦是由《坤》、《兌》兩卦組合而成，《坤》、《兌》都是陰卦。八月陰盛陽衰所以有凶。

【原文】彖曰：臨，剛浸而長。說而順，剛中而應。大亨以正，天之道也。到於八月有凶，消不久也。

【譯文】《彖辭》說：《臨》卦陽剛漸漸而長，《兌》卦說而《坤》卦順，下卦九二陽剛得中上卦六五與其相感。大亨通而貞正，這是天體運轉的道理。到於八月有

凶，陽消陰盛，是不會長久的。

【釋文】「虞翻曰：剛中謂二也，四陰皆應之。」《彖辭》中的「剛中」皆九二，因九二是下卦之主爻，得中間位置稱做「剛中」

「胡瑗曰：二以四德撫育萬民，生長萬物，天之道也。」九二具備元、亨、利、貞稱為四德。凡說天道，以四德為主。

「語類云：浸，漸也。陰符經云，天地之道浸，故陰陽勝，此便是吉凶貞勝之理。」

「程傳云：陽道向盛之時，聖人豫為之戒曰，陽雖方盛，至於八月，則其道消矣。大率聖人為戒，必於方盛之時，防其滿極，而圖其永久。若既衰而後戒，亦無及矣。」

【原文】象曰：澤上有地，臨；君子的教思無窮，容保民無疆。

【譯文】《象傳》說：《兌》澤的上面是《坤》地，這就是《臨》卦；君子要用無窮的思索和教誨。容納保民的思想萬古無疆。

【釋文】澤水本來是呈現在地平面上，而《臨》卦澤水卻浸透到了地下，說明澤水潤育了整個大地。君子應像這澤水一樣，能容納整個大地，用認真地思索和不停的教誨保護人民，萬古無疆。

「趙汝楳曰：澤之於地，有潤而無竭，故君子的教思無窮，地之於澤，有受而無阻。故君子以容保民無疆。」

【原文】初九，咸臨，貞吉。象曰：咸臨貞吉，志行

正也。

【譯文】初九，受到感應而大，貞正吉祥。《象傳》說：「咸臨貞吉」是心願行動的正確。

【釋文】「虞翻曰：咸，感也。得正應四，故貞吉。」初爻陽位，陽臨病爻為得正，初陽四爻陰，陰陽相感。所以「咸臨貞吉」。

「李舜臣曰：山澤通氣，故山上有澤，其卦為咸。而澤上有地，初二爻亦謂之感者，陰陽之氣相感也。」「山澤通氣」是說《艮》卦和《兌》卦，《艮》為山，《兌》為澤。這兩卦一陰一陽，陰陽相感，組成了《咸》卦。而《臨》卦由《坤》卦和《兌》卦組合而成，這兩卦全是陰卦。全陰不感。而卦中之陽便能和陰相感。所謂「初二爻亦謂之感者，」就是說明這個道理。

「劉沅曰：初九以陽剛之才，感之以正，而人心說從，故吉。陽健故曰行，互震亦為行。」初九是「乾龍勿用」之爻，能得到「咸臨貞吉」四字是最好的評價了。

「馬其昶曰：二陽浸長，皆云咸臨，感者乾元之氣，所以為亨而感通者也。初九陽氣發動於黃泉，即可貫徹萬物而各正其性命。曰志行正，明不可化陰而失正也。」初九在最下，是陽氣動於黃泉。萬物之生各正性命，必須從這裡開始。所以「志行正」。

【原文】九二，咸臨，吉無不利。象曰：咸臨吉無不利，未順命也。

【譯文】九二，受到感應而大，吉祥如意，沒有不順利的。《象傳》說：「咸臨吉無不利」沒有順從天命。

【釋文】《臨》卦立命「至於八月有凶」而九二吉無不利，沒有委順於命。沒有凶咎。這就是說九二沒有委順於命，而是轉禍為福，人事戰勝了天命。

「虞翻曰：得中多譽，兼有四陰，體復初元吉，故無不利。」

「李光地曰：知命之靡常，則不可以委順於命，而有立命之道，故盛而不矜，衰而不挽。」人命沒有常規，不是固定不變的。所以不可以委屈求全，聽從命運的擺佈。人有立命之道，那就是要在知命的基礎上進行立命。立命就是修身的過程。只有修身立命才能「盛而不矜，衰而不挽」。

「晏斯盛曰：未順命，對八月有凶言也。兌說坤順，疑於順也，聖人意深矣。」《兌》、《坤》皆陰卦，陰主順。至於八月有凶，是命中注定，對九二來說「疑於順也」。因九二是陽的緣故。

「馬其昶曰：未順命者，陽道浸長命也，八月有凶亦命也。然其中有人事焉，君子不謂命也。蓋在卦時剛方浸長，而在爻義又有老陽將變之虞。二能保持其陽不變，是則剛長雖由天命，而其化乃人事也。二於盛時既委順於命，雖至八月有凶，亦必有轉禍為福以人勝天之道。」這段文字是說其命在天，其事人為二能保持剛長而不變，即使到了八月定可以轉禍為福，人事戰勝了天命。

【原文】「六三，甘臨，無攸利。既憂之，無咎。象曰：甘臨，位不當也，既憂之，咎不長也。

【譯文】既美又大，無得利的地方。既在憂慮八月有

凶，不會出錯。《象傳》說：「甘臨」是位置不適當。「既憂之」過錯就不會生長。

【釋文】攸，所。指場所。之，指八月有凶。張文虎解釋「甘」說「說文，甘，美也從口含一。兌為口為說，恐其妖於此一陰，故無攸利。憂者，憂其八月有凶也。」

「劉沅曰：互震恐懼，變乾惕若，故憂。位不當，陰柔不正也。咎不長，既憂則必改過，非徒憂也。」既有憂慮之心，必定悔改已往之過錯。所以，過錯不能再長。

「李士鉁曰：甘過則苦必至，喜過則憂必生。知盛大之不可恃，恐凶咎之有時來，不敢縱恣，故無咎。既死於安樂生於憂患之意。」這段文字說出了萬物發展變化之自然規律。大不能長久地大下去，苦盡甜必來，喜極必生憂「既憂之」說明有著一種高度地警惕性。始終保持清醒地頭腦，才能「咎不長」。

【原文】六四，至臨，無咎。象曰：至臨無咎，位當也。

【譯文】六四，實誠到大，不會錯。《象傳》說：「至臨無咎」是所處的位置適當。

【釋文】六四是上卦《坤》之初爻。《坤》元到了。《坤》主實誠，一心順從初九，不會有錯。

「張浚曰：至，坤德也。」

「其馬昶曰：至，實也。」

「彪謹案：坤象言至哉坤元，萬物滋生，乃順從天。四能應初，是以順從天，為坤元之至。」「至哉坤元」《坤》為「至」。《坤》為實、為誠、為順。「實誠到大」是坤陰

六四和初九相感而達到的結果。

【原文】六五，知臨，大君之宜，吉。象曰：大君之宜，行中之謂也。

【譯文】六五，知大，適應擔當大君的重任，吉。《象傳》說：「大君之宜」是由於其行動在中間一爻的緣故。

【釋文】「乾鑿度云：大君者，君人之盛者也。臨者大也，陽氣在內，中和之盛，應於盛位，浸大之化，行於萬民，故宜處王位，施大化，為大君矣。臣民欲被化之辭也。」只有人君才能知大，只有知大才能化萬民，處王位，這是《臨》卦中心。正如程傳所云「以一人之身，臨乎天下之廣，豈能周於萬事？唯難取天下之善，不自任其知，則其知大矣。」

「李士鉁曰：不自用其聰明，故能兼天下之聰明，關門明目，好問察言，舜所以為大知。書曰自用則小，五不自用，所以為大。以陰而用陽，陽為其所有，與大有之象同。」六五能用天下之聰明，正如馬其昶所說：「坤五含章，伏乾之陽，光明在中，故曰知臨。行中，即所謂暢於四友，發於事業，言本此光明而行也。」六五一陰來自《坤》卦五爻。陰以用陽，是說明能與九二相感的結果。

【原文】上六，敦臨，吉，無咎。象曰：敦臨之吉，志在內也。

【譯文】上六，厚道而大，吉，沒有錯。《象傳》說：「敦臨之吉」是把心願放在了內卦的陽爻身上。

【釋文】上六敦厚是《坤》之道德，順從陽爻，其志向不變。如馬其昶所說：「上六居坤之終，其靜也翕，志

在內，所以凝聚乾元為發生之本也。翕之不厚，闢之不暢，曰敦臨厚之至也。元之志貫於貞，貞之志，保其元，造化終始之妙如此。」

「李舜臣曰：臨二陽方長，而上四兩吉兩無咎，何也？說而順，剛中而應故也。陽方漸長，群陰順而應之，則兩不相傷。」這是對《臨》卦的總結，說明陰陽感應的道理。

## 觀卦第二十

觀，盥而不薦，有孚顒若。

《觀》卦，先洗手而不是輔草薦，要誠實守信用，仰慕拱手而立。以示恭敬的樣子。

《觀》卦論述祭祀禮儀，先洗手表示對神祇、祖先的尊重。洗手不是忙著擺供品、而是要用誠信的姿態拱手而立。以示恭敬。盥，洗手。薦，草薦。孚，誠實，守信用。顒，仰慕。若，樣子。

「馬融曰：盥者，進爵灌地以降神也。祭祀之盛，莫過初盥降神。孔子曰，帝自既灌而往者吾不欲觀之矣。以下觀上，見其至盛之禮，萬民敬信。故曰，有孚顒若。」馬融說「盥」是用手舉著酒林，把酒撒在地上，請神降臨飲酒這是古人敬神的一種常規。

「本義云：盥，將祭而潔手也。致其潔清而不輕自用。此卦四陰長而二陽消，正為八月之卦。而名卦繫辭，更取他義，亦扶陽抑陰之意。」《觀》卦二陽在上，四陰在下，所謂「四陰長而二陽消」。時值八月正秋之時。

「劉沅曰：艮手巽法，象盥。艮止，象不薦。顴，大頭也。仰也。觀者，有象示人，而為人所觀仰也。凡觀視於物則為觀，為觀於下則為觀。二陽尊而在上，為四陰所觀仰，序卦，物大然後可觀，故受之以觀。此八月之卦也。」《觀》卦二陽在上，身居天位，天是神仙所居住的地方。四陰在下瞻仰之，觀天祭神，萬民所望。這是古人頭等大事。

「李士鉁曰：巽為命令，坤為民。命令所布，眾民仰之，觀之象也。示人莫大乎禮，禮莫重乎祭。坤為牛，故稱薦，獻腥獻熟。巽為不果，又遇艮止，故不薦。盥之後，未薦之前當積誠以通之，感神人而孚上下，故有孚顴若。」說象解卦，卦義就在象中。這是《易經》的獨特之處。《觀》就是看，看神之所在，看人心誠與不誠，看祭祀禮節，看事後有應無應。風是命令，因風能給天下人造成災難，一場暴風雪凍死了群群牛羊；一場龍捲風，刮倒了樹木、莊稼、房屋，為了避免災害，人們祭祀神靈。祭神不在祭品的大小，而在於心誠與不誠。所謂「心誠則靈」的說法，是種精神解脫方式。有沒有神，何心知曉，只能是在心理上的解脫而已。心理作用高於一功，信心不信神這是做的標準。人能做到不欺心，神自在人心。

【原文】彖曰：大觀在上，順而巽，中正以觀天下。觀盥而不薦，有孚顴若，下觀而化也。

【譯文】《彖辭》說：光明出現在天上，天下順從而形成了風，所以，上天用中正來觀看天下。《觀》卦先洗手而不擺供品，有誠信仰慕天神的樣子，上天看到以後從

而感化萬物。

【釋文】大，指卦中二陽爻。「大觀在上」是說兩陽爻在上。陽指光明，在天位，是神。指《坤》卦。「順而巽」是說《坤》和《巽》卦組成了《觀》卦。中正，指九五和六二得中得正謂「中正」。「下觀而化」指《坤》卦而言。是說天下萬物以及人民看到了天上二陽，在二陽的感應中受到感化。

「劉沅曰：陽大陰小，陽上陰下，故曰大觀在上。順，順理。巽，順民情也。大觀，統為二陽。中正以觀，獨舉九五。卦體陽德為群陰所觀瞻，正如人君為群黎所尊仰，為大觀在上之象。以其中正觀天下之不中正，而天下潛孚默契於不知。下之人觀上所行，自然感化也。蓋盥薦者文也，有孚者誠也。誠存於禮文之先，即誠通於未祭之始，不特神格，而人亦可通，所以然者，天地人神，莫非一誠之所貫注也。」對劉沅「下之人觀上所行，自然感化也。」這名話深有感觸。社會上形成什麼樣的風氣其根源來於上層。上面刮什麼風，下面起什麼浪。這就是自然感化。

【原文】**觀天之神道，而四時不忒。聖人以神道設教，而天下服矣。**

【譯文】看天是說明神的道德，然而四個季節不會錯。聖人用神的道德設置教化，而天下人民全都服從這種禮儀。

【釋文】《彖辭》的這段話說明《觀》卦就是看天，只有看天才能懂得神的道德。一年春、夏、秋、冬四個季

節，這是神的安排。用這種方法設置教化，天下人沒有不服從的。這裡說出了封建迷信思想的根源。

「彪謹案：時行物生即是天之神道，聖人盡人道以合天道，即是以神道設教。盡人性盡物性，無往而非教也。然必先能盡其性，上順天理，下順民情，有大觀在上之動，乃有下觀而化之效。蓋本諸身，微諸民，質諸鬼神而無疑，放諸天地而不悖也。」

這段案文說明了設神教的深刻道理。設神教只不過是一種方法和手段，用這種方法和手段「盡人性盡物性」，「上順天理，下順民情」。天理是天體運行的道理，人類就生存在這種道理之中，民情也就隨從這種道理逐步地形成了，所以才能下順民情。民情的形成，「有大觀在上之功」。而天體運行的道理「乃有下觀而化之效」。這是唯物辯證法的精妙論述。透過寫神寫出了天人相互感應的道理。這是在寫神嗎？不是，這裡有畫龍點睛的絕妙！「蓋本諸身」的「本」應是形成萬物諸身的根本，實際上就是指《乾》元中的元素素質成分。各種元素成分衍化成萬物以後，就是「征諸民」。而「質諸鬼神而無疑」的「質」同樣應是在指元素素質。而是把元素看成了神。本來就是這種素質演化構成的天體，把它放諸於天地之中怎麼能悖呢？所以，「放諸天地而不悖也」。元素成分相互演化，透過感應起了作用，這個作用是自然形成的，不是神仙的安排。「放逐天地」是元素自行開放，而不是神仙有意的放逐。你信神，天體總是這樣運轉；你不信神，天體也是這樣運轉，信神的和尚坐著死，不信神的平民躺著亡。

【原文】象曰：風行地上，觀；先王以省方觀民設教。

【譯文】《象傳》說：風行在地面上，是《觀》卦；先王採用各種方式方法察民情設置教化。

【釋文】省，反省。這裡指省悟，發現而採用。

風由氣而形成，地上無氣難成風。氣大體分兩種，一種是喜氣，一種是惡氣。大地上出現的是喜氣還是惡氣，主要取決於人們的思想。聖人為了讓大地常存喜氣，不出惡氣，常刮暖風，不刮寒風，才使用各種方式和方法教化百性，勸其棄惡從善，順從天道。

「呂大臨曰：風行地上，萬物各得其所化。」風能化萬物，故有風化一詞。風，指風俗，習慣。要想改變社會上的風俗、習慣，必須設教。

「黃端伯曰：地有五方，各成風氣，省方設教，禮從其宜，使各安其俗，凡以順土風耳，風為教主，施諧四方，是以先王尚之。」

【原文】初六，童觀，小人無咎，君子吝。象曰：初六童觀，小人道也。

【譯文】初六，小孩子在看，小人沒有過錯，君子有吝難。《象傳》說：「初六童觀」是小人具有的道理。

【釋文】初爻為平民百姓的位置，初又臨陰，陰為小人，就像不明事理的小孩，所以小人在這裡不會有過錯，小人自有小人的道理，如果深明事理的君子在這裡和小人一樣沒有遠見，吝難就會發生。君子有對君子的要求和處世哲學，不可等同視之。

「李士鉁曰：童子之觀，睇進忽遠，有所視而無所知也。氓生，本無知覺，所謂民可使由之，不可使知之。日用不知，百姓則可，若君子則當行之而著，習之而察，由而知其道矣。」

「程傳云：小人，下民也。不能識君子之道，乃常分，不足謂之過咎。古人把平民百姓看做小人，這是封建社會的階級觀念。餘毒很深。

【原文】六二，窺，利女貞。象曰：窺女貞，亦可醜也。

【譯文】六二，在門縫裡偷著看，對女人的貞正有利。《象傳》說：「看女人正不正」也可以說是種醜陋的事情。

【釋文】貞正的女人由於得中道（即婦道）對門縫裡偷看的人毫不介意，對不中正的女人來說，能有人偷看，定有私通。這裡是在說明對待女人，應一分之二。看本質，不可單從一面觀。就門縫看人的觀點來說是種卑鄙行為，這是淺層次的解釋。

「窺」的真正含義是見識狹窄。看到一點點，便自以為是，誇誇其談。所謂「坐井觀天」、「以蠡測海」是也。馬其昶說「其在學者，則莊周所譏學一先生之言，而暖暖姝姝私自說者也。」

「王弼曰：處在於內，所見者狹，婦人之道。處大觀之時，不能大觀廣鑑，誠可醜也。」古人男尊婦卑，說女人見識狹窄，沒有遠大眼光，是「婦人之道」。

「劉沅曰：闚，窺同。互艮門象，坤有合戶之義。閉

門而觀，故曰觀。」

【原文】六三，觀我生，進退。象曰：觀我生進退，未失道也。

【譯文】按我自身性格來看，應知道什麼是上進，什麼是後退。《象傳》說：「觀我生進退」是沒有失去道德。

【釋文】「劉沅曰：我生，我生之所以行當可進可退之時，返己自審，不可失道。上有已觀光之大臣，下有觀而化之小民，觀我生以進退，豈失道哉？他卦三不中，多不吉，惟本卦此爻曰未失道。恐人務於觀光而不自審也。」看我的一生，在什麼情況下前進，什麼情況下後退，自心有個估量，這是對道德標準的衡量，由於有上九與其產生了感應，心目中才有了道德的概念。用道德約束自己，使自身有了行動準則而知進退。

「劉沅曰：觀其道應於時則進，不應於時則退。」看自身道德，應於時的情況下就進，不應於時情況下就退，這就是《易經》提倡的處世哲學。

「馬其昶曰：生讀為性，謂性行也。三四處進退之位，三動之正，化離而明，能自觀矣，故未失道。」三處下卦之終，應動應靜、應進應退，到了關鍵時刻。初爻因動而化陽，三爻動而化陽下卦便成《離》卦。「化離而明」何樂而不為。這是六三能「自觀」最好性格。

【原文】六四，觀國之光，利用賓於王。象曰：觀國之光，尚賓也。

【譯文】六四，看見國家的光明，對向君主推薦賢明有道德的賓客有利。《象傳》說：「觀國之光」是說要注

重向國家推薦賓客。

【釋文】國家繁榮富強，應充分發揮有才能人士的智慧和作用。六四是國家的頂樑柱應承擔起向君主選拔人材的重任，國家能不能長治久安，選拔推薦人材是頭等大事。是重中之重。選拔人材有兩種傾向，一是一心為公，一心為國家和人民的利益出發。一是為個人的私利，結黨營私。除此之外，就是不負責任的一種瀆職行為。

「左傳云：伸，土也。巽，風也。乾，天也。風為天於土上，山也。有山之材而照之以天光，於是乎居土上，故曰觀國之光。庭實旅百，奉之以玉帛，天地之美具焉，故曰利用賓於王。」《觀》卦是《乾》宮八卦。《乾》是天。天地之中，只有山能高出地面。是大地的光榮。是國家的頂樑柱。說出了向國家推薦人材的重要性。

「李士鉁曰：賢人者，邦家之光也。四承陽得君，不自喜其進，而以賢人為進，此諸侯貢士之象。道義之上，當初進，不屈以臣道，接以賓禮。小雅泳嘉賓，周官言賓興，皆敬之也。」國家有賢能之士，是國家的光榮。六四之光就是「觀國之光」。這是對國家賢能人材的敬仰。六四能向國家推薦人材，是國之光。

【原文】九五，觀我生，君子無咎。象曰：觀我生，觀民也。

【譯文】九五，看我一生，君子沒有錯。《象傳》說：「觀我生」是在觀看民情。

【釋文】君主能隨時檢查自己，就是在體會民情。九五得中得正，威嚴尊於天下，能有自知之明，是天下人的

福氣。

「馬其昶曰：君子謂陽也，五陽不變，則可以觀示坤民。孔子曰，德義可尊，容止可觀進退可度，以臨其民，是以其民畏而愛之，則而象之。詩云，敬慎威儀，惟民之則。觀民之謂也。」君主從觀我開始，從而觀天下，天下無不敬服。

【原文】上九，觀其生，君子無咎。象曰：觀其生，志未平也。

【譯文】上九，看天下人的生活狀況，君子的這種做法沒有錯。《象傳》說：「觀其生」是內心的志向感到不平衡。

【釋文】上九是《觀》卦的終點，卦雖到了終點，而陽氣的運轉沒有終點。上九看到國內人民的生活狀況，內心感到不平衡，是自身的願望沒有達到預期的目的。這是在說明萬物尋求平衡的道理。人的慾望沒有終點，生命不止，其慾望就不會停止。

「陸希聲曰：民之善惡，由我德化。觀民之動作，其志未平，憂民之未化也。」民心的變化，由我而起。是說明陰陽相感的道理。「憂民之未化也」是聖人之心。是對光明的嚮往。

「馬其昶曰：其生，天下之生也。聖人之志，必使下觀而化，天下皆為君子，大舜之善與人同是也。志未平，即堯舜猶病，鄒魯悲憫之心。初童觀於下，而在上君子為吝，志則然也。巽坤南方維卦，萬物相見乎離，故卦名觀，而居民上下皆有相觀之義。」

## 噬嗑卦第二十一

噬嗑，亨，利用獄。

咬嗑口中之物是亨通的，這口中之物就像被人用上了刑罰。所以，對用刑罰有利。噬，咬。嗑，把帶有硬殼的物品放入口中，用牙把硬殼嗑掉。

刑罰就像把葵花籽放入口中，扒去一層皮刑獄之所以亨通，因為刑罰是治理國家一種政治手段。刑法清，賞罰明，國泰民安。

「劉沅曰：噬，齧也。嗑，合也。頤中有物間之，齧而後合。上下兩陽而中虛，頤之象皿，一陽間於其中，頤中有物之象。序卦，可觀而後有所合，故受之以噬嗑。利用獄，則噬嗑一事。震有威離有明，物有為造化之梗者，必以刑獄治之。六五為治獄之主，柔而得中，故利用獄。」

【原文】象曰：頤中有物，曰噬嗑。噬嗑而亨，剛柔分，動而明，雷電合而章。柔得中而上行，雖不當位，利用獄也。

【譯文】《彖辭》說：腮中有物，叫做《噬嗑》卦。《噬嗑》卦而能亨通，因為陰陽分明，《震》卦動而《離》卦光明，雷電相合而明顯。二、五兩爻陰柔得中能夠上行，雖然位置不適當，對使用刑法有利。

【釋文】雷聲和閃電相合，說明陰陽相合，陰陽相合，萬物萌發，開始生長。只有下雨，才會有閃電和雷聲。雨露潤育乾坤，萬物茁壯成長，全賴陰陽之功。刑罰

通行天下，扼治邪惡之風，社會才能健康地向前發展。刑罰是洗滌劑，去瑕疵，樹新風。

「程傳云：居臣、父子、親戚、朋友之間有離貳怨隙者，蓋讒邪間於其間也。除去之則合和矣。間隔者天下之大害，噬嗑者治天下之大用。去天下之間在任刑罰，故取用刑為義。二體明照而威震，用刑之象。」讒言邪庇是仇恨的根源，不除是難以合和的，只有雷電和太陽能除邪穢。國家的刑法就是雷電和太陽，在清理人間的污穢。

「劉沅曰：震雷動於下，離電明於上，合以成文故曰章。君以仁柔居心，不柔則失之暴，過柔則失之寬。柔得中則寬猛得宜，有哀矜之心，無姑息之過，如雷之斷，如電之明，濟以仁術無冤濫矣。」劉沅說明了「柔得中」的重要性。「寬猛得宜」只有道德做其標準。

【原文】象曰：雷電，噬嗑；先王以明罰勅法。

【譯文】《象傳》說：有雷聲有閃電，是《噬嗑》卦；先王為了嚴明刑罰，命令制定刑罰。

【釋文】雷電震懾使人毛骨悚然，法律的威嚴如同雷電「王符曰：噬嗑之卦，下動上明，其象曰明罰勅法。夫積怠之俗，賞不隆則善不勸，罰不重則惡不懲。故凡欲變改風俗者，其行賞罰，必使足驚心破膽，民乃易視。」

【原文】初九，屨校滅趾，無咎。象曰：屨校滅趾，不行也。

【譯文】「腳受到鞋的校正，腳趾被滅掉了。沒有錯。《象傳》說：屨校滅趾」，不叫其行動。

【釋文】初九不動，不會有錯，初九在下，是腳。

屨，古代一種鞋，穿上這種鞋會滅掉腳趾。是為了不叫其行動。

「王弼曰：凡過之所始，必始於微而至於著。罰之所始，必始於薄而至於誅，過輕戮薄，故屨校滅趾，桎其行也，足懲而已。校即械也。」初九由於有小過，罪輕而使用足懲，正像劉沅所說：「止惡於初，而用刑輕，行謂小懲而大戒也。嘆其不好，戒人勿以小惡而為之。」

【原文】六二，噬膚，滅鼻，無咎。象曰：噬膚滅鼻，乘陽也。

【譯文】六二，咬皮膚，滅掉鼻子。沒有錯。《象傳》說：「噬膚滅鼻」是因為坐在陽爻的上面了。

【釋文】「李士鉁曰：刑獄與噬物，相似而義通。初，上在口外，故不言噬而言刑，中四爻在口內，故不言刑而言噬。六爻如一身初足，上首，中間則骨與肉。四爻在中而剛，肉中之骨；三、五近骨之肉，二則近皮之肉。近皮之肉柔而美者曰膚。二居柔位而得中，故稱膚。二極柔之物本易噬，而下乘初剛，初像人之下齒，凡人食物，下齒動而上噬，故近下齒則先麋，物噬而後口合，邪去而後人安，雖乘剛過猛，因無咎也。」按李士鉁的說法，初爻象下齒，下齒上動咬物。二是靠下齒之物，先被咬爛。六二「噬膚，滅鼻，無咎，」原因就在這裡。

【原文】六三，噬臘肉，遇毒。小吝，無咎。象曰：遇毒，位不當也。

【譯文】六三，咬臘肉遇臘肉有毒，小有吝嗇，沒有錯。《象傳》說：「遇毒」是由於所處的位置不適當。

【釋文】「劉沅曰：臘，肉之陳久味厚者。三在膚裡，故為肉。離日熯之，故為臘。互艮為毒，師亦言毒。」《周易學說》書中對「臘」字的解釋，都與火產生了關係。李士鉁說：「臘肉者，前日之肉，曝於日而成臘。」與火與太陽有關的應是乾陽。臘，指冬天的十二月，為了讓鮮血過冬，易於保存，用鹽醃製稱為「臘肉」。

【原文】九四，噬乾胏，得金矢。利艱貞，吉。象曰：利艱貞吉，未光也。

【譯文】九四，咬在乾剛帶有骨頭的肉上了。得到了一枚金箭頭。對艱難貞正的事有利。吉。《象傳》說：「利艱貞吉」是沒有發出光。

【釋文】「劉沅曰：剛居柔，肉帶骨，故曰胏。」九四是口中一物，是肉嗎？是帶有骨頭的肉。咬到骨頭上，是要損傷牙齒的。告誡人們這塊肉不太好吃，要有選擇的吃。所以「利艱貞」。這是對食肉人而言之；對於口中之物要遭受艱難。只要貞正就不怕咬，鐵嘴剛牙也咬不爛。這肉越咬越硬，變成了金箭頭。說明只要堅持真理，上刀上下火海都會有利。故「利艱貞吉」。

「沈起元曰：光，離體。未光，四居互坎中也。」《離》為火，是太陽，故有光。九四在上卦《離》之初爻，正是互卦《坎》之中爻。《坎》為水，水能天火，故「未光也」。

【原文】六五，噬乾肉，得黃金。貞厲，無咎。象曰：貞厲無咎，得當也。

【譯文】六五，咬乾陽之肉，得到的是黃金。貞正的厲害，沒有錯。《象傳》說：「貞厲無咎」是陰陽相感得當。

【釋文】六五尊位，貞正的厲害，光明磊落，執法嚴謹，陽主光明，陽肉都敢咬，說明王子犯法與民同罪。正因為賞罰分明，得到的是黃金，怎麼能有錯呢？應該說是黃金買不到的。

「趙汝楳曰：象言不當位，此言得當者，彼以位言，此以事言。」六五雖陰，坐的是尊位，九四雖陽，坐得是臣位。君主吃乾肉，是六五能管九四。所以，六五吃肉，九四啃骨頭，到了平頭百姓，只好吃糠咽菜了。這是封建社會的等級制度。

「李士鉁曰：金之品的黃為上，喻其貴也，噬肉乃得黃金，喻去邪乃得大利，且邪惡中或有至貴之性，在一變化間耳。」去邪穢利國利民，治理國家就是為了去掉邪穢。其黃金豈可相此。黃金喻財物，是產生邪穢之根源，得到了黃金，意謂剷除了邪穢，國家達到了大治。

【原文】上九，何校滅耳，凶，象曰：何校滅耳，聰不明也。

【譯文】上九，不管怎樣校正其罪行，總是不聽，滅掉耳朵。有凶。《象傳》說：「何校滅耳」是由於耳朵聽不進去國家的法律。

【釋文】上九處《噬嗑》卦之終，不顧忌國家的法律，是以身試法之人，明示，任何時候，都會有身試法之人，越在興旺時期，國法應越加嚴明。正如劉沅所說「上居至明之世遇雷動之威，稔惡不悛，必有嚴刑。」

「附解云：五為治獄之主，四為治獄之卿，二三為治獄之吏，初為下民，止惡無咎。上非民非君，盛世之頑

讒，山澤之狂夫，皆其類也。治獄者戒其過剛，受罰者欲改惡，皆仁民之心也。」「仁民之心」只有聖人有之，故作《易經》制刑法論得失。身居惟屋，心存天下。

## 賁卦第二十二

賁，亨，小利有攸往。

賁（ㄅㄧˋ）《新華字典》註：賁「文飾，裝飾很好。」劉沅說：「火在天上為日，在地為火。日為陽精，中藏陰火，地之靈也。火熰燭山，山高接天，文明之家象。」

「李士鉁曰：陰主小，小不可以大也。至敬無文，大禮不飾，文飾之道固不可大用也。至震為往，離為光明，艮為止。文太繁則滅其質，華太盛則傷其根，光明而遇艮止，欲其文欲其過乎文也，故小利有攸往。」這段文字論述了文飾的性質，其哲理嚴明。二十世紀的六十年代至七十年代之間，掀起了文化大革命運動，其三敬三祝，紅色海洋洋即文飾太過。違背了「至敬無文，大禮不飾」的道理。實在不足可取。

【原文】彖曰：賁，亨，柔來而文剛，故亨。分剛上而文柔，故小利有攸往。天文也。

【譯文】《彖辭》說：「《賁》卦亨通，下卦《坤》中爻一陰來《乾》卦中爻文飾陽剛，所以亨通。上卦由《乾》分出剛上一爻來文飾《坤》卦而成《艮》卦。所以小利有所往來，這是天的文飾。

【釋文】《彖辭》論述了《賁》卦的由來。下卦《離》中一陰來自《坤》卦；上卦《艮》上一陽來自《乾》卦。

說明了大自然中的高山和太陽是用來文飾天地的；而文飾天地的高山和太陽卻來自於天地。「天文也」，說明天體的形成是相互感應產生的結果。

「劉沅曰：柔來，離中一陰從坤來，文其剛德，則剛不偏於剛，故亨。分剛上，謂上九也。乾中爻變離，分此一陽居於艮上，文其柔德，但小利有攸往。」天下文明，陰陽相互交感而通。人類看到太陽的美麗，大山能遮風避雨，人們的身上才著上了服裝。大山、太陽是天然形成的，而人身上的服裝是從心所欲。所以「小利有攸往」。

【原文】**文明以止，人文也。觀乎天文以察時變。觀乎人文，以化成天下。**

【譯文】文明而能知其中有止，是人文。看天文是用來觀察一年四季當中時間的變化。看人文的發展變化，可以用來化成天下。

【釋文】看天文的變化，可以掌握大自然的變化，看人文的變化，可以掌握人類社會的發展進程。人類社會的文明，是人類社會發展的標記，由於文明的不斷進展所以才能「化成天下」。「文明以止」是說利用文明要知道其中有止。「止」，攔阻，制止。

「彪謹案：有質而後有文，此所謂無本不立也。有文猶必加之以質，詩曰：底錦尚絅，惡其文之著也。著其質不著其文，然後文能常存而不敝，此所謂文明而必以止也。明能止，乃得成其為賁，其義深矣。為人君止於仁，為人臣止於敬，為人子止於孝，為人父止於慈，與國人交止於信。止之為義大矣哉，此所以能化成天下也，」文飾

的目的是為了突出物質的實際，所以當代世界對於商品，十分注重文飾。然而文過其實，這就必須要加以制止。或者說要停止這種文飾。「止」之含義，是停止在這種象當中，不可過份。戒其「文過其實」故「文明以止」。

【原文】象曰：山下有火，賁；君子以明庶政，無敢折獄。

【譯文】《象傳》說：「山下有火」是《賁》卦；君子用來申明國家的政策和法律，沒有人敢在法律、政策面前打折扣。

【釋文】「山下有火」，火就是國家的法律和政策，從山下燒到山上，把大山照得通亮，火不是文飾大山的，而是要燒掉殘根敗草，使山上山下長出茁壯的新草樹木。

政策和法律不是文明的裝飾，而是透過法律途徑，使國家安定，富強。使其國度更加文明。在法律面前人人平等，認真對待。法律就是火，對任何人都是無情的。所以，沒有人敢在法律面前動手腳，打折扣。英明國度，山火通紅，能使天下煥然一新。

【原文】初九，賁其趾，舍車而徒。象曰：舍車而徒，義弗乘也。

【譯文】初九，文飾在腳趾上，有車捨棄不坐而徒步行走。《象傳》說：「舍車而徒」是講義氣，不坐別人的車。

【釋文】「李士鉁曰：震為行，為大塗，徒行之象。禮，大夫賜車馬。二為大夫，初為庶民，不可越分的乘大夫之車，故徒也。初以禮自飾，自賁其趾，不越禮的求賁，此其所以可行與？世以奢僭為榮，君子以為恥，謂其

飾禮而僅蔑禮也。」古人階級分明，庶民不可乘大夫之車，故徒行。徒行，即步行。

「程傳云：君子守節處義，其行不苟。義或不當，則舍車輿而寧徒行，眾人之所羞，而君子以為賁也。」程傳把「舍車而徒」說成是種君子所文飾。

馬其昶引用孔子的話說：「子曰，丹漆不文，白玉不雕，寶珠不飾，質有餘者，不受飾也。」初爻庶民，徒步行走是其本質，不能接受文飾。

【原文】六二，賁其須。象曰：賁其須與上興也。

【譯文】六二，這是文飾必須作到的。《象傳》說：「賁其須」和九三一起才能興旺

【釋文】《彖辭》說「柔來文剛」指的就是六二，在《賁》卦中，六二必須這樣做。六二不來，文剛從何談起。劉沅說：「蓋剛為質，柔為文，文不附質焉得為文。」沒有六二之柔，就沒有文飾。

「馬其昶曰：剛往文柔，必處其上，柔乃不陵，故曰上得志。柔來文剛，必居剛下，乃得所承，故曰與上興也。」

【原文】九三，賁如，濡如，永貞吉。象曰：永貞之吉，終莫之陵也。

【譯文】有六二之文飾，十分美觀的樣子，有互《坎》的潤澤，十分華麗的樣子，永遠貞正而吉祥，《象傳》說：「永貞之吉」是始終沒有產生變化。

【釋文】「盧氏曰：有離之文以自飾，故曰賁如。有坎之水以自潤，故曰濡如。體剛履正，故永貞吉。」

如，……樣子。「賁如」，文飾得十分美觀的樣子。「濡如，潤澤得十分華麗的樣子。」

「李士鉁曰：山火飾而為賁，三居其交，故賁如。坎水濡潤，火得水以濟，光華而又潤澤。陰陽相接，文質相宜，文之美也。以飾其言則吐辭溫潤。以飾其行則澤躬爾雅。自無暴鄙之譏，而無敢侮之者，故永貞而吉。」火水相濟，陰陽相接全是萬物互感的道理。大自然的美麗就是萬物互感而形成。對人而言，「吐辭溫潤」是指語言上的文飾。「渾躬爾雅」說明了一個人的舉止言行是人的一種文飾。所以，有涵養有道德的人溫文爾雅。

「俞琰曰：文過則質喪，質喪則文敝，要當永久以剛正之德固守則吉。」文過而事非所以質喪，質喪而文將何存，不得不壞。要保其質永久存有剛正的道德，必須做到「文明以質」與「文明以止」。

【原文】六四，賁如，皤如，白馬翰如。匪寇，婚芫媾。象曰：六四當位，疑也。匪寇婚媾，終無憂也。

【譯文】六四，把這裡裝飾得一片白的樣子，連馬匹都是白色，有匪寇在這裡結婚。《象傳》說：「六四的位置適當，是心中產生了疑惑，和匪寇結婚始終是沒有怨恨的。

【釋文】皤，自。皤如，一片白的樣子。翰如，白馬的樣子。「鄭康成曰：翰，白也。」「陸績曰：震，馬也。」尤，怨恨。

「劉沅曰：變巽為白，互震為舉足，為的顙，白馬之象，翰，馬白色。互坎，寇象，初與四正應，婚姻象。來

輔以質，相須而非相敵，共成其賁。元四已入艮體，文明將止，賁道將變矣。故雖從事文飾，而心懷疑懼。賁如皤如，相持於文質之間而未有決也。文勝質而將變，當其位者不得不疑。」萬物相感以質為主，物之文是感應的結晶。到了《艮》卦，終始之交點，物以成形，形感以止，文飾的定性，文過其實，其質將變，「疑」字就體現在這裡。

【原文】六五，賁於丘園，束帛。吝，終吉。象曰：六五之吉，有喜也。

【譯文】六五，把丘園中裝飾起來，並擺有一小捆一小捆綢緞。雖有吝嗇，終究是吉祥的。《象傳》說：「六五之吉」有喜事。

【釋文】束，捆。帛，綢緞。縑，指一小捆一小捆綢緞。

君主把丘園裝飾起來，並送有綢緞，雖然由於綢緞很少感到吝嗇，但終究是吉祥的。說明君主求賢下士，為國家任用賢才。丘園，隱士居住的地方，這裡指上九。

「李士鉁曰：上不在位，如賢人之在野，故以束帛聘於丘園，詩所稱素絲組之，是其象也。賢者邦家之光，聘賢者禮文之類。六五履中蹈和之君，文而有質，虛衷求賢，丘園生色雖禮儀儉嗇，而誠意以求，不以虛文相炫，故吝而終吉。賢者固可以誠求，而不可以貨取也。」這段說明即寫出了君主的誠心，又寫出了賢者不可虛求的道理。

「姚配中曰：觀乎人文的化成天下。賢人者，國之

光，化之本也。」這句話說出了化成天下的根本。一個國度，文明能達到什麼樣的標準，全在於國家能不能任用賢能人士的政策上。賢能人士是國家的光榮。能不能受到國家的重用，說明了一個國家的文明程度。

【原文】上九，白賁，無咎。象曰：白賁無咎，上得志也。

【譯文】上九，白色的裝飾，沒有錯。《象傳》說：「白賁無咎」是上九得志。

【釋文】白是素色。

「劉牧曰：繪事後素，居上而能正五彩也。」繪畫完成以後，最後塗上白色，能端正畫面上的各種顏色。

「程傳云：得志者，在上文柔，成賁之功。」《賁》卦之終達到了心願，是志向得到了心願，是志向得到了發揚。說明文飾，「小利有攸往」。

「劉沅曰：上，艮之終，止之極也。盡去其華，歸於無色，故白也。白非賁也，賁極而反於白，以白為賁，正所以善其賁。無咎者，返本復始，救敗之道也。救敝扶衰，得行其志質與文相資而成賁，柔來而文剛，以剛過則純乎質，故坤之一陰入於乾中而為離以文其剛。分剛上而文柔，以柔過則弊於文，故乾之一陽上居坤末而為艮以止其文。文質中而賁乃善也，天交人文，皆自然當然之理，聖人品節之以適於中，則無質非文，無文非質，益法天地自然之交，故雜卦以為無色也。邱富國謂，陰陽有應者以應而相賁，無應者以此而相賁，亦深得本卦六爻取象之意。」上九是來自《乾》卦，「分剛上而文柔」，陽來文

飾《坤》卦之陰，而成《艮》卦。這本是陰陽相互感應的道理，用文飾的說法進行說明，闡述了萬物相互感應的道理。「無質非文，無文非法」說明陰陽造化之功。所以「天文人文，皆自然當然之理。」

「彪謹案：賁之為卦，由坤陰入乎乾中，乾陽易居坤上而成。乾剛主質，陰柔入其中而濟以文；坤柔主文，陽剛居其上而濟以質。文質彬彬，交相為用，而無文勝質勝之弊，此賁飾所以亨也。夫太素居始，繪事後素，有質而後有文，此所謂無本不立者也。然文明日啟，又須返璞還純，有文尤必衷諸質璞，此衣錦尚絅所以惡其文之著也。惟著其質不著其父，然後文乃常存而不敝，故曰文明以止，人文也。文明而能知止，不至喪其本質，乃可成其為賁。止仁、止敬、止孝、止慈、止信，止之為義大矣哉，此所以能化成天下也。」這段文字，論述了要化成天下，必須「文明而能知止」先有質後有文「有質而後有文」是說明萬物由質而成形，質越堅而形越著的過程。是天文自然造化之功。文人與天文並不是一回事，人文的「無本不立」必須做到「返璞還純」，「此衣錦尚絅」說明穿著必須適合身份。一個普通農民穿一身華麗貴重的衣服，是「所以惡其文之著也」深知「文明以止」便可「化成天下」。

## 剝卦第二十三

剝，不利有攸往。

《剝》卦，不利一切所有的行動。

《剝》卦是一陽在上，五陰在下，由於卦氣上行，是

五陰剝一陽之象。

「劉沅曰：人事日繁，則本質日漓，故亨盡而剝。陰盡陽消，小人害君子之象。」陽是君子在卦上將消，陰是小人在卦中佔五個爻位。二、五兩爻是卦的中心，全被陰爻佔之。說明天地一片黑暗，小人橫行。卦中無「元」、「貞」二字，說明天心不正，邪氣沖天。

「李士鉁曰：剝，陰長陽消，君子退避靜處，不與小人爭，自不為小人害，所以存善類養元氣，以俟一陽之來復。」在小人橫行的年代裡，不可與小人爭勝，正義不可伸張，正義之人只有躲藏起來，才是最好的辦法。等待時機「俟一陽之來復」是指《復》卦。《復》卦是一陽在下初生，五陰在上漸消，人的良心發現，看到了黎明前的曙光。

在《立春占年考》中，1921 年、1925 年得《剝》卦。這段歷史時期正是陰長陽消，小人橫行的時期，電視劇《星火》、《闖關東》正是反映這段歷史的真實寫照。

【原文】彖曰：剝，剝也，柔變剛也。不利有攸所，小人長也。順而止之，觀象也。君子尚消息盈虛，天行也。

【譯文】《彖辭》說：《剝》卦，是剝掉一陽的意思。陰柔變成陽剛了。是小人氣勢上長，要順從小人的氣勢採取有效的方式方法進行制止，主要的是要看小人所表現出來的一些具體現象（採取措施）。君子都知道一年當中四個季節的氣候變化，這是天體運行的規律。

【釋文】夏至到，陽氣開始上升，陽氣漸漸消失，由

於夏至以後，白晝的時間一天比一天短，日短照，陽氣減少，夜漸長，陰氣增加漸長。到九月以後是陰氣逐步強盛時期。「柔變剛」是指陰氣開始剛建，結冰期馬上會到來了，這期間，無論幹什麼都不會有利，因為天氣越來越冷了，如果順從天氣，穿上厚衣服、棉衣服，可以避免寒冷，這就叫「順而止之」這是從氣候變化上進行理解。

從人類社會的的變化來說，由於萬物相互感應而產生作用。小人當道，邪惡勢力上升，佔據了統治地位，好人就要遭受傷害。這樣自然現象，稱之「小人長也」。卦象五陰在下，一陽在上，五陰剝一陽，即小人害君子。朱俊聲說：「剝，霜降之卦也。剛柔者，晝夜之象。柔變剛者，變日永為宵永也。消，謂自秋分到春分，日行每日過於一度，於太陽為疾，於晝為消也。息，謂春分到秋分，日行每日不及一度，於太陽為遲，於晝為息也。盈，謂二十四恆氣，每日盈一百四十三分五三四七七五也。虛，謂日月含朔，每日虛一百五十八分九五六一七一也。君子一身動靜行藏則而象之，合於天行也。凡易言天行。皆指太陽天言，不指恆星天言。」這是對天文學精確論述。天體的運行形成了一定地規律，人們掌握了這個規律以為民用，《易經》就是探討大自然的變化規律，為人類創造幸福。人類社會的變化是隨天體的變化而變化的。到了小人橫行的時期，是「天行也」。

【原文】象曰：山附於地，剝；上的厚下安宅。

【譯文】《象傳》說：山附在地面上是剝卦；上面一陽厚待下面五陰，一陽的根基才會牢固。

【釋文】陽能厚待陰，就是陽順從了陰，也就是說君子順從了小人。

「山附於地」是高山附著在地面上，只有下面的地基牢固，才能保住山的高度。地基塌陷。山則崩潰。

上面一是是光明，是君子，是國家；下面五陰是黑暗，是小人，是人民。國家是由人民所組成，只有國家厚待人民，國家才能長久不衰，長治久安。李世民說皇帝是船，老百姓是水，水能乘船，也能翻船，這是《易經》的道理。

「劉牧曰：山以地為基，厚其地則山保其高。君以民為本，厚其下則君安於上。」《易》理就是天理，天理就是民心。人民期盼君主厚待百姓，只有聖人才能作出這樣的結論。

「司馬光曰：基薄則牆頹，下薄則上危，故君子厚其下者，所以自安其居也。」說《易經》是自然科學，其道理來自於自然規律。說《易經》是社會科學，其道理附合社會實際。學《易經》並非宣揚迷信，說《易經》是迷信，而是不懂《易經》。

【原文】初六，剝床以足，蔑，貞凶。象曰：剝床以足，以滅下也。

【譯文】初六，剝到床的腿了，滅掉它對堅持正義有凶。《象傳》說：「剝床以足」是滅掉下面。

【釋文】蔑，滅掉。《剝》卦初六在下，是床腿。床腿正，床身穩。床腿被滅掉，整個床全壞了。

「蘭延瑞曰：一陽在上，五陰載之，床象（劉沆曰：

一陽覆五陰、有宅象、廬象、床象。李士鉁曰：全卦上實下虛，床象，爻多取之）。

「虞氏曰：蔑，滅也，床所以安人，在下故稱足，先從下剝，漸及於上。」這是在說明卦氣運動規律，由下及上。

「任啟運曰：國之有民，猶床之有足也，而剝民以自奉者不知。」床無足而不立。國無民而不國。國家剝削人民，讓人民奉養國家，受奉者並不知道是人民在養活他們。這是對受奉者的抨擊，封建王朝的受奉者三拜九叩，花天酒地，腳下踩著的則是人民。

「劉沅曰：蔑，滅也。貞，正也。陰三剝陽，自下而上。初六剝之始，小人害正，以漸而起，必滅其貞。上以下為其。床以安身。剝床以足，剝下而上亦傾矣，以滅下也。嘆其剝之術毒，所以蔑貞而凶也。」正義，為天下人所公認，小人害正，並非大張旗鼓，而是從小事開始，一點一點浸透，所以手段毒辣。

「李士鉁曰：床恃足以安，國恃民以立，足壞則床將傾矣，民高則國將亡矣。蔑猶失也。陰從陽為正，而消陽，是失陰之正道理也。」《易經》的道理，陽正陰順，陰只能順從陽，而《剝》卦，一反常規，陰來消陽，是取「剝」之為義。陰陽相感，同時有陰陽反感之說（見《萬物感應論》）。陰消陽，是陰「失陰之正道」可以明證小人害君子。如果小人不害君子，社會就不會出現紛爭，便違背了維物辯證之法。

「馬其昶曰：陰爻言剝，皆成卦之象也。溯卦所由剝

之象，以明爻所當變之義。初變剛為滅；貞凶，則今當化陽可知，而不言者，非剝初六所能也。」《剝》卦只有陰爻說成是剝，申明陰爻當變，以說明《象》之「柔變剛」之義。陰要變得剛強，才能消陽。陰不剛強難以消陽，這是天地自然之理。

【原文】六二，剝床以辨，蔑，貞凶。象曰：剝床以辨，未有與也。

【譯文】六二，剝版以剝到床面了，滅掉床面，堅持正義有凶。《象傳》說：「剝版以辨」是由於沒有和陽交往。

【釋文】辨，是床面。與，交往，給與。六二陰得陰位，六二與六五正應，由於兩陰相遇，不相感應。所以，「未有與也」。正如邱富國所說：「陰陽相應為有與。咸六爻皆應，曰咸應以相與；艮六爻皆不應，曰敵應不相與。」說明萬物兩相感應的道理。

「卞斌曰：辨讀為牑。說文，牑，牀木版也（馬其昶曰：辨有片音，與楄、牑、蹁皆通用）。

「劉沅曰：辨，床之面，即平也，古平辨字通用，尚書平章平秩，史記作便，索隱曰今文尚書作辨。六二陰極盛而上凌，居下卦正位，故為剝床面象。剝足猶陰害之，剝辨則明攻之矣。蔑貞凶，初言其勢，此則實有其事也。陰陽比應則為有與，二前後左右皆陰邪，而無有陽爻相輔救。以君子之勢不可孤也。」六二深入陰中，是下卦的中心，其上下左右全是陰爻，陰在它的帶領下，有不可阻擋之勢。六二、六五上下呼應，小人之心遍及天下，所以明目張膽。說明《剝》卦是萬物相互感應產生的結果。床面

是全面。天下成了這個樣子，君子不得不孤，正義不得不凶。

【原文】六三，剝，無咎。象曰：剝之無咎，失上下也。

【譯文】六三，剝到六三沒有過錯。《象傳》說：「剝之無咎」是失去了上面兩個陰爻和下面的兩個陰爻。

【釋文】「荀爽曰：眾皆剝陽，三獨應上，是以無咎。」《剝》卦六三與上九是陰陽正應。只有陰陽正應，萬物才能相感，是在闡述萬物感應的科學道理。只有這種感應，才不會錯。說明小人之中也有正義的存在。只是正義不敢聲張而已。正如劉沅所說「是處剝之時能去其黨以從陽，異乎上下之陰矣。」

「彪謹案：三居坤順之極，而上應艮止之終。是外雖與小人為伍，而內實與君子為援，以失上下之陰類為得者也，故雖剝而無咎。」

六三有如大革命時期共產黨人的地下工作者，明者與敵人合作，共生共處，實則為正義而鬥爭。時處黑暗社會，這種做法是不會錯的。

【原文】六四，剝床以膚，凶。象曰：剝床以膚，切近災也。

【譯文】六四，剝床已经剝到人的皮膚上了，有凶。《象傳》說：「剝床以膚」是災難降臨到人的身上了。

【釋文】「王肅曰：坤象床，艮象人，床剝盡以及人身，害莫甚焉。」四以走出下卦到了上卦之初，是剝盡床面觸及到了人的皮膚。

「劉沅曰：四居上體，乃床上人。剝近下之膚，為害深而益近。」「城門失火，殃及池魚」說明「切近災也」。

「李士鉁曰：艮為膚，陰這消陽，已盡下卦而至上卦，已盡而及於膚之象。四為近臣之位，腹心之任，拼此而剝，天下事尚可問乎？」

「馬其昶曰：六四切近君位，所謂貴戚之親，與國同休戚者，剝之是自剝其身也。」

【原文】六五，貫魚以宮人寵，無不利。象曰：以宮人寵，終無尤也。

【譯文】六五，五個陰爻，從下到上，像一串繩貫穿起來的魚，受到宮中的愛戴。沒有不得利的。《象傳》說：「以宮人寵」終究是沒有怨恨的。

【釋文】魚是冷血動物，為陰。象五個陰爻。六五，是皇后。四陰爻在她手下為她做事，所以受到了宮中的寵愛。說明小人會阿諛奉承，拍馬屁，所以能受到寵愛。六五，是在說明小人得勢的原因。小人橫行，得盡天下之利，所以「無不利」。能得到這樣優厚的利益，當是沒有怨恨了。

「何妥曰：五陰相次似貫魚，魚陰物。後夫人嬪妾，貴賤有章，寵御有序，六五眾陰之至，能有貫魚之次弟，故無不利。」原配為夫人，後配為嬪妾，三宮六院，東西有序，這是封建王朝的規矩。

【原文】上九，碩果不食，君子得輿，小人剝廬。象曰：君子得輿，民所載也。小人剝廬，終不可用也。

【譯文】上九，一個很大的水果誰也不吃，君子便得

到了車。小人便把房子拆掉了。《象傳》說：「君子得輿」車上裝著的是天下的人民。「小人剝廬」是把小人的房子扒掉，永遠不去採用。

【釋文】以下陰來到上陽，產生了天翻地覆的變化。群陰培育出來的果子，再大。誰也不去食用，因為是個苦果。不吃這樣的果子君子得到的便是車，車是交通工具，它能把人們載上美好的明天。「民所載也」車上裝的是人民，人民是裝車的主人，說明在君子的心目中裝著的是天下人民。君子是車，人民把希望寄託在車的上面。充滿辯證法的爻詞，說出了天理的所在，萬古不竭。

說《剝》卦上九是個苦果，是由於出於小人之手所造。歪心難結正果，不吃這樣的果子說明人心向善。上九是光明，光明不食暗果。食暗果會中毒，說明棄暗投明，人心所向。

小人剝掉的只是座房子，房子剝掉了，卻失去安身之所，這是在自作自受，不光君子要住房子，小人同樣是要住房子的。說明小人在造孽。劉沅說：「自古小人害正於無事之日，而欲求於有事之時。究之國亡家破，小人必不能獨全，聖人戒而嘆之。」

「王宗傳曰：一陽居眾陰之上，果之碩大者也。不食者，生育之萌，正寄諸此。墜地而生，復之初九，即剝之上九也。一陽居上，有眾民共載之象。剝道既終，九復見剝，則小人無可庇其軀矣。」《剝》卦上九之果「墜地而生，復之初九」是闡述《乾》元之「〇」環運動。地球繞太陽運轉，月亮繞地球運轉，以及其他行星的運轉規律，

都是「○」環運動。《易經》六十四卦同樣如此。在《序卦傳》中，「剝上反下」指《剝》上九再向前過轉，返回到《復》卦初爻。即「○」環運動。這是古人太陽繞地球運轉的哲理。

## 復卦第二十四

復，亨。出入無疾，朋來無咎。反覆其道，七日來復。利有攸往。

《復》卦亨通。無論是出，還是入，不會有病，朋友要來不會有錯。陽氣往復循環，到七日從新來復。對一切行動有利。

「七日來復」是用卦的爻位計算得出來的，卦有六爻，數到「七」重新又返回到初爻。說明《乾》元之氣的運動規律是「○」環運動。

《復》卦是十一月之卦，陰盛陽衰。小人得勢。《復》卦陽氣復生，萬事亨通，對各種行動有利。大地即將回春，是黎明前的曙光。

「劉沅曰：復，陽復生於下也，自五月一陰生，至於十月為純坤之卦。陰陽本相循環，陰極而陽復生，十一月之卦也。序卦，物不可終盡剝窮上反下，故受之以復。天地氣化以陽為主，出而長養，入而歸藏，動靜無端，陰陽無始者，一元之理氣周流主宰而不息也。聖人難以顯言，即此卦示其機，言陽出而施生，今復入而含於坤土，一出一入，無有疾害之者。今既一陽來復，五陰眾為之輔，朋來無咎。此二句正言其所以亨也。道，天地之理，人所共

由，如道路然。人之始生得天地之理氣，既生以後，物慾攏之，離變為日，陽爻至於坤陰，心神內含雜職，性不全矣。法天地之理，而運化其陰陽以合於道，七日來復，陽盛陰衰，則人道亦天道也。復之一言，特就其機明之。豈真陽有剝時至此而始復哉！陰陽之數各極於六，自姤至復凡七日，主陽而言故曰日，豳詩，一之日，二之日，古人多呼月為日。」

【原文】象曰：復，亨，剛反。動而以順行，是以出入無疾，朋來無咎。反覆其道，七日來復，天行也。利有攸往，剛長也。復，見其天地之心乎？

【譯文】《彖辭》說：《復》卦亨通，陽氣回返，其運動是順著天體的運動規律進行的。所以說無論是出門還是入戶不會有疾病，有朋友來也不會有錯。元氣的運動規律就是往復循環，七日一個返復，這是天體運行的規律，利於一切行動，是出於陽氣上長的原因，透過復卦可以看到天地的心嗎？

【釋文】《彖辭》對卦詞的解釋，說明了天體運行的規律。從而可見天地之心。陽氣上長，利於一切行動，目的是為了一個生字。歐陽修說：「天地之心見乎動。一陽初動於下，天地生育萬物乾本於此，故曰天地之心，天地以生物為心也。」

「本義云：積陰之下，一陽復生，天地生物之心，至此乃復可見。在人則為靜極而動，惡極而善，本心幾息而復見之端也。」全卦一片陰爻，一陽在下復生，是天地有生物之心。到這裡才可以看到。人在靜極實在無奈的情況

下要有所行動，罪惡達到了極點從而產生了善心，其心臟的跳動幾乎停止可以在這裡看見。《復》卦的黑暗筆端可見。是罪惡已經達到極限。

「吳汝綸曰：復卦之旨，太玄擬之為周，其辭曰，陽氣周神而反乎始。故曰出入，曰反復，皆週而反始之說也。」這是對元氣「○」環運動的說明，在《彖辭》中說成「出入」。

「馬其昶曰：見者，心光之發露也。人之心，天地之心，一而已矣。無疾無咎者，不戕賊基本心也。孟子曰，無為其所不為，無慾其所不欲。是之為順行，是之為擴充。徐偉長所謂舉之甚輕，行之甚邇者也。六爻皆發明無疾無咎之旨。」馬其昶對「順行」的解釋，引用了孟子「無為其所不為，無慾其所不欲」的哲學思想。「順行」指順從規律而行，有為有欲難以順行。

「附解云：伏羲復卦取象，多主天道，文王引之於人事；孔子兼言之曰，復其見天地之心乎，合人與天而一之矣。陰陽之氣本無終始，物之得天不備者則有終始，而天地一元之理固未嘗息也。復卦一陽含於地中，是動極而靜之時，靜極而動之機。子曰動而以順行，明乎陽之為用，動而無動，所以常主靜也。本無有動故變無疾咎。第就氣機之端倪言，則姑言出入；就卦象言，則姑言朋來耳。反復者天行之常，來復者本卦之象，於來見天地之心，而天心正未始離於反復中也。特自人觀天，則以是察之天道在人亦猶是也。乾孕於坤中為性，坤藏於乾中為命，後天性情顛倒，人心所以惟危也。養其純陽之氣以全天地之理，

乾坤各得其所而天地位。靜中有動動中有靜，靜而無靜動而無動，一天心之渾全，一天行之自然。七日來復不在天而在人。邵子云，冬至子之半，天心無改移。一陽初動處，萬物未生時。體察天心，的的是為端，而養先天浩然之氣。反覆其道，即所謂七日來復，此二句明利有攸往之義。夫子申之曰天行也，剛長也，謂法天行而養氣。陽統乎陰，性主乎命，天地之性在我，故無往不宜。「附解對《復》卦的動靜往復闡述得十分詳盡。陽主動，陰主靜。《復》卦是靜極而動《姤》卦是動極而靜。動靜為陰陽之性。靜者不想上進，所以壞的開始就存於靜中，萬物腐敗於靜。《復》卦的腐敗已達到極限「本心幾息而復見之端也。」《復》陽初動是動在心臟幾乎停止的情況之下，從而可見其難。孫中山發動的「辛亥革命」正是這種情況。民主革命沒有成功就體現在「冬至子之半，天心無改移，一陽初動處，萬物未生時」。

【原文】象曰：雷在地中，復；先王以至日閉關，商旅不行，後不省方。

【譯文】《象傳》說：雷在地中轟鳴是《復》卦；先王到這時要緊閉關口的大門，行人和商旅不准通行。從此以後，不去考慮各方面的事情。

【釋文】雷沒有響在天上，而是藏在地中，時至冬至之時，「先王閉關」是說天寒地凍，「商旅不行」是說陽氣不通。天地一片寧靜，所以不去考慮各種事情。說明《復》所處的時間背景。

「張洪之曰：一陽體成，在天為元氣復反，在人為良

心復見。邵子云，冬至子之半，天心無改移，一陽初動處，萬物未生時。故多復。閉關云者，閉其內使不出，防其外使不入。理欲關頭，不可不慎如此。人以天地之心為心，一念乍動，其機勃然，察而充之，足以王矣。此心在復，在清夜平旦，而牿亡於白晝。學者涵養於不視不聞之時，省察於隱微獨知之處，內外交修，養其機而達其理，乃能見天地之心。坤為方，姤象曰后以施命告四方，今隱於復下故后不省方。」張洪之的闡述哲理分明，處《復》卦之時，其惡已達到極點，是「閉關」之時，「內不使出」，「外不使入」。人類社會處在這種情況，是上天無路，入地無門。所以「一念乍動其機勃然」，這種心情，「涵養於不視不聞之時」，「省察於隱微獨知之處」。才能做到「養其機而達其禮」。這就是人心迎合了天地之心。孫中山看到了天下勞苦大眾的苦難，才喊出了三民主義的主張。所以辛亥革命取得了勝利。

【原文】初九，不遠復，無祗悔，元吉。象曰：不遠之復，以修身也。

【譯文】不到遠處去復，不會有更多地悔恨。開始吉祥。《象傳》說：「不遠之復」用這種做法來修身。

【釋文】不到遠處去復，只復在心靈深處。「一念乍動」是動在心上。所以，從此開始修身。此時之修身，是為將來之行動打下良好地基礎。所以，這樣做開始吉祥。

「馬其昶曰：不遠復，誠意也。有不善未嘗不知，知之未嘗復行，則意誠而心正矣。」《復》卦之時，其不善天地共知，要不復行，必有誠意，誠意就是心正，《復》

初之一陽，就是心正。

「馬其昶曰：人心有所忿懥、恐懼、好樂憂患則不得其正，故又曰無祗悔元吉。凡人有失乃有悔，能悔乃能復，若復而又失，則必又悔，是自多其悔矣。釋文祗音支，九家作多，古多祗二字通用，左傳多見疏也，服虔本作祗，彖曰出入無疾，爻曰無祗悔，皆謂初九之陽甫復，不可又變而失正也。傳曰欲修身者，先正其心。」「無祗悔元吉」說明正義之心不會改變。決不會出現更多地悔恨。表明誓死不變的決心。是修身的重要因素。沒有決心，難以修身。

【原文】六二，休復，吉。象曰：休復之吉，以下仁也。

【譯文】六二，歇息而復，吉。《象傳》說：「休復之吉」是能做到向下面的初九施捨仁慈。

【釋文】「王弼曰：得位處中，最此於初，親仁善鄰，復之休也。」初爻陽動，到二而靜是歇息之象。歇息在六二存有仁慈，善美之心，所以吉也。六二與六五不相感應，而六二離初最近，向初爻施捨仁慈，是在散發感應。「沈起元曰：仁者人心也，仁在於內，即心存於身，廣胖之美，為休為吉。」「仁」就是人心，人心存於身體之內，所以二爻在中而言仁。

「李士鉁曰：休，息也。一息而即復也。初之復於隱微，二則復之於顯著。」初爻「不遠復」是心動，動機隱藏在心裡。六二「休」是歇息，身之動，故顯著。

「馬其昶曰：六二虛中之德，休休有容，以涵養微

陽，其位居初上，而心則下之，是以吉。漢儒以相人偶為仁，即所謂凡仁必二也。」「凡仁必二」心中不光要有自己，還要想著他人。六二心中想著初九，這就是仁慈。

【原文】六三，頻復，厲無咎。象曰：頻復之厲，義無咎也。

【譯文】六三，頻繁地往復，真是厲害，沒有過錯。《象傳》說：「頻復之厲」從道義上說是沒有錯的。

【釋文】「劉沅曰：頻，數也。三居震動之極，上接靜坤，旋動旋靜，復而又復之象。人心唯危，故厲；旋失而能旋復，故無咎。」六三不中不正，「厲」指震動的厲害，處在這種位置上「頻復」的動向是沒有錯的。

【原文】六四，中行獨復。象曰：中行獨復，以從道也。

【譯文】六四，在五個陰爻的中間行走獨自而復。《象傳》說：「中行獨復」是由於順從初九的道德。

【釋文】六四處在五個陰爻的中間，在五個陰爻中，只有六四和初九兩相正應。這就是「中行獨復」。「以從道也」是順從初九，順從初九就是順從道德，初九有高尚地道德。

「本義云：與眾俱行，獨能從道。當此之時，陽氣甚微，未能有所為，然理所當然，吉凶非所論也。董子曰，正其誼不謀其利，明其道不計其動，於剝三及此爻見之。（彪謹案：剝與復為卦，陰陽倒翻，剝三獨能應上爻之陽，復四獨能應初爻爻之陽，皆於群陰中自行其道誼者，豈為功利所誘哉！）」初爻是為正義而鬥爭的革命者，六

四是在革命者的影響下，獨自行動在醜惡勢力中的革命極積分子。從外表上看，與醜惡勢力相同，而內心卻產生了獨自行動的志向。這種現象，是社會大變革中的一種必然現象，同樣是天體運行的運動規律。

【原文】六五，敦復，無悔。象曰：敦復無悔，中以自考也。

【譯文】六五，敦厚於復，沒有悔恨。《象傳》說：「敦復無悔」是得中道而自成道德。

【釋文】「孔穎達曰：處坤之中，敦厚於復。」坤德敦厚，六五有坤德。

「鄭康成曰：考，成也。」「考」是成，經過思考而形成。六五處小人之中，位尊而顯由於敦厚樸實，深受小人愛戴，所以，透過思考，形成即能保護小人又有正義感道德。

「馬其昶曰：復至五而成。復之初以自知，終的自成；初無祗悔，終則無悔。聖人盡性以盡人物之性，皆所以成已也。於本體外無所增加，還其固有而已。不言吉而言無悔，其義大矣。洪範九五福曰攸好德，初之不遠復也；曰考終命，五亡敦復無悔也。」

【原文】上六，迷復，凶，有災眚。用行師，終有大敗。以其國，君凶，至於十年不克征。象曰：迷復之凶，反君道也。

【譯文】上六，迷蒙之復而有凶，有災疾。用於軍事作戰上終究會有大敗，用在治理國家上，國君有凶。甚至十年不能出兵作戰。《象傳》說：「迷復之凶」是違反了

君主的道德。

【釋文】「左傳云：欲復其願，而棄其本，復歸無所，是謂迷復，（劉沅曰：迷復，迷而不知復。）能無兇乎？」

「項世安曰：陰盛之時，君道為小人所以，故曰以其國君凶。最遠初，故迷，迷則相仇。坤上龍戰之爻，有行師象，蓋與初哉也。」《復》卦之終，陰迷失道，連國君都被小人以左右，有不凶之理。其根源是反君道而行之。

「李士鉁曰；迷復者，迷其所當復也。陰極昏柔，故有大敗……十年，數之終，時之久也。復者善念，善念迷則轉而為惡。復者生氣，生氣窮則變為殺，殺心盛則生機隱，人欲肆則天理亡。老子曰：樂殺人者不可得志於天下，貪動而強戰，天人之所惡也，故大敗而凶。至於十年不能征，天道之窮也。」

## 無妄卦第二十五

無妄，元，亨，利，貞。其匪正有眚，不利有攸往。

《無妄》卦，沒有不合理的事情，元氣亨通，對正義有利。對其不正的事情有災。不利於一切行動。妄，不合道理。眚，災。

無妄，不要有任何願望，無妄是最誠實的沒有任何不合理的地方，更不能抱有任何幻想和私慾。

「陵德明曰：馬、鄭、王肅皆云妄猶望，謂無所希望也。（李士鉁曰：妄，虛妄也。惟無虛妄做無希望，有所希望則妄矣。）」「無希望」即不可抱有任何希望。

「程傳云：無妄者，至誠也。至誠者，天之道也。」

天道至誠，沒有一絲虛妄。所以，對天道不可抱有任何希望。

「語類云；無妄本是無望，不期而有，朱英所謂無望之福是也。」不用盼望而就會有，這不是無望之福嗎？

「吳汝綸曰：史記言世有無望之福，又有無望之禍。無妄猶言不意也。谷永疏遭無妄之卦運，蔡邕亦云無妄之運，皆用古說。」《無妄》卦指意想不到的事情，無論是福是禍，只是出於沒有預料到。

「劉沅曰：中庸言至誠，孟子言大人不失赤子心，皆無妄之義。而不可以知覺運動之心，為先天無妄之性耳。無妄者誠實而無虛妄，動於理則天，動於人則欲。卦上乾為天性，下震得乾初爻，動合天理。序卦，復則不妄矣，故受之以無妄。復於天理故無妄，是卦之正義。其字指無妄，無妄而動不合正則不利。無妄者誠之理。非但以實心行事而不合理也。」由於「無妄者誠實而無虛妄」，所以「無妄而動不合正則不利」，只要有行動，必須符合正義，不合正義的事情，無論抱什麼樣的幻想，一定要遭報應。這就是在書寫天理人心，明《易經》之道。

「李士鉁曰：天下雷行，陽氣普偏，萬物自然而生，無所用其希望，故無妄。萬物之生根於至實之理，毫無虛妄，故無妄。上乾下震，其基動以天，無妄之道也。誠者物之終始，不誠無物，此造物自然之理。卦承復，復，盡性之道；無妄，致命之道。」《無妄》卦闡述誠實是「致命之道」，萬物《復》於天地之心是盡性之道。天地性命歸一而為一「正」字。所以「利貞，其匪正有眚」。

【原文】象曰：無妄，剛自外來而為主於內，動而健，剛中而應。大亨以正，天之命也。其匪正有眚，不利有攸往。無妄之往，何之矣？天命不祐，行矣哉！

【譯文】《彖辭》說：「《無妄》卦，《乾》剛在外卦而能來到內卦成下卦之主，是一爻善於運動而又強健，九五一陽得中能和六二兩相感應，卦氣大大地亨通而能行得正，這就是天命。對不正的行為有災，不利於行動。《無妄》卦詞說「不利有攸往」會達到何等程度呢？天命不會保祐，（你）行動了嗎！

【釋文】「王宗傳曰：初九之剛，乾索於坤而為震，而無妄之外卦又乾也，故曰剛自外來，在無妄則內體，故曰為主於內。」這是對下卦《震》中一陽的論述。「剛自外來」是說剛自外卦《乾》中而來。《震》卦初九在內卦，所以說「為主於內」。

「郭忠孝曰：天下雷行，其動以時。春分而出，萬物隨之而出。秋分而入，萬物從之而入。莫之令而常自然，故曰乾道變化，各正性命。其或感之有正有不正，養之或得或失，所以為夭壽，為災眚，是為匪正有眚之理。」萬物隨自然變化而變化，人的一切行動也同樣要符合天理，順理而正則吉，逆理而邪則凶，正與不正，相對而言。符合客觀規律者為正，違背客觀實際為不正，正則誠實，不正則虛妄，災也。

「劉沅曰：為主，為震動之主。剛中，九五應，同以健動應也。動而能健，不失乾性之本然。九五以剛中應之，天道健行，所以流行於萬物。亨以正也，若違天理之

正，徒特無妄欲德何之？天命既不祐矣，尚能行矣哉，詠歎深戒之也。」《震》動而行正，是天命，人行正，同樣是天命，違天命也。災生在於不正，「天命既不祐矣」。

「李士鉁曰：震為行，而遇艮之止，故不利有攸往。且無妄者自然之謂，無妄而有往，是當無所希望之時，而有希望之心。人欲起而不安天命，非天之所祐也，故不利有攸往。無妄一卦，闡明天命。無亨利貞，君之所以受命；匪正有眚，所以安命；不利有攸往，所以俟命。不知命無以為君子，易固明示之矣。」人要知命，就是要知道應幹什麼，不應幹什麼，「不以善小而不為，不以惡小而為之」。

【原文】象曰：天下雷行，物與無妄；先王以茂對時育萬物。

【譯文】《象傳》說：天下有雷在行動，萬物得以生長，雷聲賦予萬物的是無限忠誠，沒有一點不符合道理的東西；先王象天時培育茂盛（植物）那樣來養育天下萬物。

【釋文】「劉沅曰：天純陽，雷載陽氣以行，萬物各得其氣以生。一誠之所發越，物物而與以無妄之理，所謂天之命也。先王，聖人之得天德而履帝位者；對，與天為兩也。德盛而時行，配天之時，如天育萬物，禮樂教化皆在其中矣。」

《復》卦闡述天地之心，《無妄》發出的雷聲，同樣是在抒發天地之心。天地之仁慈，雷聲之誠實都在說明天命。天命塑造人命，人命順從天命，是大自然的規律。不

是祐不祐的問題。「天下雷行」，天命所然，「物與無妄」人命之性。人性本天定，「先王以茂對時」是說明國家養育人民，人民必須要順從國法，「反君道」者必凶。深悟《無妄》之義，明正與不正之理。

【原文】初九，無妄，往吉。象曰：無妄之往，得志也。

【譯文】初九，沒有不合道理的。去則吉。《象傳》說：「無妄之往」其志向得到了實現。

【釋文】「劉沅曰：震動以發育為心，誠一之性，任天而動，可以貫萬事。初以誠一而往，故無不得志。」初九是陽，乾陽是天。「任天而動」聲震環宇，志向沖天大得志也。

「馬其昶曰：初陽元也，得位無應，無所希望。匪正者不利有攸往。初得正，何往不吉？孟子曰：天下有道，小德役大德，小賢役大賢，故曰得志。」

【原文】六二，不耕穫，不淄畬，則利有攸往。象曰：不耕獲，未富也。

【譯文】六二，不種地也不求收穫，不到田裡去除草，也不到田裡去燒掉長出的野草，則有利於一切行動。《象傳》說：「不耕獲」是不富裕。

【釋文】淄，除草。畬，焚燒田裡的草。

「潘相曰：六二中正，順天命之當然，而無一毫功利之念，不為耕獲之業，不為淄畬之謀，從吾所好，而不求乎富也。」

【原文】六三，無妄之災，或繫之牛，行人之得，邑

人之災。象曰：行人得牛，邑人災也。

【譯文】六三，無妄的災，也許是一頭栓著的牛，城外的行人得到一頭牛，城內邑人卻是災。《象傳》說：「行人得牛」是邑人災禍。

【釋文】六三在內卦是城內，九四是外卦是城外，城內的牛跑到城外，被城外行人得到，這是城內人的災。九四之陽光明而正所以得牛，六三黑暗不正，所以丟牛。說明「其匪正有災」的道理。

「胡炳文曰：二得位，有無妄之福，時也三失位，有無妄之災，亦時也。雜卦傳，無妄災也，此這謂也。」「得位」為正，「失位」為不正。時間一到必定有災。

「李士鉁曰：邑人指三，行人指四。坤為邑，乾為行。六三陰虛為失，九四陽實為得。據而有之，牽牛以去，行人不期得而得，邑人不期失而失，所謂無妄之災，三之命也。然三惟不中正，故致不正之感。雖曰天命，亦人事也。」人命有得有失，失在陰陽相感不正之時，是天命所致，並非人所能為。所以「雖曰天命，亦人事也。」

【原文】九四，可貞，無咎。象曰：可貞無咎，固有之也。

【譯文】九四，可以貞正不會有錯。《象傳》說：「可貞無咎」是原本據有的道理。

【釋文】九四陽得陰位，不為得正，說成「可貞無咎」。在不正的情況下還可以正，說明人的因素第一。雖所處的位置不正，而陽的本身就是貞正。不會去做錯事。

「劉沅曰：四則不中正，然可貞者，以無妄者天之

性。九四乾之初爻，於人為天性之初固有之理，故可貞而得無咎。」「固有」之理是指陽之本身固有之，並非為「天性之初」。

【原文】九五，無妄之疾，勿藥有喜。象曰：無妄之藥，不可試也。

【譯文】九五，無妄之疾病，不用藥物治療，反而有喜。《象傳》說：「無妄之藥」是不可以試探的。

【釋文】《無妄》卦是沒有不合理的，即使有病也是一種合理現象，不可用藥物治療。《無妄》卦是不要有任何希望，更不能抱有任何幻想和慾望。有病自然不可以用藥物治療。九五透過對病和藥的論述，闡述天命。在天為道，在人為命。天道支配人命，這本是萬物互相感應產生的結果。

《彖》曰：「大亨以正」說明只要正，事事亨通。這是天道，能順天道，能正其命，做到這一點，有病不用吃藥。

《象傳》說「無妄之藥」，《無妄》本身就是藥，這個藥，不可以去試探任何病症。

「馬其昶曰：無妄之藥，謂非所期望之藥與疾不相當者。漢志云，假藥味這滋，以通閉解結，及失其宜者，以熱益熱，以寒益寒。故諺曰有病不治，常得中醫。此無妄之藥不可試之說也。」

「張英曰：天下有不期然之福，亦有不期然之禍，君子知此二者，故一切聽之自然。」這段文字說明無所希望之理，《無妄》之時，一切聽其自然，是順從事物變化發

展之自然。

【原文】上九，無妄，行有眚，無攸利。象曰：無妄
之行，窮之災也。

【譯文】上九，「無妄」行動有災，沒有利。《象傳》
說：「無妄之行」是行走到了終點遇到的災。

【釋文】上九不中不正行到卦的終點，不可以再動，
而陽主動，故有災。說明「其匪正有眚」。

## 大畜卦第二十六

大畜，利貞。不家食吉，利涉大川。

大養道德，對正義有利。不在家中吃飯吉，對過大江
大河有利。畜，養。

「劉沅曰：畜之大者有三義，天在山中，畜聚；艮止
乾，畜止；剛上尚賢，畜養也。序卦，有無妄然後可畜，
故受之以大畜。天實非山所能畜止也，特養其德以有為之
象。實而不虛，乃可積畜，故次無妄。」《無妄》卦是闡
述天道，天道沒有不合理的，不可以抱有任何幻想。為了
讓人道順應天道而論述大養道德。

「李士鉁曰：易之名卦，皆取實象。天在山中，疑無
此象，不知天之氣無所不在，山體中空，足以畜聚其氣
也。記云，天降時雨，山川出雲。地秉陰竅於山川，山中
之大，乃山所畜的興雲雨者也。如射石然，握愈固則力愈
厚。如激水然，遏愈急則勢愈遠也。不畜以巽畜乾，巽陰
卦，故曰小，臣畜君子之道也。大畜以艮畜乾，艮陽卦，
故曰大，君畜臣之道也。三至上互頤，有食象，互兌為

口，亦食象。二稱家頤象在外，故不家食。賢人不食於家，見養於朝，酒醴笙簧，食於天家，吉可知矣。」這是對《大畜》卦象的論述。天不可能存於山中，而是天之陽氣畜養於山體之中，說明君主畜養臣民的道理。

【原文】象曰：大畜，剛建篤實，輝光日新其德。剛上而尚賢，能止健，大正也。不家食吉，養賢也。利涉大川，應乎天也。

【譯文】《彖辭》說：《大畜》卦，下卦《乾》陽剛建，忠實，其光輝能使人日新其德。《艮》卦在剛健而又高尚賢明，能阻止下卦之剛健，是天下的大正。不在家中吃飯吉，是國家能善養天下賢能人士。對過江河有利，是說無論做什麼都有利，這是由於受到天的感應。

【釋文】大養道德，天下大正，天下從這時開始輝煌。1979 年《立春占年考》中得《大畜》，是起跑線。到八十年代是偉大的時代，九十年代開始步入昌盛時期，中國歷史的輝煌，就在這裡展現。所以說，《易經》是人類社會發展的里程碑。

「孔穎達曰：乾健上進，艮止在上，能畜止剛健，故曰大畜。乾剛健，艮篤實，故能輝躍光榮，日新其德。」陽為大，又是光明。《大畜》上下兩卦都是陽卦。上陽止下陽，陽氣不散，畜聚之義。國家養賢能之士，是攏聚輝煌。所以「日新其德」。

「禮記云：事君，大言人則望大利，小言人則望小利，故君子不以小言受大祿，不以大言受小祿。易曰不家食吉。鄭注，言君有大畜積，不與家食之而已，必以祿賢

者。賢有大小，祿有多少。」《禮記》在言明各盡所能，貢獻大者受大祿；貢獻小者受小祿，各得其所。

【原文】象曰：天在山中，大畜；君子以多識前言往行，以畜其德。

【譯文】《象傳》曰：天在山中是《大畜》卦；君子要多學前人留下的語言，汲取有價值的東西，支配自己的行動，用來以養道德。

【釋文】天就是道德，人在天底下生存卻找不到道德的來源。大山為什麼那麼宏偉高大，因為大山找到了道德的來源，才能把天畜積在山中。要想有大山的高尚，就要像大山那樣，蓄養天下道德。學習前人的語言，是蓄積道德的極好方式和方法，並在前人的語言中可以找到道德。

【原文】初九，有厲，利己。象曰：有厲則己，不犯災也。

【譯文】初九，有厲害關係，利於停止。《象傳》說：有利害關係就停止，不會犯災。

【釋文】初九與六四正應，六四是《艮》之初爻，能止初九，不會犯災。

「劉沅曰：初九為六四所畜止，而不得伸輕進則危，故利於止。他卦以相應為相接，此卦以相應相止。厲即災也，畜止而不往，則不犯災。」

【原文】九二，輿說輹。象曰：輿說輹中無尤也。

【譯文】九二，車軸錯位，離開了軸槽。《象傳》說：離開了軸槽，心中沒有怨恨。

【釋文】說，同脫。指車軸脫離槽位。輿，車。輹，

固定車軸的卡子。尤，怨恨。

初九利於停止，九二同樣利於停業，「輿說輹」取象，是不得已而停之。說明有上卦《艮》在止，想動是動不了的。九二、六五正應。六五不叫動，九二難動。九二不能動，心中並沒有怨恨。這是封建禮教產生的結果，君叫臣死，臣不得不死。這是天道，人道必須順從天道。

「馬其昶曰：內卦畜德之事，象所謂能止健，大正也。初之不犯災，知者利仁也。二之中無尤，仁者安仁也。畜德以仁知為大。」

【原文】九三，良馬逐，利艱貞。日閑輿衛，利有攸往。象曰：利有攸往，上合志也。

【譯文】九三，有駿馬在奔馳，有利於艱難和貞正，每天都要有戰車進行護衛，利於一切所有的行動。《象傳》說：「利有攸往」是由於和上九的志向相合。

【釋文】九三和上九，志同道合像兩匹駿馬相互追逐。

「鄭康成曰：逐逐，（彪謹案：鄭本重逐字。）兩馬走也。閑，習也，日習車徒。」

「李士鉁曰：逐，追奔也。三互震為驚走，上分同類，引之於前，故奔逐。艮山阻之，不可妄進。乾為輿，三，人位，為衛。離為日，乾至於三，亦為終日，乾惕故日閑。「《乾》三為「夕惕」之爻，故天天反覆用戰車進行護衛。」

【原文】六四，童牛之牿，元吉。象曰：六四元吉，有喜也。

【譯文】六四，養小牛的圈，開始就吉祥。《象傳》說：「六四元吉」是喜事。

【釋文】為了祭祀的需要，古人把初生的牛犢圈起來，獨立飼養。這種做法一開始就是吉祥的。所以說「元吉」。

「晁說之曰：說文，牿，牛馬牢也。周書今為牿牛馬。」「牿」是用來飼養牛馬的圈。

「姚配中曰：禮，祀天之牛，角繭栗，繫於牢，之三月。故童牛之牿，馨聞於天，天佑之故元吉。」古祭祀天神的牛，一生下來以後就要單獨飼養三個月，這種做法說明對神的崇敬和忠誠。才會得到神的保佑。

「李士鉁曰：周禮封人，凡祭祀，飭其牛牲，設其楅衡。魯頌，秋而載嘗，夏而楅衡。童牛之牿，所以養其純一之性，而以祭天也。（彪謹案：禮言郊天之事，牲用犢，貴誠也。止唐劉先生擇之日，未知牝牡之情，此純一之性，以童牛為吉也。）四之畜賢所以養其純一之德，而以事天也。書曰，吁俊尊上帝，畜賢之道也。」

「馬其昶曰：陽畜於陰，二陰爻皆不可變，故皆舉其爻。四應乾初，萬物資始，故元吉。郊特牲云，萬物本乎天，郊之祭也大，極本反始也。外卦畜賢之事，象所謂不家食吉，養賢也。孟子曰，弗與天共位，治天職，食天祿也，士之尊賢者也。非五公之尊賢也，故畜生莫重於祭，畜賢必薦於天。」

【原文】六五，豶豕之牙，吉。象曰：六五之吉，有慶也。

【譯文】六五，雄性豬的牙齒，吉。《象傳》說：「六五之吉」有值得慶賀的價值。

【釋文】豶豕，去勢的公豬。

「馬其昶曰：四為初之牯，五為二之牙，豶豕供群祀之用。地官云，凡散祭之牲，繫於國門使養之，是也。馬陽物，言於陽爻，牛豕陰物，言於陰爻。」「四為初之牡，五為二之牙」說明陰陽相感，四與初爻，五與二爻，相互關連。馬為陽作陽爻的象徵物，豬牛為陰，作陰爻的象徵物。這是《易經》的特點。四、五兩爻言祭神之事，一有喜，一有慶，說明祭祀能得到天神的保佑，這是封建社會的一種迷信說法，古人信神，而人民只能在苦難中掙扎，今人不信神，天下人卻過上了小康生活。社會的進步，不在於信神，而在於人們的創新精神。社會公德的培養。

【原文】上九，何天之衢，亨。象曰：何天之衢，道大行也。

【譯文】上九，哪個天上的街道，這樣亨通。《象傳》說：「何天之衢」是說道德得到了大大地通行。

【釋文】這是對繁華景象激情地讚頌，道德充滿人間，天下處處一片繁榮。天心，地心，人心，心心相印。《大畜》卦的這個結局，真是心花怒放，充滿激情，它給人們留下的思考，是何等地美麗。一百年間，只有一個一九七九年。

「附解云：本卦四陽皆賢人，下卦取其自畜，以自重而不輕進為美。上卦取其畜彼，以相畜而無妨害為貴。君養賢非一端，幼而服習，長而教訓，涵養變化，學成而優

以祿，德大而隆以師保，莫非畜賢之道。」

## 頤卦第二十七

頤，貞吉。觀頤，自求口實。

謀求養，貞正吉祥。看謀求營養，是自己尋求口中的
實惠。

頤是面頰，腮的部位，這裡指口。《頤》卦是由
《艮》、《震》二卦組成，象口。中間四陰爻象牙齒。

口中之物為口實，口實貞正不貞正，只有透過牙齒的
咀嚼才能知道。上《艮》為止而不動，下《震》主動，下
一動就是咬食物之象。《序卦傳》說：物畜然後可養，故
受之以頤。頤者，養也。

「自求口實」是自己謀求口中的食物，用來保養身
體。

「鄭康成曰：頤，口車輔之名也。震動於下，艮止於
上，口車動，而上因輔嚼物以養人故為為頤。頤，養也。
觀頤，觀其養賢與不肖也。頤中有物曰口實，自二至五，
有二坤，坤載養物，人所食之物皆存焉。觀其求可食之物
則貪廉之情可別也。」看人吃食物的情景，是貪還是廉潔
便可以看得出來。說明人性之不同有貪懶，廉潔之分。

【原文】象曰：頤，貞吉，養正則吉也。

【譯文】《彖辭》說：《頤》卦貞正吉祥，養成正義才
是吉祥。

【釋文】《頤》卦強調正義，正義是天的道德。沒有
正義，就沒有人類。大自然就是由貞正演化而來的。人有

正義，才是一個真正的人，《易經》稱為君子。

「李士鉁曰：民生勤，故勤者養道之始。勞則休息，故止者養道之終。萬物出乎震，成乎艮，生人之原委，即養道之初終。始動終止人道之正，外陽內陰，天道之正，人受中正以生，養不正則失所養，故養道必貴乎貞也。」養人之道動靜結合，夙興夜寐的道理。養，指修養。人的道德修養十分重要。「養不正則失所養」人的修養不正確，失其正，不能說成是有修養。古人提倡自身修養，現代人更應該注重自身修養。這是衡量一個人的道德標準。

【原文】觀頤，觀其所養也。自求口實觀其自養也。

【譯文】看《頤》卦的卦象，就是看其得到的營養。自己尋求口中的食物，就是看其自身修養。

【釋文】吃食物，尋求營養豐富的來吃，人的自身修養，如同尋求食物一樣。貞正的食品就是社會公德，「自求口食」是衡量一個人的道德標準。有什麼樣的道德，就是有什麼樣的口實。

「馬其昶曰：觀頤者，觀其所養人何如也，何由知其人，亦觀其人之自養，則其賢不肖可知矣。」看一個人的自身如何，就體現在一個人的言行上，有自身修養的人，「言必信行必果」溫文而雅，德高望重。

【原文】天地養萬物，聖人養賢以及萬民，頤之時大矣哉。

【譯文】天地能養育萬物，聖人能培養賢能以及天下億萬人民。《頤》卦之時太偉大了。

【釋文】「天地以元氣養萬物，聖人以正道養賢及萬

民」。宇宙間，從天體到天下萬物全出自《乾》元之氣。一個國家同樣是在《乾》元之氣的演化下養育賢能以及天下億萬人民。無論是天體變化，還是社會的發展，全是「元氣」之作用。「元氣」就像食物，籌鑄人類。

「李舜臣曰：重道義之養而略口體，此養之大者也。急口體之養而輕道義，此養之小者也。養其大體為大人，養其小體為小人。」大人物的道德修養考慮的是天下人民；小人物的道德修養考慮的是自身利益。考慮自身得失的人不能說成是修養。而是人性共有的特點。所以「輕道義」之人一定要加強自身修養。

【原文】象曰：山下有雷，頤；君子以慎言語，節飲食。

【譯文】《象傳》說：山的下面雷聲轟鳴，是《頤》卦；君子說話要慎重，吃食物要有節制。

【釋文】《象傳》告誡人們，自身修養大體要抓住兩個方面，一是「慎言語」，一是「節飲食」。

「孔穎達云：先儒云，禍從口出，患從口入，故於頤養而慎節也。（張洪之曰：言語出而不可復入，飲食入而不可復出。故蒙之養正察於微，頤之養正先乎近。）

【原文】初九，舍爾靈龜，觀我朵頤，凶。象曰：觀我朵頤，亦不足貴也。

【譯文】初九，放棄了你自身的靈氣，在看我腮動還是不動，有凶。《象傳》說：「觀我朵頤」是不足的說成高貴的。

【釋文】初九、上九是《頤》卦之主爻。你，指初九。

我指上九。上九對初九說「舍爾靈龜，觀我朵頤」這是兩個陽爻的對話。

「李士鉁曰：靈龜伏氣不食，無求於世，無求則無慾，故能靈也。初體震動，不自養而求養於人，嗜欲深者天機淺，喪其靈明之美質，頤垂下動貌。初仰觀上九，貪口腹之慾，失本體之明，故凶。上卦止則無慾，下動則多貪，故下卦皆凶，上卦皆吉，縱慾者可以戒矣」相書有下唇長，貪吃忙的說法，「下動則多貪」一語雙關，上級是頒佈命令的單位，下級是執行任務的單位。不動則吉，動則多貪。初九不能自養（「彪謹案：觀朵頤是不能安身以靜，有動而競爭求祿之意也。福不至而辱來，故凶。」）

「馬其昶曰：頤有自養、養人、待養於人三義。初陽在下，當自養，上九位在上，當養人，其四陰爻，則皆待養於人者也。彖曰，貞吉養正，此論自養之道，自養必以正，養正必資平靜，孟子曰：養心莫善於寡慾，寡慾即靜也。今初居震體，妄動失位，不自養而求養於人，故凶。」

【原文】六二，顛頤，拂經，於丘頤，征凶。象曰：六二征凶，行失類也。

【譯文】六二，一心想攀登山頂，去向上九求食，這種想法違背了常規。要把心願寄託在初九身上才對，所以跡象有凶。《象傳》說：「六二征凶」是其行動失去了同類。

【釋文】顛，山頂，指上九。拂，揮去。這裡指違背。經，原是織布中的經線。這裡指常規。丘，指初爻。同類，初九、六二同在下卦是同體，說成「同類」。意思

是六二不應舍初而求上。

「馬其昶曰：說文，天，顛也。顛，頂也顛頤指上，丘頤指初。一陽互於地下，丘象。上九為卦主，唯二、四與上無比之義，故於二四皆曰顛頤，明此兩爻亦當上所頤也。又論經常之道，二五皆居中有為，今不相應而類於上，違乎常經，故二五兩爻又同曰拂經。然五吉而二凶者，五比由頤上，而二比初也。當頤時眾指養於上，二獨以同體之故，不能拒初而往求之，謂之行失類。蓋初以陽剛之才，妄動於下，乃草澤之雄也，其私惠足以及人。聖人懼二之失所祈向，故深警焉。」

【原文】六三，拂頤，貞凶，十年勿用，無攸利。象曰：十年勿用，道大悖也。

【譯文】六三，不遵循養正道理，所有貞正者皆凶。十年不可以運用，不會有利的。《象傳》說：「十年勿用」是因為其道德太悖逆了。

【釋文】六三與上九正應，憑這一點優勢，想獨吞上九之養。這就違背了養正的道德。所以「拂頤」。「十年」指十天干之數，十年已經到了終點，其意思是永遠不可以應用。

上九居天位，是養天下之正。「天地養萬物，聖人養賢以及萬民」的養都來自上九。上九養天下，就如「君主養賢以及萬民」。六三貪天之功為已有，「大悖也」。

「李士鉁曰：六三不中不正，恃上九獨與之應，急求其養。陰以應陽為美，獨豫初六與此爻，反以應陽而凶。蓋求養不以道，陰險遇媚，有應的濟其欲，則必凶矣。」

【原文】六四，顛頤，吉。虎視眈眈，其欲逐逐，無咎。象曰：顛頤之吉，上施光也。

【譯文】六四，爬上山頂尋求養正之道吉。兩眼兇狠貪婪地注視山頂，恨不得馬上就能得到。《象傳》說：「顛頤之吉」是上九施捨的光芒。

【釋文】六二「顛頤」是種妄想，原因是離得太遠了。六四就處在山腳下，所以「上施光也」。下卦皆凶，是由於下卦是《震》卦主動。妄動失位，不自養而求養於人，故凶。上卦《艮》為止，主靜。有養正之德，故吉。

「李士鉁曰：六四居陰則靜，得位則正，體艮則止。與初為應，初不能養，故顛頤的求養於上。大離為視，坤為虎，艮為山，四在山內，有虎象。聖人不禁人之慾，而有以節之，故荀子曰，使欲必不窮乎物，物必不屈乎欲，兩者相持而長，是禮之所起也，故禮者養也。欲不逞而得養，何所咎乎？」

【原文】六五，拂經，居貞吉，不可涉大川。象曰：居貞之吉，順以從上也。

【譯文】六五，順從上九是違背常規，能居守貞正從而吉祥，不可以去渡大江大河。《象傳》說：「居貞之吉」是由於能順從上九。

【釋文】六五雖一國之君，自身修養必順從天道，上九就是天道。在人也定是君主的老師。劉備三顧茅廬請諸葛亮與此爻義同。

「楊萬里曰：上九位臣而德師，六五貞固順從，而天下自得其養矣。此真聖人養賢以及萬民之事。」

【原文】上九，由頤，厲吉，利涉大川。象曰：由頤厲吉，大有慶也。

【譯文】上九，從這裡養天下，非常厲害，吉。對渡過江河有利。《象傳》說：「由頤厲吉」，有大的慶賀。

【釋文】上九是天，天下萬物由這裡養出。君王也是人，人由天養，六五順從上九是順從天道。君王能順從天道，更何況天下萬物耶？上九之吉是善養天下，天下事無所不利。又何況過江河乎。值得慶賀是好事臨門，善養天下而是天下最大的好事。

## 大過卦第二十八

大過，棟橈，利有攸往，亨。

《大過》卦，屋脊彎曲，只要去就有利，亨通。

《大過》卦，是陽大大地超過了陰，棟樑彎曲了。李士鉁說：「巽為木，又風橈萬物。兌為毀折，中有四陽，兩陰不勝其動，故橈。」

「王引之曰：過者，差也，失也。二五皆陽，不相應而相失。陽爻相失，謂之大過；陰爻相失，謂之小過。大玄有差首象小過，有失首象大過。」相失，是失去了兩相感應的效果。《大過》卦二，五兩爻是陽，不相感應，是相失。《小過》卦，二、五兩爻是陰，不相感應是相失。陽過陰叫《大過》；陰過陽叫《小過》。

「李士鉁曰：有非常之事，然後有非常之功。豪傑乘時的立功名，任愈重則才愈出，事愈然則功愈大。苟大過之世，無以圖大過之功，畏難苟安，天下事將誰屬乎？」

大過之時是非常之時，非常之世出非常之人，這是萬物相互產生感應的道理。非常之人能建非常之功，這是不可脫離現實的因果關係。這個關係，就是萬物發展變化之運動規律。

【原文】彖曰：大過，大者過也。棟橈本末弱也。剛過而中，巽而說行，利有攸往，乃亨。大過之時大矣哉！

【譯文】《彖辭》說：《大過》卦，陽剛為大，是陽剛大大地超過了陰柔。「棟橈」是指初爻與上六二陰太衰弱了。陽剛太過而同時又得到了二、五兩個中爻，上卦是《兌》說，下卦是《巽》風，就像風在沼澤地上通行，有利於一切行動，於是萬事亨通。

【釋文】「王弼曰：初為本，上為末。危而弗持，則將安用？故往乃亨。」由於本末弱，危急而很難持久，還能發揮什麼作用，也只能「往乃亨」。大過非同一般，只能在危急情況之下出現。

「何秀曰：棟橈則屋壞，所以橈由於初上兩陰爻也。」棟樑壞在初爻和上爻，初為根，上為尾，形勢危急，其情景可謂之大。

「楊繪曰：不曰義者，不可以常義拘。不曰用者，非常之可用。用權之時，成敗之機，間不容髮，可不謂之大乎！」楊繪說出了「大」字的含義。事情大到什麼程度，「間不容髮，成敗之機」這種情況應當機立斷。所以李士鉁說這是「非常之事」。「然後有非常之功」。

「沈起元曰：陽以陰為宅，陽過盛而陰衰宅不能容，陽安所？速救之乃亨，故大過為死卦。人之死，皆由陰

不能養陽，而強陽飛越也。」人死原因是陰不能養陽，而陽氣離散。這樣說明十分科學，闡述了《易經》的唯物、維物觀念。

「劉沅曰：大過者陰之過也。弱，為陰柔。四陽居於中，故曰剛過。中者，二五，內外卦之中。人當大過之時，立非常之大功，成絕俗之大德。苟非其時，或有其時而無其德與才，皆不得借口於大過。大過非過，當大過之時，因常人所不及則以過。堯舜禪讓，湯武放伐，孔子作春秋，孟子好辯，皆似過而實非過。非仁熟義精，亦惡知大過之時大哉？」

【原文】象曰：澤滅木，大過；君子以獨立不懼，遯世無悶

【譯文】《象傳》說：澤水滅掉了樹木是《大過》卦；君子要像樹木一樣獨立不會感到危懼，隱蔽在世界上並不會有煩悶。

【釋文】《象傳》為處在非常時期的人說出了非常穩妥地處世哲學。要像樹木一樣，死而不懼，獨立澤中。能做到這一點，無論在什麼樣的危急情況之下，都不會苦悶。

「李鼎祚曰：凡木生近水者，楊也。遇澤大過，木則漫天焉。二五枯楊，是其義也。」

「程傳云：澤，潤養於木者也，乃至滅沒於木，則過甚矣。君子觀大過之象，以立其大過人之行。天下非之而不，遯世不見知而不悔，如此然後能自守，所以為大過人也。」人處在《大過》世態之時，一切難以顧及，談不上

什麼「自守」、「無悶」之事。《象傳》中的「不懼」、「無悶」是說一切順其自然。如值成敗之機，便可立非常之功。不在其位，不謀其政，此只是對當事人言之矣。

【原文】初六，藉用白茅，無咎。象曰：藉用白茅，柔在下也。

【譯文】初六，墊祭品用白茅，沒有錯。《象傳》說：「藉用白茅」是由於陰爻在最下面。

【釋文】白茅，一種野草，古人祭祀，在擺供品時，先在地上輔一層茅草，把供品擺在茅草上面。

「楊萬里曰：君子當大過之世而在下，柔以順承，潔以自淑而已。郭林宗言大廈將傾，非一木之支。不忤群小，獨免黨禍，無咎也。」初六在《大過》的世態之下，為獨免災禍，祭祀神仙和祖上。在供品下面墊上茅草，說明心地誠實，小心慎重。

【原文】九二，枯楊生稊，老夫得其女妻，無不利。象曰：老夫女妻，過以相遇也。

【譯文】九二，枯死的楊樹，在根部又長出了小樹。就像一個老年人又重新得到了女兒和妻子。沒有不得利的。《象傳》說：「老夫女妻」是由於年齡太過又重新和女人相遇。

【釋文】稊，指根部分蘖出小樹。

「虞翻曰：稊，稺也。」

「李士鉁曰：稊，芽也。」《新華字典》無此字。當是「稚」字。

枯樹過，小樹生，是本死根未死，有小樹達救還可能

有復活的機會。「九五，枯樹生華」就是枯死的楊樹又復活了，樹枝上又長出了綠葉。闡述了寧死不屈的道理。大過之時寧死不屈，「獨立不懼」是非常時期有非常之人。「有非常之事，然後有非常之功」。李士鉁說「任越重則才愈出，事愈難則功愈大」。這是萬物都在尋找平衡的道理，牢記「無妄」二字，心安理得。

「劉沅曰：二五近本末弱，故皆象楊。曰枯者，大過於時之義。稊，木藥也。二爻陰在下，故然生稊，稊者下之根也。五爻陰在上，故言生華，華者上之枝生也。生稊者生意不息，故曰過以相遇，生華者生意將竭，故曰何可久。老夫，已娶之夫也。應兌少女，故象女妻，女妻，未嫁之女也。老夫得女妻雖過乎常，然陰陽相遇，形成生育之功，過而不過，故無不利。」

【原文】九三，棟橈，凶。象曰：棟橈之凶，不可以有輔也。

【譯文】九三，房脊樑變彎曲了，凶。《象傳》說：「棟橈之凶」是不可再進行輔助了。

【釋文】「李士鉁曰：下卦上實而下弱，下弱則上傾。三居下卦之上，曰棟橈凶，言下弱而無助也。上卦上弱而下實，可實則可載。四居上卦之下，曰棟橈吉，言下實而不橈也。「初爻弱，導致三爻凶，是房樑變形而曲，是大過卦論述中心。彎曲的棟樑如果再加以輔助可以免凶，凶就凶在不可以輔助了。正像劉沅所說為「剛愎自用」者，敲響了警鐘。

【原文】九四，棟隆，吉。有它，吝。象曰：棟隆之

吉，不撓手下也。

【譯文】九四，棟樑厚實而挺直，吉。有上六會產生吝難。《象傳》說：「棟隆之吉」是九四沒有向下彎曲。

【釋文】九三是陽居陽位，陽剛太過，導致彎曲有文無質；九四陽居陰位，陰陽和合而吉。有文有質。

「李士鉁曰：四應在初，初在下不能害四，故曰棟而隆。」隆，厚也，重也。國語曰，不厚其棟，不能任重。重英如國，棟英如德，隆則足任重，故吉。」李士鉁引用《國語》說明「棟隆吉」的道理。《易經》的表現方法是以卦象喻人事。九四「棟隆吉」是房主人選擇房樑時材料選擇得好，木質堅實，粗而厚重。這就是像國家選拔人材，人材選擇得好，就能擔當重任，好與不好，全在於人之道德。誰給錢多就提拔誰是選擇不出好人材的，其用錢買官之本身，就是種不道德的行為。凡是花錢買到的官吏，不是好官吏。要是把重任交給他，他不會走正道。這樣下去，房脊樑就彎曲了。

「不厚其棟，不能任重」有兩個含義。一是說要選拔質量好的棟樑。一是說要厚待被提拔上來的棟樑。如果其棟樑的質量不好，越厚待，越要變形。

【原文】九五，枯楊生華，老婦得其士夫，無咎無譽。象曰：枯楊生華，何可久也。老婦士夫，亦可醜也。

【譯文】九五，枯楊的樹枝上又重新長出綠葉了，是一個年齡很大的老婦人卻找了一個年齡不大的男人做丈夫。雖沒有大過錯也不會得到什麼榮譽。《象傳》說：「枯楊生華」哪裡能長久呢？「老婦士夫」是種丟醜的事情。

【釋文】「李士鉁曰：木生芽則可久，華一時則枯落不可久。救過之道，務內不務外為其實不為其華也。二乘初，以陽乘陰，故夫得妻。上乘五，以陰乘陽，故婦得夫。陽可過陰，陰不可以過陽。老夫少妻則可生，妻老夫少則不生也。過時而相合，不能成生育之功，固無得而稱也。」救過之道，貴在務實，是這段說明的中心。「為其實不為其華」是為其質不為其文。也就是說必須從其實際出發。

【原文】上六，過涉沒頂，凶，無咎。象曰：過涉之凶，不可咎也。

【譯文】上九，陽氣太過了，還要在陽氣中趟著走，陽氣沒過了頭頂，有凶。沒有錯。《象傳》說：「過涉之凶」是不可以錯的。

【釋文】「孔穎達曰：處大過之極，猶龍逢比干忤無道之主，遂至滅亡。其意則善，而功不成，復有何咎責？」用比干紂王之事說明「過涉沒頂」不可以錯的道理。

「沈起元曰：大過雖嫌於過，實乃大者之過。大，陽也，君子也，正氣也。上居大過之終，自無求全之道。凶之下繫以無咎，孔子更以不可咎釋之，深予之也，斯為聖人之書也。」「大過之終，無自全之道」說明處非常之時，決不以自全而為終，要順應這種規律，必須「沒頂」。這種「沒頂」是有條件的，必須是不可以錯的事情。所以《本義》說：蓋殺身成仁之事。」

「劉沅又曰：不可咎者，人不得而咎之也，論其心不論其功，論是非不論厲害，故無咎。」人不可以說其有

錯，是由於秉心而論，不言功績，論是非善惡，不論利害關第，沒有「殺身成仁」的精神，是決對辦不到的。

「彪謹案：……至不幸而佔滅頂之凶，似過乎尋常，而志則光乎日月。得聖論為衡，而知歸咎之不可，使志士仁人之心，可大自於天下後世。念我先世從容就義，若臨深淵，雖明知其滅頂而不可以不涉，恪守經訓躬蹈之矣。」說《易經》是人類社會的里程碑，因其為世人指明了前進的方向，為正義視死如歸，有多少中華兒女在《易經》的指導下作出了可歌可泣的事蹟。

## 坎卦第二十九

習坎，有孚，維心亨，行有尚。

水反覆地沖刷而不間斷地流淌是《坎》卦。誠實，講信用的觀念永遠繫結在內心，在這種觀念的指導下處處亨通，集體的行動裡面存在著高尚的品質。

「劉沅曰：水流不休曰習。」「習」字含義是反覆去做，從不間斷。

「橫渠易說云：坎離天地之中，二氣之正交。」二、五兩爻為一卦之中。中，指中心位置。《坎》卦二、五兩爻是陽，所以，《坎》卦是陽卦；《離》卦二、五兩爻是陰。所以《離》卦是陰卦。

「蘇軾曰：坎，險也。水之所行，而非水也。惟水能習於險。其不直曰坎而曰習坎，取於水也。」坎，高低不平，所以才會有危險是說《坎》有危險。只有水能在這危險的地方不停的流淌。

　　「李舜臣曰：坎正北，於時為子，為夜之中，而一陽生。離正南，於時為午，為日之中而一陰生。天地陰陽之中，乃造化張本地也。坎在物為水，在人為精，以畫觀之，中實即精藏於中，水積於淵之象。離為火之神，中虛即寓於心，火明於空之象。中實者坎之用，是為誠。中虛者離之用，是為明。作易者因坎離之中，而寓誠明之用，古聖人之心學也。」李舜臣透過對《坎》、《離》二卦的論述，說明了古人作易之心，「而寓誠明之用」是說心地誠實要像《坎》卦，居險而不懼。心地明亮要像《離》卦，虛中而謙遜。

　　「劉沅曰：人秉天之理氣，得之陽者為性得之陰者為命。陽交於陰，陰中含陽，而命中有性，為義理之心所寓。性轉為情，心之所以不正，事之所以多險也。序卦，物不可以終過，故受之以坎。坎過極而陷，故次大過也。此卦重坎，是天地所的交，而氣質所以陷溺天良。習於坎而不能復性，常人之所以流而忘反，習於坎而保其天良，君子之所立命修身。有孚而得乎理之正，則心為性，而得亨通，行事有日新月盛之美也。」劉沅把人身素質的形成論述得十分透徹。即強調了先天素質的同時又強調了後天的立命修身的重要性。

　　「李士鉁曰：不生於天而行於地。坎生於乾而交於坤。坎者乾之中子，而坤之後天也。中實者水之體，外虛者水之用。乾中之陽陷於坤中，為坎；坤中之陰麗於陽中，為離。坎離者，天地之交也。天地本交，特於水火見其功；乾坤本交，特於坎離微其用。六子並列，而坎離獨

為天地之樞者，以其得中氣也。」李士鉁論述了水火在構成天體中所起到的作用。《乾》陽是《坎》之精，所以中爻是陽。坤陰是《離》中之質。所以，中爻是陰。《坎》是《坤》中得一陽，所以誠信而亨通；《離》是《乾》中得一陰，所以光明能外現。虛心而承受萬物。《坎》、《離》融為一體，是天地交，萬物生也。

坎為水是人之腎，腎經是人之根本。離為火乃人之心臟，心臟動血液通，而《坎》卦又是人血。心血相關連，缺一不可。所以「獨為天地之樞也。」

【原文】彖曰：習坎，重險也。水流而不盈，行險而不失其信。維心亨，乃以剛中也，行有尚，往有功也。天險不可升也，地險山川丘陵也，王分設險的守其國。險之時用大矣哉！

【譯文】《彖辭》說：反覆沖刷從不間斷是「習坎」，上下兩坎重疊是雙層危險。水流動而從不外溢，行在險中而從不失掉信用。維持誠信於是處處亨通，是由於二五兩陽爻得中。正因為這樣，只要行動就存有高尚，所到之處都會有功。天體運行的危險是不可以上升的，大地的危險是高山大川和丘陵。王侯公卿設置險要關口是用來守護自己的國家，危險之時用太偉大了！

【釋文】「劉沅曰：習即重字之義，重險嘆之也。天交於地，而坤中孕乾，萬物之精浮而為水。人心稟天之良，其氣則天之所以合，其理則天之所以主也。天不能不陽而是無陰，人心不能有理而無慾。聖人補造化之憾，以復性望人，欲人得其剛中之理，而返乎陽之性，故即水以

示人。流而不盈，謂流行各足，而無氾濫。理之即物而各如其分者，視此也。行險而不失其信，謂經歷幽阻，而卒達四海，氣之充周而無間斷者，視此也。天之險以氣，地之險以形，王公設險守國，則人為也。天地這理充周流行，曷嘗有險？形氣則居然險也。王公體天養民，何必恃險？不得已而然，因險而轉得其平，險何足為累哉！聖人欲人化形氣之拘，而全剛中之性，故曰險之時用大矣。險非大，用險者因時之義大，此所以為習坎也。

又曰：坎離得乾坤之體，而坎又乾宮真陽所寓。水尤天之精，人秉精氣，得純陽之真性。惟至誠盡性，化其氣質之私，以復其性所謂剛中也，中存剛正，而不偏任乎剛。習坎有孚，所以全剛中之性，不為形氣所拘，此直指示人心。章氏潢謂一陽陷二陰內，道心惟微是也。爻象略示機緘，六爻第的險為象，以天地之藏不可盡拽也。惟恃有剛中之德，戒懼慎獨，操心慮患，履險而得其平，此教習坎這意。」

【原文】象曰：水洊至，習坎；君子的常德行，習教事。

【譯文】《象傳》說：水總是不停地流淌，是習坎；君子要經常性發揚自身的道德品質，一貫地堅持學習受教育之事。

【釋文】「劉表曰：洊，仍也。」

「陵績曰：水通流，不捨晝夜，君子象之，以常習教事，如水不息（李光地曰：教事謂道藝也，進德修業，不捨晝夜。）

「司馬光曰：水之流也，習而不已，以成大川。人之學也，習而不已，以成大賢。」

「劉沅曰：洊，流相續出。始終如一曰常，一再不已曰習。君子象之，學而不厭，誨人不倦，如水洊至，此習坎之實也。

【原文】初六，習坎，入於坎窞，凶。象曰：習坎入坎，失道凶也。

【譯文】初六，水不停地流淌，流入坎陷之中，越陷越深，難以出險。有凶。《象傳》說：「習坎入坎」失掉守信用的道德是有凶的。

【釋文】習坎入坎，進入險中卻遭遇到了更大地危險。指在危險的漩渦中盤旋。

「說文引易云：窞，坎中小坎也。」

「李光地曰：小人以避就之私，傲倖之術相勝，自謂能行乎險，習之越熟，陷之越深。中庸曰，人皆曰予知，驅而納諸罟獲陷阱之中而莫知避也，習坎入坎之謂也。」

【原文】九二，坎有險，求小得。象曰：求小得，未出中也。

【譯文】九二，坎有危險，處在危險當中只能尋求有得。《象傳》說：「求小得」是沒有走出中間一爻的緣故。

【釋文】「虞翻曰：陽陷陰中，故有險據陰有實，故求小得。」《坎》卦是險，九二處險之中，只能有小得。

「折中云：凡人為學作事，必自求小得始，如雖涓涓而有源，乃行險之本也。」無小難有大，凡事相對而言，由小而大不斷地增長，由大而小是逐步消退。

「李士鉁曰：陽實故得，（彪謹案：陰虛為失，初上兩爻皆陰，故皆言失道。）以居陰位，故小有得。」

【原文】六三，來之坎坎，險且枕，入於坎窞，勿用，象曰：來之坎坎，終無功也。

【譯文】六三，水流往來橫衝直撞，巨石沉沒陷入危險當中而入於更危險的漩渦。不可以施行了。《象傳》說：「來之坎坎」始終是不可以成功的。

【釋文】水勢來之迅猛，橫衝直撞，巨石沉沒是水在上漲，由坎之阻擋而形成漩渦。危急情景從而可見。九二細水涓涓，緩而紋靜和六三形成鮮明對比。所以六三功不成名不就。

「李士鉁曰：上承外卦之坎，故險。不乘內卦之坎，故枕。倚著不安之象，不可施行。」六三是下卦之終，乘下卦之坎，又迎上卦之坎，坎坎有險，故「來之坎坎」。

「馬其昶曰：二陽為水，四陰皆坎。往有功者水也，非坎也。來往坎坎，言水之氾濫衝突也。險且枕，（釋文云：枕，古文作沈）沈者沒也，言堤防沉沒。蓋水以動為功，坎以靜為功。坎而屢遷，水必橫決，則非坎者亦入於坎窞，故曰無功也。初之入坎，其陷者深；三之入坎，其陷者廣。勿用，謂勿變也。二之水流歸於五，三四當其衝，故皆不可變陽以塞其行。」

【原文】六四，樽酒，簋貳，用缶，納約自牖，終無咎。象曰：樽酒簋貳，剛柔際也。

【譯文】六四，一壺酒，兩筐供品用瓦盆裝著放在窗櫺上，終歸不會錯。《象傳》說：「樽酒簋貳」是由於處

在陰陽兩爻的交界的地方。

【釋文】簋（ㄍㄨㄟˇ）盛供品的竹製器具。牖，窗。樽，酒具。缶，土製瓦器。

六四處上卦之初，能用祭祀的方式表達誠心，求得平安，符合了禮教的規範，所以「終無咎」。

陽是天神，陰是地府，陰陽交際，神祇所在，祭神者其實是在安慰自心。心神得到安慰，能增強堅定信念。和現代人的誓言起著同樣地作用。

「李士鉁曰：六四重陰故貳，簋以代缶，昭其質也。應天以實不以文，事上以誠不以華，樽酒雖薄，簋貳雖少，用缶雖樸，亦足達誠敬而行燕享之禮。牖所以通明，約以達已之誠，即以通君之明，啟其一隙靈明，引之大道，此格君子之善法也。孟子不斥齊王所好，而委曲開導，可以醒其迷矣。」

【原文】九五，坎不盈，祇既平，無咎。象曰：坎不盈，中未大也。

【譯文】九五，坎水沒有滿，只要有誠敬的心情，不水能平穩。不會錯。《象傳》說「坎不盈」坎中間的水流沒有往大漲。

【釋文】只要對神有敬意，水流則能平穩。「祇」指六四，六四擺供品敬神，九五的水流平穩，說明萬物互相感應的道理。六四是臣，九五是君，臣子有忠心，君主才能治理好國家。

古人信神是有時代背景和社會根源的。古人的迷信心情可以理解，要說《易經》迷信，只能體現在這裡，然而

《易經》之深刻地哲學思想卻不能用「迷信」來取而代之。

　　排出表面現象，實際上這裡闡述的是萬物相互感應的道理。國家能不能繁榮富強，是天時、地利、人和相互感應的必然結果。在《立春占年考》中已經找到了答案。

　　【原文】上六，繫用徽墨，寘於叢棘，三歲不得，凶。象曰：上六失道，凶三歲也。

　　【譯文】上六，用二股和三股的繩捆住，繫好以後放在棘叢中，三年之內不會得到，凶。《象傳》說：上六失去了道德，要凶三年。

　　【釋文】上六是小人乘陽有罪，失去了做人應具有的道德。用繩子捆綁起來，三年不得釋放。

　　「劉表曰：三股為徽，兩股為墨，皆索名」「徽」和「墨」是繩索的名字。

　　「九家云：坎為叢棘，為法律，上罪三年舍。」坎是棘草叢，水為法律，罪犯放在草叢中，受到水的沖刷。以洗污穢，訴清罪行。」

　　「劉沅曰：繫，縛也。坎黑色，變巽為繩徽墨象。寘，置也，囚禁之意。坎為堅多心，棘也，重坎叢棘也。」

　　「鄭康成曰：上六乘陽有罪，縛以徽墨，置於叢棘，使公卿以下議之，其害人者置之環土，而於職焉，以明刑耿心。能服者，上罪三年而赦，中罪二年而赦，下罪一年而赦。不得者，不自思以得正道，終不自改，而出環土者欠，故凶。」鄭康成論述了周朝的法律制度。「置於叢棘」就是把罪犯囚禁起來，用木棍在地上畫一個圈，「環土」

指在地上畫的圈。如有不服從者走出「環土」就要被砍頭。

## 離卦第三十

離，利貞，亨。畜牝牛吉。

《離》卦，利貞正，四處亨通。能養其順從道德者則吉。

牝牛，指《坤》卦，有順從道理的道德。所以能吉。《離》卦是《坤》，卦中一陰爻到《乾》卦當中。離為火，在天主日，在人主心，為文明。具有《乾》卦之剛健，又有《坤》卦之柔順。「是天地所以交也」。

「虞翻曰：畜，養也。坤為牝牛。」

「劉沅曰：牝牛健而馴，實牡牛之所自出含剛健於柔順，人之韜光孕德如之。離中之陰本坤體，故象牝牛。」「人之韜光孕德」是指人心。離象是人心。

「李士鉁曰：剛柔相濟，柔得中而二得正故利貞。陰陽通，故亨。坤為牛，牛有順德，牝牛尤順，德可祭天，功可利人，謹養人以待用，故吉。禮，人君無故不殺牛。周禮，牛人掌養國之公牛。離為君象，故畜之。牝有生生不窮之意，重離相繼之象也。亦喻君道當養成在中之柔德，事天勤民，常保其位而吉。」

【原文】彖曰：離，麗也。日月麗乎天，百穀草木麗乎土。重明以麗乎正，乃化成天下。柔麗乎中正，故亨，是以畜牝牛吉也。

【譯文】《彖辭》說：《離》卦，是美麗。日月能使天

美麗，農作物和草木能使土地美麗。上下兩《離》卦是雙重光明，光明的美麗就是正義。有正義才能化成天下。中間一陰爻是溫柔而美麗又中正，所以四處亨通，這就是養牝牛的吉祥。

【釋文】「劉沅曰：火無常形，麗物而明。序卦，坎者陷也，陷必有所麗，故受之以離。此就次序之意言之，非本卦正義也。坎內陽而外陰，性之合也。離內陰而外陽，情之著也。明暗互代，陰陽相須。天地之氣，陰以含光，陽以發洩，然其體用相資，即交質相麗。一陰附麗於上下之陽中，虛明之象。二柔麗四陽之中，得其中正，不自用其明，而其明愈著。人能得文明之正，乃可化成天下。日月四句極贊離之象，柔麗以下乃釋彖詞。」

劉沅對陰陽相感闡述得十分透徹，說坎中含有陽性，離中藏有陰質；陽在陰內發光，陰在陽中含情。「體用相資，文質相麗」說出了天造萬物的精華。

「李士鉁曰：火外實內虛，實象火之著物，虛象火之流行。惟虛生明，離之時以中爻之虛也。離根於坤而交乎乾，坤之中女，而乾之後天也。乾坤者陰陽之正體，坎離者乾坤之大用，故上經始於乾坤終於坎離。坎中實，誠也。離中虛，明也。於坎離中寓誠明之道，此聖人之心學歟！」

李士鉁強調了水火在萬物相感的過程中所起到的作用，最終歸結到「誠」、「明」二字上。在體有「誠明」二字，才能有規律地進行運轉，人類社會有「誠、明」二字，才能不斷地向前發展，這兩個字，是構成天體的核

心，故能化成天下。這兩個字又是聖人之心，學者悟透「誠、明」二字，可步履聖人。

【原文】象曰：明兩作，離；大人以繼明照於四方。

【譯文】《象傳》說：兩個《離》卦作落在一起，是一個《離》卦；大人要不斷地發揮光明來普照四方。

【釋文】前一個《離》卦指三爻卦，後一個《離》卦指六爻卦。「明兩作」是指兩個三爻卦。「明兩作」有永遠光明的意思。大人要像天上的太陽，永遠明照四方。

「劉沅曰：火炎上曰作，兩離附麗以成文明。大人，大德之人。在下則聖人，在上則王者。明德如天，故能繼天以照天下，內含章而外發育，四方之照無地不明。」

又曰：「水火為天地之精，金木即水火三神，土則中氣，運四象者也。人秉水火為精神，神藏於心，心本火精。地二生火，天七從之。離卦二陽乾體，其中一陰坤也，陰為主陽反居外，故人心易昏而難明。離中之陰私下去，天理之純全不復，故復性之功，非體天地之撰而通神明之德，無以全性也。心麗於理則正而明，明則通，故亨。麗於欲則邪而昏，昏則塞。坤為子母牛，牝牛所以孕陽也。離中一陰本坤，專氣致柔，此靜存之理。二五皆柔麗乎中正。火之為用，相得益彰，繼續彌光，故曰明兩作離。」

火為心精，在乾天之中心，天體得之而地球順心而旋轉，其心也正，其體也明。難怪人們把英明的君主稱之天上的太陽，太陽是救世主。

人心卻大不相同，劉沅說「陰為主陽反居外，故人心

易昏而難明，離中之陰私下去，天理之純全不復。」《離》卦中的一陰，就是私心。這是陰主黑暗，是小人的道理。人有私心天經地義，基於此，要打造私心，使之順從公理，聖人的教化，就是從這裡開始，也正像劉沅所說的「復性」，復回純陽貞正之性。

【原文】初九，履錯然，敬之，無咎。象曰：履錯之敬，以辟咎也。

【譯文】初九，行走在交錯雜亂的大地上，大地對其十分尊敬，沒有錯。《象傳》說：「履錯之敬」是由於其能排除一切錯誤。

【釋文】「陵希聲曰：錯，交雜之貌。」

太陽剛剛露出地面，陰氣立刻紛紛上升，大地一片雜亂。陽光照到哪裡，哪裡一片肅靜《乾鑿度》云：「萬物始出於震，陽氣始生，故東方為仁。成於離，陽得正於上，陰得正於下，尊卑象定，故南方為禮。」《離》卦是南方維卦，《彖辭》云：「嘉會足以合禮」指的就是此爻。太陽和大地開始相會，人類的禮教就從這時開始。正因為如此，才受到了大地的無比尊敬。「李光地曰：敬者人心之朝氣也，能常敬則不昏矣。」人之朝氣固然可敬，人類的光明就從這時開始。

「劉沅曰：在卦之初，日出之離也。朝日初出，群動安作，故履。人心之動，如火之始然，朝日之方升，平旦之氣未遠，履紛錯之事而敬以直之，所以辟咎。且氣方清，以道心長保其明，故無咎。像美期敬之善也。」「朝日初出，群動交作」是陰陽始交，萬物紛紛而動，這就是

「履」的含義。萬物之履從此時開始。交錯雜亂之事也就從這時開始,逐步走向正直,這是在闡述萬物發展變化之運動規律。這個規律是任何事物也阻撓不了的。所以,「旦氣方清,以道心長保其明」。「道心」就是存在的道理和道德,長保天體運轉和生物之心。

【原文】六二,黃離,元吉。象曰:黃離元吉,得中道也。

【譯文】六二,《離》卦光明來源黃色含有天地元氣貞正之吉。《象傳》說:「黃離元吉」是由於得到中間一爻的道理。

【釋文】黃,地色。指《坤》卦。《離》卦的光明色彩就是《坤》中發出來的。「黃離」是天地元氣的象徵,《離》本《乾》體,而黃是《坤》色。「李士鉁曰:處陰之正位,而得坤之中氣,天地中和之氣所由聚而發也。地之正色於此爻見之,坤凝乾於此爻顯之。坤純地道,故必在五正乎天位,始足以凝乾元也。」

「李士鉁闡述了《離》卦是天地中和之氣,所由聚而發的道理。「劉沅曰:中道,天地之正道。其美在中,蘊於不窮,故元吉。」

【原文】九三,日昃之離,不鼓缶而歌則大耋之嗟,凶。象曰:日昃之離,何可久也。

【譯文】九三,太陽轉到西方之離,不用敲打缶而歌出的歌,乃是超過七十歲老人的嘆息聲,凶。《象傳》說「日昃之離」怎麼會長久呢。

【釋文】昃,太陽偏西。缶,土製瓦器。耋,過七十

歲的老年人。嗟,嘆息。

不用敲打缶所唱出的歌,是沒有節奏,沒有韻律的歌。而是老年人面對夕陽發出的慨嘆。凡是發出這種慨嘆之人,一生坎坷,心願難以達成。九三本來與上九兩相感應,由於兩陰相對不相感應。所以心願難以達成。這是在闡述萬物相互感應的道理。

「李士鉁曰:三不中正,志荒時過,方思為晚景之娛,忽又悲死期之至,興極悲來,故凶。人苟中無所得,則死生之感,是以擾其天懷。不知日之出沒常也,而其明自昭天讓;人之死生常也,而其道自在古今。君子抱道在已繼往開來,可以生亦可以死,不必作達觀之見,以得時行樂為高,而亦無死生契闊之戚。九三內無得於己,外無傳於人,存沒之悲,至晚年而益切。向之強作闊達,偷閒尋樂者,至此已不知何往矣。啜其泣矣,嗟何及矣,此其所以凶也。」

【原文】九四,突如其來如,焚如,死如,棄如。象曰:突如其來如,無所容也。

【譯文】九四,雷電突然觸及到了樹木,天火突然來臨,滿山遍野燒了起來,野獸全被燒死,屍體拋棄在山上山下。《象傳》說:「突如其來如」無論任何動物、植物,天火對它們是不會寬容的。

【釋文】九四闡述的是人類社會火的起源。遠古時期,人類根本不知道什麼是火。吃的全是生冷食物。突如其來的閃電燒著了大樹動物全被燒死,人們揀被燒死的野物來吃,感到非常好吃,就把山上沒有燃盡的火種保存起

來，打回野物燒熟了吃。「如」，用在動詞前面表示狀況或樣子。

九四之《離》天火突如其來，是由於初九來到九四，兩陽相會不能相感而導致起火，和現代的導電起火是一個道理。爻詞說明了火的性質及其作用，同時闡明了火的起源。

「劉沅曰：卦的養德繼明為美。四當兩火相繼之際，剛而不中，見逼於三，見棄於五，故凶。非人不容，自失其所以容之道也。俗謂無明業火。無明，不明；業，罪也。子言辯惑而曰一朝三忿，即此意。聖人深戒剛暴之流，而極其禍如此。」劉沅說六四是無明業火，給人們帶來突如其來的災禍。凡是罪惡，不是人們不能容忍，而是其失去了叫人容忍的道理。聖人為了「深戒剛暴之流，」作出了這樣的爻詞。

「李士鉁曰：九四居不中正之地，內卦之明方終，突起欲代，為繼位之謀，上欺五之陰，此父死爭立之象，亦殺君之象，天地之所不容，下剛無人應之，上剛必欲誅之，自作之孽，必不可活。故焚如，死如，棄如。」李士鉁說九四不中不正，為了爭得帝位，突然殺死了父親「自作之孽，必不可活，故焚如，死如，棄如」古人弒父謀位之事而曾有之，這是天大的大逆不道，「焚如，死如，棄如」難平民恨。

「馬其昶曰：荀爽對策云，離在地為火，在天為曰，在天者用其精，在地者用其刑。夏則火王，其精在天，溫暖之氣，養生百木，是其孝也。冬時則廢，其形在地，酷

烈之氣，焚燒山林，是其不孝也。據荀此對，火之於木，有孝不孝兩義。五有中德、出涕沱若，是其孝者。四既失正，又以離火焚巽木，是不孝者。繼體之時，變故多端，為法為戒，其義大矣。」《離》卦之火在夏天能養育草木是其為孝；在冬天焚燒山林是為其不孝。六五吉是孝，九四是不孝。鄭康成採用了馬其昶的說明，並解釋說「不孝之罪，五刑莫大焉。焚如，殺其親之刑。死如，殺人之刑。棄如，流宥之刑。」鄭康成說出了不孝之罪的定性方法。從而可以看出古人對孝道十分重視。

【原文】六五，出涕沱若，戚嗟若，吉。象曰：六五之吉，離王公也。

【譯文】六五，哭得鼻涕一把淚一把的樣子，悲悲切切嘆息不絕。吉祥。《象傳》說：「六五之吉」由於此爻是《離》卦的王公。

【釋文】《離》卦六五，是火之王。為了讓人類分享火的作用，必須採用九四的方式、方法把火種散佈於天下，但不忍心燒死那麼多野獸和草木，才傷心地大哭起來。這是《易經》的仁慈為懷的真實寫照。體現善良的敦樸精神。六五以哭為吉，孝道從這裡開始。火主人心，人心是道德的產物。所以，萬物骨肉相連，萬物有喪，其心怎能不動。所謂喜怒哀樂發自於心，這是《易經》化成天下的根本。

【原文】上九，王用出征，有嘉斬首，獲匪其醜，無咎。象曰：王用出征，以正邦也。

【譯文】上九，君王派我出征，由於滅掉一切賊首，

受到了獎勵。凡是可惡的東西全被俘虜。沒有過錯。《象傳》說：「王用出征」是為了端正國家的尊容。

【釋文】醜，可惡，不光彩。

上九在闡述火的作用。火苗上達，發揮作用的就是火苗。「星星之火，可以燎原」，火是人的精神所在。火的作用可以激勵人心「滿腔怒火」足以能表達人心。

「王安石曰：斬首，殲厥渠魁之謂。」

「蔡淵曰：王，王也，離為甲冑戈兵。」

「劉向曰：言美誅首惡之人，而諸不順者皆來從也。」

「李士鉁曰：日在上則明反遠，火勢高則人畏而不敢犯，故王用此剛爻以征不服，有嘉美之功。嘉會所以會禮，火主禮，成軍以禮，必有功矣。禽賊禽王，所獲者非其醜醜類，乃其魁也。嗣王即位，不能化及天下，至於用兵，蓋迫於不得已。僅能無咎而已。垂戒深哉。」

上經到了離卦全部結束，上經闡述天工，下經闡述地貌。上經論述天體的構成，元、亨、利、貞四大要素。天體以太陽為中心，地德之順，就是順從太陽。《易經》中的陽，實際上就是指太陽。所以，太陽為陽的代表物，太陰用月亮作代表物。而天體中的各類星球皆屬陰的範疇。宇宙大爆炸前為先天，宇宙大爆炸以後為後天。金、木、水、火、土為後天產物。後天是素與質的有機結合。水是天體最先分解出來的產物。《漢志》說天一生水，地以二生火，天以三生木，地以四生金，天以五生土。所以才有「天一生水，地六成之」的說法。由先天元、亨、利、貞

的作用，發展到後天金木水火土。陰陽變化就是造化金木水火土的過程。水被分解出來以後，地球上的雨不知下了多少年，水的面積佔據了地面面積的百分之七十。所以《易經》把水說成是坎險而陷。

　　下經論述地球的形成及天體的變化規律，說明地球上的一切都來自於「元，亨，利，貞」的作用。下經用《咸》卦開頭，說明天體與萬物相互感化的道理，正由於天地及萬物的相互感應，萬物才能在地球產生，人類社會才會不斷地向前發展。

## 《周易學說》卷之四

# 下　經

### 咸卦第三十一

咸，亨，利貞。取女吉。

《咸》卦亨通，對貞正有利。取女人吉祥「咸」同感。說明天體之中一切物質都是由陰陽相感而得以發生與發展。繁衍不息以亨千古。

《乾》卦是父，《坤》卦是母、《乾》《坤》共生六子，《震》為長男，《坎》為中男，《艮》為少男；《巽》為長女，《離》為中女，《兌》為少女。《咸》為長女，《離》為中女，《兌》為少女。《咸》卦是少男、少女相結合，婚姻之正道，說明萬物相互感應的道理。

萬物感應，只有貞正而後才吉。《序卦傳》說「有天地然後有萬物，有萬物然後有男女，有男女然後有夫婦，有夫婦然後有父子，有父然後有君臣，有君臣然後有上下，有上下然後禮義有所錯。所謂的「貞」指的就是素質正，理性純。天性不亂，人性亦不可亂。古人婚姻都由父母做主，認為這是最含道理的，私自成婚後患無窮。是禮教決不允許的。「劉沅曰：天地之間，感應而已。以性相通，不以私情，感無不通，皆天理之流行也。夫婦者人倫

之始,婚姻之禮正,然後品物遂而天命全。故詩始關,禮重大婚,而此經的咸恆配乾坤也。」

「李士鉁曰:咸,古感字,澤體虛,山體亦虛,兩虛相受,山澤氣通,故感。男女有相感之情,少男少女相感尤易。二五得位,六爻相應,其感又出於正也。」陰陽相虛相愛,山澤上下氣通,氣通草不可生,萬物各得其宜。

【原文】彖曰:咸,感也。柔上而剛下,二氣感應以相與。止而說,男下女,是以亨,利貞,取女吉也。

【譯文】《彖辭》說:「咸」是感化的感。《兌》卦溫柔在上卦而《艮》卦剛健處下卦,陰陽二氣互相感應遇到了一起,靜止不動而感動喜悅,看到這種情感,天地之間男下有女,這就是陰陽相通而有利於貞正。要取女人無比吉祥。

【釋文】「荀子云:易之咸見夫婦,夫婦之道不可不正也,君臣父子之本也。以高下下,以男下女,柔上而剛下,聘士之義,親迎之道,重始也。」夫婦之間的道理,是君臣、父子關係的根本,所以,人際關係,家庭關係,社會上的一切關係都是由夫婦關係開始。這個關係不可不正。強調夫婦關係必須要正。

「張浚曰:陰陽之感,少則一,一則誠,誠則速。」人在年少,心無二志,故「少則一」。心裡只有一個念頭,這就是誠。只有心誠事事可速。

「王應麟曰:咸之感無心,感以虛也。兌之說無言,說以誠也。」這是針對天地間萬物相感而言,萬物的感應並沒有心靈在支配,如草木的生死。全是虛實的自然造

化，簡稱「化學」。《兌》卦是說而無言，悅不用口去說
而只在一個誠字。《感》卦無心，不用心靈的支配，只有
在素與質的虛擬上。

【原文】天地感而萬物化生，聖人感人心而天下和
平。觀其所感，而天地萬物之情可見矣！

【譯文】天地之間產生感應，萬物才在天地間茁壯成
長，聖人用道德感化人心而天下才能和平。只有觀察萬物
相互感應的道理，天地間萬物之性情才能從中發現。

【釋文】「劉沅曰：化者氣化，生者形生，和者無乖
戾，平者無反側。無心之感，乃無所不感。天地以氣感萬
物，而萬物無不通。聖人以德感人心而天下無不通。止此
一誠之所通也。咸艮爻象，時取諸身。咸以有情之感，乃
陰陽生化之由來，天地無心感化，感而實未嘗感。人受天
地之中以生，性逐情移，理為欲溺，後天之心多感，違乎
中正，安可無復性之功？盡性立命，以通萬物之情，亦一
天地無心之感也。」陰陽化生源於感，有云「天地無情人
有情」天地並非無情，而這「無情之感」就是情。這情卻
能「盡性立命」的通萬物。

【原文】象曰：山上有澤，咸；君子以虛受人。

【譯文】《象傳》說：大山上面有沼澤是《咸》卦；
君子要田謙虛的態度接受別人批評。

【釋文】正因為澤在山的上面，天上下雨的雨水落入
澤中，不致於從山上流到山下，山能容納澤水，是因為
二、五兩爻是陰虛，中虛能容物。君子要有《咸》卦的道
德，虛心地接受別人的批評，用來增強自己的才幹。

感是感染、感動、感受，萬物相感，相互容納。一個感應靈敏的人其表現就是虛心。弘揚虛心精神是一種美德。

【原文】初六，咸其拇。象曰：咸其拇志在外也。

【譯文】初六，咸應在腳的大指上。《象傳》說：「咸其拇」是心願寄託在九四爻上。

【釋文】「馬融曰：拇，足大指。」

「虞翻曰：志在外，謂四也。」

「王宗傳曰：六爻皆取諸身。蓋四肢百體其血氣脈絡相通，天地萬物感通之理，即身可見。」天地是一大太極，人身是一小太極，六爻皆言身體各部之咸，實乃宇宙中天體運轉之咸也。」劉沅曰：「聖人通天下為一身，知所以感身，則知所以感天地萬物矣。心欲往而拇先伸，是動之微，幾之先見者也。」

【原文】六二，咸其腓，凶，居吉。《象》曰：雖凶居吉，順不害也。

【譯文】六二，感應在腿肚子上，凶，不動安居則吉。《象傳》說：「雖凶居吉」只要順從道理就不會受到傷害。

【釋文】腓，腿肚子。腿肚子是著附在腿部骨骼上面的肌肉，必須隨腿而動。腿若是不動，腿肚子決不會動。所以，只要順從腿的行動，是不會受到傷害的。

「劉沅曰：腓，足肚。二在股足之間，故為腓。腓不自動，因足而動，且不能自止，止腓當止其中足，二以陰在下，與五為正應，若不待上之求而妄動，則凶；居而不

行，則吉。順於理，則不害，故戒慎動。」

【原文】九三，咸其股，執其隨，往吝。象曰：咸其股，亦不處也。志在隨人，所執下也。

【譯文】九三，感應在大腿上，只能隨從腳的行動才能動，自己要去行動是有吝難的《象傳》說：「咸其股」是由於大腿不處在自由行動的部位，其心願是在隨從腳，執行行走的部位是來自下面。

下卦是《艮》，《艮》卦為止，是不能有行動的。所以，初咸在拇，拇隨腳動。二咸在腓，三咸在股，此兩爻必須隨從下面的腳。可見下卦三爻皆不能動。闡述《艮》止不動的道理。

【原文】九四，貞吉，悔亡。憧憧往來，朋從爾思。象曰：貞吉悔亡，未感害也。憧憧往來，未光大也。

【譯文】九四，貞正吉祥，悔恨消亡。心意不安上下往來，朋友都能隨從你的思路行動。《象傳》說：「貞吉悔亡」未有感應在有傷害的地方。「憧憧往來」是光芒沒有放大的緣故。

【釋文】「說文：憧，意不定也。」

「虞翻曰：失位，悔也。」

「俞琰曰：朋，指初六和應。」

「本義云：四居股上下，又當三陽之中，心之象，咸之主也。」咸卦用人身取象，下卦是大腿，腿肚子，腳趾。上卦九四是心，九五是背部，上六是項。一身有咸，動在心中，心動身即動。所以不言咸。

「馬其昶曰：九四陽居陰位，象心在身中，心為咸之

主，操之則存。其吉由心之積累而成曰貞吉。蓋九四之陽，雖有失位之悔，不可變也。變陰則咸於害。然四不變，又與不正之初相應，應陰亦害，故又以光大之道進之。夫心本光大，以繫於陰而暗小。既繫於陰，則雜慮相緣而生，所謂害也。陰為陽害，私為公害，欲為理害。孟子曰，人心亦皆有害。」這段文字闡述了人心有害的道理。

【原文】九五，咸其脢，無悔。象曰：咸其脢，志未也。

【譯文】九五，感應在背部，沒有悔恨。《象傳》說：「咸其脢」是最後的心願。

【釋文】「馬融曰：脢，背也。（李士鉁曰：背肉也。）

「本義云：志末，謂不能感物。」

「劉沅曰：咸其脢，是感於不動之處。其志有定，而咸不足亂之，故無悔。」

「馬其昶曰：則五適值背部，當萬物交感之時，與人背而不感，不感自無失，無失自無悔。」

【原文】上六，咸其輔頰舌。象曰：咸其輔頰舌，滕口說也。

【譯文】上六，咸應在面部。《象傳》說：「咸其輔頰舌」張嘴說出自身的感受。

【釋文】輔，上頜。頰，面旁。萬物相感是無心之感，是萬物所具有的一種特性。有如人的感冒，有發熱，有頭痛，有咳嗽，症狀不一。人的胖瘦高矮，心理變化情

況都是萬物相互變化，相互感應產生的結果。

「本義云：媵騰通用。（劉沅曰：媵，張口騁詞貌。）」

## 恆卦第三十二

恆，亨，無咎，利貞，利有攸往。

《恆》卦亨通，沒有錯，利於貞正，有利於一切行動。

《恆》卦是持久，經常性的意思。「劉沅曰：男動乎外，女順乎內，人道之常。序卦，夫婦之道不可不久也，故受之以恆。論交減則少為親切，論尊卑則長常謹正。男尊女卑，夫婦居室之常，所以次咸也。闔闢之機，始於風雷；男女之正，通乎造化。人道之常經，即天地之常理。久於其貞，亨無不利也。」

【原文】彖曰：恆，久也。剛上而柔下，雷風相遇，巽而動，剛柔皆應，恆。恆，亨，無咎，利貞，久於其道也。天地之道，恆久而己也。利有攸往，終則有始。

【譯文】《彖辭》說：《恆》卦是長久的意思。上卦《震》是陽卦剛健而下卦《巽》是陰卦溫柔。雷和風遇到一起，《巽》是風而《震》是動。陰陽相互產生感應，是《恆》卦《恆》卦。亨通，不會有錯，利於貞正，是說其道德是長久不變的。天地的道理就是恆久不變，有利於一切行動，結束就是從新開始。

【釋文】「鄭康成曰：風雷相須而養物猶長女承長男，夫婦同心而成家，久長之道。」「風雷相須」有如「夫婦同心」，萬物之所能長久，就是相互感應產生的結果。一

切事物，所有的行動都處在相互感應之中。所以，結束就是從新開始。指萬物之運動規律是「0」環運動。

「李士鉁曰：雷發有收，風生有息，何以為恆？盍惟有發有收，所以長發；有生有息，所以長生。惟能變易，是以不易。凡賦形一定而不遷者，心有時而終。虛靈變化之物，循環周流，萬古不息。此風雷所以為恆也。陰陽相應，天道之恆，即人道之恆。觀於咸，知陰陽之所由合；觀於恆，知陰陽之所由成。舟本之行不停，而通於天下，日月之運不已，而光被四表。天行不息，故不終，水流不停，故不竭。不有攸往，何以為恆手？」李士鉁闡述了天體之所以恆久的道理。「陰陽相應，天道之恆」所以「日月之運不已」，「水流不停」。海水朝夕之漲落，就是陰陽相應的道理。

「張浚曰：乾坤動靜，震巽先索得之。乾坤無為，付生物之功於震巽。雷動風散，終始不易，以長久之德，發生萬物天地間。剛柔迭應，不違其序，有常道以亨也。」乾坤生六子，《震》、《巽》兩卦為長。說明了萬物發展變化之有序。有序就是規律，順著這種規律發展，「終始不易」才能「發生萬物於天地間」

【原文】日月得天而能久照，四時變化而能久成，聖人久於其道而天下化成。觀其所以恆，而天地萬物之情可見矣！

【譯文】太陽，月亮得到了天體的運行規律，而能恆久地照躍在天體之間，一年四個季節的變化從中得以恆久地形成，聖人用恆久不變的道理施行教化，從而形成了人

類社會。觀察到這些恆久的道理，而天地間萬物的一切情況都可以得到瞭解。

【釋文】《彖辭》詳細地論述了天體之間，萬物相互感應的道理，說明了萬物發展變化之運動規律。日月得到了這個規律「而能久照」，「四時變化而能久成」。四時變化是「日月得天」的結果，是萬物相互感應的一種自然現象。這種現象的規律是「終則有始」。聖人就是根據這些自然現象教化人類，獲得了人類社會的文明。

【原文】象曰：雷風，恆；君子以立不易方。

【譯文】《象傳》說：雷和風同時出現是《恆》卦；君子站立在天地之間，不能隨意改變志向。

【釋文】人是接受萬物感應的對象，而人身素質和萬物感應而是成正比，素質「貞」與不「貞」是一個人修身立命的根本。志向的樹立，是人身素質的體現，這裡有本質的不同。遠大理想和宏偉目標在不同人身上有不同的體現。所以，「立不易方」就顯得十分重要。而「立不易方」體現在每個人的身上，都是各不相同的，只有一點是相同的，那就是道德。在道德中表現最突出的就是「誠信」二字。人，只能用道德標準進行衡量。所以，這裡的「方」應是在指道德。

【原文】初六，浚恆，貞凶，無攸利。象曰：浚恆之凶，始求深也。

【譯文】初六，挖深才持久，堅持正義有凶。沒有利。《象傳》說：「浚恆之凶」是一開始就求深的緣故。

【釋文】凡事從初開始，開始應緩慢進行，一開始就

求深，是違背了常規。所以「貞凶」。說明無論幹什麼事情，要遵循事物的發展規律。急躁用事是不行的。俗語「欲速而不達」。

「王安石曰：巽，入也。入不以漸，求深於始，故凶。」

「惠士奇曰：巽為進退，為不果，其究為躁卦。浚恆者，躁之象也。不能深根甯極而待乃躁以求焉，故凶。君子之事君也，信而後諫；其治民也，信而後勞。未信於君而犯之，未信於民而毒之，皆始求深者也。」

【原文】九二，悔之。象曰：九二悔亡，能久中也。

【譯文】九二，有悔恨也消失了。《象傳》說：「九二悔亡」能長久地保持在中間位置。

【釋文】九二由於得中氣，即使有悔恨也隨之消亡了。

「虞翻曰：失位，悔也。處中故悔亡。」陽得陰位謂「失位」這是悔恨的根源。由於處中間一爻得到了中氣，有悔也消亡了。

【原文】九三，不恆其德，或承之羞，貞吝。象曰：不恆其德，無所容也。

【譯文】九三，不能長久地保持道德，或者承擔著羞恥，貞正的人也會出現吝難。《象傳》說：「不恆其德」沒有能夠得到容忍的地方。

【釋文】不堅守道德，就會觸犯道德，觸犯道德，就要受到良心的責備，所以「無所容」。不光自心難容，而外人也不會容。

「劉沅曰：在巽之極，為進退不果。當內外相際之間，非躁即不果。進不能為震之動，退不能安巽之順，無所容其身。凡無恆者，皆不能保其德也。」九三處下卦之終，將要進入上卦是德將變化的地方，所以說「不恆其德」說明道德不能始終如一的人，變化無常，這種人是人際社會上不能容忍的。

「李士鉁曰：德之不恆，必無成就。若守此不變，以妄為常，以躁為正，吝道也。傳曰無所容，不恆之性，無所可居，上下皆不容也」。

【原文】九四，田無禽。象曰：久非其位，安得禽也？

【譯文】九四，田野裡沒有飛禽。《象傳》說：不能長久地堅持在這個位置上，怎麼能得到飛禽呢？

【釋文】初六是陰，陰虛為無物，雖能應九四，也是虛中無物，故「田無禽」。初爻是田野。九四不得其位，不能長外地堅持在這裡，是得不到飛禽的。

「呂柟曰：君子久於仁義之政，則下足以化民；久於仁義之謨，則上足以正君。舍是而恆焉，則雖術之如彼其詐也，行之如彼其久也，祇以滋亂耳。田也何所獲禽乎？」

「李士鉁曰：久獵於山，必得獸；久釣於水，必得魚。若不得其位，猶緣木求魚，固無得矣。學不衷諸聖而望其成，治不准諸王而求其治，猶航斷港絕流以蘄至於海也，庸有濟乎？」這段文字，強調了的處位置的重要性。有了適當位置只是客觀條件，而在主觀上還要因事得宜。

說明為人處世的道理。

【原文】六五，恆其德，貞。婦人吉，夫子凶。象曰：婦人貞吉，從一而終也；夫子制義，從婦凶也。

【譯文】六五，永恆不變的道德，十分貞正。婦人吉祥，男人有凶。《象傳》說：「婦人貞正而吉，是由於能堅守婦道，隨從一個男人一直生活到老；男人在這裡，由於道德被限制住了，去順從女人是有凶的。

【釋文】五爻陽位，女人在這裡陰陽相感而吉，男人在這裡兩陽相對，不相感應。所以會有凶。說明陰陽互感的道理。

六五是《恆》卦的中心，強調說明「恆其德」的重要性。充分說明「日月得天而能久照，四時變化而能久成，聖人久於其道而能化成天下」的道理。從而說明女從男則吉，男從女是「夫子制義，從婦凶也」。進一步說明凡事要順從道理，不符合道理就會有凶。

【原文】上六，振恆，凶。象曰：振恆在上，大無功也。

【譯文】振動不止堅持永恆，凶。《象傳》說：「振恆在上」是不會有功勞的。

【釋文】有動就有變，這原本就不是恆的概念。哲學領域裡，只有道德是恆久不變的，除了道德以外，沒有不變的事物。上六之振動不是《恆》的道德，沒有功勞可談。

「馬融曰：振，動也。」陽主動，陰主靜，上六失去了自身的道德，在上妄動，這就背離了恆久的概念，所以

「大無功也。」

## 遯卦第三十三

遯，亨，小利貞。

躲避起來可以亨通，小有利於貞正。

《遯》卦，二陰爻在下上長，四陽在上而躲避，陰長陽消之卦。不人勢長，小人能利正事，正人只好逃避現實，退隱起來。

「劉沅曰：山高上凌乎天，陽氣若避而去之，故為遯。在人事則小人道長，君子退而避之。序卦，恆者久也，物不可以久居其所，故受之遯，此六日之卦也。陰盛陽當退避，蓋守其貞而不渝，聖人恐人舍貞而避，故云然。」陽能守正，固見邪而避，避陽為守正，固不受小人之害。小人道長，見利而為，利慾薰心君子無私慾，固不與小人爭。這就是陰盛陽當退避的道理。李士鉁說：「艮止則無慾，乾健則能決。非無慾者能遯，非能決者不果遯，此易之微意也。凡是能遯者必無慾，有欲者決不能遯，能遯者是君子，不能遯者是小。沒有私慾不能稱做小人。

【原文】彖曰：遯，亨，遯而亨也。剛當位而應，與時行也。小利貞，浸而長也。遯之時義大矣哉！

【譯文】《彖辭》說：《遯》卦亨通，是逃避而能亨通的時遇。九五陽剛當君位而下應小人，與時間共同前進。小人能利正事，是小人逐漸地向上增長，處在《遯》卦之時，其意義太大了！

【釋文】小人勢長，君子必須順從小人，九五是一國之君，緣何寵信小人，可見天下小人之術，有可以勝天的本領，君主要不去勾結小人，天下君子何必退避三舍。君主不去主張正義，天下又誰敢去主張正義。小人勢長而罪不在小人，《象辭》不言九五之過，把罪過嫁禍於時，是時間起到了決定性的作用，這是一種避實而言虛的說法。不言君主昏，在言小人過，是古人把君主看作為天神，神聖不可侵犯。要說君主昏是大逆不道。這裡沒有體現維物主義觀念。充當了小人當道的擋箭牌。

【原文】象曰：天下有山、遯；君子以遠小人，不惡而嚴。

【譯文】《象傳》說：天的下面立有大山是《遯》卦，君子要遠離小人，才能做到不沾染惡習，舉止威嚴。

【釋文】「李士鉁曰：易為君子占，不為小人謀，而有時為小人立訓者，訓小人以君子之道，所以化小人為君子也。故以君子害君子，君子亦小人；小人從君子，小人亦君子。必盡棄小人而痛絕之，亦非天地之量，聖人之教矣。」李士鉁用對事不對人的分析方法，對君子和小人進行了說明。今天做好事，今天是君子，明天幹壞事，明天是小人，這種說法似乎不合情理，君子成不了小人，小人變不成君子。看人要看本質，好人有時也會做錯事、壞事，但要分析促成的原因；壞人有時也幹好事，應知道其做好事實質和動機。「君子害君子君子亦小人」君子決不會去害君子，所謂「君子」而實為偽君子，偽君子本是小人，而且比小人更可惡。「小人從君子，小人亦君子」，

小人決不會去從君子，如有從者，也是一種偽裝而已。確實能從君子的，不能說其是小人。

【原文】初六，遯尾，厲，勿用有攸往。象曰：遯尾之厲，不往何災也。

【譯文】初六，藏起尾巴，非常時期，不要有什麼行動。《象傳》說：「遯尾之厲」不往有事的地方去，怎麼會有災呢。

【釋文】初六就是小人，處在小人得勢之時，時時處處都應警惕，不可馬虎大意，不能讓小人抓到尾巴，為了不留絲毫痕跡，唯一的辦法就是不動，什麼也不要去做，把自身的思想動機隱藏起來，是遠離小人的最佳途徑。

此爻雙層含義，對於小人而言，什麼也不要去作，把自身的尾巴藏起來，只要不去幹壞事，不會有災。

【原文】六二，執之用黃牛之革，莫之勝說。象曰：執用黃牛，因志也。

【譯文】手裡拿著用黃牛皮製作的繩子。誰也說服不了他。《象傳》說：「執用黃牛」是說其太固執了。

【釋文】「虞翻曰：艮為手稱執，坤為黃牛。勝，能；說，解也。

六二具有《坤》德，手裡拿著黃牛皮製作的繩子，說明其有一套人們說服不了的理論標準。《坤》有順德，六二能順從九五，才能取得九五的重用。「莫之勝說」沒有能說服他的人，說明六二多才善辯，取得了九五的信任。

六二不言遯，因六二是小人，他爻皆言遯他爻是小人之受害者，為避小人害，所以言遯。

　　由於六二能言善辯，九五不得不聽其言，才把天下搞得烏煙瘴氣，在這種形勢下，只能「小利貞」。說明天下黑白顛倒，正人君子只好躲藏起來。這是《遯》卦的論述中心。

　　六二是人類社會上典型的偽君子，不偽裝君子，難以說服他人，在上層建築裡面，偽君子大有人在，不當偽君子，到不了上層。上層人物不都是君子，下層人物不都是小人，看人不能用權勢地位進行衡量，一個人的素質「貞」與不「貞」，就表現在其言行上。人們敬仰的是道德，並不是權勢。六二這樣的偽君子，《遯》卦裡面的君子能從躲藏的角落裡出來敬仰他嗎？恰恰相反，六二將成為人類歷史上的千古罪人。

　　【原文】九三，繫遯，有疾厲。畜臣妾吉。象曰：繫遯之厲，有疾憊也。畜臣妾吉，不可大事也。

　　【譯文】九三，受到二陰的牽連，必須躲著點。有嚴重的疾病。養臣子小妾吉祥。《象傳》說：受到嚴重的牽連，有了心病和疲憊。養臣子小妾吉祥，不可以做大事。

　　【釋文】下卦二陰上長，小人得勢。九三與兩陰爻同宮，必受到牽連，「繫」是維繫有牽連的意思。九三想躲是躲不開的，所以繫遯。陰盛陽衰，身體一定有病。處在此環境之中，只有畜養與陰類同質的物資吉祥。君是陽臣是陰，男是陽，女是陰。所以畜臣妾吉祥。

　　這是在論述萬物相互感應的道理。《遯》卦，陰盛陽衰，陰陽數不平衡，陰吃陽，陽為了不被吃掉才《遯》。九三由於躲不開才會受到牽連，俗語「近朱者赤，近墨者

黑。」

【原文】九四，好遯，君子吉，小人否。象曰：君子好遯，小人否也。

【譯文】九四，進入了藏身的好地方，君子吉祥，小人不會有好處。《象傳》說：「君子好遯」就是小人的壞處。

【釋文】九四進入上卦《乾》宮，《乾》是陽卦，陽好運動，有了適應陽爻身份的場所，不卦《艮》山雖也是陽卦，但《艮》卦是止，難以行動。九四到了可以揚眉吐氣的場所小人就不會得到好處。所以「小人否」。

「劉沅曰：好者惡之反，好遯以禮而遯，無遯之形。孔子以微行罪，孟子三宿出晝，是也。君子之遯，事由小人，猶有君子，則事尚可為，而小人得禍亦淺。君子從容以去，道安身全，小人必不能自保矣！故此吉彼否。九四陽剛，居乾健之始，故能決然以遯而無所繫。」

「馬其昶曰：四五之遯，曰嘉曰好，皆陰陽相應之辭。陽以變為遯。有應而遯，惟知幾識時者能之。始知應不忿疾於頑，繼之遯能自全其節，故吉也。四陽為君子，初陰為小人。四即變，則初亦無應而塞矣。」這是從陰陽變化的運動規律進行說明。四陽初陰、五陽二陰，陰陽相感、故四、五兩爻為吉。三爻不吉三與上九不應之故。

【原文】九五，嘉遯，貞吉。象曰：嘉遯貞吉，以正志也。

【譯文】九五，隱蔽在這裡十分美好，貞正而吉。《象傳》說：「嘉遯貞吉」是為了用來端正志向。

【釋文】九五是《彖辭》中「剛當位而應」者，陽剛

居五為當位。與六二相應，君主居中又正，道德高尚，能感化小人，如李士鉁所說「小人從君子，小人亦君子」。《水滸傳》中的高求因踢一手好球被君主重用，其小人的本質是否改了呢？

【原文】上九，肥遯，無不利。象曰：肥遯無不利，無所疑也。

【譯文】上九，遠走高飛沒有不利的。《象傳》說「肥遯無不利」沒有值得疑惑的地方。

【釋文】「陵希聲曰：肥本作飛。」

「姚寬曰：古肥字作𦜳，與蜚似。後遂改為肥。蜚即飛。」

「劉沅曰：下三爻止，就艮義立象。上三爻為乾純陽，故無不吉。好遯、肥遯，行不同而美同，以純乾之體故也。」

「又曰：上九以陽剛居卦外，道安身泰。肥者，光大寬裕之意。心廣體胖，疾憊之反也有德無位，肅然世外，本無官守言責。舍則藏之，何疑之有？

## 大壯卦第三十四

大壯，利貞。

陽氣壯不停地上長，利貞正。

四陽爻在下不斷地上長，故壯。陽為大，故大壯。陽為正，故利貞。

陽氣冬生，春天最旺。正月是《泰》卦，「小往大來」。二月是《大壯》卦，春分季節陽氣大壯。三月

《夬》卦，陽極盛將衰，「剛長乃終」。

「劉沅曰：序卦，遯者退也，物不可以終遯，故受之以大壯。此二月之卦也。正月泰，陽雖長未盛；三月夬，陽已盛將衰，皆不可以言壯，惟四陽則壯矣，君子道長之時也。」

【原文】彖曰：大壯，大者壯也。剛以動，故壯，利貞，大者正也。正大而天地之情可見矣！

【譯文】《彖辭》說：《大壯》卦，只有大才能壯。四陽爻在下向上運動，所以能壯大。《大壯》卦利於貞正，是陽氣大又貞正的緣故，在正大之中天地的情況可以顯現出來了！

【釋文】《彖辭》闡述了「正大」，透過「正大」把天體的構成和演變過程說出來了。「正」是陽正；「大」是陽大。這是對先天而言，是「元，亨，利，貞」的總概括。地球是正大之中的產物，是宇宙大爆炸的結晶。由先天到後天，天體永遠正大。

「張浚曰：天地不壯無以成動出之功，君子不壯無以立朝廷之治，元氣不壯無以保一身之安。陽勝陰，君子勝小人，正氣勝邪風，皆大者壯也。惟不貞，則必暴，必折、必拂，常逆理而違厥中。大壯所以貴正。」只有正，才能壯。不正者，違背天體發展變化的常經。所以難言壯。不能壯的基本原因就是不順道理。

「齊夢龍曰：大者壯，以氣言；大者正，以理言。」理與氣本同一理，理由氣化而成。大和正相輔相成。大到天體，小至人來，通達而壯，天地萬物之情可見矣。」

「劉沅曰：四陽盛長，剛則能勝其人欲之私，動者能奮其必為之志，此其所以壯也。大與正非二理，不正不可謂大，天地之情，一正大而已。情謂發育之情，人能以天地之情為情，則剛合天德，動合不行，其為壯也。可以配道義而塞天地。」

【原文】象曰：雷在天上，大壯；君子以非禮弗履。

【譯文】《象傳》說：雷聲在天上轟鳴是《大壯》卦；君子對不符合禮教的行為不要去做。

【釋文】《象傳》是在弘揚克己復禮，「語類云：人之克己，能如雷在天上，則威嚴果決，方能克去非禮。」《語類》說要做到克己復禮，必須雷厲風行，沒有這樣的決心，是做不到的。「劉沅曰：克己存仁而天命在我，自勝之謂強，中庸言強哉矯，皆是義也。」要《大壯》必存仁，這就是「天命在我」。「自勝」是說自己相信自己，只有存仁才能相信自己。所謂強者，是「仁」之心也。「存仁」則有禮，遵循禮教才是強者。不遵循禮教之人不這樣去看。這是兩種不同的宇宙觀和人生觀。

【原文】初九，壯於趾，征凶，有孚。象曰：壯於趾，其孚窮也。

【譯文】初九，強壯在腳大趾上，跡象有凶，有誠信。《象傳》說：「壯於趾」是其講信用以達到極點了。

【釋文】講信用要看實際情況，初九、九四兩陽相對，九四決不能為講信用來初九，而九四已覺察到有凶的跡象了。就不應該為講信用而遭凶災。

「李中正曰：初九以陽居陽，大者之正。其凶非孚不

足也，犯壯趾之戒，特其孚而喪其孚也。」初九只壯在腳趾上，是有凶的跡象，講不講誠信已是次要問題，不講信用有凶，講信用同樣有凶，有沒有凶就不應用守信用來加以衡量。說明看問題不準確，會出亂子的。

【原文】九二，貞吉。象曰：九二貞吉，以中也。

【譯文】九二，貞正吉祥。《象傳》說：「九二貞吉」是因為處在下卦的中間位置。

【釋文】凡卦以二、五兩爻為中心。而《大壯》二五兩爻陰陽正應，所以「貞吉」。

「李士鉁曰：陽得中位，不過乎壯。上應五陰，不恃其壯。書曰，沈潛剛克，高明柔克。傳曰，寬以濟猛，猛以濟寬。故大壯四陽爻，居陽位則凶，居陰位則吉。」說明陽居陽位再遇陽，過剛而猛，故凶。陽居陰位再遇陰，陰陽相濟，互助互利，故吉。

「馬其昶曰：二為乾之主爻，四為震之主爻，象所謂剛以動，故壯者，此兩爻也，故皆曰貞吉。二非正，而曰貞吉者，所謂中以行正也。行即擴充之謂。能充可以塞天地，不能充則窮是故二之吉，人也，非天也。以人力勝，故曰貞吉。」

【原文】九三，小人用壯，君子用罔。貞厲。羝羊觸藩，羸其角。象曰：小人用壯，君子罔也。

【譯文】九三，小人在這裡雄壯，胡作非為。君子在這裡無立足之地。貞正得太厲害了。公羊走到這裡，也要用頭上的角去觸籬笆，有時要被籬笆纏住了角。《象傳》說：「小人用壯」君子是沒中央有可用的地方。

【釋文】羝，公羊。藩，籬笆。羸，纏繞。

【釋文】「王樹枏曰：稽覽圖云，地上有陰，天上有陽，曰應；俱陰曰罔。地上有陽天上有陰，曰應；俱陽曰罔。鄭注兩陰兩陽無見之意，曰罔。此言九三當壯之時，小人恃其應而壯，而君子則不敢動。雖有應，若無應焉，故曰用罔。」這是在說明陰陽相感的道理。九三是陽，小人是陰，小人在這裡故壯。而君子則無。

【原文】九四，貞吉，悔亡。藩決不羸，壯於大輿之復。象曰：藩決不羸，尚往也。

【譯文】九四，貞正吉祥，有悔恨也會消亡。四陽在這裡一齊上進，像一群羊把籬笆推倒了，是纏不住羊角的。就像一輛車，車復條十分壯實，車輪一轉動，壯勁就來了。《象傳》說：「藩決不羸」是由於正在向前行動。

【釋文】九四是《大壯》卦的論述中心因為《大壯》卦所闡述的是陽氣壯，六五是陰爻。所以，把中心論點放在了九四。突出「大者壯也」的論述。「剛以動，故壯」指的就是此爻，九四「貞吉」是說明「大者正也」。九三是小人當道，君子不可用。邪氣壓不住正氣，黑暗遮不住光明，九四的正大，便可以看到天地的真實。

「劉沅曰：復，車輪之幹也。車之敗多在折復，乾為輿，變坤亦為輿。四以柔乘剛，不用壯而彌壯，此大壯之義也。」

【原文】六五，喪羊於易，無悔。象曰：喪羊於易，位不當也。

【譯文】六五，一隻羊死在了場子裡面，沒有悔恨。

《象傳》說：「喪羊於易，是所處的位置不相當了。」

【釋文】陰居陽位，位置不得當。由於下面有四陽上行，陽氣過盛，羊不能不死。羊是陰物。羊死無悔，是羊到處亂跑，進入了人家的場院裡，場是堆放糧食的場所，羊因吃糧而死，過錯在羊身上。這裡是在說明「勿以善小而不為，勿以惡小而為之」。

「陵續曰：易，謂疆場也。」

「本義云：卦體似兌，有羊象焉。（劉沅曰：互兌羊也。）漢食貨志，場作易。」

【原文】上六，羝羊觸藩，不能退，不能遂。無攸利，艱則吉。象曰：不能退，不能遂，不詳也。艱則吉，咎不長也。

【譯文】上六，公羊角觸到籬笆上，不能後退，也不能順從。沒有利，付出艱辛則吉。《象傳》說：「不能退，不能遂」是對情況不熟悉。「艱則吉」過錯不會再長了。

【釋文】上互是《兌》卦，《兌》是羊，上六在羊的頭上，取羊觸籬笆之象。羊角被繞住，羊不能動，因羊是陰物。說明要幹一番大事業，必須要具備「正大」二字。只有正大「而天地之情可見矣！」

「劉沅曰：詳，審也。艱則知其難而詳審咎自不長，所以教人善補過也。」羊角之所以能觸到籬笆上，錯就錯在事先沒能對集體情況進行仔細思考，要知道其角定被繞住，羊決定不能去觸籬笆。說明事無遠慮，必有近憂。警告世人，凡事必須要事前進行周密地思考，只有這樣，才會「咎不長也」。

## 晉卦第三十五

晉，康侯用錫馬蕃庶，晝日三接。

《晉》卦，能安定國家的諸侯，備用了品種繁多的上等好馬，向君主進貢。君主十分重視，一天裡接待了三次。

《晉》卦，上卦《離》是太陽，下卦《坤》是地，日出地上，一片光明，萬物舒眉展眼將要大顯身手。康侯向君主進貢，表達報效國家的一片忠心。君主一天接待三次，說明君主善於用賢，上下一心。

《坤》卦在下是廣大人民群眾。《離》火在上是太陽，象徵君主，是上下一心齊心協力的象徵。

【原文】象曰：晉，進也，明出地上。順而麗乎大明，柔進而上行，是以康侯用錫馬蕃庶，晝日三接。

【譯文】《象辭》說：《晉》卦是進，光明出在大地的上面，《坤》卦在下面順從，《離》卦之美麗而大明於天下，《坤》陰柔順而向上行走。這就是卦詞所說的「康侯用錫馬蕃庶，晝日三接」。

【釋文】《晉》卦，是太陽升出地面，越生越高，不光指「進」，有天下越來越光明，日溫越來越強之意。所以，國家幹部提升稱為晉級，「柔進而上行」是說人民生活水準逐步提高，國泰民安之象。

《坤》卦順從《離》卦，是地球順從太陽。所以，天下大明，這是在闡述後天地貌，是下經論述的中心。天體的構成因素是「元、亨、利、貞」，又稱為天之四德，簡

稱天德。天德就是天理，天體構成的道理，天體形成的道理就是天德。後天之天德就體現在「正大而天地之情可見矣。」

日是君主，有如太陽普照大地，康侯進貢表達忠心，是臣民具有的一種美德，心繫國家是天下人民所共有的一種向心力。這種向心力就是天體構成一種極其關鍵的道德。只要地球繞太陽旋轉一天，這種向心力就存在一天，地球不滅，這種向心力永存。

【原文】象曰：明出地上，晉；君子以自昭明德。

【譯文】《象傳》說：光明出現在地上是《晉》卦；君子要明辨事理，有明照四方之道德。

【釋文】一本《易經》弘揚天下文明和人類之美德，《象傳》的這句寫出了聖人的心，這說明什麼？父母期盼兒子成材，人們總結出「可憐天下父母心」。聖人期盼天下文明，卻說出了「君子以自昭明德」。《晉》卦闡述的是天下文明。

天下能不能文明，來自於每一個人的心。《離》卦就是人心，人心就體現在《離》卦中間的陰爻上面。劉沅說：「離中一陰私下去，天理之純全不復。」由於私心作怪，天下無奇不有，孔子發現了其中的玄機，才說出了這一字千金，千金買不來的肺腑之言。

「胡炳文曰：至健莫如天，君子以之自強；至明莫如日，君子以自昭。」「王守仁曰：自昭也者，自去其私慾之蔽而已。」「劉沅曰：德本於天，本自明也，為陰私所蔽則晦。君子觀晉之象，自明其明德，明而益明，如日之

進，自昭之功，動靜交相養，本末元不貫，乃是。」「張洪之曰：象言明昭，即自明也。推其效，可明明德於天下。蓋日以中天而無不照，人以德盛而無不新。」

【原文】初六，晉如摧如，貞吉。罔孚，裕無咎。象曰：晉如摧如，獨行正也。裕無咎，未受命也。

【譯文】初六，原本這裡是在向前行動，不知什麼原因被摧毀了，貞正吉祥。沒有誠信卻寬裕沒有錯。《象傳》說：「晉如摧如」單獨行動是正確的。「裕無咎」沒有接受命令。

【釋文】《晉》卦是進，初六是陰，主靜不能動，《晉》卦只有動，才「貞吉」所以產生「晉如摧如」之象。初六之所以「貞吉」是由陰變陽，正因為這樣一動。《象傳》才說「獨行正也」。

《象傳》對初六這種變動進行了肯定。

「劉沅曰：初，民位，不苟於進，得正而吉。裕，寬綽自如意。命，即錫馬三接之命。「初六是陰，居初爻不得正，只有變陽才得正。」

【原文】六二，晉如愁如，貞吉。受茲介福，於其王母。象曰：受茲介福，以中正也。

【譯文】六二，一面走一面顯出憂愁的樣子。貞正吉祥，受到這樣的大福，全在於王母的賞賜。《象傳》說：「受茲介福」是由於得到了中間位置的緣故。

【釋文】「馬巴融曰：介，大也。」

「虞翻曰：得位處中，故貞吉。」

「程傳云：王母，陰之至尊，六五也。」

「劉沅曰：王母謂六五，離日象五，五亦王象，離中女，故象王母。凡二五的陰應陽，則象君臣。以陰應陰，故象王母。夫母子一氣相親，王母則親而尊。二五柔中正同，一氣相親者也。王母之愛育其孫也，無異於子，而孫之親王母也，尤甚於親，然其尊益甚。以此明受介福之義，其意彌摯，而其蔭彌遠矣。」

「李士鉁曰：六二有中正之德，以進為懼，居廟堂之上，則憂其民；處江湖之遠，則憂其君。此公忠體國之臣，故正固而吉。王母指六五，以陰居尊，與二非應，而有同體之親，予二以福，二親受之，非外人所得間也。」

【原文】六三，眾允，悔亡。象曰：眾允之志，上行也。

【譯文】六三，《坤》陰之眾一致答應服從上行，悔恨消滅。《象傳》說：「眾允之志」是向上行走。

【釋文】下卦立志上行，是為了順從君主，這是萬物所具有的美德。人心嚮往光明，本是自然屬性，也就是天性。萬物都在尋找平衡，這裡所闡述的就是尋找心理平衡的道理。「順而麗乎大明」就是順從光明。地球圍繞太陽旋轉就是「順而麗乎大明」這就是天理。人人心向國家，就是順從天理。也有逆乎公理而心向外的，如偽滿洲國的漢奸，順從日本人也是順，其本質卻截然不同。所以，把道理衍化成道德，只有在道德上加以區別。

【原文】九四，晉如鼫鼠，貞厲。象曰：鼫鼠貞厲，位不當也。

【譯文】九四，進到這裡全是鼫鼠，貞正得太厲害

了。《象傳》說：「餔鼠之厲」是位置不適當。

【釋文】餔鼠，鼠類的一種，《詩經》中的碩鼠是否則針對餔鼠，無考證。而其中含義是相同的。在天下興盛時期，君主手下的大臣竟是一個餔鼠。貪心不足，禍國殃民。《本義》云：不中不正，以竊高位，危道也。」

「赴彥肅曰：晉三時，陰為君子，陽為小人。大哉時乎！」陰能成為君子，廁所裡的石頭也要被人們供奉起來，這是一種顛倒黑白的謬論。

越是興旺時期，越是偽君子簒奪領導權的大好時機。陰至靜，性文靜。德主順，有順從上司的天性。具備了這兩點，偽君子便能登上政治舞台。而陽性卻大不相同，陽主動，性貞正，沒有陰那種順從的性格，發現了問題，往往和領導產生摩擦，基於此，君為陽，臣益陰。君為陰，臣益陽。從中體現陰陽相感的道理。

【原文】六五，悔亡，失得勿恤。往吉，無不利。象曰：失得勿恤，往有慶也。

【譯文】六五，悔恨消亡，失去什麼或得到什麼都不會憂慮。只要去就吉，沒有不利的。《象傳》說：「失得勿恤」去了以後就會有值得慶賀的事。

【釋文】劉沅曰：「火無定形，倏起倏滅，故多以失得取象。勿恤，虛中之象。六五之君以大度處之，無心應之。往，即晉也。有慶，兼人已言。」

「馬其昶曰：六五之悔亡，以其柔進上行而居中位。以是而往，吉無不利。得位失位，有應無應，皆不必計，故曰失得勿恤。」

【原文】上九，晉其角，維用伐邑，厲吉，無咎，貞吝。象曰：維用伐邑，道未光也。

【譯文】上九，晉卦到了牛角，為維護疆域，征伐異邑，特別吉祥。沒有錯，在維護正義上有吝難。《象傳》說：「維用伐邑」在道德上不太光彩。

【釋文】李士鉁曰：「離為牛，牛上為角。邑指內卦，征伐自天子出，晉為諸侯之象，雖明德昭著，亦僅伐己之私邑而已。」

「馬其昶曰：厲吉無咎者，剛動而有應也，貞吝者，位不當也。積之久而自成其吝也。天地貞觀，日月貞明，吉凶貞勝，故於明出地上之卦，而詳著貞勝之義焉。」

上九「晉其角」有鑽牛角尖之義。為維護自己的疆域，不惜去攻打別從的疆域，在道義上是說不過去的，所以「貞吝」。《象傳》的解釋是「道未光也」。從道德的角度上說，是種不光彩的行為。

## 明夷卦第三十六

明夷，利艱貞。

《明夷》卦，對艱難貞正之事有利。

《明夷》卦，上《坤》是地球，下卦《離》是太陽，太陽落入地下，是太陽的光輝被地球遮蔽住了，天下一片黑暗，主張正義的人就要受到小人的傷害。「劉沅曰：日入地中，非有傷也，為其光為地掩，人間失去了光明，聖人借以明有德見弊害之象。」

「李士鉁曰：艱所以晦其明，貞所以正其志，處明夷

之道也。不晦其明，則亡身矣；不正其志，則失道矣。艱貞，所以明而不夷也。」正義，必須在艱難困苦之中探索，只有付出艱辛的代價，才能獲得正義和光明。

【原文】彖曰：明入地中，明夷。內文明而外柔順，以蒙大難，文王以之，利艱貞，晦其明也。內難而能正其志，箕子以之。

【譯文】《彖辭》說：光明落入地中，是《明夷》卦。地內文明而外表陰柔而順，所以蒙上了大難。紂王把文王關在了羑里，就是毀滅了光明，文王歷經艱難而志向不變，內心有難處同時能樹立起正確地志向，箕子就是這樣。

【釋文】「明入地中」是把光明裝在心中。紂王的殘忍，晦掉光明。文王弘揚仁義道德，是內心的光明。《明夷》之時，就是「晦其明」。天道有「晦其明」之時，人類社會同樣有「晦其明」之時，《彖辭》用文王和箕子的高貴品質教育世人，弘揚光明，崇尚道德。這就是《易經》。

「彪謹案：文王、箕子易地則皆然，其道一也。明雖夷，而自有其不可傷者在也。文王之明夷見於羑里，而六十四卦之詞的著；箕子三明夷見於囚奴，而洪範九疇之道以傳。一若天使之明夷，而其明更昭於千古，此艱貞之所以為利也。素患難行乎患難，庸何傷乎？」

【原文】象曰：明入地中，明夷；君子以蒞眾，用晦而明。

【譯文】《象傳》說：光明裝在心中是《明夷》卦，

君子應深入到大眾中去體會生活，用其暗昧獲取光明。

【釋文】人類社會的明與不明，就體現在廣大的人民群眾當中，大眾當中有沒有光明應看成是君子的責任。沒有黑暗談不上光明；沒有光明又何其謂黑暗，這就體現在人們的道德覺悟與社會的文明程度。文明程度與道德標準就是區分黑暗、光明的分水嶺。

【原文】初九，明夷於飛，垂其翼。君子於行，三日不食，有攸往，主人有言。象曰：君子於行，義不食也。

【譯文】初九，《明夷》卦像一隻鳥在飛，太陽落山以後，收回兩隻翅膀。君子的品德，表現在行動上，即使三天不吃飯仍然不會停止其所作所為。這是由於有話要說。《象傳》說：「君子於行」是講道義才致使他三日不吃飯。

「左傳云：明夷，日也。日之謙當鳥，故曰明夷於飛。明而未融，故曰垂其翼。象曰三動，故曰君子於行。離，火也；艮，山也。火焚山，山敗；於人為言，敗言為讒。（馬其昶曰：離火變艮山，是經火之山也。火山旅，火之經山，過而不留，有旅之象。火焚山，山敗，以人事言之，君子避難，隨所旅過，其主人必被讒言而敗。故君子於行，三日不食，義不使主人被連坐之患也。主人有言，即所以申明不食之故。四撰坎為酒食，初變而不與四應，故曰義不食。）

「李士鉁曰：故君子於行，避惡若浼，以義自守。渴不飲盜泉之水，熱不憩惡樹陰，既避其人，則不可食其食。伯夷避紂而採薇，四皓避秦而茹芝，不食非義之食

也。」

【原文】六二，明夷，夷於左股，用拯馬壯，吉。象曰：六二之吉，順以則也。

【譯文】六二，《明夷》卦，傷在左腿上。用推薦賢能人士的辦法來拯救馬壯，吉。《象傳》說：「六二之吉」是能順從紂王的意願找到拯救馬壯的辦法。

【釋文】《明夷》卦二、四兩爻是大臣之位，九三是陽，有《乾》元之貞正之氣，由於不得中氣，不能言壯，故稱之「馬壯」。六二是文王，六二把九三推薦給上六，因九三與上六正應。上六是紂王。讓九三幫上六改邪歸正。

九三不得中氣，能去紂王之邪嗎？

六二是文王自指，「王宗傳曰：六二文明之主，又柔順之至，非文王其誰當之，用拯者上拯吾君，下拯斯民，不敢不用其力，故曰馬壯吉。」

「李士鉁曰：馬壯指九三，三互震為馬，九三陽爻固北，馬壯可以代人，賢人可以代己，二見傷而舉賢的救君失。此湯所以進伊尹於桀，文所以進膠鬲於紂也。」

【原文】九三，明夷於南狩，得其大首，不可疾貞。象曰：南狩之志，乃大得也。

【譯文】九三，《明夷》在南方打獵，得到了想要得到的大首，不要急於求得貞正。《象傳》說：「南狩之志」就是要大大地獲得。

【釋文】九三是文王推薦給紂王的賢士，文王把說服紂王的重託寄託在九三身上。九三在南方打獵獲得大首，

「大首」指上六，在《明夷》卦中，上六是紂王。九三能獲上六，是九三和上六正應。上六是《離》卦，《離》卦是南方維卦，故「南狩」。文王對紂王的殘暴痛心疾首，又不可明書反紂之心，才用九三抒發心志。「不可疾貞」是說不可的急於求得貞正，要慢慢一點一點地進行糾正。疾，急。

【原文】六四，入於左腹，獲明夷之心，於出門庭。象曰：入於左腹，獲心意也。

【譯文】六四，《離》火之氣是入左腹，從而獲得了《明夷》之心，於是走也家門，遠走高飛。《象傳》說：「入於左腹」是獲得了明見其傷的心意。

【釋文】六四闡述了微子離家出走的原因，是獲得了明夷之心。「楊時曰：腹，坤象。坤體之下，故曰左腹。獲明夷之心，所謂求仁得仁，微子之明夷也。史記載，微子欲出，曰，我其發出往，即此所云於出門庭也。父師曰，王子弗出，我乃顛隮，自靖，人自獻於先王，我不顧行遁，此正箕子之心意也。此爻即穩據微子篇大恉。」《明夷》卦的中心就是明見其傷。夷，就是傷。微子為了避免明見其傷，才離家也走。

【原文】六五，箕子之明夷，利貞。象曰：箕子之貞，明不可息也。

【譯文】六五，箕子明見其傷，利貞正。《象傳》說：「箕子之貞」其光明永遠不可以息滅。

【釋文】六五本是君爻，《明夷》卦卻在本爻闡述箕子，是《易經》對箕子的高度讚揚。說明了正義是不可殞

滅的，箕子的美德與天地共饗。

「孔穎達曰：最比暗君，似箕子之近殷紂。利貞者，執志不回，闇不能沒，正不憂危。」黑暗埋沒不了光明，邪惡戰勝不了正義，這是一種變化規律，不以人的意志為轉移。劉沅說：「云箕子之明夷，欲貞者以箕子為法。貞外無明，不明何以能貞。故曰明不可息。」貞正就是光明，所謂「正大光明」。明不可息是說天下不能沒有正義，強調了正義的重要性。

「李士鉁曰：六五之陰居尊，故稱箕子。為王宗親，使佐君理國，殷不可亡。易以箕子居六五，蓋傷之也。周公攝位而周興，箕子佯狂而殷亡。箕子之明夷，非僅以正一己也。抱道俟時，座能衍洪範之傳，立君道之中，天下萬事賴以正。箕子之貞大矣，明亦遠矣！故曰明不可息。」李士鉁高度讚揚箕子，說明了人們對正義的嚮往，對邪惡的抨擊。

「馬其昶曰：韓非子云，紂為象著而箕子怖，以為吾畏其卒，故怖其始。居五年，紂為肉圃，設炮烙，登糟邱，臨酒池，紂遂以亡。箕子見象著以知天下之禍，故曰見小曰明。又云，紂為長夜之飲，以失日問左右，盡不知，使問箕子，箕子曰，為天下主，一國皆失日，天下其危矣！一國皆不知，我獨知之，吾其危矣！辭以醉而不知，是皆箕子明夷之事。明不可息，猶日食人見其傷，而日固自若也。」

【原文】上六，不明晦，初登於天，後入於地。象曰：初登於天，照四國也。後入於地，失則也。

【譯文】上六，沒有光明，一片黑暗。開始如同登上天堂，最後又像入了地獄。《象傳》說：「初登於天」坐在君主的位置上能管轄很多小國。「後入於地」是失去了君主應具有的原則。

【釋文】上六是在闡述紂王，說明殘暴統治的下場。向世人表明無論任何人，道德是必須要遵守的。道德就是天德，由天理衍化而成。違背了這個道理，就是違背了天理，違背天理要遭天譴，是要受天下人譴責的。

「鹽鐵論云：易曰，小人處盛位，雖高必崩，不盈其道，不恆其德，而能以善終身，未之有也。是以初登於天，後入於地。」

「馬其昶曰：自五以下，皆言明夷者，明而被夷，杜鄴所謂日食之象也。上六不明晦，則日入地平，昏夜之象也。天文家言，月運行至日與地球之正中。而月蔽日光，則為日食。此卦離在內，坤地繞於外，中互坎月，蔽日之明。坤體三爻地之全球也。五在內，向日為晝，傷於坎而明夷。外半球背日無光為夜，上六一爻當之，所以最暗。失則者，失其明照之常也。」

馬其昶的解釋十分客觀，用天理喻人事，說明天道亦人道，闡述萬物發展變化之運動規律，這個規律是不以人的意志為轉移的。這是論地貌的中心內容之一。

## 家人卦第三十七

家人，利女貞。

《家人》卦對貞正的女人有利。

　　《家人》卦，上卦《巽》屬木又主風；下卦《離》屬
火，是日又是人心。木能生火，木火是一家。人心像太
陽，人心向著太陽，天下人心都向太陽，天下人是一家。
那就是國家。人心期待國家永遠放射光明。

　　「馬融曰：家人以女為奧主，長女中女各得其正，故
特曰利女貞。」

　　「劉沅曰：火生於木，得風而盛，猶夫婦之道相須而
成。內外一氣相濟，九五、六二各得陰陽之正。序卦，夷
者，傷也，傷於外者，必反其家，故受之以家人。女貞，
乃家人之本正家之先務。正在女，所以正者在丈夫。」劉
沅說出了「利女貞」的重要性。正人先正己，家正女必
正，所以正者在丈夫，強調了男人在家庭中的作用。

　　【原文】象曰：家人，女正位乎內，男正位乎外。男
女正，天地之大義也。家人有嚴君焉，父母之謂也。父
父，子子，兄兄，弟弟，夫夫，婦婦，而家道正。正家，
而天下定矣。

　　【譯文】《彖辭》說：《家人》卦，六二得正位於內卦，
陰為女，是女正在內，九五得正位於外卦，陽為男，男正
在外，男女在家中內外都正，是天地必須具備的意義，家
中要有一個主人，那就是父母。天下的人都有父母，兄
弟，夫婦，而家道必須要正。天下的人都能正家，天下就
安定了。

　　【釋文】家人正與不正，與天地有關係嗎？天地秉正
氣，才生有萬物，而萬物之性各殊，人也是一樣，人是萬
物中的一個物種，其性格各不相同，男女正與不正是先天

素質的真實反應。先天素質透過後天素質而起作用。這是從客觀而言，從主觀上講，人的意志是可以轉化的。所以，《彖辭》中強調了家有嚴君的作用。齊家治國安天下，嚴君的作用是最關鍵的。

「程傳云：雖一家之小，無尊嚴，則孝敬衰，無君長，則法度廢。有嚴君而後家道正，家者，國之則也。」

【原文】象曰：風自火出，家人；君子以言有物而行有恆。

【譯文】《象傳》說：風的形成是由火的作用發出來的。這就是《家人》卦；君子說出的話必須要附合事實，有物可證，作出的行動一定要堅持到底，下定恆心。

【釋文】《象傳》闡述風自火出的道理，風的形成是由氣溫不同所產生的，人的言行就像風，是在心的支配下發出來的。人的素質各不相同，《象傳》是在告誡世人，言必信，行必果。

「項安世曰：五行之氣，熱極為風，人心之動化為風，凡風皆自火出者也。蓋萬物以火為內，天下以家為內，人之言行以心為內。言行，風也；有物有恆，心主之也。」語言和行動，全在心靈的支配。所以，見其言行，見其心也。

「張洪之曰：君子知風之自，齊家以修身為本，修身以言行為始。言物行恆，誠身之道也，萬化基於此矣。」

【原文】初九，閑有家，悔亡。象曰：閑有家，志未變也。

【譯文】初九，安閑在家，悔恨消亡。《象傳》說：

安閒在家，是志向沒有變。

【釋文】初九是《乾》卦「乾龍勿用」之爻，「閒有家」與《乾》卦初爻意義相同，「閒有家」是無所事事，人要安閒，必須有家，安閒無家，是無棲身之所，難言有家。家是養人之所，初爻是家，家不可變，《象傳》「志未變也。」是養人之志未變。

「李士鉁曰：初九乃家人之始至，家道之始立，志未變，情未瀆，而以剛德閒之。雖承陰，而悔亦亡。所謂禮始夫婦，為宮室，謹內外也。內言不出於閫，外言不出於閫，閒之謂也。」

【原文】六二，無攸遂，在中饋，貞吉。象曰：六二之吉，順以巽也。

【譯文】六二，沒有所要遂從的道理，在家中主持家務，貞正吉祥。《象傳》說：「六二之吉」是為了順從巽卦。

【釋文】饋，指酒食。引申為操持家務「無攸遂」，是對女貞的有利說明。封建社會男尊女卑，女人只可以在家操持家務，這是最大的貞正。

「李士鉁曰：大戴禮曰，婦人，伏於人者也，是故無專制之義。有三從之道，在家從父，適人從夫，夫死從子，無能敢自遂也。離為中婦，又在內卦之中，中者婦位，饋者婦職，詩曰，無非無儀，惟酒食之議，婦之美德也。」初爻是家，二在家中，家中的主管就是婦人，由於品質中正，操持家務是其天職。由於具備《坤》順之德，一心順從九五，九五是外卦之陽，是六二原配。是家中的頂樑柱。這是《家人》卦的論述中心。

「無所遂」是婦女三從之道的論述核心。女人不自遂，是吉祥的根本。這是弘揚封建禮教。

【原文】九三，家人嗃嗃，悔厲，吉。婦子嘻嘻，終吝。象曰：家人嗃嗃，未失也。婦子嘻嘻，失家節也。

【譯文】九三，家中氣份十分酷熱，悔恨得很厲害，吉。婦人孩子嘻嘻哈哈，終歸會有吝難。《象傳》說：「家人嗃嗃」是沒有失掉節制。「婦子嘻嘻」是失掉了家中的節制。

【釋文】「鄭康成曰：嗃嗃，（馬其昶曰：釋文，劉作熇，說文無嗃。）苦熱之意。嘻嘻，（馬其昶曰：釋文，張作嬉；說文無嘻。）驕佚喜笑之意。」

「馬其昶曰：嗃嗃者，體離撰離之象。悔厲吉，得位也。若動失正而嬉嬉，則吝矣！」

九三論述了治家之道，約束嚴謹，一家人像團火，雖有悔而吉。若失家庭之節制，無拘無束，必有吝難發生。正像程傳所說「骨肉思勝，嚴過故悔，然而家道齊肅，人心祗畏，猶為吉也。若婦子嬉嬉，則終至羞吝矣！」

【原文】六四，富家，大吉。象曰：富家大吉，順在位也。

【譯文】六四，家中必富，大吉。《象傳》說：「富家大吉」是由於順從九五又在其位。

【釋文】六四是《巽》木之初，木能生下卦之火。不僅和初九正應，同時能上順九五這些有利因素是所處的位置決定。正如虞翻所說「得位應初，順五乘三，比據三陽，故曰富家大吉。」家中能不能富有，女人十分重要。

俗語，外面有摟錢的扒子，家裡有裝錢的匣子，家中沒有裝錢的匣子，難言富有。

「郭雍曰：君子修身齊家，由內及外，至於巽體，家道成矣！父子兄弟夫婦，得道為順失道為逆。易所謂富，猶禮所謂肥。（劉沅曰：肥即富字意。）象言順在位，則禮之大順也」六四得《坤》順之道，是富家之根本。

「李光地曰：男之功成於女，猶天之功成於地，此家人所為利女貞也。故大吉之辭不於五，而於四言之。」李光地說出了六四爻詞的真諦，六四所闡述的「利女貞也」是《家人》卦的論述中心。

【原文】九五，王假有家，勿恤，吉。象曰：王假有家，交相愛也。

【譯文】九五，一國之王者，假有一個家。不用去同情他，吉祥。《象傳》說：「王假有家」是全國上下共同相愛護。

【釋文】君主其實沒有家。國，就是王者之家。王者，管理天下，有博大胸懷。公而忘私，大公無私。這是王者安天下的前題。要想做到「交相愛」必須把私家和公家同等對待所以假有一個家。王者正，天下定。

「蘇軾曰：王者以天下為家，君臣欲其如父子，父子欲其如君臣，聖人之意也。」

「李士鉁曰：王有空者，略君臣之分，敦家人之宜，聯之以恩，接之以情，交愛故吉。後世人君處家庭，釀成骨肉之變，此易之所戒也。夫王者立政，往往詳於國而略於家。家人之卦，獨揭夫王，意為國之本在家，王化之原

在是也。又王者以四海為家，王道隆而齊家之效遠矣！」

【原文】上九，有孚，威如，終吉。象曰：威如之吉，反身之謂也。

【譯文】上九，誠實守信用，顯出一副威然地樣子，終究是吉祥的。《象傳》說：「威如之吉」是反身修德得到的結果。

【釋文】上九是一家之長，能反身修德正人先正己，具有高尚的品質。

「陸希聲曰：反身修德，言行相雇，德盛於威，（彪謹案：曲禮云，修身踐言，調之善行，行修言道，禮之質也。中庸言，明善誠身。孟子言，反身而誠，樂莫大焉。正身之道，必時時反省，故身正而家無不正。）陸希聲強調反身修德的重要性。」

「司馬光曰：以陽居上，家之至尊者，家人望之為儀表，苟其身正，不令而行，是以內盡至誠，為下所信，然後威如可畏，而獲終吉。」司馬光說出男正的表率作用。

「程傳云：上卦之終，家道之成，故極言治家之本，非至誠不能也。中有孚信，則能長久，而眾人自化為善，不由至誠，己且不能長守，況欲使人乎！妻孥情愛之間，慈過則無嚴，恩勝則掩義，故家之患，常在禮法不足，而瀆慢生也。長失尊嚴，少忘恭順，而家不亂者，未之有也。」程傳論「致誠」的重要性，奉之為治家之本。

下卦六二論述女貞，上卦上九論述男正，此二爻是《家人》卦的論述中心。說明「男女正，天地之大義也。」

## 睽卦第三十八

睽，小事吉。

《睽》卦，你不看我，我不看你，兩不相通；你怒視我，我怒視你，互不相讓。

《睽》卦，上卦《離》中女，下卦《兌》少女，二女住在一起，《離》火性燥，《兌》澤中之水，水性滅火，水火不通。所以，小事可吉。

《家人》卦九五、六二兩爻得正，男女正家道昌隆；《睽》卦六五、九二兩爻不正，女不正家道乖。

「劉沅曰：火炎上而澤潤下，二體相違，其性本異。易序卦，家道窮必乖，故受之以睽也。小事亦吉，欲人之善用其睽也。若大事，則必志同道合後可濟。」

「李士鉁曰：家人之後繼以睽。家人睽由於婦人也。又卦反家人，家人二陰得正，睽二陰失正。女不正，則家道乖，此卦之微意也。離為目，兌上缺，所以象睽。小事猶一人之事可行其志。」

【原文】彖曰：睽，火動而上，澤動而下。二女同居，其志不同行。說而麗乎明，柔進而上行，得中而應乎剛，是以小事吉。天地睽而事同也，男女睽而其志通也，萬物睽而其事類也。睽之時用大矣哉！

【譯文】《彖辭》說：《睽》卦，火苗動而向上燃燒，澤中水動其濕下潤。《離》和《兌》是二女一同居住，其志向不能在一起同時行動。一個欣喜愉快，一個美麗而又文靜，兩卦都是陰卦，其進展而能向上行走，六五和九二

得中氣並能產生感應，正由於這樣，小事吉祥。

天地方位不同而生物之事還是相同的，男人和女人的想法總是不能一樣，而他（她）們的志向卻是相同的，萬物的種類各不相同，而它們生存的目的是相同的。處《睽》卦之時而其用途太偉大了！

【釋文】「鄭康成曰：睽，乖也。火欲上，澤欲下，猶人同居而異志也。（馬其昶曰：詩云，女子有行，遠父母兄弟，女各有家，故不同行。）」同胞姐妹，出嫁以後，各顧其家，是走不到一起去的。《睽》卦，是存小異而求大同，人的性格不同，人的意志應是相同的

「程傳云：天高地下，而化育之事同；男女異質，而相求之志通。生物萬殊，而得天地之和，稟陰陽之氣，則類也。處睽之時，合睽之用，其事至大。」天地萬物有異有同，異者生化之異，同者其素質有所同。同中求異，異中求同，乃天地萬物之運動規律。

「劉沅曰：水火之性本異，此物理之睽也，女少則同處，長各有歸，雖同居而志異，此人情之睽也。說則情合，明則理得。睽者事勢之常，不睽者情理之順。天地形睽而健順互為功用，男女跡睽而陽教陰教共成家法，萬物露生而得和氣以為消失，其事類也。然不睽亦無由而合。聖人以其睽者類族辨物，以其不睽者通德類情，是不同而其理同，維也憂民之必則一也。大要以相應與為始睽終合。」

【原文】象曰：上火下澤，睽，君子以同而異。

【譯文】《象傳》說：《離》火在上卦，《兌》澤在下卦，

是《睽》卦；君子要在大同的基本上允許存在小的差異。

【釋文】《睽》卦的真正含義是團結和自己意見不同的人一道工作。要具有這種品德就可以說是道德高尚的人。不排除異己，尤其是反對過自己的人。要做到這一點，談何容易。這說明一個人的涵養問題。

「程傳云：不能大同者，亂常拂理之人也，不能獨異者，隨俗習非之人也。要在同而能異耳。」

「張洪之曰：君子不立崖岸的自高，然於同流合污者，亦不敢不有自異，與君子周而不比意同，天下無不可同之理，而有必不可同之情，情出於理者則同之，涉於俗者不能苟同。管寧與華歆同學，而割席分坐；司馬光與王安石同僚，因議新法不合，出居洛。皆同而異也。」

【原文】初九，悔亡，喪馬，勿遂自復。見惡人，無咎。象曰：見惡人，以避咎也。

【譯文】初九，悔恨消亡，馬跑丟了，不用去追趕自己會跑回來的。見到了惡人，沒有錯。《象傳》說：「見惡人」是排除了自身的過錯。

【釋文】初九和九四不相感應，九四像一匹馬跑走了，由於忘不了初九，又重新跑了回來。

初九見到了九二，九二是國家重臣，由於不得正，便成為惡人。這就排除了初九的過錯。

初九闡述存異求同的道理。初九、九二性格不同，但離開以後還能返回來，說明求同的道理。好人與惡人不同，惡人有過不能放在好人身上，比存異求同。

【原文】九二，遇主於巷，無咎。象曰：遇主於巷，

未失錯也。」

【譯文】九二，和主人相遇在巷口的道上，沒有錯。《象傳》說：「遇主於巷：沒有失掉道德。」

【釋文】九二上進，心繫六五，在皇宮附近的巷口遇到了主人，雖位置不當但沒有過錯。九二、六五正應，能和主人相遇，是沒有失掉道德。

「劉沅曰：無心而會曰遇。離為日，主象五，君位，亦主象。離中虛，兩陽橫互其外，巷象。五得中而應乎剛，自求賢臣。九二剛中不苟於同，不意而遇主於巷，故不失道。然巷非周道也，故曰未。登禹似之，若伊呂則非巷遇。」

【原文】六三，見輿曳，其牛掣。其人天且劓。無初有終。

【譯文】六三，看見一輛車由一頭牛拉著，趕車的人是個被割掉鼻子臉上刺字的犯人，車走出沼澤地，牛在前面拉，人在後面推，車始終不動。

【釋文】三爻是陽位，六三在這裡不得位，是車走錯了方位，陷入沼澤中，陰是小人由於違犯了國法，割掉了鼻子，臉上刺了字。牛為陰物，兩隻牛角長的很不對稱，一隻角向前彎曲，一隻角向後仰。「無初」是車輪沒有走多遠，「有終」是被陷入沼澤中一動不能動「終」是「止」。六三是在說明萬事各殊，不可求同。

「虞翻曰：坎為車，為曳。」

「馬其昶曰：掣，說文引作觢，云二角仰也。爾雅；角一俯一仰，角奇皆踦觢。」

【原文】象曰：「見輿曳，位不當也。無初有終，遇剛也。」

【譯文】《象傳》說：「見輿曳」是所處的位置不適當。「無初有終」是由於得到上九的幫助。

【釋文】六三、「輿」是車。下卦是澤，六三是下卦之終，車在澤水的邊上一動不動。由於六三是陰，陰主靜。九四、九二上下夾著六三，是兩陽前拉後推之象。車始終不動是「無初」，遇到了九二是「有終」，「遇剛」指九二。由於陰陽想感所以「有終」。

【原文】九四，睽孤。遇元夫，交孚，厲無咎。象曰：交孚無咎，志行也。

【譯文】九四，一個人孤單地在看。遇到初九這個元夫，兩人交流誠信，表情嚴厲而不會有錯。《象傳》說：「交孚無咎」是志向得到了實行。

【釋文】九四一爻處在上下兩陰爻之間顯得十分孤單。能遇到初九這個元夫，使誠信之道得以發揚。雖所處的位置不同，身份不一樣，而志向是相同的。

「程傳云：的剛陽之德，當睽離之時，孤立無與，必的氣類相求而合，是以遇元夫也」。

「劉沅曰：元夫，善士也。初九的陽居下有德之匹夫，實天下之善士也。四陽爻居二陰中，與已不類，為睽而孤；下與初九同德交孚蓋以大臣以下交賢士，故不患其孤，濟睽之志得行也。」物以類居，人的群分，同氣相求，一見如故。沒有同心同德做不到這一點。說明心不同而志同的道理。

【原文】六五，悔亡，厥宗噬膚，往何咎？象曰：厥宗噬膚，往有厭也。

【譯文】六五，悔恨消亡，九二謂其宗親，應到一起去舉行祭祀儀式，然後一起吃肉，去會九二有什麼過錯嗎？《象傳》說：「厥宗噬膚」這樣做是值得慶賀的。

【釋文】「厥宗」他的宗親。這裡指九二。「噬膚」，「李道平曰：噬膚，餕禮也。祭畢而食曰餕。儀禮云，佐食授舉各一膚，鄭注云，上使嗣子及兄弟餕其惠，不過族親。故曰厥宗噬膚。」「姚配中曰：自天子及士，祭畢皆有噬膚之事。坊記云，困其酒肉，聚其宗族，以教民睦也。」

祭祀祖先，是封建社會的重中之重，要論重大，莫過於祭祀了。家族聚到一起，祭祀祖先，這是存異求同的最好的說明。不管你心中存有什麼樣的疑惑，祭祀祖先的心願必須是相同的。六五是《睽》卦論述中心。

祭祀是「教民睦」的極好方式。為了祖宗的心願，不睦而睦了。

【原文】上九，睽孤，見豕負涂，載鬼一車，先張之弧，後說之弧。匪寇，婚媾。往遇雨則吉。象曰：遇雨之吉，群疑亡也。

【譯文】上九，看啥都是不順眼，便感到十分孤獨，彷彿看到一頭滿身泥漿的豬拉著一車鬼，車上的鬼拉著弓箭向它射來，然後放下弓箭高興地向它打招呼，叫它上車，上車強盜原來是跟它成親的。遇到下雨就吉祥。《象傳》說：「遇雨之吉」所有的疑惑全消失了。

【釋文】上九闡述的是之所以產生睽的原因，以及解決睽的辦法。

在人類社會這個大家庭中，情不投，則意不合，意不合，其志向難以統一。睽生於疑，心生疑惑導致乖離。

上九不中不正，處睽之時，由於疑心太重產生了幻覺。這是《易經》一種表現方法。

「劉沅曰：四之孤，以人而孤也，因左右皆陰爻也。上九之孤，自孤也，因猜疑而孤也，見者，上九自見為然而疑之也。上九剛極而過於用明，猜疑益甚，所見愈奇。見豕負塗，疑其不潔而於己。載鬼一車，疑其為幻祟己。先張之孤，疑其設機以射己。後說之弧，疑其虛無以誤已。皆形容其睽孤之象。所以然者，因上疑三為寇也。其實三與上應，本非寇而婚媾。疑消則明生而說應，吉也。

睽而生疑，純屬自然，人心只有在格格不入的情況之下產生疑心。是萬物發展變化的一種自然規律，《睽》卦上九闡述疑心，是心理哲學的深化。說明由於心理作用的不同，會產生種種不同的疑惑。要消除疑惑，必須透過實踐加以證明。一個「吉」字，就是上九實踐證明的高度概括。

## 蹇卦第三十九

蹇，利西南，不利東北。利見大人，貞吉。

《蹇》卦，上卦《坎》是水，是險，是陷。下卦《艮》是山，是止。水從山上嘩嘩地流了下來，一個瘸腿的人走到近前想要上山，難了。

「劉沅曰：風險而止，不能前進，故為蹇。序卦，睽者，乖也，乖必有難，故受之以蹇。自屯蒙而蹇解，中隔三十六卦；自蹇解環至屯，中隔二十四卦。此陽四九，陰四六之數也。老陰老陽之策，主變故相沿，以陽九陰六為難限。後天之坎，即先天之坤。因乾陽居坤子，故成坎。後天卦位，坤在西南，艮在東北，坎在北。往西南則陽據坤中，得位而順，故利；往東北則愈入於險，故不利。坎中乾陽，故稱大人。互離，故稱見。利見大人，即利西南意耳。」

「利西南」西南是《坤》卦的位置，《坤》為平地；「不利東北」，東北是《艮》卦的位置，《艮》卦為山，為止。

【原文】象曰：蹇，難也，險在前也。見險而能止，知矣哉！蹇，利西南，往得中也不利東北，其道窮也。利見大人，往有功也。當位貞吉，以正邦也，蹇之時用大矣哉！

【譯文】《彖辭》說：《蹇》卦是難。《坎》險處在前卦，見到危險而能停止行動，是知道了關鍵之所在！《蹇》卦「利西南」，往西南能得《坤》卦中間的一個爻位；「不利東北」，是往東北方向去沒有出路可走。「利見大人」是說只要行動，就能成功。九五一陽當位，全卦貞正而吉祥，可以用來端正國家，《蹇》卦之時，應用起來太偉大了！

【釋文】《蹇》卦，並非是見險而止，《彖辭》說「知矣哉」而是說見險應知險，《蹇》卦的中心是一個「知」字。要想做到真正對險達到「知」，必須認真瞭解險的內

情，險在東北，不在西南。

《蹇》卦是難，卻利見大人，九五一陽就是大人，貞正而又吉祥，「以正邦也」。

「孔穎達曰：相時而動，非知不能。」無論幹什麼，所謂難，就是不知，知道以後，卻難不倒。不知的事情不可貿然行動。所謂「知彼知己，百戰百勝。」

【原文】象曰：山上有水，蹇；君子以反身修德。

【譯文】《象傳》說：山上有水是《蹇》卦，君子要回過頭來反省自己，修整自身的道德。

【釋文】山上有水，必須要從上往下流，人要像山上有水，成年累月地沖刷自己。這就是反身修德。

人的品質和道德，是人生素質決定的。不是君子，決不會反身修德。「吾日三省吾身」只有孔聖人才能做到。能約束自己行動的人，才能做到反身修德。這裡說明了聖人的心願。

「張洪之曰：王道之源，開於聖學。聖學之動，成於反修」。「王道」治理國家三道「開於聖學」指的就是《易經》。《易經》是封建王朝治理國家的根本。《易經》要君主「反身修德，君主能做到這一點，才能治理好國家。」

【原文】初六，往蹇，來譽。象曰：往蹇來譽，宜待也。

【譯文】初六，去哪都難，等來的卻是榮譽。《象傳》說：「往蹇來譽」適宜等待。

【釋文】「王弼曰：居止之初，獨見前職，視險而止，以待其時，知矣哉！」初六是在說明「知矣哉」。初六在

下卦之初，知難而能止，才能等來榮譽。明示，不可動也。

「趙汝楳曰：宜等者，待時而往，非終止不行。」趙汝楳又作了進一步說明。暫時不可動，等待時機，強調了時間的重要性。「往」是去，只要去，就有功勞。而不是什麼時候去都有功勞效，是要受到時間的限制。不到時間或則錯過時間，難言有功。

【原文】六二，王臣蹇蹇，匪躬之故。象曰：王臣蹇蹇，終無尤也。

【譯文】六二，為君王做事的臣子會有很多難事，這是因為不是自己家的事。《象傳》說：「王臣蹇蹇」，始終沒有怨恨。

【釋文】蹇蹇，難處很多。六二有中正之德，是君主最得力的大臣，六二也是極其忠於君主的，難事再多，從來沒有怨恨。「王臣蹇蹇」，始終沒有怨恨。

【釋文】蹇蹇，難處很多。六二有中正之德，是君主最得力的大臣，六二也是極其忠於君主的，難事再多，從來沒有怨恨。「王臣」，王子手下的大臣。

「王弼曰：居不失中，以應於五，不以五在難中，私身遠害，執心不回，志匡王室者也，處蹇以此，未見其尤。」

「劉沅曰：委贄為臣，義不可去，而犯難以救時，蹇君之蹇，故曰蹇蹇，為君非為身也，五在坎中，大蹇之時，二與五應，力任其蹇，功未必就。大義無虧，尚有何尤。」

【原文】九三，往蹇，來反。象曰：往蹇來反，內喜之也。

【譯文】九三，去就難，只有返回來才順利。《象傳》說：「往蹇萊反」是下卦內裡有喜事。

【釋文】「虞翻曰：內，謂二陰也。」下卦兩陰爻，一陽爻，九三往上行太難了，只有返回來和下面的二陰爻產生感應才能順利。六二是「往有功」者，「內喜之也」是指六二。

「王宗傳曰：內之二陰，所以能自立於蹇難之世者，以三為之捍蔽也。春秋書季子來歸。谷梁子曰，其曰季子，貴之也；曰來歸，喜之也。此蹇九三之謂也。」

【原文】六四，往蹇，來連。象曰：往蹇來連，當位實也。

【譯文】六四，往上去很難，只好來這裡上下串連。《象傳》說：「往蹇來連」是位置適當，這裡具有上下串聯的實力。

【釋文】「蘇軾曰：六四以人事君之大臣也。連者，連三與五也。」六四是君主手下第一大臣，處蹇難之時，六四下連九三共事君主，齊度難關。六四得正，所以具備串聯二陽爻的實力。

「歸有光曰：四處近君之位，三、五二陽非四其誰連之？夫連恆公，仲父之效者，鮑子也；連簡公，子產之交者，子皮也。」

【原文】九五，大蹇，朋來。象曰：大蹇朋來，以中節也。

【譯文】九五，大難就在這裡，朋友齊來幫助。《象傳》說：「大蹇朋來」全賴得中氣受到節制。

【釋文】「干寶曰：在險之中，而當五位，故曰大蹇。」九五是《坎》險中爻，所以處在危險當中。君位處危險當中，說明天下蒙有大難。

「蘇軾曰：險中者，人之所避也，而己獨安焉，此必有以任天下之大難也。是以正位不動，使天下之濟難者，朋來而取節焉。謂之大人，不亦宜乎！」君主一人能抵大難，全賴天下朋友相助。說明群策群力，萬眾一心，沒有過不去的難關。

九五是《彖辭》「利見大人，往有功也。當位貞吉，以正邦也。」的論述中心。國處大難之時，對去見大人有利，大人就是九五。只要去，就會有功。這是立功報國大好時機。國家威嚴，只有在這時才能得以端正。天下有志男兒齊赴國難。「蹇之時用大矣哉！」

【原文】上六，往蹇，來碩。吉，利見大人。象曰：往蹇來碩，志在內也。利見大人以從貴也。

【譯文】上六，獨自一人去很難，還是同九三一起來幫九五。吉。這樣做，對見大人有利。《象傳》說：「往蹇來碩」心裡總是想著內卦。「利見大人」是順從九五。

【釋文】「程傳云：碩，大也，寬裕之稱。」

「劉沅曰：陽為大，謂九三。上柔獨往則蹇，來應內卦九三，剛柔相濟則吉。貴為九五下資賢士，與之從王濟蹇，故吉。蹇與險異，見險而止，非徒以止為高。聖人於往來之宜，設象以告，救時之心也。」

## 解卦第四十

解，利西南。無所往，其來復吉。有攸往夙吉。

《解》卦是解除，驅散（蹇難）的意思。大難以解，不需要任何行動了，只盼望著陽氣來復，便吉利了。有《震》卦在上面行動，早吉祥。

《解》卦是上雷下水，水在冬季，已結成了冰，二月雷出發聲，堅冰開始熔化，有解除嚴寒之義。大難已解，安定為吉。「無所往」指陰，「其來復吉」指陽。

「劉沅曰：解，散也。動出乎險，為患難解散之象。序卦，蹇者，難也，物不可以終難，故受之以解。一陽動而出險，陽微當就養於陰，坤居西南，制烈火的孕西金，乾陽真氣所恃以不敝，此利西南之義。蓋患難初解，以安靜為吉也。蹇難在東北，故言不利；此已有解象，故不言不利東北。」

【原文】彖曰：解，除以動，動而免乎險，解。解，利西南，往得眾也。其來復吉，乃得中也。有攸往，夙吉，往有功也。天地解而雷雨作，雷雨作而百草果木皆甲坼。解之時大矣哉！

【譯文】《彖辭》說：《解》卦，由於下面有《坎》險，雷才在上面震動，《震》卦之動是為了免除下面的危險，只有這樣作才能免除危險。這就是《解》卦。《解》卦利西南，西南有《坤》卦之眾，往西南會得到廣大《坤》順的擁護。《乾》陽九二來復於《坤》，所以吉祥，是由於得中的緣故。《震》卦有了九四就會有所行動，雷聲一去

行動，早日獲得吉祥，到哪裡哪裡有功勞。天地只有到《解》卦的時候，雷雨才會發作，雷雨一發作，百草樹木的甲殼全都裂開，得到萌發。《解》卦之時太偉大了！

【釋文】「劉沆曰：因險而動，不安於險，能免乎險，故名解。若動而不免，猶不得為解也。推廣而言，天地之解，人事如之，則時以動而險盡平，故曰時大。」

天地《解》是雪化冰消，草木萌芽，闡述天地變化之運動規律。是下經論述地貌的中心，是對萬物相互感應的有力說明。

「馬其昶曰：西南坤方，此言乾元利往而南以交於坤。一索得震，再索得坎，為雷為雨而成解也。坤為眾，往得眾，即往得坤。」只有陰陽通，雷雨才能形成，天地的變化就是大自然的變化。

【原文】象曰：雷雨作，解；君子的赦過宥罪。

【譯文】《象傳》說：雷雨發作是《解》卦；君子應免除別人身上存在的過錯，寬容別人所犯下的罪行。

【釋文】「孔穎達曰：赦，放免。宥，寬宥。過輕則赦，罪重則宥，皆解緩之義。」人能容人是肚量寬宏，人不容人，是心地狹窄。寬容別人就是在解脫罪責。人之罪責與過錯有有意有無意，能夠寬容無意中所作的罪過，也是解脫罪過的一個過程。寬容有意所作的罪過，是對邪惡的一種慫恿。

「趙汝楳曰：雷者，天之威；雨者，天之澤，猶刑獄之有赦宥。」雷雨的赦宥，天地卻實產生了變化，對人罪過的赦宥，有罪過的人能漢有產生變化，還有在於其自身

素質。有多少光顧看守所的人，三進三出。乃朽木不可雕也。

【原文】初六，無咎。象曰：剛柔之際，義無咎也。

【譯文】初六，沒有過錯。《象傳》說：處在剛（指九二）柔（指初六）交界是沒有過錯的。

【釋文】「薛溫其曰：屯，剛柔始交，未相和會，動乎險中，故有難。解之剛柔已相際接，動而出險，故義無咎。」《屯》卦是天地始交，一陽在下初生，而《解》卦是天地解難，以靜為吉，初六一陰適宜靜處。無所事事，遇剛而解。

「馬其昶曰：初六失位，疑若有咎者。然解以二四兩剛爻成卦，其所以的為雨者二也，不可以不承之也；所以為雷者四也，不可以不應之也，承二應四，於剛柔交際之宜最為得之，雖不變，無咎也。」初六之剛柔之際是指承二應四。

【原文】九二，田獲三狐，得黃矢，貞吉。象曰：九二貞吉，得中道也。

【譯文】九二，在田野裡獲得三隻狐狸，得到黃色的弓矢，貞正吉祥。《象傳》說：「九二貞吉」是由於得到了中氣。

【釋文】九二由《乾》卦來到《坤》卦之中，《坤》卦三個陰爻，是三個人小，像三隻狡猾的狐狸。九二來了以後，獲得三隻狐狸說明陰陽交感的道理，陽大陰小，大能獲小，是在說明九二能解除《蹇》難，上應六五，闡述「其來復吉」。

黃是地色，地就是《坤》，得到黃色，得到了《坤》，說明陰能順從陽的道理。不言順而言獲，是強調雷雨作用，強行解難的意旨。

　　【原文】六三，負且乘，致寇至，貞吝。象曰：負且乘，亦可丑也。自我致戎，又誰咎也。

　　【譯文】六三，一個挑擔叫賣的小人，卻坐上了士大夫華麗的車子，背上還揹著包袱把強盜招引來了，即使存在貞正的心態，吝難也會產生。《象傳》說：「負且乘」是種可恥的事情，自己招引來的禍患，又能怪誰有過錯呢。

　　【釋文】「董仲舒曰：乘車者，君子之位也；負擔者，小人之事也。此言居君子之位而為庶人之行者，其患必至也。」三爻陽位，君子之位。三、四都是君主手下的大臣，出必有車。六三是陰，陰居陽位。陰為小人，是個小商販。小人物乘坐大人物的車，是說小人物盜取了大人物的名譽，其行不正。由此而招致禍患。說明沾奸取巧的小人，是要遭報應的。

　　萬物都在尋求心理平衡，這是人身素質決定的。沽名釣譽也是尋求心理平衡的一種病態，六三本是小人物，由於坐到了陽爻的位置上，才會產生這種心態。

　　「楊萬里曰：市井及販之小人，乘公卿大夫之路車，此竊位僭位之甚者也。（彪謹案：董說為在上者言，見乘且負之不可。楊說於爻象較準確，以負且乘為僭竊，所以有致戎之禍。與繫辭小人竊君子之位，盜斯奪之矣合。）」

　　【原文】九四，解而拇，朋至斯孚。象曰：解而拇，

未當位也。

【譯文】九四，解去你右手上大拇指纏著的標記。來到這裡的朋友和賓客都說這種做法是守信用的。《象傳》說：「解而拇」是所處位置不適當。

【釋文】「王肅曰：拇，手大指。」

「孔穎達曰：而，汝也。」

「馬其昶曰：鄉射禮，先立司正以監懈倦失禮者，卒射，命勝者袒決遂，不勝者皆襲說決拾。鄭注，決以象骨為之，所以鉤弦體也著右臂指。遂，射也，以為之，所以遂弦者也。其非射時則謂之拾。解爻多言射，二獲狐，上射隼，皆勝者；四位不當，故射不勝。解而拇，即禮所云說，決拾也。解其右臂指之決拾，示不用也。射以觀德，必使勝負分明，皆不失禮，朋致其孚矣。朋，謂三耦及賓主人，大人眾賓相繼射者也。是故賞罰不明而能用眾者，未之有也。」

【原文】六五，君子維有解，有孚於小人。象曰：君子有解，小人退也。

【譯文】六五，君子維護正義而有解，吉，對於小人也必須講信用。《象傳》說：君子有解除難關的能力，小人自然而然地就退下去了。

【釋文】君子之稱即維護正義，所謂小人，以私心之慾，無惡不作，正氣樹不起來，邪惡必然橫行，這是一種變化規律。「維」是維護正義。「解」是解除邪惡。君子解除邪惡的辦法是用誠實和信用感化小人。所以，「君子有解，小人退也」。可見，君子無解之時，小人安退？

「李士鉁曰：小人不退，則大難不解；君子不進，則小人不退。六五柔順得中，處之不過，不求多於解之外，則此心可大白於天下，小人自折服聽命。」君子指九二，在九二的維護下有解。

「劉沅曰：五居尊，君子之位；中而應剛君子之德。維與惟同。蓋服小人易，化其心難，惟有解，亦小人感其德而自新，有孚於小人也。退，即論語不仁者遠德。獲狐、解拇、射隼，皆以剛去小人，忠賢之用也。六五解吉，則以寬大行之。堯用舜與皋陶，四凶去，頑讒警，即其事。」

【原文】上六，公用射隼於高墉之上，獲之，無不利。象曰：公用射隼，以解悖也。

【譯文】上六，公站在高大的城牆上，用弓箭射下一隻兇猛有害的大鳥。獲得了這隻大鳥，對天下的人民沒有不利的。《象傳》說：「公用射隼」是為了瞭解除天下的混亂。

【釋文】「馬融曰：墉，城也。」

「九家云：隼，鷙鳥也。」

「李士鉁曰：離飛鳥，為隼。隼指三不中不正，盜位害民，如隼害鳥。一射即獲，矢發心中也。去一人天下安，解一宮天下利，害除則利在其中矣！」「三爻、六爻正應，陰陽至感而同是陽或同是陰則反感矣。這和電的性質是相同的。上六射的隼鳥是六三，因其同類的原因。這裡是在闡述萬物反感的道理。」

## 損卦第四十一

損，有孚、元吉，無咎，可貞，利有攸往，曷之用？二簋可用享。

《損》卦，有誠信，有乾元之吉，沒有錯，可以用來做正事，有利於行動。怎麼個用法？有二簋食物夠享用了。

處《損》卦之時，應該有怎樣的運用方法，那就是越簡單越好，有二籃食物就享用了。食物不在多，而在於有誠實的心，堅守信用的道德品質。只要堅守信用，一切都不會錯。

「崔憬曰：何也。言其道將所用，可用二簋而享也。」

「劉沅曰：損，減省也。損下卦上畫之，陽益上卦畫之陰，損之義也。序卦，解者，緩也，緩必有所失，故受之以損。上經乾坤歷十卦而為泰否，下經咸恆亦歷十卦而為損益。泰否以著乾坤之交，而損益則少長男女之交，皆陰陽消長著而為人事者。故雜卦曰，損益，盛衰之始也。損下之剛以益上，乾剛變兌說，至誠孚人之象。蓋咎生於強人從己，至誠而損己從人，何咎之有？曷之用，設為問辭。二簋，損減之至。有孚，為損之本，可用以享神，凡事損之當者，視此。」

凡是損於己者，都是以誠實、信用作為根本，這是種符合客觀實際的說法。用誠實和信用損己從人，是不會有錯的。劉沅說這是一種陰陽消長而著於人事的道理，這個道理就是後天素質在支配先天素質，也就是說先天素質受

到後天素質的支配所產生的結果。

陰陽消長著於人事，當損則損，不當損也有損，這是不以人的意志為轉移的。

【原文】彖曰：損，損不益上，其道上行，損而有孚，元吉，無咎，可貞，利有攸往。曷之用？二簋可用享。二簋應有時，損剛益柔有時。損益盈虛，與時偕行。

【譯文】《彖辭》說：《損》卦，損下卦之乾陽，益上卦之坤，五行之氣的運轉規律是順卦上行。損失之中帶有誠信，帶有乾元之吉，沒有過錯，可以做一些正事，有利於行動，採用什麼樣的使用方法？二簋食物可以足夠享用的了。食用二簋食物應是有時間的，這就是說損剛益柔是有時間的。人的損失獲得利益同空間方位的氣質盈虛是一致的，其與時間一起前進。

【釋文】《彖辭》闡述的是天人同時產生感應，人身素質（先天素質）與時間素質（後天素質）同時感應，是《損》是《益》與時間同步進行。

《彖辭》闡述的是天人感應的道理，是《易經》的中心意旨；也是下經論述地貌的中心意旨。在六十四卦當中，每一個爻位，都離不開這個意旨。悟透了這個道理，《易經》也便迎刃而解了。

《易經》是二進制數理，《損》、《益》就是相互關聯的二進制。可以理解成禍、福，吉、凶，有利、不利，等等。

【原文】象曰：山下有澤，損；君子以微忿窒慾。

【譯文】《象傳》說：《艮》卦的山下面有《兌》卦的

澤水，是《損》卦；君子要控制住氣憤，阻止住慾望。

【釋文】忿，生氣。人不可生氣。氣大傷身後悔難。控制住氣憤的最好辦法就是喜悅了，《兌》卦就是喜悅；慾望，人皆有之，過分的慾望就是貪，稱之奢欲。人要不貪，必須阻止住慾望，阻止慾望的最好辦法就要像山，山沒有慾望，無論你怎樣引誘，山始終是不會動心的。《艮》卦是山，《艮》和《兌》組合在一起是《損》卦，《損》《乾》之上爻益《坤》上也。

「劉沅曰：忿心之起如山之高，慾心溺如澤之深。君子觀象，反躬以損之，損貴知時，欲知其時非修德不可，此為損道切己之要。虞翻曰，總說故懲忿，艮止故窒慾是也。少男少女，忿欲尤甚。懲之窒之，內則義裡悅心，外則止於禮法。故曰，損，德之修也。」劉沅對《損》卦強調了修德。這可是做人的一種哲學，有人掏腰包把自己的錢捐給災區，支援災區人民，這種行動「德之修也」。下級為了討好上級，下級幹部掏腰包把自己的錢送給上級，這種官場賄賂也可謂「德之修也」。這兩個例子是誤解了「德之修也」的含義。劉沅所說的「德之修也」是指「懲忿窒慾」。這兩個例子，也可以算「窒慾」的一種。

「張洪之曰：懲其既往，窒其將來，必求和悅無忿，知止無慾而後已，九思終於忿思難，見得思義。不思損其忿欲，終為大德之累。朱子教學者先變化氣質，呂伯恭讀躬自厚章，平時忿急之心不再發。曾文正釋忿為陽惡，欲為陰惡，謂予恆發此兩病。慨然曰，懲忿在一恕字，窒慾在一淡字。又曰，懲窒之難，不挾破釜沉舟之勢，何能有

濟！誠勇敢修德之君子也。」「懲忿窒慾」說起來容易，做起來難，足見養身修德的重要性。

【原文】初九，已事遄往，無咎，酌損之。象曰：已事遄往，尚合志也。

【譯文】初九，已經完成了一年的耕種之事，快去繳納皇糧，這樣做沒有錯。酌量著自己的損失。《象傳》說：「已事遄往」是說和九四的志向是相同的。

【釋文】初九是平民百姓，初九、六四正應。六四是官府，官府管收皇糧，所以志向是相同的。

「虞翻曰：遄，速也。」

「王安石曰：六四能納已者，故曰合志。」

「王宗傳曰：初，所謂出粟米麻絲以事其上者，宜速往免咎。」

「李士鉁曰：初為庶民，所以自效於上者獨有事耳。詩云，雨我公田，遂及我私，此耕稼之事當速往也；庶民不來，不日成之，此力役之事當遄往也；王與興師，修我戈矛，此軍旅之事當遄往之。然民當勤以事上，君當寬以養民，故酌損之。酌猶挹也，以手挹取，不可過也。」

初九闡述當損之事，做為國家的平民，繳納糧稅，服兵役等事是老百姓義不容辭的責任，這種責任官民應共同負責任，所以酌損之。

【原文】九二，利貞，征凶。弗損益之。象曰：九二利貞，中以為志也。

【譯文】九二，對正事有利，跡象有凶。不會有損益的事情發生。《象傳》說：「九二利貞」是得到了中爻的

志向。

【釋文】九二闡述萬物尋找求平衡的道理。「中以為志也」是處在中間位置的心願。處在中間位置就是在心理上找到了平衡。中者必正，所以對正事有利。

「征凶」是跡象有凶。如果產生了變化，就是由正而變得不正，不正就凶。明示：九二的志向是不可以變的。

「李士鉁曰：損益二卦中，中爻皆不可損可知損之道，損過的就中。偏則損，中則不可損也。」李士鉁說出了《損》卦的中心。實際上，這裡闡述的是萬物都在尋求平衡的道理，得中就是心理找到了平衡，所以無損益之事。

【原文】六三，三人行，則損一人。一人行，則得其友。象曰：一人行，三則疑之。

【譯文】三個人在一起行走，要失掉一人，一個人單獨行走，就能得到一個朋友。《象傳》說：一個人單獨行走，是由於三個人之間產生的疑惑。

【釋文】「楊時曰：陽施陰受，受則益施則損。以乾之三而索於坤，則是三人行而損一人也。索之而男女成焉，是得其友也。乾坤合而損益之道著。」這是說明陰陽相互感應的道理。「陽施陰受」從而天下產生了萬物。說明天下乃物來自於《乾》、《坤》二卦。《乾》施一陽於坤，而生三男三女。陽施一陽給坤天地萬物由此而生。「一人行」指《乾》施一陽，得到了《艮》，故稱「則得其友」。原來「三人行」是指《乾》卦。「則損一人」是指《兌》澤，《乾》卦三陽爻是三人，《兌》卦二陽爻是損其一人。

　　六三是下卦最後一爻，正是《乾》卦所損之一人。《乾》損一人便形成了《兌》澤，說明損益是天地自然之理，是萬物相感之結晶。沒有太陽的無限施捨，地球上不會有萬物生存。楊時說「陽施陰受，受則益，施則損」這是形成大自然的普遍真理。

　　「彪謹案：致一之道，非兩而化之不可，化兩者使同致以歸於一，即一以貫之之道也。致一二字，括盡三百八十四爻。」這種「致一」道理就是《易經》二進制的演變方式，當代的計算器就是採用二進制的計算方法。

　　【原文】「六四，損其疾，使遄有喜，無咎。象曰：損其疾，亦可喜也。

　　【譯文】損失在有病的地方，使其能快速去掉疾病而有喜，沒錯。《象傳》說：「損其疾」就是可喜的事情。

　　【釋文】六四處六三、六五兩陰爻中間是陰氣過重，陽氣有傷而染疾病。陰重靜，不能動。使其快而有喜，去病越快越好，喜就喜在快上。

　　人得疾病是陰陽不調和所導致的結果，「使遄有喜」是指陰陽調和其速度越快越好。六四、初九正應，必須由初九來這裡醫治六四的疾病。「遄」應指初九。

　　「李士鉁曰：鴆毒不可一日居，須速去之損其疾而速癒為有喜，是損中之益也。」

　　「劉沅曰：陰陽之偏為疾。六四重陰，承乘皆陰，有偏柔之疾。乃虛已求益於初九，是能損其柔以受益於人，而疾頓除。善用其柔，深喜其能自損也。」

　　【原文】六五，或益之十朋之龜，弗克違，元吉。象

曰：六五元吉，自上也。

【譯文】六五，也許這益處就來至十個朋友送給的大龜。大龜的靈驗不可違背，所以一開始就是吉祥的。《象傳》說：「六五元吉」是來自上九的保佑。

【釋文】「虞翻曰：離為龜，坤數十。（劉沅曰：坤為眾，其數十，朋象，大象似離龜象。十龜，爾雅所謂神靈攝寶文，筮山澤水大也。）

「崔憬曰：元龜，直二十大貝。雙貝曰朋（李士鉁曰：「民為貝。貝，寶貨也。十，陰陽之合，數之極也。）

「劉沅曰：上，上九也。上本坤體，得三陽益之而成艮。四五皆受上陽之益，而五尤切近，故曰自上佑。」

六五是陰，龜，冷血動物，屬陰物。爻詞用龜，取其同類。上九是《坤》陰受益之爻，所以，上卦三爻皆得好處，六五居上九最近，受益最大者。

此爻說明萬物相互感應，會給周邊產生影響，所謂「近朱者赤，近墨者黑」，「城門失火，殃及池魚」是也。

【原文】「上九，弗損益之。無咎，貞吉，有攸往。得臣無家。象曰：旨損益之，大得志也。

【譯文】上九，不會發生損益的事情，沒有錯，貞正吉祥，有所行動，得到臣子沒有家。《象傳》說：「弗損益之」得到了大志向。

【釋文】《損》卦「損下益上其道上行」。上九一爻，《損》卦以成。所以無損益之。

「郭雍曰：無咎，貞吉，利有攸往，是由損下益上，其德上行之所致。」上卦是受益之爻，所以上卦三爻皆有

喜。《損》、《益》就是得失，下卦失上卦得，是闡述物質尋求平衡的道理。陰陽不和諧就會有失，陰陽和順就會有得，上九得到了六三，是得臣。陽以陰為宅，六三是家。所以上九「無家」。項安世說：「得六三之臣，損其家而來輔於國，此上之所以安坐而大得志也。三以得上為支，上以得三為臣。」

上九「大得志」有兩個原因。一是受益者，二是得忘家之臣。臣子為忠於上九，能忘掉其家，其忠誠之心居然可見。能得到這樣的忠臣，得到的志向一定很大。

## 益卦第四十二

益，利有攸往，利涉大川。

《益》卦，利於所有的行動，利於跨越江河。

《益》卦的組合道理和《損》卦是相同的，都是來自《乾》、《坤》兩卦的演化而成。

《益》卦是《損》上《益》下，上卦《乾》《損》其初爻而成《巽》卦；下卦《坤》得其上卦《乾》之初爻而成《震》卦。

由《損》卦、《益》卦的形成，說明陰陽五行之氣構成天體，由天體從而產生萬物的演化道理。闡述了天、地、萬物都是陰陽五行之氣的相互作用而形成。

「損下益上」是說明天下人民一心報國，捨小家顧大家；「損上益下」是國家一心為天下人民著想，千方百計地讓天下百姓都富裕起來。

「損下益上」有如百姓年年向君主交皇糧。

「損上益下」有如國家年年向農民放直補。

上是天，下是地，上天把陽氣施捨給大地，大地上萬物得以生存；上是國，下是民，國家把利益施捨給人民，人民無不歡呼萬歲！

【原文】象曰：益，損上益下，民說無疆。自上下下，其道大光。利有攸往，中正有慶。利涉大川，木道乃行。益動而巽，日進無疆，天施地生，其益無方。凡益之道，與時偕行。

【譯文】《彖辭》說：《益》卦，損上卦《乾》之九四，益下卦《坤》之初六，人民無限喜悅高喊萬壽無疆。自上卦下爻往下，其道德散發出燦爛地光芒。利於所有的行動，九五、六二中正有慶賀之喜。利於跨越江河，用木製的大船在水中航行。天地之間，風雷一動，日溫不斷地上升而沒有邊際，天施陽氣而地生萬物，萬物受益不分哪一方。《益》卦的道理與時間同步進行。

【釋文】《象辭》闡述陰陽五行之氣相互益彰化生萬物的道理。《損》卦是陽施陰受受者益，施則損為《乾》、《坤》兩卦上爻之陽；而《益》卦是《乾》、《坤》兩卦下爻之陽。《泰》卦之陽施陰受為《損》卦；《否》卦之陽施陽受為《益》卦。用狹隘的觀點解釋這種演化是有一定科學道理的，在天下太平的年代，國富民強，人民把餘糧損獻給國家是種愛國表現；天下否敝的年代，災荒頻發，人民缺衣少食，國家把糧食發給百姓，救濟貧困，這就是《益》卦的意思。這樣解釋是從《否》《泰》兩卦的卦義發展而來，《象辭》的說法要比這種解釋深遠得多。「天

施地生，其益無方」闡述的是天體的構成及生化萬物的道理。「天施地生」說明陰陽氣通，天有施而地就有生的道理。「其益無方」不光指無論是哪一方其深層次的含義應是天地萬物受到的益處不需要透過任何方法和方式，只要陰陽結合，由時空的客觀影響便可直接產生。「無方」是指自然形成的過程。

【原文】象曰：風霜，益；君子以見善則遷，有過則改。

【譯文】《象傳》說：風行雷鳴是《益》卦；君子發現善良的好事要號召延續下來，發現有錯誤立即就要改正。

【釋文】「李光地曰：雷發動其陽氣，故有遷善之義。風消散其陰氣，故有改過之義。」雷聲響，陽氣亨通，是把善良施捨給了人間風要暢通，瘀腐不存，改壞變好的象徵。

「劉沅曰：養者天理，性所固有，日遷則日益。過者人欲，性所本無，日改則日無。損彼益此，慎於其幾。雷以動陽，風以散陰，速遷速改，象風雷之勇矣。」善良是天理，就是做人的道理，人生來其心本善，是「性所固有」。其心不善，不是天理，所以不善之人在社會上站不住腳。有過就改是善良的表現；有過不改，其性愚頑，發展下去，要遭天譴。

「張洪之曰：善能助德，過能累德。繫曰益德之裕，易簡之善配至德。德統於一善，善機發於性而源出於天。充其量必使有善而無過，故易曰繼善、積善、善補過，必

期道協時中，而功修則自遷善改過始。善者道之動，有所見則推而進之，禹拜善言似之。過者善之疵，足累全體，湯之改過不吝似之。」

【原文】「初九，利用為大作。元吉，無咎。象曰：元吉無咎，下不厚事也。

【譯文】初九，利用農時為糧食豐收大力耕作。原本吉祥，沒有過錯。《象傳》說：「元吉無咎」是老百姓不可不重視的事。

【釋文】初九闡述農民要大力耕作，說明農民種地的重要性。人以食為天，國以農為本。是人類不可忽視的大事。

「虞翻曰：大作謂耕播。耒耨之利，蓋取諸此也，日中星鳥，敬授民時。（彪謹案：書堯典，平秩東作，首以民時為重，天子南面而視四方星之中，使民知種斂之緩急。星鳥，鶉火之方。日中者，日見之漏與不見者齊也。）」這段文字，說明了古人遵重農時，讓農民懂得農時的重要性。

「劉沅曰：初民位，六四大臣傾心以應，故利用之。上之事，非下不成。下非散妄作，由上損己以應下，下殫力以事上，交相為益。恐人以利大作為自私益，故曰下不厚事。下受上益，非自私自變為身圖也。」種地的農時是上天的施捨，農民為了受益，必須要抓住農時，在大忙季節，絕不可以去作與耕種無關的其他事情。只有不誤農時，才能受到益處。獲得豐收。「下不厚事」下面的百姓不可以顧私事忘了農時這件事。

「李士鉁曰：震動為作，又為稼穡。互坤為土，大離為牛，播種耕之。震又為春，故利用以為大作。國以民為本，民以食為天，初為民位，耕稼益人之本，民之所當事也。天下大利必歸農，明農教穡，勿奪其時，使盡力於畎畝，百姓受益，國跡益矣。」

【原文】六二，或益之十朋之龜，弗克違，永貞吉。王於亨於帝，吉。象曰：或益之，自外來也。

【譯文】六二，也許有益在十個朋友送來的大龜，大龜的靈驗不可違背，永遠貞正而吉祥。君主祭天是為了給上帝享用，這樣才吉祥。《象傳》說：「或益之」是從外卦來。

【釋文】「劉沅曰：損益相綜，益二即損五也，故其象同。六二虛中處下，五與之應，益自意外而來。卦以外卦益內卦，故無心而益者曰自外來。」《損》卦是損下益上，五爻是受益者，《益》卦損上益下，二爻是受益者，所以爻詞相同。

「乾鑿度云：益，正月卦，天氣下施，萬物皆益。王者法天地，施政教，天下被陽德。用享，言祭天也。三王之郊，一用夏正，所以順四時，法天地之通道也。」由於夏曆順應四時，古人代代採用夏曆，傳到現在。《益》是正月卦，陽氣來到地面，萬物受益。

【原文】六三，益之用凶事，無咎。有孚中行，告公用圭。象曰：益用凶事，因有之也。

【譯文】六三，《益》卦當中有凶事，沒錯。要講誠實守信用行走在《益》卦中間，向君至報告凶實要戴食

物。《象傳》說：「益用凶事」是六三本來就有的。

【釋文】下互為《坤》卦，六三處下互中爻，「李士鉁曰：互坤為死。凶事如喪葬、饑荒、兵革之類，此益中之損也。」

圭，古代帝王和諸侯相見時手中拿的信物。是用玉製作而成上圓下方。李士鉁說：「三，外諸侯位，故稱公。巽為申命，故告。坤為土，故用圭。圭，玉瑞也，有喪葬，則告訃於王；有饑荒，則告災於王；有兵革，則告變於王。用圭以重其事而取信也。」

【原文】六四，中行告公從，利用為依遷國。象曰：告公從，以益志也。

【譯文】六四，在卦中行走要告訴王公下面一定要跟從（君主的意願）。利用這種心願作為依據進行遷國。《象傳》說：「告公從」是《益》卦的心願。

【釋文】六四是掌管國家大事的大臣，在國家遷都這件事上向君主作出匯報。

六四，初九正應，初九能代表下卦的心願，下卦的心願和六四是相同的。所以「中行告公從」公，是主公，指君重。從，順從。同意遷國。

六四是在說明《益》卦上下一心，上能益下下能順從。

【原文】九五，有孚惠心，勿問無吉。有孚惠我德。象曰：有孚惠心，勿問之矣。惠我德，大得志也。

【譯文】九五，守信用存有恩惠是我的道德，不用問吉祥與否，只要有誠信二字，就是給予了我道德。《象傳》

說：「有孚惠心」不用問了。「惠我德」是得到了治理國家的大志向。

【釋文】九五闡述了《益》卦的中心。陽施陰受是在施捨誠實、信用、恩惠和道德。這不光是《益》卦的中心，也是《易經》所要闡述的中心。君主治理國家，有如天體的構成，天體一經構成，其作用就是施捨和受用。

「李士鉁曰：九五陽合乎陰，志在益下，君與民相信以天，心心相印，不必問之於民。（彪謹案：問而後言，其信淺矣；問而後施，其德薄矣。）上信民，民亦信上；上之順民心民亦順上之德，所謂上下皆有嘉德而無違心也。我，五自謂。洪範曰：汝則從，龜筮從，卿士從，庶民從，是謂之大同。利用為大作，庶民從也；龜弗克違，龜筮從也；告公用圭，告公從，卿士從也。至九五，則無不從矣，其吉尚待問哉！」《益》卦，除三爻以外，爻爻闡述的是下順從。下面為什麼能夠順從君主，這是不用問的事情。充分說明天下人之心，說明上施下受的天理，天理就是人心。

【原文】上九，莫益之，或擊之。立心勿恆，凶。象曰：莫益之，偏辭也。或擊之，自外來也。

【譯文】上九，不要把好處施捨給別人，也許會利用打擊的方式對待之。確立這種想法是不會長久持續下去的，會有凶。《象傳》說：「莫益之」是種歪理邪說，「或擊之」災從外面來。

【釋文】上九是專門利己之人，好處，不想讓別人得到，如果自己沒得到，而被別人得到了，就要採用打擊的

方式。損人利已，不擇手段。人類社會，確實真有其人。這是聖學的高明之處。「程傳曰：利者，眾人所同欲也，專欲益已，其害大矣。」

## 夬卦第四十三

夬，揚於王庭，孚號有厲。告自邑，不利即戎。利有攸往。

《夬》卦，在王宮裡面大肆宣揚，講誠信的號召十分嚴厲。告知城內的人們，在不利的情況下動用軍隊。有利於人們的行動。

〈夬〉：卦，上卦《兌》，下卦《乾》，一陰在上，五陽在下，五陽爻決心去掉一陰爻。

「李士鉁曰：夬，古決字，潰也，猶去也，兌為附決，承以乾健。五陽在下，長而將極，一陰在上，消而將盡。凡小人之難去者，以其陰藏不可見，揚於王庭，人共見之，決之不難矣。萬物戰乎乾，陰陽相戰，有即戎象。決之道當用兌之說，不可專恃乾剛，孔子曰，人而不仁，疾之以甚，亂也。小人近君，清君側則為禍烈，故不利即戎。不急於陰退，而利於陽進。近則陰消，故利有攸往。」

【原文】彖曰：夬，決也，剛決柔也。健而說，決而和。揚於王庭，柔乘五剛也。孚號有厲，其危乃光也。告自邑，不利即戎，所尚乃窮也。利有攸往，剛長乃終也。」

【譯文】《彖辭》說：《夬》卦是決斷。陽剛決去陰柔，

有《乾》卦之剛健和《兌》卦之和悅。決斷而在於人心之和，能在王宮裡大肆宣傳，是一陰坐在五陽之上的緣故，把講誠信的號召說得十分嚴利，在其危險的環境中卻是一種光榮。通告全城的人們，在不利的情況下就動用部隊，這是種沒有辦法的辦法了。利於所有的行動，只有陽剛上長，陰柔之氣才會終止。

【釋文】《夬》卦，上卦《兌》，下卦《乾》，五陽《夬》一陰。「李翱曰：自古小人在上，最為難去，蓋得位得權，而勢不能搖奪。」李翱的解釋是社會經驗。在君主身邊的小人，有著超人的智慧，他能掌握君主的心理隨機應變，由於其能獲得君主的信任，想決掉這樣的小人，一定很難了。《彖辭》說：「剛長乃終」不說去掉小人。說明正義一定會戰勝邪惡，黑暗阻擋不住光明，根源不在於有沒有小人，除掉了這個小人，還會有小人冒出來。看《三》卦，便知人心是空的，「離中一陰私下去，純乾之性全不復。」只有「剛長」才能「終」。是弘揚正義的結果。

【原文】象曰：澤上於天，夬；君子以施祿及下，居德則忌。

【譯文】《象傳》說：《兌》卦在《乾》卦之上是《夬》卦；君子要像天上雨一樣，把財祿施捨給天下，使萬物得到實惠，如果不這樣，水氣上升不降雨，這是道德觀念中最嫉恨的憾事。

【釋文】澤水在天上是有雨的象徵，天上下雨就像人們得到財祿一樣。水聚天上「密雲不雨」人們便想起了商

紂王把財祿囤積起來，天下遭殃了。「張洪之曰：君子處夬之時，知財聚悖出，防其潰決，散鹿台之財，發矩橋之粟，大賚於四海，而百姓悅服。」

【原文】初九，壯於前趾，往不勝為咎。象曰：不勝不而往，咎也。

【譯文】初九，強壯在腳的前腳趾上，去了不能勝利，是錯誤的行動。《象傳》說：不取勝還要去，是個錯誤。

【釋文】初九是「乾龍勿用」之爻，所以去了以後不能勝利。

古人云：「事無遠慮，必有近憂」「往不勝為咎」是戒詞，說明遇事要周密思考，不可貿然行動。

「彪謹案：曹劌謂肉食者鄙，未能遠謀，以致齊先鼓而敗，此前趾壯往之咎也！孔子曰，人無遠慮，必有近憂，即此爻義。」

「李士鉁曰：上為後；初為前；陰為後，陽為前，故和前趾。陽初生在下，趾之象。趾不足以行，陽不可用也。若不知養其微陽，待時而動，以最下方生之陽，決在上已老之陰，勢力不足，必不能勝，所以為咎。」李士鉁客觀地分析了初九去不能勝的基本原因。「知已知彼」才能百戰百勝。

【原文】九二，惕號，莫夜有戒，勿恤。象曰：有戒勿恤，得中道也。

【譯文】九二，發出警惕的命令，晚上不要睡覺，賊兵要來，不要憂慮。《象傳》說：有戒備還說不用憂慮，

是得中氣的緣故。

【釋文】「李士鉁曰：惕號所以戒備也，乾天掩於兌澤之下，天暗不明，暮夜象。惕懼警呼，以防意外之變，未即戎而慮其有戎。書曰，有備無慮。孫子曰，無恃其不來，恃吾有以待之；無恃其不改，吾恃有所不可攻。此二之所以無憂也。二在下位，距陰尚遠，故不決人而防人也。」

【原文】九三，壯於頄，有凶。君子夬夬獨行，遇雨若濡，有慍無咎。象曰：君子夬夬，終無咎也。

【譯文】九三，壯在頰間骨上，有凶。君子在《夬》卦中單獨行走，遇到下雨渾身濕淋淋的樣子，臉上帶有怒氣，沒錯。《象傳》說：「君子夬夬」始終不會錯。

【釋文】九三與《兌》澤相連接，所以遇雨。上六是小人，和九三正應。九三去說服小人，小人不聽，所以臉上帶有怒氣。九三有凶，凶在與其小人結合。「陵希聲曰：當君子之世，獨應小人。外人玷汙之累，然終獲無咎志有存焉。」

「劉沅曰：頄，顴骨也。乾為首，三居下乾之上，故象頄。乾體稱君子，九三剛而不中，志夫陰而慍於面色，事未發而機先洩，凶之道也。然內斷於心，欲決即決，獨行而前，與上相應，跡類和同，疑為小人所染。其不遽絕小人，實欲變化而決去之，義無咎也。聖人欲人決小人，而又貴其善夬，故云然。」所謂「善決」以說服為主，「放下屠刀，立地成佛」。

【原文】九四，臀無膚，其行次且。牽羊悔亡，聞言

不信。象曰：其行次且，位不當也。聞言不信，聽不明
也。

【譯文】九四，臀部沒有皮膚，走路十分困難。手中
牽著羊，悔恨就消失了。聽到別人說的話，不敢相信。
《象傳》說：「其行次且」是所處的位置不適當。「聞言不
信」聰明人反而沒弄明白。

【釋文】「李鼎祚曰：四為臀，當陰柔今反陽剛，故
曰臀無膚。」《夬》卦陽過盛而陰衰，四本陰位，所以陽
臀無膚。

「本義云：以陽居陰，不中不正，君則不安，行則不
進。」六十四卦中，「以陰居陽。」者頗多，唯獨《夬》
卦「臀無膚」。是陰不能養陽，卦中不有一陰，還處在最
上一爻。成了眾陽《夬》之對象。

「劉沅曰：次且與趑趄同。行不進也。」

「又曰：牽連三陽隨五而進，不自用其夬則悔可亡。」
九四上奉君主，下率《乾》陽，為決上六，不會有悔。

【原文】九五，莧陸決決，中行無咎。象曰：中未光
咎，中未光也。

【譯文】九五，決呀決，莧陸之根難決，行走在中間
位置不會錯。《象傳》說：「中行無咎」走在中間並沒有
光明。

【釋文】九五，一國之君，身邊養有小人，小人專
權，正人君子一定遭受陷害，這是歷史事實。君主為什麼
能近小人，是君主的道德欠佳，昏暗的君主，怎麼能放射
光明呢？

「國正天心順，官清民自安」，君主是下最大的官了，小官的好壞，全在大官所領導，君主領導不好天下的官，天下不會光明。

「橫渠易說云：陽近於陰，不能無累，故必正其行，然後免咎。」這幾句說明，說到了關鍵處，端正其品行，是君主的第一要務。光端正自身品行還不夠，更重要的是明察秋毫。

「鄭汝諧曰：本草云，莧陸一名商陸，根至蔓，雖盡取之，而旁根復生，小人之類難絕如此。」天下沒有天生的君子，沒有天生的小人。由於萬物的相互感應，人身素質起到了決定性作用。是君子是小人只能在言行上表現出來。犯小人，是人身素質與時間誤差的必然反應。不僅君子會犯小人，小人同時也會犯小人，小人犯小人是同類相殘。《夬》卦上六就是君主犯的小人。君主犯小人可涉及天下，所謂「小人當道」就是這個道理。

【原文】上六，無號，終有凶。象曰：無號之凶，終不可也。

【譯文】上六，沒有發出（守信用）號令，終歸要有凶。《象傳》說：「無號之凶」是不會再往大長了。

【釋文】上六是小人。「無號」指君主沒有向上六發出號令，所以凶事必然會產生。小人再猖狂，也是要聽從君主號令的。君主無號令，小人可以肆無忌憚。必然要凶了。

上六「無號」說明君主對小人的要束不嚴，才導致小人胡作非為。一個國家能不能安定，取決於國家的法律和

制度。「號」是號召，即法律制度。小人就是要鑽國家的法律和制度的空子。國家不安定，人民沒有安全感，就是法律、制度不嚴密，小人才敢興風作浪。

### 姤卦第四十四

姤，女壯，勿用取女。

《姤》卦；婦人強壯，不要用作娶女人。

「李士鉁曰：壯者，陰盛也。一陰在下而進，五陽在上而退，進者勢盛，終必消陽，故云壯。陽當強，陰當弱，女而壯，非家庭之福，且陰道從一，以一陰而從五陽，非女之道。不期而遇，婚姻之禮不成。故不可用以取女。女壯，主陰言；勿用取女，主陽言。」

「馬其昶曰：巽，長女，稱壯。初六失正，故勿用取女，與蒙三同。陽始生即得正，陰始生即失正，故陰陽有淑慝之分，而聖人有扶抑之教。」《姤》卦有五男娶一女之象，故「勿用取女」。

【原文】象曰：姤，遇也，柔遇剛也。勿用取女，不可與長也。

【譯文】《彖辭》說：《姤》卦是，一陰來到《乾》卦，遇到陽剛了。不要用作娶女人。不可以與這樣的婦人長久地生活下去。

【釋文】《姤》卦是說一個女人生下來就要遇到五個男人，這個女人不守婦道，不能娶這樣的人作妻子，結婚以後，是不能長久地生活下去的。

封建禮教主張一夫多妻，一個男人可以娶幾個女人，

娶得女人越多越能提高人的身價。所以皇帝才有三宮六院，七十二偏妃。卻反對一個女人嫁給兩個男人或幾個男人。因為這是一種禍亂的根源。所以女性必須專一。只有女性專一才是一個好女人。

【原文】天地相遇，品物咸章也。剛遇中正，天下大行也。姤之時義大矣哉！

【譯文】五陽與一陰剛剛相遇，萬物的種類開始相互感應而不斷地壯大。二五兩陽爻中正，在天下可以往復運行，《姤》卦之時意義太偉大了！

【釋文】六十四卦卦氣的運轉規律是「O」環運動，《剝》後有《復》「七日來復」；《夬》後有《姤》「柔遇剛也」。天體循環，陰陽變化而已。

遇與不遇，闡述的是陰陽變化發展規律。「司馬光曰：世之治亂，人之窮通，事之成敗遇與不遇而已矣。」「天地相遇」指陽與陰的發展，在發展中產生變化。萬物在這種變化中產生，在這種變化中發展，在這種變化中消亡。產生、發展、消亡的過程就是遇與不遇的過程。「邵雍曰：復次剝，明治生於亂乎？姤次夬，明亂生於治乎？陰始遇陽，履霜之謹，其在此乎？」邵雍設三問，說明三個問題，其實質則是在闡述陰陽遇與不遇的道理。

「蘇軾曰：九二亡而後為遯，始無君也；九五亡而後為剝，始無君也。姤三世，上有君，下有臣。君子之欲有為，無所不可，故曰天下大行。」《復》卦闡述天地之心，《姤》卦闡述「天下大行」。天地生物之心發展到《姤》卦，便可以「天下大行」了。「天下大行」也同樣是為了

一個「生」字,所以「品物咸章」。

《姤》卦是闡述地貌的中心。

【原文】象曰:天下有風,姤;后以的施命詁四方。

【譯文】《象傳》說:天下有風是《姤》卦;陰遇陽後立即向天下發佈命令,天下起風了。

【釋文】一陰初生,是小人出現在了社會上,小人要興風作浪,社會上不會安寧。為了警告天下人,才發出了這樣的命令,讓天下人警惕邪風。

社會風氣的好壞,與人的思想密切相關,這是萬物相互感應產生的結果,其根源在上層建築。俗語有「人隨王法草隨風」。透過社會風氣的好壞可以看出上層建築的領導才能與文明程度。人心是火,嚮往光明,所以人欲總是往好處上去想。在人的談話中如果發現其人藏有隱情,其背後一定有黑勢力在進行操縱。所以《姤》卦是陰在陽後。

【原文】初六,繫於金柅,貞吉。有攸往,見凶。羸豕蹢躅。象曰:繫於金柅,柔道牽也。

【譯文】初六,用繩子把(小豬)拴在車輪軸的卡子上,貞正吉祥。要行動會有凶。小豬為守信用,不願待在這裡,顯出煩燥不安的樣子。《象傳》說:「繫於金柅」是利用柔軟的繩子把它牽住的緣故。

【釋文】羸豕,出生不長時間的小母豬蹢躅,煩躁不安的樣子。柅,固定在車軸上不讓車輪轉動的卡子。

「牽」是控制的意思。剛從外地抓回來的小豬,由於不願待在這裡,必須要「牽」住。這是小人制服君子的唯

一辦法。

小人牽制君子，手段很多，一是語言誆騙，二是金錢收賣，三是心理牽制，四是人身牽制。初六就是闡述小人牽制君子，說明了萬物相互感應的道理。

「王弼曰：羸豕，牝豕。」

「劉沅曰：梱在車之下，所以車輪令不動者也。巽為繩繫象，制陰於未盛時也。羸豕，小豕也。躅，跳躑也。蓋淫躁之性然也。若畜小人者，柔道當有以牽制之，使為剛役，乃可也。」陰初生象小豬，小豬是不接受外人使役的，必須牽制起來。這就像君子在控制小人，把小人牽制住，讓小人聽從君子的使役。它就不會興風作浪了，豬是陰物，喻小人。

這裡的「牽」應指國家的政策和法律制度。「柔道牽也」指陰柔小人必須要用國家的法律進行牽制。

「惠士奇曰：牽，說文云，引前也，象引牛之縻。又云，臣，牽也，象屈服之形。臣服於君，妻服於夫，子服於文，故謂之牽。牛，雖大物，五尺之童能服之，蓋得牽之道也。姤一陰氣上與陽始爭，能屈服之，則貞吉。初曰柔道牽，屈而服之之謂也。」小人初生，使其屈而服之，是說把醜惡扼制在萌芽之中，使其難以向前發展。

【原文】九二，包有魚，無咎。不利賓。象曰：包有魚，義不反賓也。

【譯文】九二，包住魚，沒有錯。對外來的客人不利。《象傳》說：「包有魚」其意義涉及不到賓客。

【釋文】「包」指陽能包住陰。陽，強健，有運動能

力；陰主靜，柔順。陽一定能包住陰了。魚是陰物，指初六。上為外，下為內，上包下之魚。

初六和九四正應，相互產生感應，把初六包住，對九四不利。賓，指九四。

「李罔曰：方姤之時，其權在二，使其能制初，則剛柔相遇，常為姤而已，不能制之，柔道浸長，而變二之剛，則四陽皆為之遯。（彪謨案：二爻若變為陰，則天風之姤卦，變為天山之遯卦，而陰漸長陽漸退矣。）」二爻是國家之棟樑，國家能不能變，全在二爻身上，二爻不僅手有實權，而且身處大眾當中，其影響力相當之大，二爻有變，其國有變，二爻不變，其國不變。國變不變，其在下。國家的中下層官員起決定性作用。

《易經》的科學就體現在這裡，這是在說明萬物相互感應的道理。

【原文】九三，臀無膚，其行次且。厲，無大咎。象曰：其得次且，行未牽也。

【譯文】臀部沒有皮膚，行走十分困難，不能前進。嚴厲的形勢下不會有大錯。《象傳》說：「其行次且」是行動沒有受到牽制。

【釋文】九三的處境與《夬》卦九四相同，陽居陽位，與上九無應，陽氣太重。《夬》之九四是陽得陰位，有羊可牽；《姤》之九三陽居陽位，無羊可牽。

【原文】九四，包無魚，起凶。象曰：無魚之凶，遠民也。

【譯文】「九四，前去包魚，竟無魚可包，離開原來

位置有凶。《象傳》說：「無魚之凶」離平民的位置太遠了。

【釋文】陽為陰精，陰為陽宅，這是萬物相互感應的道理。九二、九四同在朝中做官。

九二能獲得初六之魚，是九二距初六很近，初六本來與九四正應，是原配夫婦，魚卻被九二包去了。九四離初六太遠，雖然正應，遠水不解近渴。所以，無魚可包了。九四為什麼不早點去包初九呢？那是因為離開這個位置有凶。

萬物互相感應，因時因事而異，大千世界斑斕陸離，天理人事錯縱複雜，這裡是在說明「近水樓台先得月」。

萬物相互感應，也有順逆之分，卦氣上行為順，下行為逆。初六上行為九二所截。《屯》卦初九、六四正應，而六二、六三皆陰。所以，「大得民也」；《姤》卦九四要包初六，逆行也。

【原文】九五，以杞包瓜。含章，有隕自天。象曰：九五含章，中正也。有隕自天，志不捨命也。

【譯文】九五，用枸杞包住瓜，是內裡含著光明，從天上掉下來。《象傳》說：「九五含章」是得中得正的原因。「有隕自天」只要有生命，決不捨棄其志向。

【釋文】「杞」指九二，是九二包瓜。九二之陽包住初九一陰，就是「姤」卦，《離》是火，所以光明。二九、九五正應，由於不能產生感應，不能融合在一起，九二好像是從天上掉下來，九五因此得到了光明。

「志不捨命」是志向離不開生命，是說海枯石爛心不變。這是在闡述九二的心願。九二包住瓜來到皇宮君主請

功，並表達了自己的志向。所以用「含章」二字進行闡述。

「虞翻曰：隕，落也，巽為杞，乾為天。」

「蘇軾曰：金妮，包杞皆九二也。豕、魚、瓜皆初六也。陰長陽消，天之命也。有以勝之，人之志也。君子不以命廢志。（彪謹案：志之所在，隨遇而安。君子居易以俟命，匹夫不可奪志也，此樂天知命之學。士各有志，志士可轉敗為功。易亡為存，若其不濟，則捨身取義，殺身成仁，是謂不以命廢志。）「不以命廢志」這話說得好，此話早以成為中國志士仁人一種處世哲學。在中國歷史上，如大變革時期，出現了數以萬計的「不以命廢志」可歌可泣的英雄事蹟。

**【原文】上九，姤其角，吝，無咎。象曰：姤其角，上窮吝也。**

**【譯文】**上九，遇在龍角上，有吝難，不會錯。《象傳》說：「姤其角」，是《姤》卦到了終點而遇吝難。

**【釋文】**「李士鉁曰：剛而最上，角之象，在乾首上，亦角象。乾為龍，上，龍之角也。上本不在位，距初定，不與之遇亦無咎。遠而不相得，固無害也。」

「馬其昶曰：角者偏隅之區，二五為中正相遇。初上皆角也。陰陽之氣，每到角而變。陽窮於西南之角而遇陰，陰窮於東北之角而遇陽，復夬之上，為姤之初，陰陽各居一角而相遇。他爻不言姤，而上獨曰姤其角者，明上與初非不遇，特其角焉耳。雖遇而陽已窮，故吝時義常然，故無咎。」這段文字是在闡述陰陽五行之氣的運動規

律是「０」環運動。陽之角遇陰；陰之角遇陽。往返循環，繹久不息。

《姤》卦是遇，陽後遇陰，「品物咸章」男後遇女，女心不正；君子背後有小人，警惕勿被小人牽制。

人生在世隨遇而安，遇太平盛世，勿荒淫奢侈；遇否弊剝復，應志不捨命。天道循環，冤緣相報。萬物相互感應，君子遠離小人，行善體天地之心，作惡本人所不欲。天下壽星皆善類，誰見惡棍活百年。

## 萃卦第四十五

萃，亨，王假有廟，利見大人，亨利貞。用大牲言，利有攸往。

《萃》卦亨通，君主利用設廟的方式進行祭祀，對見大人有利，具有亨利貞的道德。用大牲畜作供品吉祥，對需要去作的事有利。

《萃》卦是草木叢生，聚集在一起，李士鉁說：「兌為澤，水之聚也，坤為地，為眾，土之聚也。貨聚於市，百工之用通；人聚於國，彼此之志通。」

所謂聚，是物質元素的集合。土之聚是地，木之聚是林，石之聚是山，水之聚是河，人之聚是國，物之聚為群。先天之聚，天體有成，後天之聚，地貌成形。人以類聚，物以群分。一陰初生，「品物咸章」，章而後萃，天道循環，自然之理。

宗廟，祭祀祖先，天神的場所，只有宗廟才能聚攏人心。人心之誠莫過於祭祀，王者設廟，為攏聚人心。只有

抓住人心，才能稱王天下。《萃》卦就是闡述攏聚人心。李士鉁說：「得天下之大而不以自有，致天下之財而不以自奉，備物致敬，與萬方共敦反本復始之思，此王者所以聚天下也。」

「彪謹案：黃帝禽蚩尤，舜格有苗，禹戮防風，皆利有攸往，得人心聚合，所謂順天命也。奉天命的討有罪，所聚以正乃可。天命無不正者，大人聚以正，所以能順天命。天地萬物之情，無不出於正而能聚，故於所聚見之。」

【原文】彖曰：萃，聚也。順以說，剛中而應，故聚也。王假有廟，致孝享也。利見大人亨，聚以正也。用大牲吉，利有攸往，順天命也。觀其所聚，而天地萬物之情可見矣！

【譯文】《彖辭》說：《萃》卦是聚，《坤》順而《兌》說，九五剛中而能和六二正應，所以能相聚。君主進行祭祀設有宗廟，用來進行孝道使天神和祖先享用。利於見到大人而得以亨通。用這種方式攏聚人心是最正確的，要用牛的頭作供品才能吉祥，利於所有的行動，由於順從了天命。看到這樣地聚會，天地萬物的情況都看到了！

【釋文】宗廟是祭祀祖先的場所，是攏聚人心的必要方式。人心志通，義正可行，所以祭祀是古人極為重視的一種致孝儀式。獻上供品，表達心願，天地與之共享，這種形式和當代的誓言起著同樣地作用。只不過蒙上了一層迷信色彩。何天神祖宗表達心情的過程，就是鼓舞情緒的過程，人心得到聚攏，眾志成城。

「劉沅曰：澤潤之地，物群聚而生，故為萃。下順乎下上，上說乎下，兩卦有聚之體。五以剛中而下交，二以柔中而上應，兩爻有聚之用。知所以為聚，則亨。致孝以盡志，致亨以盡物，上有以萃祖考之精神，下有以聚天下之人心也。大人者，萃之主，正己而物正者也。順天理而行，即順天命也。天以正相聚，而陰陽和，百族茂；萬物以類相聚，而生氣應，形性適。故觀所聚而情可見，天地萬物以萃而後生生不窮，故六爻皆無咎。」

【原文】象曰：澤上於地，萃；君子以除戎器，戒不虞。

【譯文】《象傳》說：澤水流在地上，是萃卦；君子要清除兵器，戒備不可預料的事情發生。

【釋文】水流必有聚，有聚就要提防潰訣，國家設置軍隊，是為了預防外國侵入，所以操練部隊，更新兵器必須要保持經常。不可有絲毫的鬆懈。

「說苑：司馬法曰，國雖大，好佔必亡；天下雖安，忘戰必危。夫兵不可玩，玩則無威；兵不可廢，廢則召寇。易曰，君子以除戎器，戒不虞。」

【原文】初六，有孚不終，乃亂乃萃。若號，一握為笑。勿恤，往無咎。象曰：乃亂乃萃，其志亂也。

【譯文】初六，初六與九四有約定，為了守信用卻始終沒有結果，心裡竟亂如麻，於是和同井人相聚在一起，如果要向九四發出呼喊，又怕被同井人所笑。不用憂慮，去找九四不會錯。《象傳》說：「乃亂乃萃」是心意混亂。

【釋文】「鄭康成曰：握，談夫三為屋之屋。（惠棟

曰：鄭注小司徒云，夫三為屋，屋三為井。又注匠人云，三夫為屋；屋，具也。一井之中屋九夫。三三相具，以出賦稅。戰國策云，堯無三夫之封，三夫為一屋也。一屋謂坤三爻。王樹根曰，釋文，蜀才同鄭傅氏作渥。案釋言，渥，具也。與屋同訓。坤為眾人三亦為眾。本義云眾以為笑，即本康成。）」這裡說的是周朝井田制，三人為一戶，三戶為一井。下卦《坤》三陰爻為「一握」。

「劉沅曰：孚，與四正應，本相孚也。不終者，陰柔互巽，為進退，為不果也。坤為眾，初為民，三陰相連，欲萃而無主，故或亂而或萃也。號，呼四求萃也。兌口，故笑。」

「馬其昶曰：初者事之始。有孚不終，溯其始也。惟其孚不終而志亂，然後有待於萃。號，即孚之發於外者。當眾人志亂之時，初獨號召求萃，以為志不可亂，宜為同井所笑。老子云，下士聞道大笑之，不笑不足以為道，故勿恤也。失位為悔，義當應四，故往無咎。」

《萃》卦是聚，要聚必須守誠信，只有在誠信的基礎上才能聚。人信人，勝過神。初六信九四，不怕同井人所笑。說明了《萃》卦中誠信的重要性。誠信二字是天道，天命強調誠實和信用，而人更應該順從天命。初六，就是在闡述做人要有誠信，從而順應天命。

誠信，有正與不正之分，《象辭》說：「聚以正也」這就給誠信畫出了框框，守誠信不能超越這個框框。不正的誠信不能守。守不正的誠信，就是在陷害自己。初六是陰居陽位，九四是陽居陰位，位置不正，這是志亂的根本

原因。由於初六、九四正應，位置不正可以相互調整，調掉位置，此為不正中的大正，所以「勿恤，往無咎」。

【原文】六二，引吉，無咎。孚乃利用禴。象曰：引吉無咎，中未變也。

【譯文】六二，率領上下陰同去九五相聚，吉。不會錯。為了守信用要在春天進行祭祀。《象傳》說：「引吉無咎」外在中爻的位置上始終未變。

【釋文】「馬融曰：禴，殷春祭名。」

「王弼曰：禴，四時祭之省者也。居聚之時，處於中正，而行以忠信，可以省薄薦於鬼神也。（李士鉁曰：二與五兩中相合，陰陽正應，故五能引之。二陰虛在一，祭不能豐，故禴。下之奉上，以誠不以文。苟有明信，澗溪沼止之毛，頻繁溫藻之菜，可薦於鬼神，此之謂也。）

「馮椅曰：下卦中爻，多引其類，如泰小畜是也。（彪謹案：小畜九二之牽復吉，謂與同類牽連而復，以其居初與三之中也。泰初九與否初六皆云拔茅茹以其滙，謂在下位思與其類俱進，以其下三爻皆與上三爻相應也。此注言下卦中爻，益精下卦中之諸爻言之，非專指下卦之中爻也。）本爻與五正應，引初六、六三以萃於五，為得君臣之大義。」六二是下卦中爻；九五是上卦主爻又是全卦之主爻，六二即中又正，率下卦同去九五相聚，大吉大利。

六二是《萃》卦的論述中心，是守誠信順天命的典範。汪恆曰：「二柔順中正，處群陰之間，能引其群以萃於五，所謂利見在大人，亨利貞者也。中未變，承初之志亂而言。」

「馬其昶曰：禴祈宇通。王制，宗廟之祭，春曰禴。鄭注，此益夏殷禮。中未變不化也。」

【原文】六三，萃如嗟如，無攸利。往無咎，小吝。象曰：往無咎，上巽也。

【譯文】六三，看到別人都去九五相聚，心裡發出了嗟嘆，沒有有利的地方。只要去不會錯。有小吝。《象傳》說：「往無咎」跟從九四是可以進入九五的。

【釋文】「上巽也」從三爻往上是上卦互體之《巽》卦，《巽》卦是入。所以跟從九四可以去九五。李簡曰：「三至五為巽，三所以往無咎者，以四五巽可入也。」

「馬其昶曰：六爻惟三上無應，又俱值窮位。一嗟一吝，求萃不得也，故無攸利。然天命不可不順，四五為萃之主，合諸侯而發禁命事。三若此四以萃五，雖位不當小吝，然當萃時，不能自外於會同之盟，故三與初皆曰往無咎。」

【原文】九四，大吉，無咎。象曰：大吉無咎，位不當也。

【譯文】九四，大吉不會有錯。《象傳》說：「大吉無咎」位置是不適當的。

【釋文】九四下接三陰，三陰齊來這裡隨同九四去五相聚，是上喜而下順。所以「大吉，無咎」。

「房玄令曰：大吉，謂匪躬盡瘁，始終無玷，可免專民之咎。」九四不能鞠躬盡瘁，是其身不正。這裡強調了「聚以正」的道理。

天下的邪惡不能根除，《萃》卦九四留下的孽根說九

四「始終無玷」是在為其開脫罪責。九四之「大吉」是九四守有誠信，能去廟堂相聚。這是服從大局的表現。九四陽居陰位。是偽君子。「李士鉁曰：無咎者，幸之也；位不當者戒之也。」《象傳》「位不當也」是在向天下發出警告，要警惕這樣的偽君子。

「彭申甫曰：四以陽剛而近於五，乃周召分陝之任，共和為政之時，其萃也上下一心，君臣同德。」這是在闡述《萃》卦的中心。九四雖居身不正，原形還沒有畢露。因處《萃》卦之時，還沒有腐敗的土址。

【原文】七五，萃有位，無咎，匪孚。元永貞。悔亡。象曰：萃有位，志未光也。

【譯文】九五，聚在一起是有位置的，不會錯，還沒有得到天下的信用。只要具備乾元永遠貞正的素質，悔恨才會消亡。《象傳》說：「萃有位」，是志氣未有光大也。

【釋文】澤中三水在地上流動，是聚的意思，人往高處走，水往低處流，水聚在低處是有位置的，地勢不低，其水不聚，水的誠信就表現在這裡，人往高處走，九五是天下最高的位置了。九五是國家的象徵，天下人心繫九五這個位置神聖不可侵犯。人的誠信就表現在這裡。「其萃也上下一心，君臣同德。」

《萃》卦九五光有位而不講誠信，聖人之心實難理解。九五、六二上下各得正，「聚的正也」只有正，才上順天命，下順人心，按理這是上、下都能守信用。而九五反而「匪孚」。

「萃有位」是指水聚積的位置，這個位置應是地勢最

低的位置。正因為處在了這樣一個位置，其「其未光也」。

【原文】上六，齎咨涕洟，無咎。象曰：齎咨涕洟，未安上也。

【譯文】上六，器得鼻涕一把淚一把，沒有錯。《象傳》說：「齎咨涕洟」處在卦上心志不安定。

【釋文】「鄭康成曰：齎咨，嗟嘆之辭也，自目曰涕自鼻曰洟。」

「王弼曰：內無應援，處上獨立，近遠無助，危莫甚焉。懼禍之深，不敢自安，故得無咎。（馬其昶曰：上六得位而不安，乘剛故也，惟其未安，是以無咎。彪謹案：操心危，慮患深，故達，所以無咎。）」

「劉沅曰：兌為口，咨象。又為澤，涕洟象。萃極將散，乃孤孽之臣子不得於君親也。未安，非自處於窮，乃事變所使，無心萃之，致使遷流放逐，故板怨艾哀號之誠，冀君親之一悟。憂思之至，危可使平，終得萃而無咎。上在卦外，危懼不敢自安。舜號泣，周公嘵嘵，皆必求萃於君父而後已也。象重九五之萃。重一尊也。爻戒九五自用，勸任賢也。（彪謹案：屈原放逐，此不得於君者；舜怨慕，此不得於萃者，皆有上爻不安之象。）」

上六哭得如此傷心，是因為九五對九四不守信用，一國之君不能用賢，天下將離心離德，恐由治而亂也。上六是小人，對小人也要講信用，能用誠信的道德感化小人，才能化成天下。

## 升卦第四十六

升，元亨，用見大人，勿恤，南征吉。

《升》卦原本就亨通，可用去見大人，不用憂慮，向南出征吉祥。

《升》卦，二陽在下不斷地上升，「劉沅曰：內巽外順，進而無阻。」由於無阻，所以不用憂慮，陰生十一月，到五朋最旺，所以南方吉。午時，太陽正南處天中之時。徐幾曰：「大人二也，五當應二也。用見九二之臣以升於德。」九二有德，六五以應故「用見大人」。

「劉沅曰：序卦，萃者聚也，聚而上者謂之升，故受之以升。升，進而上也。木生地中長而益高，升之象。內巽外順，進而無阻。南征吉者，坤為巽母，志應順行，由巽而升於坤也。」

「吳汝綸曰：升謂陽升也。太玄擬之為上為干。上首云，陽氣育物於下，物咸射地而登乎上。干首云，陽氣扶物而鑽乎堅，鉹然有穿，皆主陽為說。二陽上進，故曰無亨。春秋繁露云，陽氣始出東北而南行，就其位也；轉西而北入，藏其休也。陽以北方為休，南方為位，殆古易家說，故曰南征吉。」

【原文】象曰：柔以時升，巽而順，剛中而應，是以大亨。用見大人，勿恤，有慶也，南征吉，志行也。

【譯文】《象辭》說：溫柔的草木從地面上隨著時間不停緩慢上升，《巽》卦是草木而《坤》為土順，九二剛中而六五正應，這就是《升》卦的大亨通。六五能用這種

亨通去見大人，沒有憂慮而是有值得慶賀的事情。要是往南方出征作戰十分吉利，志向能得到大行。

【釋文】「乾鑿度云：升者，十二月之卦陽氣上升，陰氣欲承，萬物始進。」十二月農曆稱臘月，要是春來早，立春節氣就在十二月陽氣萌動開始上升。

「沈該曰：巽在下，木道方生。坤在上，地道上行。地以生物為德，五居坤體而應二。坤以順道容而生之也。木之升由於陽，道之升由大人。」是土以養木順陽而升。升，是指正義在上升，《復》卦是十一月卦，「一陽初動處，萬物未生時」。《升》卦繼《復》之後陽氣開始上升。二陽爻從下而升，以進入三爻，三、四兩爻是人位，說明正氣在人間開始創立，所以「南征吉」，「征」指征伐罪惡，孫中山提出三民主義，民主革命是黎明前的曙光。所以辛亥革命得《復》卦，民主革命沒有成功。由於處在「萬物未生時」。黑暗統治，是上層建築的腐敗，天下的正義和大人物卻產生在民間廣大民群眾中間，九二是「大人」六五順應，正義上升之時。

「劉沅曰：坤為巽母，志與之應，逆行故戒以勿恤，順行由巽而升於坤。二剛中而五應之，得陰為美，有可升之德，可升之會，故大亨。」「得陰為美」此四字應因時而言，事物的發展是有條件的。辛革命的勝利是「得陰為美」，然而好景不常，共產黨誕生在《剝》卦之時，可謂「得陰為美」都能取得偉大的勝利。這說明陰陽變化是無常的，而只有兩個字是永恆不變的，那就是「正義」。可升之德，可升之會必須透過「正義」才能實現。

「馬其昶曰：柔者地也，陰也。升者木也陽也。地以時升木，柔以時而升陽也。剛中而應則升矣。巽坤南方維卦，於時為夏，董子言陽常居大夏，而以生育長養為事，是其義。凡升皆以漸，王道尤無近功。勿恤者，勿憂進益之不速。」這段論述，闡明了時間的重要性。

【原文】象曰：地中生木，升；君子以順德，積小以高大。

【譯文】《象傳》說：土地當中能生長出草木是《升》卦；君子必須具備順從的道德，積累細小的善良以至於高大。

【釋文】「徐干曰：先民有言，明出乎幽，著生於微，故君子修德，始乎竿草，終於鮒背，創乎夷原，成乎喬微，易曰：升元亨，用見大人，勿恤，南征吉，積小致大之謂也。」凡事應從小處開始，道德修養也是一樣，這是事物發展的一種規律。孔穎達說：「地中生木，始終毫末，終至合抱，君子象之，以順行其德，積小善以成大名。」

「張洪之曰：上達之境，其於下學，循序漸進，勿忘勿助，順之斯得矣。凡物莫不有性，順其機則長，逆其機則屈抑而莫伸。人之德不能與身俱長，非大人也。大人者，不失其赤子之心。如溫公與文信國，少性善與人同，而獨具特職。一則破小缸救兒，一則見歐陽修廟享，謂死不能崇祀於此者，非夫。後皆成立，為名相，配享兩廡。」

【原文】初六，允升，大吉。象曰：允升大吉，上合

志也。

【譯文】初六，允許上升，大吉。《象傳》說：「允升大吉」和上面的志向相吻合。

【釋文】「李光地曰：允升者，為上所信而升也。晉三之允，在下三陰，升初之允，在上三陰。故彼傳曰志上行，而此曰上合志。」陰陽五行的刑衝剋害，實為素質性情所關，並非允不允，信不信的問題，爻詞用擬人寫法使《易經》賦有生命力，這是《易經》之一大特色。

「李士鉁曰：九重之台，起於累土；合抱之木，生於拱木。木以根為生，初六升之始，木之根也。」初是木之根，木無根則死；初為國之民，國無民則亡。木根就是木心；國心就是民心。上下本一心，所以上合志也。

【原文】九二，孚乃利用禴，無咎。象曰：九二之孚，有喜也。

【譯文】九二，把守誠信寄託在春天的祭祀上，不會錯。《象傳》說：「九二之孚」有喜事。

【釋文】誠實，信用是天道，由天道而成此道，由此道而成人道。所以誠實、信用是做人必須遵守的道德。人失掉了誠實和信用，就是喪失天道和地道，為天地所不容。九二得中有《乾》元之正，能用誠信在儀式上發誓，所以會有喜事。

「張浚曰：事君猶事神事天，捨誠不能有格也。五順二巽，中道默通曰孚。志得道行，互兌為有喜。」

「馬其昶曰：德馨香祀，登聞於天，亦升之義。三五相孚，二受福為有喜，五則有慶以及天下。」九二，六五

正應《彖》曰「剛中而應是的大亨，用見大人，勿恤，有慶也」專論此爻「彪謹案：陽為實，陰為虛，萃九五以誠實感乎下，而六二以虛中應之。升六五以虛中感乎下，而九二以誠實應之也。」

【原文】九三，升虛邑。象曰：升虛邑無所疑也。

【譯文】九三，晉陞到虛邑。《象傳》說：「升虛邑」是沒有疑問的。

【釋文】「馬融曰：虛，丘也。」「丘」是周代井田制官職名稱。

「荀爽曰：坤稱邑。」

「馬其昶曰：丘，即四井為邑，四邑為丘之丘。周禮司諫，掌糾萬民之德，詢問而觀察之，以時書其德行道藝，辯其能而可任於國事者。鄭注任史職疏云，任史職，謂使為比長閭胥族師之類。九三升虛邑，是使為此長閭胥也。既詢問觀察而書之，又辯其能而後任之，故曰無所疑。」

【原文】六四，王用亨於岐山，吉，無咎。象曰：王用亨於岐山，順事也。

【譯文】六四，紂王封西伯侯在岐山亨用，吉祥，沒有錯。《象傳》說：「王用亨於岐山」是順從殷王的事業。

【釋文】西伯侯被封為岐山之王，在六四這一爻上來說是名付其實。正如朱軾所說：「六四之升，升以順也。上順君，下順民，順之至矣。」

「李士鉁曰：升至上卦，坤土居高，山之象。岐山在西方，互兌為西，故稱岐山。文得享境內之山，由紂用

之，以恭順事紂之心，見讒被拘，幾難自白，因於此爻發之。」六四是上卦《坤》之初爻，《坤》卦主順，六五是王指紂，六四是臣，指文王。說明臣子一心一意地事奉紂王。借此爻發出內心的呼喊。

【原文】六五，貞吉，升階。象曰：貞吉升階，大得志也。

【譯文】六五，貞正吉祥，按階級一一而升。《象傳》說：「貞吉升階」大的志向得到了。

【釋文】「荀爽曰：陰正居中，為陽作階。」陰氣本不正，得中氣則能正，六五只有正，才能成為陽剛的台階。正義順著這個台階不停止地緩慢上升，這就是對「大得志也」的解釋。

「程迥曰：下應剛德之臣，自二升五，如階有級。此人君升進賢臣之象。」下不應賢臣國亂難平，正氣上升，南征正待賢能，劉備三顧茅廬，三足鼎立的局面得以形成。劉備得孔明，周王得太公皆六五應九二之象。

【原文】上六，冥升，利於不息之貞。象曰：冥升在上，消不富也。

【譯文】上六，死後繼續升，有利於永遠不停息的貞正。《象傳》說：「冥升在上」是說人在世界上消亡以後，再也不可能富有了

【釋文】上六，「冥升」從表面現象看這是迷信思想的產物。人死以後，還能繼續升嗎？顯然不能。這是在闡述人生的偉大意義。人為正義而生，為了正義，即是死，也要升。人雖死了，而這種堅持正義精神卻長留於人間，

永遠不會消失。這正是《易經》的偉大之處。

《升》卦，是陽氣上升用以人事，社會上的黑暗並沒有消除，正氣正在上升。「南征吉」是兩種勢力的搏鬥。闡述人為正義而升（生）的道理。正氣升，邪惡才能消亡。上六是為正義而「冥升」者，全卦闡述了為正義而升（生）的重要性。

「馬其昶曰：升元亨，到五上升道已成，且利貞矣。陽實為富，富也者福也。升而不已必困，冥升在上，消而不福，死之象也。詩云文王在上，於昭於天。是文王之冥升也。明夷者，天下這冥也。六五箕子之明夷，利貞。象曰箕子之貞，明不可息，不息於其生也。冥升利於不息之貞，不息於其死也。君子之德之純其生也不息，則死亦不息。子曰，朝聞道夕死可矣。不息之貞，其聞道之效歟？蓋死生若晝夜，未知生焉知死？通死生為一貫，是謂通乎晝夜之道而知。」

《明夷》卦之時，人間就是地獄，而箕子的光明在人間是盞明燈。在地獄裡同樣一盞明燈。這是在說明人雖死了，其精神不死，永遠銘刻在人們的心靈當中。

「通死生為一貫」把人的生死看成是白天黑夜，人死以後只不過和夜晚睡眠一樣，什麼也不知道，而生前的那種精神永不停息，這是說明作為一個人，在生命沒有停止以前，一定要為正義作出貢獻，這種貢獻精神在死去以後也不會停息，會永遠鼓勵人們去奮進。

人有靈魂一說並不存在，人死以後雲消煙滅。油乾燈不明（見《天人感應論》）。

## 困卦第四十七

困，亨，貞，大人吉，無咎。有言不信。

《困》卦亨通貞正，大人吉祥，不會錯。只是說話無人相信。

「李士鉁曰：困字，木在口中。互巽為木上有兌缺，下有坎陷，木困於中，故爻多取象草木。在險能說，處困之道。陽來通陰，故亨。學以困而進，才以困而成，境以困而通，道以困而大。西銘言，貪賤憂患，玉汝於成。孟子言，天將降大任於是人。此困之所以亨也。剛得中而五得正，能固守其窮，故貞。不淫不移不屈，困之所以貞也。二五陽剛得中，為處困之大人。困也者，小人視之為凶，大人當之為吉。烈火銷萬物，精金以煉而益精。嚴霜殺百草，松柏以寒而愈勁。兌口為言，在上無應，故不信。處困之時，欲以言語解兌，難矣哉！老子曰，多言數窮，不如守中。」

《困》卦亨通是指大人亨通而小人則難。只有貞正才不懼困惑。「學以困而進，才以困而成，烈火銷萬物，精全以煉而益精。嚴霜殺百草，松柏以寒而愈勁」。正如案文所說：「困之為道，惟大人能處之。有所以處困之道，惟貞乃亨。小人不能處困，失其所以的亨之道也，故云其惟君子乎。疾風知勁草，世亂識忠臣。愈困而大人愈顯，所以無咎。靡而不磷，愈見其堅，涅而不緇，益形其白。文王囚羑里，周公遭流言，孔子厄陳蔡，皆能亨其困之大人也。孤孽操心危，慮患深，困而不失其所亨，故達。達

即亨也。貞以守之，剛以定之，尚志不尚口也。」

【原文】彖曰：困，剛揜也。險以說，困而不失其所亨，其唯君子乎？貞大人吉，以剛中也。有言不信。尚口乃窮也。

【譯文】《彖辭》說：《困》卦，是陽受到陰的遮掩。下卦《坎》險而上卦《兌》說，雖處困中卻沒有失去亨通，只有君子才能作到嗎？貞正的大人吉祥，是由於剛在二五兩爻得中，有話別人不能相信，還不是由於說得太多，甚至達到了極點。

【釋文】《困》卦，只有處在困惑的當時才能辨別出是君子還是小人，君子從容不迫而小人怕得要命。王弼說：「處困而不能自通者小人也。」孔穎達說「小人窮斯濫矣，君子則不改其操。」

人處困中要維持心態平衡，不可順口亂說。沈該說「維心則亨，尚口則窮」就是這個意思。所以《困》卦是「險以說」。

「鄭康成曰：坎月離日，兌為暗昧，日所入也。今上揜日月之明，猶君子處亂世，為小人所不容，故謂之困。」《困》卦中《坎》為月，互卦《離》為日，日月的光明被上中下三陽爻隔斷。是小人把君子困在卦中的象徵。

【原文】象曰：《象傳》澤無水，困，君子以致命遂志。

【譯文】《象傳》說：沼澤地中沒有水是《困》卦，君子要接受大自然所賜予的生命和命運，從而遂從自己的

志向。

【釋文】生命是先天素質的塑造，命運是後天時空素質與先天素質的演化過程。人要遂遇而安，信守志向。張洪之說：「困其身而不能困其心」。「彪謹案曰：古之君子無求生以害仁，有殺身以成仁。如夷吾之求仁得仁，以遂其志，而致命非所恤也，後世若文信國、楊淑山、左忠毅、史閣部、鹿忠節之流，後先相望，皆致命以遂志，真困而能亨其也。」

「徐干曰：遇不遇，非我也，其時也。夫施吉報凶謂之命，施凶報吉為之幸，守其所志而已矣。易曰，君子以致命遂志。」時空素質與人身素質的演化過程謂「遇不遇」。「遇」是陽遇陰；君子背後遇小人；男人背後遇女人，施捨給別人的是善良，得到的回報卻是惡果。是命中注定；施捨給別人的凶險，得到的回報卻是吉祥，是謂僥倖。這是在說一種不正常現象，用這種不正常說明命。這種不正常也許是會有的，關鍵是對這種不正常應怎樣去看。它是由各種客觀因素的現狀與事實偶爾促成的，是萬物感應的結果。

「劉沅曰：命，天理主宰之名。致者，究致造極；遂志者遂其本志。凡道德仁義，當為之事，皆天理也。盡其道而順天命以自適，無論常變顯晦，一切困苦，卓然不搖，惟遂其本志之安，是所以亨也。致命，坎陷之象。遂志，兌說之象。命定於天，而志存於已。得其所的在我者，則亨固安，因亦安也。二五皆亨困之君子。困之事多由乎人。而困之亨否則存乎已。孟子言生於憂患，得亨困

之義矣。」

人各有志，志向是心聲。馬其昶說：「命落氣數之中。志者心之所指，謂本明也。本必發見，即擴而充之，不使意見得行、是謂致命遂志。」

【原文】初六，臀困於株木，入於幽谷，三歲不覿。象曰：入於幽谷，幽不明也。

【譯文】初六，臀部被困在地面的樹根上了，落入幽暗的山谷，三年不能見到。《象傳》說：「入於幽谷」是昏暗不明。

【釋文】「李士鉁曰：夬、姤以三四為臀，此以初為臀。人行則臀在中，坐則臀在下困不能起，故初有臀象。株，本幹也。巽為入，兌為谷。株木不可困，幽谷不可入，初之困入，自取之也。困，九月卦，霜降殺草。上兌為秋，下坎為冬。上六在秋，蔓草未殺，故為葛藟。六三在冬秋之間，葉去子存，故為蒺藜。初六在冬，草死木在，故為株木。」

【原文】九二，困於酒食，朱紱方來，利用享祀，征凶，無咎。象曰：困於酒食，中有慶也。

【譯文】九二，困在了酒食上面，君主送來了朝廷的服飾，利用這服飾進行祭祀。跡象有凶，沒有過錯。《象傳》說：「困於酒食」在中間一爻行走有慶賀之事。

【釋文】朱紱，紅色的朝服。

「乾鑿度云：易天子在三公諸侯，紱服皆同色。二有中和居亂世。困於酒食者，困於祿也，方困而有九二大人之行，將錫之朱紱也。」

「朱紱方來」是由九五而來，處《困》卦之時，二、五志通，皆被困者。五把朝服送給二，讓二用朝服進行祭祀，是在困中所採取的解困方式。古人迷信，祭神解困，自然之理。這樣做是不會有錯的，故無咎。

九二之慶是接受朝服後的喜悅心情。「朱紱」說明五沒有忘掉二，五之心還是相通的，二、五之志還是相同的。是值得慶賀之事

【原文】六三，困於後，據於蒺藜，入於其宮，不見其妻，凶。象曰：據於蒺藜，乘剛也。入於其宮，不見其妻，不祥也。

【譯文】六三，被困在上六這塊石頭上了，遠近不見接應，如同處在蒺藜叢中，進入宮中，見不到妻子，有凶。《象傳》說：「據於蒺藜」，是坐在陽爻中間造成的。「入於其宮，不見其妻」是不吉祥和徵兆。

【釋文】六三處在九二、九四兩陽之中，上六是同類，又不感應，像塊石頭一樣。這種處境如同走進蒺藜叢中。

六三處下卦《坎》水上爻，下互《離》卦，《離》是火，水以火為妻，水剋火甚凶，所以入其宮，不見其妻。

「馬其昶曰：石謂上六之陰。豫二介於石亦陰爻。漢志，石，陰類也。三往而上六不應，困於石也。退據本位，乘剛不安，為蒺藜。以六據三，據於蒺藜也。又，三體坎，而撰離；離者，坎之妻。水能滅火，是坎人離宮而不見其妻，凶也。」

【原文】九四，來徐徐，困於金車。吝有終。象曰：

來徐徐，志在下也。雖不當位，有與也。

【譯文】九四，來得太慢了，卻被困在金車當中，有吝難。總算有了結果。《象傳》說：「來徐徐」其心願總是在下卦初六身上。初六與九四雖然都沒有得到適當的位置，卻能相互之間有所感應。

【釋文】有與，有交往。

「李士鉁曰：金車，貴者所乘。身貴而道不通，四之所以困也。卦中三陽三陰。陰象小人，小人之困在身，故曰株木、石、葛藟。陽象君子，君子之困在道，故曰飲食、金車、赤紱。此皆小人的為榮者，正君子之所謂困也。」古人把平民說成小人，把顯官達宦鄉土士紳說成是君子，這是封建社會的禮制。老百姓的困惑在自己的身上，即「小人之困在身」。老百姓吃不飽穿不暖，其困自然是在自己身上；「君子之困在道」，君子困惑在道德上面。君子身受官祿，不會有自身困惑，只因身處亂世社會上道德敗壞，君子感到困惑。只恨身無回天之力。

把顯官達宦鄉土士紳看成是君子，把平頭百姓看成是小人，是種錯誤的人生觀和道德觀。古人認為的大人物並非都是君子。紂王是大人物中的大人物了，而他的所作所為純屬地道之小人。在中華民族歷史的檔案中，手段毒辣的奸臣殘害了多少忠良，能說他們是仁人君子嗎？所謂小人，奸邪凶狠；所謂君子，敦厚誠實以仁待人。所以，小人多害君子，君子不害小人。君子困惑的是國家的興衰，社會風氣的好壞，天下文明的程度。

【原文】九五，劓刖，困於赤紱。乃徐有說，利用祭

祀。象曰：劓刖，志未得也。乃徐有說，以中直也。利用
祭祀，受福也。

【譯文】九五，應該砍掉鼻子還是應該砍掉腳呢，身
穿君主賜予的朝服卻困在了這裡。慢慢地君主一定會有高
興的時候，利用祭祀向神禱告。《象傳》說：「劓刖」是
心願未有得到實行。「乃徐有說」憑著中間一爻的正直進
行祭祀，向神禱告能受到幸福。

【釋文】這是文王被囚在羑里向天下人寫出來的自白
書。

我沒有盡到作臣子應盡的職責，砍掉鼻子還是砍掉腳
都是應該的。因為我的心願未有得到實行。一個什麼樣的
心願呢？那就是勸說紂王施行善政，拯救下天的百姓，不
施暴政而順天心。由於紂王不聽勸告，也只好向神禱告，
求神賜福了。劓（一ㄟ）砍鼻子的刑罰。刖（ㄩㄝˋ）砍腳
刑罰。赤紱，朝服。

「乾鑿度云：劓刖，不安也。文王在諸侯之位，上困
於紂，故曰困於赤紱。夫執中和，順時變，以全王德，通
至美矣。故曰乃徐有說。」

「馬其昶曰：五以剛揜而困，故志未得。居說體而不
變其剛中之德，上不怨天，下不尤人，中不喪其所守，是
能勝天下之艱巨，困之所謂大人也。詩云，狼跋其胡，戴
疐其尾，公孫碩膚，赤舄幾幾。可謂乃徐有說者也。」

【原文】上六，困於葛藟，於臲卼。曰動悔有悔，征
吉。象曰：困於葛藟，未當也。動悔有悔，吉行也。

【譯文】上六，困在蔓草叢中，心中總是在不安，口

中叨唸著是動有悔還是不動有悔呢，跡象吉祥。《象傳》說：「困於葛藟」是位置不適當。「動悔有悔」是吉祥的行動。

【釋文】葛藟，指蔓生草本植物。

「孔穎達曰：臲卼，動搖不安之辭。」

「劉沅曰：伏艮為山，為徑路、為果瓜。周禮，蔓生曰藟，葛藟之類。曰者，自訟之詞也。動悔，心口身商，恐其動而有悔也。有悔謂有悔悟之心也。陰居亢位，困極將變，反勝於初，三二陰，有中困之道也。困窮而通，其謂是歟。未當，以其位言。所以吉也，以其能行而不自困也。小人害正，於初三兩爻著其象，欲困人而反自困，勢傾滅亡。二五皆亨困之君子，二賢自樂可格幽，五權能除奸功歸賢佐，四拯困有終，上出困征吉。處困之道備矣。」

## 井卦第四十八

井，改邑不改井，無喪無得，往來井井，汔至亦未繘井，羸其瓶，凶。

《井》卦，都城的地理位置可以更改，井田的制度不可更改，井水養人沒有喪失什麼，也不會得到什麼，前來井中汲水的人們往來不斷，把拴有瓶子的井繩豎入井中，瓶子幾次都沒有提上來，被破壞了的井壁卡住了，水瓶碎了，有凶。

「虞翻曰：汔，幾也。」汔（ㄑㄧˋ）至，從井中往外提幾次。

「王念孫曰：廣雅云，矞，出也，與繘通。王注已來至而未出井也，也字正釋繘字。」

「李中正曰：自黃帝始經土設井，以塞爭端。八家為井，開四道而通八宅，鑿井於中。歷唐虞夏商的迄於周，邑隋時有改，而八家為井之制則一定而不易。」

「李士鉁曰：瓶汲水之器，繘，繫瓶之繩，垂於井以汲之。卦畫三陽，井之體。（彪謹案：水動屬陽，謂井以水為主體，非指井之形體也。）三陰，井之用。所謂有之以為利，無之以為用也。初陰象井底，上陰象井口，六四一陰象其中虛。先王之制，因井為邑，改邑以就井者有之，不能改井以就邑也。蓋政有損益，可隨時而改，而建中於民之精意，百世不致也。井汲水而不涸，故無喪，注之而不盈，故無得。凡物有得喪者，不可久。井無得喪，所以久而不改。木下汲則水上升，升降往來，循環不已，故往來井井。水不自出，因物以出。道不自行，待人而行。井無得喪，有得有喪者人也。性無成虧，有成有虧者習也。瓶本以汲水，一間不至，則喪矣。學所以復性，一簣未成，則虧矣，可不竟其力乎？」

井是源於井田制度，八戶一井構成人類社會的雛形，人類社會就是一口井。人類生活在這口井中，要讓井水甘甜，必須經常修整這口井。使井壁堅固，井底沒有淤泥。《井》卦是無人修整的一口廢井，井壁坍塌，井底堆積的是有毒發臭的淤泥。提水的瓶子已經提不出來了。由封建社會留下的這口井，已經不可使用了。孫中山第一個喊出修復這口井的口號，卻被袁世凱篡奪了。1916年，在《立

春占年考》中得《井》之《需》卦，袁世凱的皇帝夢就死在《井》卦初爻。

這口井坍塌得太嚴重了，實在是不太好修。1921 年中國共產黨在《剝》卦的時空條件下建立起來了，到1949年經歷了二十八年的艱苦歷程終於修好這口井，在《立春占年考》中 1949 年得《井》之《坎》卦。二十八年的歷程，走到了《井》卦三爻。革命先烈用鮮紅的血水換來了清涼甘甜井水，所以「井渫不食」產生了惻隱之心。《易經》與人類社會的吻合達到了驚人的程度。

【原文】彖曰「：巽乎水而上水，井。井養而不窮也。改邑不改井，乃以剛中也。汔至亦未繘井，未有功也。羸其瓶，是以凶也。

【譯文】《彖辭》說：《巽》卦是木，木於水中而上卦是《坎》水，這就是《井》卦。井水養人沒有窮盡。都城隨時可以改動而井的制度是不可以改的，這是由於二五兩陽爻得中的緣故。汲水的瓶子在井中幾次都沒有提上來，是這口井失去了取水的功能。瓶子在井中擠碎了，有凶。

【釋文】「劉沅曰：上水，坎水在上也。井養不窮，明井之義所以大，聖人所以名卦也，盈天地間惟水為大，水生於天一之精，而流行於六合之內。人非水無以養其精神而生其智慧，故水為天地之至貴，而生氣所含。木以洩水為華，水以成木之體，鑿井而飲，養道莫大於斯。因民之所利而利之，使自養，實天地本有養人之具，非有所加損也。然無以維護保持，則亦終歸無用。剛中者，泉源之性，天一之理。人必資水以生，以其為生生之本。汲井將

至，遽敗其瓶，則不成井養之功，並失上水之用，是以凶也。孟子，掘井九軔而不及泉，猶為棄井，意從此出。凡修身治世之道，可以利濟於無窮而不終其功，皆類此。」

【原文】象曰：木上有水，井；君子以勞民勸相。

【譯文】《象傳》說：《巽》木之卦的上面有《坎》水，是《井》卦；君子用勞民的方式勸其互相幫助。

【釋文】古人對井的設製，是用木將井壁固定住，一是使井壁不能坍塌，一是能保持井水的清潔。井水因木而潔；井壁因木而固，君子應像井中的水和木一樣，互相幫助，共同起作用。

「虞翻曰：相，助也。」

「李心傳曰：勸相亦為井田設、即相友、相助、相扶持也。」

【原文】初六，井泥不食，舊井無禽。象曰：井泥不食，下也。舊井無禽，時舍也。

【譯文】井底下全是淤泥不能食用，這是一口破舊的廢井。井底下淤泥發臭，禽蟲不靠。《象傳》說「井泥不食」是井的最下層，「舊井無禽」是被時代拋棄的廢井。

【釋文】「趙汝楳曰：古者鳥獸蟲魚通曰禽。井有生氣，而禽生焉。井泥則不食，雖生物亦無之。」井下蟲蛙不生，淤泥有毒發臭。

「劉沅曰：下，井之下也。舍，棄也。下則其位卑，時舍則其用窮。凡廢棄在下皆視此。」

【原文】九二，井谷射鮒，甕敝漏。象曰：井谷射鮒，無與也。

【譯文】九二，井中存水處生有小魚，有人用石子往井中射魚，盛水的甕破漏了。《象傳》說：「井谷射鮒」是由於和九五互不相干的原因。

【釋文】「鄭康成曰：鮒，魚之至小。甕，停水器也。」

「程傳曰：陽剛之才本可以養人濟物，而上無應援。是以無濟用之功。」二爻之陽無濟用之功也只有《井》卦。初言「時舍」之井，二言「井谷射鮒」，此井同樣不可用，井下雖無泥，只能養小魚。是任人玩弄的社會。大魚在吃小魚，小魚則剛出生，就有人用石射之。九五，九二正應，因同類相斥。「射鮒」者九五也，由於社會的黑暗，君臣相殘之事時而有之。

【原文】九三，井渫不食，為我心惻，可用汲，王明並受其福。象曰：井渫不食，行惻也。求王明，受福也。

【譯文】井水被掏治得十分清潔，卻無人汲水飲用是人們產生了惻隱之心。可以汲水飲用了。君王英明和我們共同享受幸福。《象傳》說：「井渫不食」是人們產生了惻隱之心。求得君王的英明，享受幸福。

【釋文】「荀爽曰：渫，去穢濁，清潔之意。」

「五弼曰：修已全潔而不見用，故為我心惻。」井被修整好了是人民產生了惻隱之心，說明修復這口井的艱難。

「馬其昶曰：三能守正不變，乃與王同功為離，故有求王明之辭。」九三不變，是天下之幸事，上互是《離》卦，全在九五。《離》卦是太陽，又是人心，是幸福的根

源。九三在《井》卦中起到了改天換地的作用。初六是袁世凱，九三是中國共產黨。是共產黨把《井》卦之凶打個七零八落。

「史記云：人君無愚知賢不肖，其不欲求忠以自為，舉賢以處自佐，然亡國破家相隨屬，而聖君治國累世而不見者，其所謂忠者不忠，而其所謂賢者不賢也。易曰，井渫不食，為我心惻，可用汲，王明並受其福。王之不明，豈足福哉！」《史記》說出了人類社會的真情。歷代王朝之所以「亡國破家」是由於「王之不明」。所以，「求王明」實在太難了。有多少忠賢之士被昏王者所殺，紂之比干則是最典型的代表人物。做王者如果能分辨出哪是忠，哪是賢，哪是奸，哪是邪，才是天下最大的幸福。

「王符曰：人君不開精誠以示賢忠，賢忠亦無以得達。易曰：王明並受其福。」王符闡述的是「求王明」之辭。「求王明」是天下人的共同心聲。王者明不明，就體現在利用人才上面。《井》卦之時，王者必不能明是時間在起決定性作用。處《井》卦之時，王者必不能明。王者能明，天下不凶矣。九三處人位，「王明並受其福」說明英明的王者來至於人民大眾中間。

「李士鉁曰：如有明王見用，利被天下，上下並福。世無湯文，伊尹太公不過耕夫釣叟耳。可不惜哉！」文王用太公，湯王用伊尹，君明而賢臣得用，上下共受其福。宋不用高俅，《水滸傳》何以得成。

【原文】六四，井甃，無咎。象曰：井甃無咎，修井也。

【譯文】六四，把井中損壞的地方修整好，沒有錯。《象傳》說：「井甃無咎」是修井。

【釋文】「子夏傳播云：甃，修治也。」

「陸希聲曰：井壞則水渾，故甃而修之。法亂則民擾，故治而正之」。六四諸侯之位，治國之大臣。國之安危治亂，六四起著決定性作用。

「劉沅曰：四互離為墉而中虛，井甃象。甃者，固其井以禦外患，所以潔其泉也。陰柔得正，近九五之君，可成井養之功。」六四要治理國家的弊端，必須首先修養自身道德，然後才能獎罰分明。「彪謹案曰：賢明的臣子必須要有修身之德。欲尊賢當心修身為本。」

【原文】九五，井洌，寒泉食。象曰：寒泉之食，中正也。

【譯文】九五，井水清潔得像寒泉一樣可吃。《象傳》說「寒泉之食」是中正的緣故。

【釋文】「陸德明曰：洌，潔也。說文云，水清也。」

「劉沅曰：五變坤為甘，潔甚為洌。寒泉，泉之美者；食，人食之也。坎中一陽，天一之性，得水之正體，中則其性純，正者其用溥，故能成養人之功。以德性言，則淵泉而時出也。以治功言，五位於互卦兌口之上，食象，井養之德已具。而功已行。不言吉者，井以上出為功，五未至於上，故至上而後言元吉。」

九三「求王明」是天下人的呼聲。九四修井是天下正義的力量。九五「井洌」是正義不能泯滅。「改邑不攻井，乃以剛中也」，天下的井水必須要「洌」。井有養人之功，

說明人類社會的不平凡。正義往往掌握在人民手中，所以九三「井渫不食，為我心惻」。

「李士鉁曰：坎為流水，北方為寒，寒，水之本性。泉，有本之水也。泉不竭則是以養天下，濟群生。不言飲而言食者，食則飲在其中，言飲不足盡水之用，凡食無不資於水也。」水是天地之精脈人生之血液。天地、萬物離不開水。所以，水是天地、萬物之源泉。人類社會是口井，井中之水就是天地與萬物。

【原文】上六，井收，勿幕。有孚，元吉。象曰：元吉在上，大成也。

【譯文】上六，井開始接受使用，不要把井遮蓋起來。井水誠實守信用，無比吉祥。

【釋文】上六是井口，使用水時必須從這裡開始。收，接受。

《序卦傳》「井道不可不革」是人類社會不可不革。腐敗的東西層出不窮，必須要像井水一樣，經常性地往外取，地下水才能注入井中，地下水冽而寒也。人們吃了這樣的水，身體才能健康。

人類社會這口井，從原始社會到封建社會，由封建社會到民主革命時期，由民主革命時期到社會主義社會，人類的發展就是在不斷革命鬥爭中發展起來的。上六「大成也」，是人類社會的大成，世界大同，沒有戰爭、和平共處的社會。

「勿幕」不要去蓋住這井口，蓋住井口的人就是在阻撓社會的發展，誰蓋住井口，誰是千古罪人。

## 革卦第四十九

革，己日乃孚，元亨，利貞，悔亡。

《革》卦，己是離中一陰，於是有誠信，元氣亨通，利於正，悔恨才消亡。

己土在十天干中序數是六，坤用六。離中一陰是己。己是陰土，《離》卦陰火，火生土先天是火，後天是土。《革》卦是變革，由皮毛加硝而變革，先天是皮，後天是革。

「劉沅曰：坎滅火，火涸水，相息相剋。兌金從離火，亦革也。序卦，井道不可不革，故受之以革。易舊為新，井始清潔。水火二者以土而神。後天卦圖，離兌之間為坤，火金相剋，中央土孕金而禦火，以援生氣。離兌皆陰故以陰土言。且離納己也。物不革則不能化，事不革則不能成，然必利於正，故元亨。」

《革》卦，是變。「井不可不革」是指人類社會不可不革。人類社會總是在產生變化，決不會停止在某一個時期。袁世凱留戀封建社會，被井底淤泥毒死了。想把這口井蓋住，結果成了千古罪人。

【原文】象曰：革，水火相息。二女同居，其志不相得，曰革。己日乃孚，革而信之文明以說，大亨以正，革而當，其悔乃亡。

天地革而四時成。渴武革命，順乎天而應乎人，革之時大矣哉！

【譯文】《彖辭》說《革》卦，水火相剋而又相息。

上卦《兌》和下卦《離》是兩個女人同住在一起，她們的志向不能相互得到，叫《革》卦。已土是《離》卦中的一陰，有誠實和信用。是在變革中取得信用。《離》卦是文明而《兌》卦是悅，其能夠大大地亨通是因為她們有正義。變化是正當的，悔恨才得以消亡。

天地有變化，一年中的四個季節才能形成，湯武起來革命，上順天理而下應人心，《革》卦之時太偉大了！

【釋文】「孔穎達曰：息，生。」

「錢一本曰：坎離天地之中，戊己日干之中，中者土之位也。戊陽土，陽主生，坎中一陽為戊日；已陰土，陰主成，離中一陰為已日。」陽生陰成，陰陽同時起作用。「成」是變後而成。變後而成的過程就是《革》卦的過程。《革》的過程是水火不相容，存異求同，人志各不相同，只有正義之心是相同的。只有為了正義，才能存異求同。「象曰：革，水火相息。息是滅（馬融曰：息，滅也。）還是生，無法解釋《革》卦。這裡的「息」應是存異求同。人的體內形成的各種氣體，必須要由鼻孔同時排出，這就是「存異求同」。

「劉沅曰：天地四時之變易，皆一元理氣之自然，而無駁雜。聖人革命之大事，皆天命人心之當然，而無偏私。即此二者以明正與當之理，凡有所革悉順乎天。豈義未精仁未熟者所能？故曰時大。

又曰：四時不變，歲功不成，然變而未嘗變者，元氣之同流。湯武不興，世亂不止，然革而未嘗革者，生民之大道。道行天址而變起於人心，惟聖人得天之道，以至常

至正者革其所當革。無一毫私意於其間。其革也，正所以維持天理，非好紛更也。悖理亂常藉口於革而篡逆者，不足言革。即泥古不通今，守經不達權者，失之毫釐去之千里，不得天理之正，曷可行革之事乎？夫陰陽五行相生相剋，剋即革也，乃所以為生。水火相制即相為用，故曰革之時大矣哉。」《革》卦是變，不剋不變，剋中自有相互為用之理，《革》卦的偉大就偉大在這裡。

【原文】象曰：澤中有火，革；君子以治曆明時。

【譯文】《象傳》說：沼澤之中能存有火，是《革》卦；君子要治定曆法用來標明天時。

【釋文】「天地革而四時成」，《革》卦是變，一年之中生四種變化。為了耕種的需要必須要治定曆法以明時變。夏朝治曆工作基本完成。從皇帝到清末，我國人民使用過百餘種曆法。據《萬年曆》記載「遠在四千多年以前的帝堯時代，人們就提出節以制度的要求，把一年分為仲春、仲夏、仲秋、仲冬四個季節。春秋時代，管仲進一步選定了五天為一候，三候為一個節氣，一年二十四個節氣的做法。到了戰國時代，人們利用土圭測日影的方法，確定了兩至（夏至、冬至）與兩分（春分、秋分）。秦漢時代，二十四節報導的一些名稱已經在許多書中出現。與今日二十四節氣名稱全部相同的記載，最早見於西漢劉安所著的《淮南子》的《天文訓》西元前 104 年，由鄧平、落下宏制定的《太陽曆》，正式把二十四節氣訂入曆法，明確了二十四節氣的天文位置，也就是根據太陽在黃道上的位置來確定二十四節氣。

「項安世曰：改世者必治曆，改歲者必治曆。治一世之曆，可以明十二月六十甲子之相革。」年時變化有其一定不移的運動規律，古人發明了天干、地支。用十天干和十二地支組成六十花甲子，利用六十花甲了紀年、紀月、紀日、紀時，是一個最好的發明。透過這種方式把時間形成了一個數位網路。這個網路和當代的電腦網路是相同的道理。

【原文】初九，鞏用黃牛之革。象曰：鞏用黃牛，不可以有為也。

【譯文】初九，要得到結實的皮革應採用黃牛皮製作的。《象傳》說：「鞏用黃牛」不可以有作為。

【釋文】初九處下卦《離》體之初，《離》是五月，製革採用毛皮以秋冬為最好，所以不可以有作為。初九「乾龍勿用」之爻。

「李士鉁曰：毛去皮為革。革，本訓為皮革之革，借用為皮革之革，故初爻仍取象於皮革。」初爻取皮革之義，是初爻不可變也。

「馬其昶曰：新室於漢，武氏於唐，皆革而不當者。聖人於革初，首發不可革之義，其慮深矣。」初不可革是時間不到，此為不當之時。

【原文】六二，己日乃革之，征吉，無咎。象曰：己日革之，行有嘉也。

【譯文】「六二，到了己日是革之時，跡象吉祥，沒有錯。《象傳》說：「己日革之」只要行動，就有好事。

【釋文】六二是己日，是下卦《離》中一陰，有誠信，

即得中又得正，與上卦九五正應。所以，只要行動就有好事。

「劉沅曰：二為離主，離為日，納己土，故曰己日，文明中正，有能革之德；上應九五有能革之權，所謂革而信之者也。有更化善治之吉，而無輕慢妄動之咎。行即征，嘉即吉也。明革必君臣道合而後可，臣子不敢專功也。」

「程傳云：中正則無偏敝，文明則盡事理，應上則得權勢，體順則無違背。時可、位得、才足，處革之至善者也。」六二是《革》卦之中心。《象》曰：「己日乃孚，革而信之。文明以說，大亨以正，革而當，其悔乃亡。」「六二革而當」是與九五正應。

【原文】九三，征凶，貞厲。革言三就，有孚。象曰：革言三就，又何之矣？

【譯文】九三，跡象有凶，貞正得太厲害了。《革》卦到了三爻要急於成就一番大事業，是有誠信的。《象傳》說：「革言三就」以後又該怎麼辦呢？

【釋文】「革言三就」《革》卦說到了三爻要成就一番大事業。三爻是下卦《離》最後一爻，《離》卦先天數是三，所以「三就」九三、上六正應，可以完成一番大事業。再往上行進入《兌》澤之地。水要滅火，所以「又何之矣？這是「征凶」的象徵。

「馬其昶曰：爻惟二五當革之任。初不可革三四可革而不革。三就，故三言有孚。又何之矣？釋征凶。革到五而三就，則當九三之時未可以行也。凡始作難者必有殃

咎，故曰勿為禍始。」九三不可行，要行有殃咎。李士鉁曰：「草澤英雄妄思革命，不度德量力，不旋踵而滅，故王商歸命於漢高，竇融委身於光武，以視項羽隗囂等何如哉？」

【原文】九四，悔亡，有孚改命，吉。象曰：改命之吉，信志也。

【譯文】九四，悔恨消亡，有誠信能改變天命，吉。《象傳》說：「改命之吉」相信自己的心願。

【釋文】「劉沅曰：未革而謀之曰言，己革而行之曰命」，「革言三就」是說在未革之前，「有孚改命」是改在已革之後，九四已入上卦《兌》澤之體，所以改命。由火地進入沼澤之地，命即天命，天命有改。要想改變天命，必須誠實守信用。沒有這個先天條件決定改不了命。

誠實和信用是貞正品質的實出表現，是《革》卦論述中心。《革》卦是變，「水火相息」九四是息息相關之地。《革》到九四而「改命」。天命有所改是去舊換新，先天之火已成後天之土，先天之毛皮已成後天之革。九四闡述的是萬物發展變化之運動規律。所謂《革》，改天換地。也是種新陳代謝過程。新陳代謝是種自然現象，而革命是要透過人的不懈努力同時要付出生命的代價。即所謂「革，水火相息」。人的志向，就是用生命去換取誠信二字。「信志」就是對志向的信仰。只有「信志」才不惜付出生命的代價。

【原文】九五，大人虎變，未佔有孚。象曰：大人虎變，其文炳也。

【譯文】九五，大人像老虎身上的皮毛到秋天產生了變化，不用易占便可以知道大人有誠信。《象傳》說：「大人虎變」是大人的文明更加明顯了。

【釋文】老虎身上的皮毛到秋天以後，老毛蛻掉，長出更加新鮮光滑的絨毛。大人經過一場革命以後，顯得更加文明。是誠實、守信用促使大人獲得了文明。這裡強調了「有孚」二字的作用。說明大變革時期「有孚」是人們行動的準則。

「劉沅曰：居尊互乾，陽剛中正，故稱大人。兌於方為西，故為虎；於時為秋，鳥獸毛毿，故變也。九五才德位兼全，當革之時，為革之事，堯舜湯武而外，有革之事無革之德者，不中當之。應離故曰文。以人事言，變禮易樂，新天下之耳目，而不失其中正，如虎之斑炳著也。」

二爻革五爻變，二五正應，說明革而必變也。革是去舊換新，二是因五是果，二「征吉」五「文炳也」。二革而當五革而信，二五同信志也。尊重信仰才是革命的真正動力。所以「利貞」。

【原文】上六，君子豹變，小人革面。征凶，居貞吉。象曰「君子豹變，其文蔚也。小人革面，順以從君也。

【譯文】君子象豹身上的毛皮，到秋天產生了變化，小人只能在面目表情上產生了些變化。跡象有凶，把握住正義才能吉。《象傳》說：「君子豹變」是身上的文理顯得更加華麗。「小人革面」是順從革命局勢服從君主。

【釋文】上六是《革》卦之終，君子顯得更加文明了，

小人是最頑固者，在大變革的推動下，不得不改變立場，順以從君。即使內心不服，表面上也只好順從。這是大勢所趨。上六之「征凶」來於九三。上六、九三正應。明示上六如不服從大局，肯定有凶。

## 鼎卦第五十

鼎，元吉，亨。

《鼎》卦，上古用來燒水做飯用的鍋，古人十分重視鍋的作用，把鼎放在宗廟裡面用以敬神和祖先。

《序卦傳》「革物者莫若鼎，」《鼎》卦由《離》、《巽》二卦組成，《鼎》下放有木火才能把鼎中之物煮熟。凡是做飯離不開木火、風。《離》是火，《巽》是木又是風。火無風焰不起。火爐鑄金用風匣，雖著事業的發展人們安裝上了鼓風機。「劉沅曰：變腥為熟，易堅為柔，水火風處，相為用而不相害，能革物也。」《鼎》卦是對《革》卦的進一步說明。

《鼎》能革物，水與火同處鼎中，互不相害而相互為用，這是對《象》曰「水火相息」的進一步說明。

《鼎》革物的過程，就是天體演化的過程。宇宙間的氣質由宇宙大爆炸形成了天體，《鼎》中物質由水火風的相互作用煮熟了食物。《鼎》中之物在沒放入《鼎》中以前為先天，在《鼎》中被煮熟以後為後天。所以，天體演化過程就是鼎中革物的過程。

大自然的變化，是沒有外力作用的。全靠素質的天然演化。天然演化流稱萬物發展變化陰陽五行學說就是闡述

這種變化學說。

「李士鉁曰：易惟井鼎二卦，以物名卦。蓋天地之道，莫大於水火；生人之道，莫重於飲食。製器尚象，此其最先。井日取而不竭，鼎日用而常新，聖人有取焉。卦中有乾體，五以坤道凝元，故元；製用養人故吉。鼎者變物之器。水火不變化，不能成食；陰陽不變化，不能生物；學問不變化，不能造道；政事不變化，不能利民。易變則通，故亨。」「變化」二字，其義淵深。要變要化，一定要在其各種條件當中才能進行。「述義云：井以普水之利，鼎以成火之功。」

【原文】彖曰：鼎，象也。以木巽火，亨飪也。聖人亨以享上帝，而大亨以養聖賢。巽而耳目聰明，柔進而上行，得中而應乎剛，是以元亨。

【譯文】《彖辭》說：《鼎》卦，由形象而得名。用木風和火做飯菜。聖人通其理並用這種方法給上帝享用，從而天下亨通起來，用以養育聖賢。《巽》卦善入而耳目聰明，六五溫柔能進而往上行走，得到了中間一爻和九二正應，這樣應用起來元氣大大地亨通。

【釋文】《彖辭》闡述《鼎》卦的發展過程，上經《離》卦闡述了人間火種的來源，而《鼎》卦是在闡述木能生火的道理。遠古時期，人們打回獵物，用火烤著吃。有聖人發明了鼎，把食物放在《鼎》中煮熟了吃。這是人類生活的一大進步，所以滿天下亨通起來。

首先亨通起來的應是皇宮和大小衙門，普通百姓是鑄不起鼎的。鼎的用途只能是「享上帝」而「養聖賢」。「何

妥曰：古者鑄金為此器，以供宗廟，次養聖賢。天子以天下為鼎，諸侯以國為鼎。變故成新，尤須當理，故先元吉，而後亨通。」

「惠棟曰：鼎言象者，王輔嗣云革既變矣，則自製器立法以成之。古者六官之法皆稱象，春秋傳言象魏，尚書言象形，古刑書皆鑄之鼎，蓋鑄鼎像物，百物為之備，故曰鼎象。」

【原文】象曰：木上有火，鼎；君子以正位凝命。

【譯文】木柴的上面是火焰，是《鼎》卦。君子要像《鼎》一樣，把位置擺正才能夠凝聚性命。

【釋文】要想讓《鼎》發揮作用，火焰必須要在木柴的上面，這是最適宜的位置。如果火放在木柴下面，火苗被木柴壓住，失去了火焰，變成了死火，木柴不著反而會冒黑煙，不僅煮不熟飯菜，反而嗆人。人的一生能不能找到適宜的位置，就跟燒《鼎》一樣，位置適當才能發揮應有的作用。人生擺正位置的過程就是尋找心態平衡的過程。位置擺不正，心態不平衡，心態不平衡，難以發揮自身的本能。

「劉沅曰：木者火之命也。火王於離，正位南方，非木則無以發其光，君子法之以正位凝命。人受天地之中以生，所謂命也。命之所以常凝，性之所以常保，有正位焉。養其未發之中，靜其天命之理，推之凡事皆然。君重神器承天命，亦是一義，非其實也。然養其大體，尤急於養小體。鼎之義非徒以養口體為能也。位者天人合一之位，乃可充其本然之善。正位凝命，乃修道之實功，存養

之實功，存養之關鍵。項安世曰，存神息氣，人所以凝壽命，中心無為，以守至正，君所以凝天命。蓋亦見及之。」

【原文】初六，鼎顛趾，利出否。得妾以其子，無咎。象曰：鼎顛趾，未悖也。利出否，以從貴也。

【譯文】初六，鼎腿倒了，利於倒出壞的東西。得到一個小妾同時帶來一個兒子。沒有錯。《象傳》說：「鼎顛趾」沒有違反常規，「利出否」是兒子順從貴人了。

【釋文】下卦《巽》為長女，故稱妾。初六與九四正應，九四是陽，稱小子。《鼎》倒而《鼎》中之物必然要掉出來，所以對想要倒出壞東西有利。壞東西倒出去了，有利於往鼎中裝好東西。意思是壞東西倒出去以後就好了。兒子順從了貴人，是找到的後父是貴人，同樣是在說以後的日子就會好了。

《鼎》足的作用是支撐《鼎》身，足倒身必傾。初爻為人民，人民負擔不起國家沉重的壓力，必倒。民倒國既傾，國家榨乾了人民身上的油水，國家沒有好東西可以得到了，鼎裡面裝的全是壞東西。說明國家腐敗必定傾覆的道理。

兒子從貴是兒子有治理國家的能力，將來國家一定會興旺起來。

「姚配中曰：殷失其養人之道，將莫能守其重器者，紂為之也。使帝乙立微子，殷之天下未可量也。文王蓋以此喻微子不得立，而殷道終衰與？利出否者，出妾子立以為嗣。子為父後，與尊者為一體，故曰以從貴。」紂王是

小妾帶來的兒子，由於從貴卻當上皇帝，竟把天下搞得烏煙瘴氣。所以「鼎顛趾」。文王慨嘆微子沒有被立為嗣子，沒有當上殷商的天子而憤不平。

【原文】九二，鼎有實，我仇有疾，不我能即，吉。象曰：鼎有實，慎所之也。我仇有疾，終無尤也。

【譯文】九二，鼎中有真正的實惠，雖仇恨我的人有疾患之心，想要報復我的行動是做不到的。吉。《象傳》說：「鼎有實」能慎重對待一切情況。「我仇有疾」終於沒有怨恨了。

【釋文】九二以陽剛為實。這種實惠，來於六五。九二、六五正應。君主有什麼，九二有什麼。對九二懷有仇恨的是初六，初六不正，離九二很近，九二為六五，不以初六為懷產生怨恨。

【原文】九三，鼎耳革，其行塞，雉膏不食。方雨虧悔，終吉。象曰：鼎耳革，失其義也。

【譯文】九三，鼎耳被革掉了，要搬動鼎進行行走難了。野雞和佳餚不能食用，要是下雨就會產生虧損和悔恨。終於吉祥。《象傳》說：「鼎耳革」鼎的意義已經失掉了。

【釋文】九三不中而得正位，上應上九兩陽相斥，鼎耳有損而壞，九三變陰下卦成坎《坎》卦為水，見水有虧。

「李士鉁曰：三當兩卦變易之際，故革。離為雉，潤以兌澤，為雨，雉膏之象。兌毀為虧。雉膏雖美，不烹則不可食，猶美才不陶鎔則不可用。不患無位，患所以立，

君子藏器於身，待時而動，猶美質調和變化，不能使人必食，而能為可食。然果有可食，不患其終不可食也。故雖虧悔而終吉。」

九三《鼎》的作用已經喪失，由於耳壞，不可移動，美味佳餚不能烹製，是九三、上九不相感應的緣故。這裡是在闡述萬物相互感應的道理。這種現象和電的性質是相同的，兩陽相碰是要起火的。

「彪謹案：此解不食，從凶旱減膳著想，正見居鼎位者因憂思而不食，若得雨濟旱則吉矣。耳壞不修，則失其所以鼎之義；猶凶年飢歲政治不修，則失其所以為政之義。故解虧悔，以遇災修省言之，所以得終吉之道。」

【原文】九四，鼎腿折足，覆公餗，其形渥，凶。象曰：覆公餗，信如何也！

【譯文】九四，鼎腿折斷了，鼎內的美味佳餚流出鼎外，這公家的菜湯把地面和鼎身都沾濕了。凶。《象傳》說：這是一種什麼樣的信用！

【釋文】九四是君主手下第一大臣，掌管國家大事。《鼎》腿折斷了，說明其根本就不稱職。腿一斷，國將傾，有什麼樣的好飯菜也都泡了湯。說明國情很亂。君主怎麼能信用這樣的大臣呢？信如何也！「信如何也！」是對君主的責問。

「董仲舒曰：鼎折足者，任非其人也；覆公餗者，國家傾也。是故任非其人而國家不傾者，自古至今未嘗聞也。」這裡闡述的是國家用人的重要性，國用賢能之士，國家興旺發達。國用愚昧小人，國家必定傾衰。

「張清子曰：初在鼎下，未有實，顛之尚有出否之利；四在鼎中，已有實，折之則有覆餗之凶。又，顛則捨舊而圖新，折則器毀而用廢。」初爻「利出否」而《鼎》中無物，沒有壞東西可倒；九四「覆公餗」是把國家的財產全部糟蹋了。初六九四正應，「利出否」而「覆公餗」從貴者是個敗家子。

「李士鉁曰：餗，八珍之具也。四應在初信任小人，大事未有不敗者。初敗則四敗，四敗則全鼎因之以敗。此宋臣所謂大臣誤陛下，而大臣之所用者誤大臣也。」

【原文】六五，鼎黃耳金鉉，利貞。象曰：鼎黃耳，中以為實也。

【譯文】六五，鼎黃耳金鉉，有利於貞正的事業。《象傳》說：「鼎黃耳」只有處在中間位置才能成為真正的實惠。

【釋文】黃是土之本色。《離》中一陰來至於《坤》卦。「莫耳金鉉」是國家的象徵和君主穿黃色龍袍是一個道理。

《鼎》卦就是在指國家，九五是《鼎》卦的中心。說明國家有實力是得中氣的緣故。

「馬融曰：鉉，扛鼎而舉之也。」鉉是扛鼎的器具，要想移動《鼎》，必須要有鉉，國家的實力就體現在鉉上。

「王宗傳曰：在鼎之上，受鉉以舉鼎者，耳也，六五也。在鼎之外，貫耳以舉鼎者，鉉也，上九也。以六五之虛中，而資上九剛實之助，此黃耳之得金鉉也。人君欲受

人之實，為己之實，非有虛中之德不可。」六五虛中能受
人之實，在六十四卦中，《泰》、《大畜》、《大有》、《晉》、
《升》卦皆六五虛中，《易》理陰為小人，而唯有六五不
同，六五得中氣有《坤》順之正存於卦中，《離》得《坤》
之正。所以《離》是太陽，是人心。身居六五君主之心。
君主之心能容納天下賢能之士，所以與下卦九二正應。

　　「李士鉁曰：鼎之體在腹，用在鉉，五若無與焉。然
鼎無耳不能行，鉉無耳無所貫。六五唯中，故舉措得宜；
惟虛，故能下容陽實而上容鉉。以無用為用，則用皆其用
也。人君惟不自有其才，故能用天下之才。卦時至五，已
熟未開，當以正固守之。」這是對六五虛中的進一步說
明。「以無用為用，則用皆其用也。」賢能得用，天下必
興。

　　【原文】上九，鼎玉鉉，大吉，無不利。象曰：玉鉉
在上，剛柔節也。

　　【譯文】上九，鼎鉉用美玉裝飾起來，大吉，沒有不
利的事情。《象傳》說：「玉鉉在上」是陰陽相互節制。

　　【釋文】六五「金鉉」指陽，《乾》陽屬金。上九「玉
鉉」指陰，玉質文靜美觀，這兩爻的爻詞，有陰陽相互節
制之義。「金鉉」國家實力很強，「玉鉉」，指明國家文明
程度很高。《革》卦去故，《鼎》卦納新，不破不立，破
舊才能立新，這是萬物發展變化的一種運動規律。國家到
了《鼎》新時代，一定大吉，無所不利。

　　「項安世曰：金鉉實用之物，玉鉉為文而已。曰玉鉉
在上，明設而不用也。飾以寶玉，陳之朝廷，如治定功

成，制禮平以安太平，所以大吉無不利。」金、玉貴重之物，《鼎》新時代，金玉滿堂。「治定功成」以示太平。

「包彬曰：革鼎言天命也。革去故，五上天位，取象於虎豹，鼎取新，五上天位，取象於金玉。可見三王之王也，其變者不過制度文為，皮毛之事，可以改革者。若夫忠信之質，罔常之道，此金玉也，不可與民變革者。自新以此，新民示以此，維新之命，即以此凝之。然則文章可變，而本實常新，雖百世可知也。」《革》言變，《鼎》言新，不變難新也。所謂「天命」是自然變化之理。而恆久不變的，只能是金玉良言，罔常之道。聖人用金玉良言罔常之道教化天下，才能促使天下常新。

「附解云：乾鼎坤爐，人身性命二關，即天地陰陽二竅。正位凝命，法坤之安土敦仁以為乾之健行不息，此天地精微之理也。易理無不該，惟諸器物亦可旁通。承鼎在趾，實鼎在腹，得鼎在耳，舉鼎在鉉，六爻合為鼎象。三亦言耳，乃下卦之耳：「四亦言足，乃上卦之足，取象蓋變動不拘也。象止就鼎言鼎，爻義大半主君臣養人說。」

## 震卦第五十一

震，亨。震來虩虩，笑言啞啞。震驚百里，不喪匕鬯。

《震》卦亨通，雷聲一響心中似有恐懼的樣子，然後便在臉上留露出笑容。雷的聲音震驚百里，向人們發出警告，春天到了，不要忘掉了向天神祭祀的禮儀。

《震》卦是一陽露出地面，陰陽和合而通，雷發聲，萬物驚，二十四節氣中的驚蟄由此而得名。孔穎達說：

「陽氣迸開，萬蟄俱動，為震。」蘇軾說：「震，震陰而達陽者也，故亨。」《震》卦時為春天，位在東方。「萬物出乎震」是春天萬物齊生的意思。

「說文引易云：啞，笑也。」

「馬融曰：虩虩，恐懼貌。」

「陸績曰：匕者賴匕，撓鼎之器。」就是飯勺。

「王肅曰：天子當陽，諸侯用震，政行百里，則匕不喪。祭祀，國家大事；不喪，宗廟安矣。」鬯古時祭祀用的一種酒。匕，代指祭祀。祭祀是國家頭等大事，絕對不可以喪失這個規矩。只有進行祭祀，國家才能安定，這是卦建王朝的信條。

「劉沅曰：乾坤交，一索而成震，生物之長，故為長男。序卦，主器者莫若長子，故受之以震。」陰陽二氣始交，首先形成的就是《震》卦，《乾》、《坤》像父母，首先出生的男孩就是《震》卦。所以，《震》為長子。在祭祀過程中，掌管鼎的人必須是長子，這是禮儀的規定。深層含義是天下進入《鼎》新時代只有長子才是這個時代的主人。這裡其實是在闡述萬物發展變化之運動規律。

【原文】彖曰：震，亨。震來虩虩，恐致福也。笑言啞啞，後有則也。震驚百里，驚遠而懼邇也。出，可以守宗廟社稷，以為祭主也。

【譯文】《彖辭》說：《震》卦亨通，雷聲一發作人們的心中似有恐懼的樣子，恐懼能給你帶來福氣。然而臉上流露出欣慰地笑容，受到震驚以後就有了處理一切事物的法則，雷聲震驚百里，無論遠方還是近處都感到驚懼，長

男一出現，可以守住宗廟和江山社稷。作為祭祀天神和祖先的主持人。

【釋文】《震》卦闡述的是春天到了，萬物出蟄，這是一年中最好的季節。這個季節能給萬物帶來福氣，萬物因之而露出笑容。萬物出生，各自生有各自的規則，雷聲一響，萬物遵循自己的規則，茁壯地成長。萬物由《震》而出，然而卻成為《震》的繼承人，所有這些，都是長子主持祭祀的結果。

【原文】象曰：洊雷，震；君子的恐懼修省。

【譯文】《象傳》說：雷聲不停地轟鳴是《震》卦；君子要用這種恐懼感進行修身反省已往。

【釋文】閃電雷鳴震撼心靈，天的威嚴深入人心。烏雲遇雷聲而雨降，把天空洗刷得一乾二淨。人應當像雷聲一樣，經常反省自己用來修整自身的不足。

「劉沅曰：人心非不震不惕，君子畏天之威，恐生於心，懼見於象，修飭其身使事事合天理，省察其過使事事遏人欲，雖震有不來之時，而恐懼修省心無間斷之候，此人心洊雷之震也。恐懼，初震之象；修省，重震之象。震之為義有三，天之震，雷也；事之震，憂患也；心之震，戒懼也。陽氣鬱極而必舒，人事困極而必變，志氣情安而心警，此理之常，即此卦垂象之義。恐懼修省，蓋人所以承天之道，六爻大義不出此也。「陽氣鬱極而必舒，人事因極而必變」這是萬物發展變化的一種運動規律。人心所操之志必須順從天理，不順天理危患無窮。人之修省就顯得十分重要。要能夠知小咎而無大過，警戒之心常存，只

有君子才能做到。

社會上屢震不省者層出不窮，看守所三進三出，人心遇頑不可料也。

【原文】初九，震來虩虩，後笑言啞啞，吉。象曰：震來虩虩，恐致福也。笑言啞啞，後有則也。

【譯文】初九，雷聲發作心中似有恐懼的樣子，然後笑著開始說話。吉。《象傳》說：「震來虩虩」恐懼中會給你帶來福氣。「笑言啞啞」恐懼心情平靜以後對自己各項工作的安排就有了行動的準則。

【釋文】《震》卦初九是全卦的中心。陽氣交於坤，氣候將暖，大地回春。陰陽通，雷聲作。因吉而獲福。

《繫辭》有「帝出乎震」的句子，帝是陽之旺氣，是它給大地披上了一層綠油油的新裝。雷聲一響，象徵著農忙季節即將來臨，農民按著二十四個氣節進行耕作。這就是「則」的意思。

「范仲淹曰：君子之懼於心也，思慮心慎其始，則百志弗違於道；懼於身也，進退不履於危，則百行弗罹於禍。故初九震來而致福，慎於始也。」初為萬事之始，始於慎而安於事，所謂萬事開頭難。俗語：事無遠慮，必有近憂，事之始是萬事之關鍵。

「李士鉁曰：在初言後者，初為致吉之本，原始以要終也。始於憂勤者，必終於安樂。」「後」指以後。是聽到雷聲以後。要馬上安排農事活動，不可延誤。

「劉沅曰：震主兩陽，而下卦之初最先，即復之天心也，由此而進皆後矣。故與象同辭以明卦主而加一後字，

已於彖傳提出後字，故象無容更易一辭。處震之初，懼之能早，先有虩虩之戒懼，然後有笑言啞啞這安舒，謀成而後整暇，備預而後和緩，故吉。」

【原文】六二，震來，厲。億喪貝，躋於九陵，勿逐，七日得。象曰：震來厲，乘剛也。

【譯文】六二，雷震得非常厲害，億萬個龜蚌損失掉了。為了追趕龜蚌，登上了九陵山，用不著追趕，七天可以重新獲得，《象傳》說：「震來厲」是由於乘坐在陽爻的上面。

【釋文】九陵，指陽。陽數用九。六二得中無應，為了尋求感應，「躋於九陵」說明六二在尋找心態平衡。卦有六個爻位，一日走一爻，七天返回本位，故「七日得」。程傳說：「卦有六位，七乃更始，事既終，時既易也。」

「王宋傳曰：億，多也。鄭云十萬曰億。六五億無喪，象曰大無喪也。億，大數也。」

【原文】六三，震蘇蘇，震行無眚，象曰：震蘇蘇，位不當也。

【譯文】六三，雷聲緩慢地震動，大地漸漸地蘇醒，有雷在行動不會生病。《象傳》說：「震蘇蘇」是所處的位置不適應。

【釋文】「劉牧曰：蘇蘇，舒緩也。」

「俞琰曰：震行，謂雷之行。雷動而行於天下，萬物暢達，乃無夷眚。若當行之時而不行，則萬物夭閼。君子體之，故行者無眚。」

「虞翻曰：坎為著，動出得正，坎象不見故無眚。」
這是一種假設解釋方法，六三變陽下卦之互卦為坎。

「李士鉁曰：位在兩卦之間，二雷交行之地，震雖不
猛而未嘗息，故震行，因震警惕，不敢怠偷生患，故無
眚。」

【原文】九四，震遂泥。象曰：震遂泥，未光也。

【譯文】九四，雷震無聲遂泥而去。《象傳》說：「震
遂泥」是由於沒有產生光亮。

【釋文】泥土是《坤》陰的象徵，九四無應，只好遂
陰而去。這是由於前後左右皆陰的緣故。只有遂陰《震》
卦可成。這是陰陽相感的道理。

「程傳云：剛動，本有光亨之道。陷於重陰，贈能光
也？」陰陽相感一定要相均力敵，適度而中，一陽處在群
陰之中，威不展，功不成。

「折中云：雷乘陽而動，然所乘之氣不同，故郡子
云，水雷玄，火雷赫，土雷連，石雷霹。蓋雷聲有動，而
不能發達，陷於陰氣，故有震遂泥之象。」四臣位，五君
位，「震遂泥」是遂從六五之陰。

【原文】六五，震往來，厲，億無喪，有事。象曰：
震往來厲，危行也。其事在中，大無喪也。

【譯文】六五，霹雷閃電往復不斷響得非常厲害。億
萬民眾之間並沒有忘記準備祭祀供品這件事，只是沒有舉
行祭祀儀式罷了。

《象傳》說：「震往來厲」是有危險的行動。因有不
舉行儀式這件事在其中，不會產生大的損失。

【釋文】六五為君主敲響了警鐘，不要忘記到宗廟去祭祀天神，喪失了祭祀禮儀，雷會找到你的頭上，是封建迷信思想充分亮向。

「劉沅曰：初陽，震也，四陽亦震，五居四貝後，前震往而後震來，其厲與二同。然二臣也，所有貝而已，故可喪以自守，五君位，土地人民社稷無一可喪者，故一切無喪，而震動有事的守其中，以危懼之上守中而行，故能大無喪也。言有事者，明非徒一危而畢事也。」

「折中云：春秋凡祭祀皆有事，二以喪為中，五以無喪有事為中。」六二「喪義」是六二與六五不應。六五「無喪」是有四之助也。陰陽相感，近而相得。

「王宗傳曰：震之成體在初，四，而得尊位大中的主天下之動者，六五也。」六五是《震》卦中心，闡述天神的威力和祭祀的必要性。說明卦建禮法是人類行動的指南。深戒禮法是不可違背的道理。

【原文】上六，震索索，視矍矍，征凶。震不於其躬，於其鄰，無咎。婚媾有言。象曰：震索索，中未得也。雖凶無咎，畏鄰戒也。

【譯文】上六，雷聲不大，看上去離得很遠，環視雷聲發作的地方，心裡感到不安，跡象似乎有凶，雷聲沒有響在身邊，響在鄰區不會有過失。彷彿兩地結婚事先發出的警告。《象傳》說：「震索索」是由於沒有得到中間位置。雖然有凶的跡象不會產生禍患。是畏懼四鄰發出的警戒。

【釋文】「項安世日：蘇蘇索索，皆震遠而聲小，不足恐懼者也。」

「劉沅曰：索索，消索沮喪之狀，矍矍，不安貌。」

《震》卦是雷，六子之卦，《震》為長子。陰陽始交於春，五行屬木。雷動驚蟄，萬物萌生。陰陽不交，雷不發聲，《說卦傳》「萬物出乎震」。聽雷聲響後萬物以生。這是陰陽變化之運動規律。

## 艮卦第五十二

艮其背，不獲其身。行其庭，不見其人。無咎。

《艮》卦是人的背部，人身上的任何部位它都得不到。隨從人走進屋內，還見不到這個人是個什麼樣子。沒有錯。

「李光地曰：背之文，從北從肉。天地人之道，南與東西皆見，而北獨隱；前與左右皆見，而後不見。」李光地專論「背」字。「背」字是北面之肉，還是後面之肉。無論是哪裡的肉，只有這塊肉不會動，永遠待在那裡。是「止」的意思。

「胡炳文曰：人身惟背不動，艮止象。不獲其身，內艮；不見其人，外艮。」

「劉沅曰：一陽止於二陰之上，升極而止。又艮為山，下坤土乃山之質。輕清者在上，重濁者在下，艮之象。序卦，震者動也，物不可終動，止之，故受之以艮。震為靜極而動，天行之氣也；艮為動極而靜，坤土之安也。合二卦而動靜交相養之動得矣。陰陽二流行，存主常舊於太極。背者，陽氣所循，五官百骸之主收視返聽，止於其所，不自見其身，亦如天地之靜極而萬物俱泰也。聖

人因艮之在天地者，欲人體之。艮其背者，主靜之極功存養之要道也。首以五句十六字一氣貫下，直指其象，不復先言卦名。庭，心中之舍也。艮為門闕，重艮之間象庭。互震象行。洗心退藏於密，心君聽事之庭，虛若無人焉，則得靜存之要，故無咎。」

《艮》卦是山，五行屬土。位居東北，時止年頭歲尾交接之處。六子卦中，身是小男。「彪謹案曰：艮之所以為止者，任全國皆能自動，而背終不自動，但隨身以為動。背在人身是於群動之中，而自不能動者也，人多忽之，卦明其象。」

【原文】彖曰：艮，止也。時止則止，時行則行。動靜不失其時，其道光明。艮其止，止其所也。上下敵應，不相與也，是以不獲其身，行其庭，不見其人，無咎也。

【譯文】《彖辭》說：《艮》卦是止，停止在所應當停止的時候，時間不停地向前行動，它能隨著時間向前走。它的行動和安靜從來不會失掉時間，時間走到哪裡它就隨同到哪裡。其道德永遠光明。《艮》卦的停止，是停止在應當停止的場所。上卦和下卦相互敵視，但永遠也不能遇到一起，這就是「不獲得其身，行走在庭中，不見其人，是沒有過錯的。」

【釋文】高出地平面的凸起部分中做山，山是不能自行運動的，坐落在那裡一動不動，由於山是地球的組成部分，它是隨著地球的運轉而運轉的。所以說「時行則行」。山的不動是指在地球上不動，因其隨著地球而動，所以「動靜不失其時」。山是隨著時間向前行動的。

「劉沅曰：止乎時之所當止，止固謂之止，行乎時之之所當行，行亦謂之止。動靜唯時，內不見有已，而絕外感之緣；外不見人，而無物交之累。中不主而神明不亂，則性體自見光明，天地與人同此理氣之元，無為而無不為，至止而未嘗止。太極動而無動，靜而無靜，聖人盡性之候亦然。萬變當前，以無心應之，而不踰矩。庭者，心應事之地，在人身為膻中；背者心退藏之地。詩云宥密，易亦曰密。連山首艮，文王八卦艮居東北，取成始成終之義，而此卦乃人天合撰之理也。涵養至久得時止時地之妙，此理關乎天地奧窔，孔子發為鼓舞詠嘆之辭，人身感通之機，莫切於身心之用，咸卦三陽居中，而九四尤中之中，故以四為心，而五為背，上為口。艮惟九三一陽居中，故以三為心，而四為背，五為口。咸九四憧憧往來，心以妄感而動；艮九三列夤厲薰心，心以妄想而止。不得其當，動固非，靜亦非；得其當，靜固靜，動亦靜也。莊子曰：惟止，能止眾止。蓋亦知之。」

《易》理上下兩卦對應，對應，是互相產生感應。《艮》卦「敵應」是上下兩卦不應，同性相斥，曰「敵應」。山是靜止不動的，兩山在一起，互不干擾，背靠著背「不獲其身」行走在兩山中間，「不見其人」。

【原文】象曰：兼山，艮；君子以思不出位。

【譯文】《象傳》說：兩個艮山併在一起是《艮》卦；君子思考問題不能超出所應有的範圍。

【釋文】兩座山併立不能相互往來，各自總是處在自己的位置上，人有喜怒哀樂，七情六慾，思想在起主導作

用。無論思考什麼問題，都應符合現實，不可超越客觀實際，超出範圍就是出位。劉沅說：「靜而止於未發之中動而止於天理之則，皆不出位。人心的思而靈亦以思而妄，惟內止的清其思之源，外止以得其思之正，是與天地之動靜相協矣。」能做到動靜與天地的動靜相協，必須「止於天理之則」，思而能「靈」是順應了萬物發展變化之運動規律；思而妄者是違背了萬物發展變化之運動規律。

【原文】初六，艮其趾，無咎，利永貞。象曰：艮其趾，末失正也。

【譯文】初六，停止在腳的大趾上，沒有錯，利於永遠貞正。《象傳》說：「艮其趾」事事停止在剛一開始，是出於沒有失掉正義。

【釋文】初爻為事為始，凡是停止在事之始的事情，都是由於不符合正義的緣故。

「程傳云：事業於初，未至失正，故無咎。以柔處下，患其不能常不能固，故利永貞。」凡事要想達到預期目的，必須符合事物發展變化規律，不符合這個規律，一定達不到目的。符合這個規律就是正，所以「利永貞」。

「朱震曰：初六不正，宜有咎，事止於初，其止早矣，未示失正也。」事正與不正，看出發點，出發點不正，其事難正，只有出發點不正能止在事之初，是謂「未失正也」。

「劉沅曰：初在下，趾象。事止於初，慎之於始。理所當止者曰正，即貞也。」初爻強調「正」字，說明「勿以善小而不為，勿以惡小而為之」。只要正，天下定，心

要正，不怕硬。

「李士鉁曰：初止於未動之先，物來順應，物來至則當止。初於事物未來止而不動，無意無必，不逆詐，不億不信，可以無咎。水久澄則泥沙下，心久空則嗜欲消，故利於永遠正固也。」

【原文】六二，艮其腓，不拯其隨，其心不快。象曰：不拯其隨，未退聽也。

【譯文】六二，止在小腿上，不能拯救自己隨從的心願。心中很不高興。《象傳》說：「不拯其隨」是九三沒能來六二退聽。

【釋文】「劉沅曰：腓，足肚也，在趾之上。退謂九三退而就二。二下而三上，陽性上行，安能退聽六二之拯乎？互坎為心病，故不快；又為耳痛，故曰未聽。」《艮》卦為止取象以止為主，初六是趾，不能自動，必隨足而動。六二是腿肚子，不能自動，必隨腿而動。

「馬其昶曰：下體股，腓，足三者動止相隨。咸三之股，隨足而動；艮二之腓，隨足而止。三為內卦之君，心之象也。天君泰然，百體從令，而後快。二本中正，以在腓位，遇艮之時，腓不能振足相隨而止，故使其心不快。拘學機持太過，滯於形跡之末，而未能心與天遊，豈知儒者制外養中之學，不如此也。」

【原文】九三，艮其限，列其夤，厲薰心。象曰：艮其限，危薰心也。

【譯文】九三，止在界限上，把夾脊肉分裂開來，嚴重地刺激到了心臟。《象傳》說：「艮其限」危害刺激到

心了。

【釋文】「馬融曰：夤，夾脊肉也。」

「孔穎達曰：止於限制則上下不通、是分裂其夤。」

「劉沅曰：限，界限，謂身之中腰也。三在上下體之間，以一陽居卦中，故象心。身要血脈不通，水火不濟，則心薰不安，無以自主。」《艮》卦的陽為主，三、六是《艮》卦主爻，三「危薰心」是陽主動，在《艮》止卦中，有動之心，是「危薰心」。

「韓詩外傳引孔子曰：口欲味，心欲佚，教以的仁；心欲安，身惡勞，教之以恭；好辯論而畏懼，教之以勇；目好色，耳好聽，教之的義。易曰艮其限，列其夤，危薰心，詩曰吁嗟女兮，無與士耽，皆防邪禁佚，調和心志。」這是在勸人勿有份外之想，人之本份，隨遇而安。一切不切合實際的想法可釀成「危薰心」。

「馬其昶曰：二之止縛於外者，三之止則梏其內者。心，動物，象震之一陽不可強止。三君卦中時止時行之地，而強遏其生機，故厲。君子之防邪禁佚，惟養之以義理，使心志調和，自無危薰之患。強制如二，斷滅如三，皆非所尚。」

【原文】六四，艮其身，無咎。象曰：艮其身，止諸躬也。

【譯文】六四，停業在身上，沒有錯，《象傳》說：「艮其身」是止在全身。

【釋文】「劉沅曰：人體統言之曰身，分言之則腰足而上謂之身。身不妄動，以禮自防，故無咎。」「以禮自

防」是用卦建禮教要束自己。時異則事異，卦建禮教已經不適宜社會發展的需要，「禮」字應改成「法」，用國法要束自己。國家的法律是唯一正確的法律。任何人不可違背這個法律。

「彪謹案：非禮勿動，即是止諸躬。且不特非禮不可妄動，即事有合於禮者，而躁動的求速效，亦是非禮，故以止諸躬戒之。」

【原文】六五，艮其輔，言有序，悔亡。象曰：艮其輔，以中正也。

【譯文】六五，止在口的兩旁，說話有次序，悔恨消亡。《象傳》說：「艮其輔」是得中得正。

【釋義】口是交流語言的器官，有沒有口才就表現在口上。有口才不等於亂說，不該說的話一定不能說，該說的話又不可以不說，所謂口才是人的一種技能。一個人無論有沒有口才，只有「止」在口上，說話才能有次序。說話有次序，是打動對方的需要，對方被打動了悔恨才能消亡。

「吳汝綸曰：中論云君子非其人則弗與之言，若與之言，必以其方。農夫則以稼，百工則以技巧，府史則以官守，大夫及士則以法制，儒生則的學業。易曰艮其輔，言有序，不失事中之謂也。徐言不失事中，與失子合。」要想「不失事中」必須把事幹好。事情幹不好是「失事中」。

「李士鉁曰：禮曰口容止，又曰安定辭。吐辭不至啟羞，為文足的行達，故悔亡。」

【原文】上九，敦艮，吉。象曰：敦艮之吉，以厚終

也。

【譯文】上九，敦原樸實地停止，吉祥。《象傳》說：「敦艮之吉」是由實而止。

【釋文】陰虛陽實，上九以實而止，凡事只有落到實處才能停止，沒有落到實處而止的便是虛止，虛止留下懸念，不為停止，是明止暗不止。

「程傳云：人之止難於久終，故節或移或晚，守或失於終，事或廢於久。上能敦厚於終，止道之至善。」

「止」之含義「停住不動」。人的德性要能止在「實」字上，是最佳品質。

《艮》卦上九是在闡述萬物的素質只是一個「實」字。千萬種素質演化到一起，由於時空的作用，形成了各種不同素質的形體。素質的演化，就是由素質的對應和敵應而形成的物質。這正反兩方面，正是《易》理二進制的中樞。在萬物感應的表達方式中說成是「用神」和「忌神」。山之所以能「實」，是由於來自於金水化含物。是地下岩漿（火）變冷而形成的山。對山有利的素質都稱為「實」。天下所有之物資，沒有比岩石更堅實的了。所謂「金子」就是岩石的一種。

## 漸卦第五十三

漸，女歸吉。利貞。

《漸》卦是進，女人出嫁吉利。有利於貞正。

《漸》卦之進是緩進也。「孔穎達曰：漸者，不速之名也。女以夫為家，故謂嫁曰歸。備禮乃動，故利貞。」

《漸》卦闡述婚嫁之事。

「李士鉁曰：長女在外，不乘艮止而不即前，待男而行，六禮必備，乃以漸進。以男感女為咸，咸主男，故言取女；女進以正為漸，漸主女，故言女歸。進身之始，不可不正，孟子曰：古人之未嘗不欲仕也，又惡不由其道，不由其道而往者，鑽穴隙之類也。女之歸，士之仕，其義一也。」《漸》卦，《巽》上《艮》下，《巽》入而《艮》止，女人出嫁以慢為佳，無論古今天道之一理。

【原文】彖曰：漸之進也，女歸吉也。進得位，往有功也。進以正，可以正邦也。其位剛得中也。止而巽，動不窮也。

【譯文】《彖辭》說：慢慢地進行，女人出嫁的婚事才是吉祥的。向前行進能得到適宜的位置，這樣行動才能成功，辦理婚事要有正確地行動方式，可以端正國家的風氣和文明。九五這個位置，是陽剛得到中正，下卦止，上卦《巽》，這樣行動是沒有窮盡的。

【釋文】女人出嫁循禮漸進可獲吉祥，要進必得正確的位置，才能有功受賞。女人出嫁和男人出仕作官是一個道理。

「胡瑗曰：天下萬事莫不有漸，然於女子尤順有漸，須問名，納采，請期以至親迎，然後乃成其禮而正夫婦之道。君子之人，處窮賤下位，不可干時邀君，急於求進也。」胡瑗說出了事急易壞事的道理。

「張浚曰：漸，臣道也。互離為明，君明於上，時可進矣。君有剛中之德，而後可有為臣之進也，特此而

已。」《漸》卦之吉，九五陽剛即中又正，除上、下兩爻外，二至五爻爻爻得正。所以「利貞」。

【原文】象曰：山上有木，漸；君子以居賢德善俗。

【譯文】《象傳》說：山頂上生有大樹是《漸》卦；君子居社會當中要用賢良道德作為本分，不斷地改善社會的風俗。

【釋文】山得正，山便高大；樹木得正，樹幹能穿破天，樹葉能遮蔽烈日。君子得正，能修身養德，處使人類文明，社會進步，風俗不斷地改善。

「張洪之曰：乾為賢德，為善，坤為俗，乾四之坤三成艮為居。善俗的賢德為本，文翁化蜀俗之野蠻，龔遂化渤海之悍俗，辛公義化岷俗皆是。俗最難革者，莫如殷頑民，周公以柔道化之，歷三紀而世變風移焉。」《乾》德為善九五居之，《坤》德為俗六二居之，陰陽應而世俗感，天下惡俗何悉不改。女能歸家，世有明君，天下文明。

【原文】初六，鴻漸於干，小子厲，有言，無咎。象曰：小子之厲，義無咎也。

【譯文】初六，大雁慢慢地落在水邊上，小童想走過水去很難，有人警示說前面水深，沒有錯。《象傳》說：「小子之厲」只要講義氣，就不會錯。

【釋文】上互《離》卦為大雁，下互《坎》卦是水，《艮》卦是小子，居初爻陰不得正難以前進，所以「厲」。是難得很厲害。居在這一爻，必須講義氣，才不會出錯。

「虞翻曰：鴻，大雁也。坎，水流下山，故漸於干。

艮為小子。初失位，故厲。」陸績說：「水畔稱乾，毛傳云涯也。」

【原文】初二，鴻漸於磐，飲食衍衍，吉。象曰：飲食衍衍，不素飽也。

【譯文】初二，大雁慢慢地落在大岩石上，吃食玩水十分歡樂，吉。《象傳》說：「飲食衍衍」是不會白吃飽飯，一定會有作為。

【釋文】初二是陰得陰位，又居下卦之中，與上卦九五正應，心理找到了平衡。女人之正又配皇家，自心的喜悅不言而喻了。

「孔穎達曰：衍衍，樂也。」

「晁說之曰：磐，漢志作般，孟康云水涯堆也。」

「虞翻曰：素，空也。」

「本義云：柔順中正，進而以漸，而上有九五之應，故其象如此，素飽如詩言素餐，得之有道，則不為徒飽而處之安矣。」

【原文】九三，鴻漸於陸，夫征不復，婦孕不育，凶。利禦寇。象曰：夫征不復，離群醜也。婦孕不育，失其道也。利用禦寇，順相保也。

【譯文】大雁慢慢地落在高平的地面上，丈夫出征不能復返，婦人在家失貞懷孕生孩子而不能進行養育，有凶。有利於打擊外來的強盜。《象傳》說：「夫征不復」是由於離開了家鄉而出現了醜聞。「婦孕不育」是婦人失去了婦道所產生的結果。「利用禦寇」是由於能順從需要而互相保護。

【釋文】九三雖得正位而不中，上卦無應，必須得動，這一動不要緊壞事臨家門，上九不是婦，其婦為六四，六四上、下乘二陽，為婦不貞。《易》道廣遍天地之情，九三爻詞順情順理。

「鄭康成曰：離為大腹，孕象。」指上互之卦而言。

「虞翻曰：三動離毀，故不育。」腹中育子，腹壞而子將焉附。

「程傳曰：夫謂三，婦為四。」

「晏斯盛曰：陸，路也。如南陸北陸之陸鴻，木落南翔，冰泮北歸，隨日南北陸以為行，即漸也。」大雁雖候鳥，與南陸、北陸並無關聯。「劉沅曰：高平曰陸，水鳥漸陸，失其所依。夫指上九，上在卦外，不與三應，為夫征不復。」

「李士鉁曰：艮為止，互離為火，火山旅故征。體艮止，故不復。離大腹，孕象。坎血漏於下，不育象。卦互未濟，亦不育象。不中不和，孕而不生，凶可知矣。惟寇來，能以陽剛之才，內得群陰之順助，故利禦寇。」

【原文】六四，鴻漸於木，或得其桷，無咎。象曰：或得其桷，順以巽也。

【譯文】六四，大雁慢慢地落在樹上，或能得到梢平的樹枝，不會錯。《象傳》說：「或得其桷」是由於橫平的樹枝柔順容易站住腳。

【釋文】桷，房上方塊木條。這裡指大樹橫出來粗枝。

「劉沅曰：乘瓦以蔽，九五陽覆四陰，橡象。或者，

意外審慎之詞。漸木非所安，凡履危者，審理度勢，則免於咎。鴻趾連不能握木桷，橛也。四以陰居陽上，實非所安。四入巽體，變又互巽。求安之道，惟順與巽，順理而卑巽，則危者可安也。」四本與初爻相應，今兩陰相對而無應，心中不安而求安，是上、下兩陰相夾之故。即使落在橫平的樹枝上，也不是久居之所。之所以能「得其桷」是入上卦《巽》之故。

【原文】九五，鴻漸於陵，婦三歲不孕。終莫之勝，吉。象曰：終莫之勝吉，得所願也。

【譯文】九五，大雁慢慢地落在土山上，婦人三年不能有孕。終於沒有超過期限，吉。《象傳》說：「終莫之勝吉」得到了所希望的心願。

【釋文】九五是闡述《漸》卦的中心，二、五正應，所以吉祥。「婦三歲不孕」者，言宜緩慢之義也。正常夫婦，沒有疾病無三歲不孕者。所謂三歲，從二爻到五爻，一爻一歲計之。極言其慢。古人也深知晚生晚育，少生優生的好處。三歲達到心願並不算晚。世人要早悟聖心，何必計劃生育。

「李士鉁曰：巽為高，艮為山，五在山上故稱陵。學積小而至大，飛由卑而至高，鴻不期於陵，而終至於陵者，不經進故終進也。婦指二，二五陰陽之正應也。女歸則育子，不急求合，是以不孕。情易合者亦易離，不孕至三歲，合之難故合必固也。」男女情懷的合為貴，而合越難，其情越切，其情切，則深知情之貴也。情貴在固。所以「合之難故合必固也。」

【原文】上九，鴻漸於陸，其羽可用為儀。吉。象曰：其羽可用為儀吉，不可亂也。

【譯文】上九，大雁慢慢地落在陸地上，遺留下來的羽毛可以用作禮儀上的裝飾品，吉。《象傳》說：「其羽可用為儀吉」是指禮儀上的舞姿程序不可混亂。

【釋文】毛奇齡曰：儀，舞也。書，鳳凰來儀。文舞用儀，名羽舞。不可亂，謂羽舞有次弟。

「孔廣森曰：一南一北，皆以陸為終，鴻得陸而止。詩云，鴻飛遵陸，公歸不復。」

「李士鉁曰：卦互坎離，離南坎北，三與上之遵陸，一志向一北向，亦進之有序也。下遠坎北，則羽不泥；外乘巽風，則羽不亂。上已去位，故不用其身，而用其所遺之羽。猶老臣去位，而儀型猶在。其進退之道，足為法於後人而善風俗也。」

李士鉁用互卦坎離對三爻上爻進行解釋。下互為《坎》三爻雁北飛；上互為《離》，上九雁南飛。雁飛有序，用其羽作裝飾品，其目的也是為了舞姿有次序而不混亂。其深刻含義則是「足以法於後人而善風俗也」。

## 歸妹卦第五十四

歸妹，征凶，無攸利。

《歸妹》卦，跡象凶，沒有得利的地方。

《歸妹》是嫁妹，上卦《震》為長男，下卦《兌》是小妹，長男送小妹出嫁。

「李士鉁曰：兌，少女，為震之妹，少女在內，長男

動而送之，歸妹之象。卦與漸相反，漸陰順陽，故吉；歸妹，陰乘陽，故凶。漸中爻皆得位，故吉；歸妹中四爻皆不得位，故凶。」兄長送小妹出嫁，卦建禮儀，由於「中四爻皆不得位」，是心裡找不到平衡，妹妹心裡不同意也必須要服從哥哥的安排。所以有凶。

【原文】彖曰：歸妹，夫地之大義也。天地不交，而萬不興。歸妹，人之終始也。說以動，所歸妹也。征凶，位不當也。無攸利，柔乘剛也。

【譯文】《彖辭》說：嫁妹是天地的重大意義。天地要不相交感，萬物不能繁殖興旺。嫁妹又是一貫的生存方式，要高高興興地行動，送到應嫁的地方。跡象有凶，是所處的位置不適當。沒有得利的地方，是由於陽落在陰的上面了。

【釋文】「天地感而萬物化生」《歸妹》卦天地不相交是由於陰陽反錯。陽的位置而陰居之，陰的位置而陽居之，陰陽找不到平衡，所以跡象有凶。

「劉沅曰：自二至五，皆不當位。陰居陽，則善媚而躁；陽居陰，則情動而溺，是爻位不善也。初二剛而三乘之，四剛而五乘之，是卦體不善也。位不當，則紊男女內外之正；柔乘剛，則失夫婦倡隨之理，所以征凶無攸利。」

【原文】象曰：澤上有雷，歸妹；君子以永終知敝。

【譯文】《象傳》說：沼澤地上響起了雷聲，是《歸妹》卦；君子應長久不渝堅守正道，知道美滿婚姻遭到破壞的弊病。

【釋文】二月陰陽交，雷始發聲。春天應珍惜這雷聲，她是萬物開始萌發的象徵，雷聲不響，萬物難以萌發。男女婚姻有如這雷聲有始有終，不到八月，雷聲不會停止。沼澤地上水草叢生，不到八月不會枯黃。男女婚姻如少女般美滿，無論男女一定要珍惜這種美滿婚姻，君子應該知道婚姻遭到破壞的那種辛酸。

【原文】初九，歸妹以娣，跛能履，征吉。象曰：歸妹以娣，以恆也。跛能履吉，相乘也。

【譯文】初九，送妹妹出嫁，妹妹身邊又帶去了她的小妹妹，小妹妹腿有點瘸但不妨礙走路。跡象吉祥。《象傳》說：姐姐帶小妹妹出嫁，是長久不變的禮儀。「跛能履吉」是因為姐妹還可以互相輔佐幫助。

【釋文】娣，本義是女人的弟弟。即姐姐的妹妹。古人女子出嫁要帶上妹妹侍侯姐姐，姐妹倆相互照顧。

初九之吉是陽得正位，又與六五正應。心態平衡。

【原文】九二，眇能視，利幽人之貞。象曰：利幽人之貞，未變常也。

【譯文】九二，瞎了一隻眼還能看見物，對失去丈夫守貞節的女人有利。《象傳》說：「利幽人之貞」是由於未有改變守節之道。

【釋文】「幽人」是因失去丈夫，不便出門，總是待在家裡的女人。此婦雖五官不全卻能堅守婦道，這是封建社會提倡的道德。

「本義云：眇能視，承上爻而言，陽剛得中，女之賢也。」《本義》贊其「賢」。

「郭雍曰：二，賢女，守其幽獨之操，不奪其志。」郭凝稱其為「賢女」。

「馬其昶曰：二、五剛柔失位，水火相滅為女子失夫而幽貞自守之象，故無吉占。婦道以柔為正，幽人則的剛為正。未變常，言九二之不可化也。」九二頑固不化，死守常規，古人讚之，今人非也。

【原文】六三，歸妹必須，返歸以娣。象曰：歸妹以須，未當也。

【譯文】六三，出嫁後尚需等待扶為正室，反而不如出嫁就當側室。《象傳》說：「歸妹以順」這樣做不妥當。

【釋文】姐姐出嫁由於身份卑賤，不能成為正室，反回來只好做人家的小妾。這是由於所處的身份決定的。六三在下卦是少女，不中不正，上六是陰，又不感應，上、下兩陽相斥卑賤至極，嫁給了九四，被夫家所遣，反回來嫁給九二當了小妾。

「惠士奇曰：反歸，也也。穀梁傳云，婦人謂嫁曰歸，反曰來歸。范注云，反，謂為夫家所遣。」

「孔廣森曰：須者長女之稱。天文星占，織女為處女，須女為既嫁之女。說文，頃，女字也。賈侍中說，楚人謂姊為須。」

「李士鉁曰：三遠於五而近於二，不能從五以歸，反以二的歸，故反歸以姊。」

【原文】九四，歸妹愆期，遲歸有時。象曰：愆期之志，有待而行也。

【譯文】九四，出嫁耽誤了婚期，等待時機還有希

望。《象傳》說：耽誤婚期的心願，等待時機成熟以後才可以實行。

【釋文】上卦《震》為雷，雷始發聲是一陽始交，應處初均為正位。今九四一陽處上卦，為時已晚故「愆期」。雷發聲有愆期之時，少女出嫁同樣有愆期之時，其原因是多種多樣的。李士鉁說：「兌少女，離中女，四由少婦而為中女，年已長矣；出下卦而至上卦，時已過矣，所以愆期。震為行，在互坎中，有欲行不得之象。四不中無應，本無佳偶，或有佳偶而禮不備，故遲遲然歸，將有待也。」

「陸績曰：遲，待也。」

「石介曰：愆期，待年也，待時之義。得禮而行，是所宜也。」

【原文】六五，帝乙歸妹，其君之袂，不如其娣之袂良。月幾望，吉。象曰：帝乙歸妹，不如其娣之袂良也。其位在中，以貴行也。

【譯文】商王成湯把自己的妹妹下嫁給諸侯，其妹妹的服飾反不如陪嫁侍從的衣服華麗。月亮幾乎圓了，吉祥。《象傳》說：出嫁的沒有陪嫁的服飾華麗，是由於出嫁的人所處的位置適中，以高貴的品質下嫁。

【釋文】古代文人多把男女婚姻說成「花前月下」之事，而是受《易經》的影響。陽物的代表是太陽；陰物的代表是月亮，每當十五、六日月亮圓滿，象徵女性成熟，當嫁之時，帝乙的妹妹嫁給了文王，出嫁時服飾並不華美，說明其道德品質高尚。人貴道德，並不貴服飾，服飾

華美不等於道德高尚。凡是特別注重服飾的人，超過了限度，便是浮藻的表現。

「乾鑿度云：美帝乙之嫁妹，順天地之道以立嫁娶之義。義立則妃匹正，妃匹正則王化全。又云殷錄質，以生日為名，玄孫之孫，外絕恩矣。故易之帝乙為成湯，書之帝乙，六世王同名，不害以明功。」六五是《歸妹》卦的中心。闡述天地、人倫、婚姻之道。即是一卦之中心，也是《易經》之中心。「美帝乙之嫁妹順天地之道，以立嫁娶之義」以書陰陽相感之情。「天地感，萬物化生。」男婚女嫁自然之理。

【原文】上六，女承筐，無實。士刲羊，無血。無攸利。象曰：上六無實，承虛筐也。

【譯文】上六，女子捧著空筐，筐裡沒裝東西，男人在割宰活羊，羊身上不見有血。不會有得利的地方。《象傳》說：上六是陰虛沒有實物，捧著空筐。

【釋文】未出嫁之女稱女，出嫁稱婦；娶妻之男人稱夫，未娶妻之男人稱士。上六、六三兩陰相對，不成婚配。

女拿筐不裝東西，等於沒拿，男殺羊無血，羊是早已死去之羊。這樣的羊已變質不可食。只能說明處在這個位置上，無論幹什麼都不會有利。

女捧空筐，是男方沒有聘禮，士割羊肉無血，不是為婚事特意宰殺之牲，而是餓死之牲說明男士貧窮，難以娶妻。封建制度無聘禮不可成婚，從而揭示了封建制度的醜惡。

## 豐卦第五十五

豐，亨，王假之。勿憂，宜日中。

《豐》卦亨通，君王可以達到豐盈盛大的境界。不用憂慮，宜於像太陽處於中午的時刻充滿了光輝。

《豐》是豐盛，《豐》卦之盛就像中午的太陽，充滿了光輝。這種活力，是天下最旺盛的時刻，所以亨通。君王治理天下，面南而治其意思就是如日當空，盛大而光明。「蘇林曰：日者，君之象；中者，明之盛。」

「本義云：盛極當衰，有憂道焉。聖人以為徒憂無益，故戒以勿憂，宜日中。」《易經》的道理窮者變，盛時必有衰，這是大自然發展變化一種必須規律。太陽不能永遠停在天中，必有西下的時刻。即使這樣，不要憂慮，徒憂是無益的。正因為憂慮沒有好處，要把憂慮化為力量，保持住這種光明盛大的狀態，使之永遠不至於衰落，才是一種正確地處世哲學。悟懂了「勿憂」其眼前永遠閃礫著燦爛的光輝。

「劉沅曰：以明而動，所以致豐之道。序卦，得其所歸者，必大，故受之以豐。離為王又為日，二得中。盛大之時，百喜所聚，王者有明德，於變明雍，明威並行，乃能至此。豐之時可喜亦可憂，為豐之難久也。人之心憂天之日，日中明益盛，保豐者宜顧諟緝熙，常始心如日中，普照萬方，則豐可久。君子豐其德以承天，憂勤於未豐之時，而敬慎於既豐之際，非欲寶貴福澤。長保其豐之事，欲長存乎豐之理，歷榮吉而自全。雷電萬古長存，而其交

至則有時，修德獲報。萬古之定理，而其豐即有盡，夫子以中昃盈虛戒人，所以明豐之事有限而理無限。明以動，所以致豐之道也。與時消息，所以保豐之道也。人心之天理，可與天地無極。勿憂宜中日，所謂與天地合德、日月合明者也。」所謂「豐之事有限而理無限」說出了人心與大自然的兩大極限。人要做到隨心所願，必須是「與天地合德」，與日合明。天地有生物之心並不獲報，日月廣撒光明並不言恩，人要有天地之心，日月之思，天下國家將長盛不衰，「宜日中」矣。

「李士鉁曰：盛之至者衰之始，滿之極者虧之漸，此常人所不憂，而聖人有憂焉。日之方中，幽隱畢然，不為陰暗小人所曚蔽，則無憂矣。中者，不可過之謂。聖人保泰持盈，只有一中，如日麗中天不可過。」這段文字哲理很深，透過一個「中」字，闡述了萬物都在尋找平衡的道理，「不可過」三字常人是難以做到的，只有「聖人保泰持盈」如日兩中天。只因為常人做不到，聖人才有所擔心。

【原文】象曰：豐，大也。明以動，故豐，王假之，尚大也。勿憂，宜日中，宜照天下也。

【譯文】《象辭》說：《豐》卦是大。下卦《離》是日為光明，上卦《震》是雷為振動。所以，天下能夠豐盛。做王者可以達到盛大的境界，說明做王者崇尚豐盈盛大的美德。不用憂慮，宜於像太陽在天中一樣普照天下。

【釋文】這段文字寫出了《豐》卦的偉大，雷火能使萬物豐盛宏大，是陰陽交的結果，只有陰陽交合才能有閃

電和雷聲。它是促使萬物生長壯大的最強大的地動力。隨著閃電和雷鳴而來的便是孕育乾坤的及時雨。雨後竹筍豐盈而大。做王者最期盼國家強大，君王有如這閃電和雷聲，有如天上的及時雨。所以，把君王比作天上的太陽。「王假之，尚大也。」說明有了君王，天下一定豐盈盛大。

「徐乾曰：身不尊者施不光，居不高者化不博。豐亨，王假之，勿憂，宜日中，身尊居高之謂也。」王者身尊位高，所以能「明以動」，「明以動」則天下安，國家才能豐盈強大，所以孔穎達說：「動而不明，未能光大；資明以動，乃能致豐。」

「劉沅曰：常如日中以照臨天下，則豐不在一人而在天下。以下推論日中之難保，而宜日中者之所以自如可知矣。」天道循環不以人的意志而為轉移，用人心願施加於天道，天道不可改，而人事則可改矣。人事之改變取決於自處。這「自處」二字非同小可。這不只是做王者之事，而是下人之事，天下人都能以善良自處，任憑世態千萬變，天心無改移。

【原文】日中則昃，月盈則食。天地盈虛，與時消息，而況於人乎？況於鬼神乎？

【譯文】太陽到了中午馬上就會偏西，月亮到了盈滿之時才會出現月食，大自然的盈滿與虧缺是隨著時間向前發展產生出來的。何況人的生存里程？又何況鬼神的存在了。

【釋文】大自然的變化，是任何人也阻擋不了的。而《豐》卦的「明以動」是說明人心嚮往光明，人類社會的

發展，都是離不開光明。《豐》卦，就是天下光明的象徵。在《應春占年考》中得到了驗證。「勿憂宜日中，宜照天下也。」黨和政府以及廣大的全國人民，能夠做到誠信自處，又何懼「天地盈虎」、「日昃」、「月食」呢？自然變化終歸是自然，人類社會必然有人為的結果，懷有人定勝天的思想，和諧社會將萬古長存。

【原文】象曰：雷電皆至，豐。君子以折獄致刑。

【譯文】《象傳》說：雷聲和閃電一齊而襲來，是《豐》卦；君子要明察訴訟案情公正地執行刑罰。

【釋文】厲雷和閃電有巨大地威懾力，國家法律和刑罰應具有閃電般地威力，這種威力生於嚴明。有威不明是亂的根源，有明不威，暗中蠱壞。閃電刺目，望而生懼，雷厲風行，孽不敢生。

【原文】初九，遇其配主。雖旬無咎。往有尚。象曰：雖旬無咎，過旬災也。

【譯文】初九，在朝見九四的途中遇到了配合之主，雖滯留了十日，沒有過錯。到九四去是高尚的。《象傳》說：「雖旬無咎」過十天以後有災。

【釋文】九四是君主手下第一名大臣，掌管國家大事，初九能朝見這樣的大臣，是高尚的。由於途中遇到一起去九四配合之主便停留十日。（十日為一旬）過了十日將會有災。

初爻與四爻相應，初陽朝見四爻之陽，「王弼曰：處豐之初，其配在四，以陽適陽，以明之動相光大者也。」陽是光明為君子，所以能相光大。

　　初九在路上必須要經過六二，六二是下卦的主人，遇到六二就是遇其配主。「李士鉁曰：二為下卦之主，與初有陰陽之配，故初遇之。」

　　【原文】六二，豐其蔀，日中見斗，往得疑疾，有孚發若，吉。象曰：有蔀孚發若，信以發志也。

　　【譯文】六二，豐盛在草莽聚集之地，日食出現在中午，能看到天上的北斗星，到六五去會得到猜疑和嫉恨，要守誠信發揚六五的志向，才能吉祥。《象傳》說：以誠信待人，透過堅守誠信來開拓豐大光明的志向。

　　【釋文】六二去見六五，兩陰相見，猜疑和嫉恨必然會產生。五之暗二又不明，要想得到吉祥，必須堅守誠信，只有誠信，才能開拓豐大光明的志向。

　　日中見北斗是日食之象，六二下卦之主，由於不明智才有此象。深戒豐大之時，不要被美好沖昏了頭腦。社會就是繁榮，欺詐現象越要抬頭，虛偽越加橫行，誠信二字就顯得十分重要。

　　「王宗傳曰：蔀，草莽蔭蔽之地。」

　　「何楷曰：斗為帝車，運乎中天。天以柔暗居尊，二仰承之，為日中見斗。」

　　「李士鉁曰：離為日，二位居中，故曰中，斗指五，五居帝位，離目為見。斗見於夜不見於日者，其光為日光所奪也。日光掩則斗見矣。」下卦《離》為日，六二得中稱日中，陽主黑暗，中午之黑暗是日食所至。由於日食才能看見北斗。六五是北斗，二，五兩爻相應的緣故，在盈滿豐盛的時代，不要忘乎所以，應知美好之中會出現日

食。往日的光明頃刻不見，為世人敲響了警鐘。

「劉沅曰：互巽柔木，應震蕃鮮，故象蔀。蔀，草也。昏見者也。日中見斗，明者忽暗，自恃其明則反昏暗。往應六五，必見疑疾，必以信發五之忘。」「自恃其明則反昏暗」有著淵深的哲理。利令智昏者往往是聰明反被聰明誤。君主應該是天下最聰明的人，他哪裡知道會被身邊貼心人的花言巧語所蒙蔽。六二是六三的貼心人，六二必須要發揚六五誠信於天下的心願。有半點欺哄，便會受到良心的責備和天下人的嫉恨。

【原文】九三，豐其沛，日中見沬。折其右肱，無咎。象曰：豐其沛，不可大事也。折其右肱，終不可用也。

【譯文】九三，豐大興盛在草棘當中，正當中午發生了日食，卻能看到斗杓後的小星了。折斷了右胳膊，沒錯。《象傳》說：「豐其沛」不可以去做大事。「折其右肱」一生都不能使用了。

【釋文】沛，是草棘所生之地，草莽橫生荊棘刺手，豐盛在十分麻煩的地方。已經達到了食甚的程度。能看到北斗星柄後那顆最小的星星了。九三得正與上六正應，處境應是比較好的，爻詞反而不吉，正如《繫辭下》中說「三五同功而異位，三多凶，五多功」九三下卦之終，在豐盛之時卻到了食甚之地。這裡保藏著聖人之心，越是興盛時代，越要有黑暗蒙蔽世人，小人從中作梗，以便貪天之功，巧取社會之實惠。《漢志》云：縣象著明，莫大於日月，是故聖人重之。於易在豐之震，曰豐其沛，日中見

沫，折其右肱，無咎。於詩十月之交，則著卿士司徒，下到趣馬師氏，咸非其材。明小人乘君子，陰侵陽之原也。師古曰，言遇此災，則當退去右肱之臣，乃免咎。」

「馬其昶曰：豐爻多言蔀沛者，荒穢不治之象。未嘗非日中，而明有所蔽，其可憂在此，三為內卦之右。」俗語有「創業容易守業難」的說法，越是太平盛世，越有荒穢不治的可能，食物就是要在火熱中腐亂。日食只不過是種暫時現象，黑暗是擋不住光明的。

「九家云：沫，斗杓後小星。」

「虞翻曰：兌為折，艮為肱。」

「折中云」見斗見沫，太陽食時是也。食限甚，則小星亦見。」

「毛奇齡云：劉熙云，沛者水草相生之名。公羊傳，草棘曰沛。」

【原文】九四，豐其蔀，日中見斗。遇其夷主，吉。象曰：豐其蔀，位不當也。日中見斗，幽不明也。遇其夷主，吉行也。

【譯文】九四，豐盛在草莽當中，中午見到了北斗星，遇到外國夷主，吉。《象傳》說：「豐其蔀」是位置不適當。「日中見斗」是昏暗不明。「遇其夷主」是吉祥的行動。

【釋文】「夷」指初九，初九居下卦，故稱外國。古國外之人稱「夷」。孔穎達說「二陽體敵，故四謂初為夷。」同性相斥是電的性質，同樣是陰陽的性質。

「劉沅曰：夷，等夷，謂初九也，初與四陽剛同德，

故曰夷主，熊良輔曰，當豐大時，以同德相輔為善，不取正應是也。初適四則以四為主，四適初則以初為主，明與動互相資也，六爻取明動相資者為吉，特明妄動者凶，非如他卦以陰陽相應為善。行，震性動，動而遇初故吉。」

【原文】六五，來章，有慶譽，吉。象曰：六五之吉，有慶也。

【譯文】六五，文明和光彩到來了，值得慶賀這種榮譽，吉祥。《象傳》說：「六五之吉」慶賀是有道理的。

【釋文】章，指文彩。六五是《豐》卦論述的中心。六五迎來了天下的文明和光彩，這是豐盈弘大的象徵，是繁榮昌盛的標誌。是天下大治的福澤，經歷了莫大的波折，從初爻到五爻，驅散了種種陰霾，取得了天下的輝煌怎麼能不值得慶賀呢？

「蘇軾曰：六五來章，謂虛已以來二陽，（彪謹案：此二陽指三四兩陽爻而言，非為二爻也。）謂之來者，我來彼也。」是陽爻給六五帶來了文明與光彩，謂「來章」。

【原文】上六，豐其屋，蔀其家，窺其戶，闃其無人，三歲不覿，凶。

【譯文】上六，豐大在房屋裡面，院子裡長滿了草，從窗子往屋裡看，空無一人，三年不能相見。凶。

【釋文】上六，是雷收聲，閃電藏，豐盈盛大之時已過。闃，寂靜。

「左傳云：鄭公子曼滿與五子伯廖語欲為卿，伯廖告人曰無德而貪，在易豐之離，弗過之矣。（彪謹案：豐之離謂上爻變則為離。）

　　《豐》卦到最後，不能不變，物資極大豐富之時，無德而貪的人越來多，到了無法控制的時候，自然而然地就會產生變化。這是大自然發展的必然規律。

　　「張浚曰：豐其屋，以斂積為事，自盈也。蔀其家，家道不明也。闃其無人，天下離心也。」豐大在屋子裡，是想把天下的財寶都搬進自己的家裡，不考慮天下人的死活，私心這樣嚴重，家道自然不明，各懷心腹事，從不替別人著想，致使院子裡長滿了草，屋子裡無人是人心離散，已經走光了，《雷火豐》卦如果上六變陽，上卦也成《離》卦。《離》是人心，一卦當中變成了二心。人有二心，將離心離德。家有二心其家將散；國有二心，其國將亡。一個人有二心，一事無成。

　　【原文】象曰，豐其屋，天際翔也。窺其戶，闃其無人，自藏也。

　　【譯文】一個豐大的屋子飛走了，飛到天地交際的地方藏了起來。是說太陽落到了地平線以下看不見了。際，天地相交邊際。翔，飛。

　　《豐》卦上六由陰變陽，《豐》卦變成《離》卦。《離》卦是太陽。太陽是天體中太陽系的中心，沒有太陽天體不會存在，地球也不會運轉了。人類社會離不開太陽。太陽是人類正義的化身。

　　《豐》卦是豐盈盛大，是天中的太陽是處天中是一天中最興盛階段，用來象徵人類社會。處在這樣的社會裡，物資極大豐富，人們十分幸福。腐敗就在這時產生，聖人擔心人類社會的腐敗，才作出了上六這樣的爻詞。

「豐其屋」是指一個國家。「蔀其家」是指生活在這個國家的人民和所處的生活環境。由於人心離散，院子裡長滿了野草。「闃其無人」是人已走光了。這是在說明人心腐敗的最終結果。

「自藏也」是對「三年不能相見，凶」的解釋。「三」是虛指，有多年的意思，《離》卦的先天數是「三」，「三」是指《離》卦。其含義是再見到太陽的時候天下才能太平。

《易經》的偉大體現在三百八十四爻，每一爻都說明了一個人生的哲理，它不是算命之書，而是人類社會的指路明燈。要想堂堂正正地做一個人，就必須要學好《易經》。

## 旅卦第五十六

旅，小亨，旅貞吉。

《旅》卦小通，旅遊在外能做到貞正者吉。

《火山旅》卦，火在山上遊，火過而草木不留，人在外面做客稱之謂旅。旅遊之人遇到的全是些瑣碎的細小之事。「劉沅曰：山內火外，內為主，外為客。火過而不留，旅人象；山止而不遷，旅舍象。序卦，豐，大也，窮大者必失其居，故受這以旅。旅人親寡，不可以大，小其心以自斂，卑其身以自防，故吉。這裡的「不可以大」是說不可以麻痺大意。小心謹慎約束自己。要增強防護意識，才能吉祥

【原文】象曰：旅，小亨，柔得中乎外而順乎剛，止

而麗乎明是以小亨，旅貞吉也。旅之時義大矣哉！

【譯文】《彖辭》說：《旅》卦亨通，二五兩爻陰柔得中間位置就順從陽爻，下卦《艮》山為止，而上卦《離》火為光明，這就是小亨通的基本原因。旅遊做客在外面行動一定要做到堅守正義才能吉祥，《旅》卦之時其意義太偉大了！

【釋文】「王弼曰：陰皆順陽，不為乖逆；止而麗明，動不履妄，是以小亨。旅者，物失其所居之時也。失居則願有附，豈非智者有為之時？」人要外出必是有事在身，人身之旅，也是人心尋找平衡的過程，也就是陰順陽的過程。由旅行之後方可達到心願，是「止而麗明」旅途過程中，一定遵守旅行規則，不可參與旅行無關的事宜，遇事多加防範，才能吉祥。

「劉沅曰：六爻皆教人旅道，柔順中正而已。柔得中則不取辱。順手剛則不賈禍。旅之時最難處，旅之義最難盡。止則無妄之失，明則有燭几之明，內不失已，外不失人，是為小心如旅而得其亨。」「柔順中正」是旅遊者的本分。「內不失已」是要保護好自己。「外不失人」不要傷害別人。《旅》卦是在倡導天下文明。

【原文】象曰：山上有火，旅；君子以明慎用刑而不留獄。

【譯文】《象傳》說：山上有火在燃燒是《旅》卦，君子要明確謹慎地使用刑法而不滯留案件。

【釋文】山上燃燒著大火，火過而草木不留，國家的刑法有著烈火一樣的威力，烈火能把天空照得通亮，刑法

同樣要有烈火一樣的嚴明。刑法施用過後一定要見成效。就應像火過而草木不留一樣。「張清子曰：明無遁情、慎無濫刑，明慎既盡，斷決隨之。聖人取象於旅，正恐其留獄也。」

「劉沅曰：離為明以察情，民以慎以慎法，不使留滯於獄，亦若旅之暫寓而不久居焉。皋陶曰惟明克充。易凡言刑獄事，無不取諸離。動而明，噬嗑，明罰敕法；明以動，豐，折獄致刑；明以止、賁，無敢折獄；止而明，旅，故明慎重用刑。」所謂刑罰是國家的法律，國家的法律必須嚴明。這是一個國家文明程度的指路燈。所以言刑獄離不開《離》卦。用《離》火比喻法律是再恰當不過了。

《離》是地上火又是天上火，即是霹雷閃電之火，又是太陽之火。在人體內《離》是人心。人心要明，人心嚮往光明。人心就是天上的太陽，人心最渴望的就是國家法律的嚴明。國家的法律就像天上的太陽。它可以給人類帶來最大的幸福。

【原文】初六，旅瑣瑣，斯其所取災。象曰：「旅瑣瑣」志窮災也。

【譯文】初六，旅途之初，細小瑣碎之事太多，這個環節弄不好就會取得災禍。《象傳》說：「旅瑣瑣」心願沒有達到就是災。

【釋文】初六在下，是旅途之初，外出旅行事先的籌備工作十分重要，有一項準備不好就會給旅途帶來苦腦。初六陰得陽位，其位置不當，找不到平衡，作事顛三倒四，所以取災。」柯劭忞曰：……斯其所者，謂其才如

此，為童僕固其所也。」

【原文】六二，旅即次，懷其資，得童僕，貞。象曰：得童僕貞，終無尤也。

【譯文】六二，在旅途中有了居住的處所，身上帶有足夠的路費，又找到了同行的童僕。只有貞正才能作到這些。《象傳》說：「得童僕貞」終歸是不會有怨恨的。

【釋文】六二是陰居陰位，為得位。當然是有了居住之所。《艮》為小男而初爻就是六二的童僕。六二上接九三，陰陽相資，定有資財。旅者之吉，何怨之有。即，住下。次，臨時住所。

【原文】九三，旅焚其次，喪其童僕，貞厲。象曰：旅焚其次，亦以傷矣。以旅與下，其義喪也。

【譯文】九三，旅途中被火燒掉了旅館，童僕離開主人也走開了。這是出於貞正得太厲害了。《象傳》說：「旅焚其次」自己因此也受了傷。以傲慢的態度對待下人，致使童僕走開了。

【釋文】六二得中是下卦之主，所以吉祥，九三是下卦之終，處兩卦交接之地，將要產生變化，所以不吉。客樓被燒，童僕離去是堅持貞正有點過了頭。對下人太嚴厲了，旅途之中沒有親人，下人就是唯一的親人，對下人不以親人對待。已經喪失了做人的義氣。「黃淳耀曰：與下之道，刻薄寡恩，視童僕若旅人然，義當喪也。」

【原文】九四，旅於處、得其資斧，我心不快。象曰：旅於處，未得位也。得其資斧，心未快也。

【譯文】九四，旅行途中停留在客樓裡，得到了一把

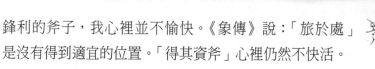

鋒利的斧子，我心裡並不愉快。《象傳》說：「旅於處」是沒有得到適宜的位置。「得其資斧」心裡仍然不快活。

【釋文】「得其資斧」也有「得其齊斧」之書。「王樹枏曰：齊資同字。考二記鄭司農注云，故書，資作齊。」

「李士鉁曰：四出內卦而至外卦，位不中正，以陽乘陰，身雖暫安，而心終不快。孔子在陳而思歸，孟子久於齊而非其志，此爻似之。」九四陽居陰位，是心理找不到平衡，人要外出如心理找不到平衡，不是心情不好就是思念家鄉。

「馬其昶曰：旅而久處，必有所甚戀不能割者，如晉公子在齊安之是也。曰旅於處，未得位也，懼旅人之懷安，而深警之也。齊斧以衛身者，在旅而得齊斧，有戒心矣，故不快。傳曰心未快者，見非果有不快之事，特旅人之心，當不忘戒備焉耳。艮二曰其心不快，心指三，此曰我心不快，心指四。三四在一卦之中皆值心位。」九四的心中不快是產生了戒備之心，人行在外，戒備之心人人有之，這是聖人的警告。

【原文】六五，射雉，一矢亡。終以譽命。象曰：終以譽命，上逮也。

【譯文】六五，君王用弓箭射野雞，只發一箭便射死了一隻野雞，終於獲得了天下人的讚譽。《象傳》說：「終以譽命」其道德通上了天。

【釋文】君王外出射獵，是君王之旅也。一箭便射中一隻野雞，受到了天下人的讚譽。「上逮也」是道德達到了上天，意思是說這是一種天命。所以「楊萬里曰：上

逮，謂德上達天也。」

「程傳云：五有文明柔順之德，處得中道，而上下與之，旅之至善者也。如射雉一矢而亡之發無不中，則終能致譽命也。」古人信命，六五就有這樣的命。「終以譽命」按劉文鳳的說法終究是有這榮譽之命。劉沅在《周易學說》290 頁說：人秉天之理氣，得之陽者為性，得之陰者為命。陽交於陰，陰中含陽而命中有性，為義理之心所寓。」六五是陽位得陰，乃終以譽命。

「馬其昶曰：乾鑿度，孔子筮得旅，商瞿曰，子有聖知而無位。子曰命也。鳳鳥不至，河無圖出，天之命也。子所筮蓋得此爻。有譽命，故云聖知。射雉，故云無位。天命不集而有譽命，是鳳鳥不至而得雉之象也。孔子以命自安，即本易辭為訓。」六五是在闡述天命。這是《易經》的宗旨。古人和今人對天命的理解有天壤之別。古人認為人命是上天（神）安排的。現代人認為天不是神，是大自然發展變化的一種規律。天者，大自然也。是萬物質相互演化產生的結果。《易經》就是闡述這種演化的一本書。

【原文】上九，鳥焚其巢，旅人先笑，後號咷。喪牛於易，凶。象曰：以旅在上，其義焚也。喪牛於易，終莫之聞也。

【譯文】上九，《離》火在上凌空而起，恰似大鳥焚燒自己的巢穴，遊人看到後哈哈大笑，然後又馬上大哭起來。是自家的耕牛被燒死在場子邊上。凶。《象傳》說：用《旅》卦最上一爻，其意義是說明離中鳥自焚其巢，場子邊上燒死一頭牛，還真是從來未聽說過的事情。

【釋文】「漢成帝詔云：王者處民上，如鳥之處巢也。不顧恤百姓，百姓畔而去之，若鳥之自焚也。先雖快意說笑，其後必號咷而無及也。」

旅人先笑是鳥焚其巢與已無關，其義在諷刺小人，事不關已，高高掛起；冷嘲熱諷，玩世不恭。後號咷是自家耕牛被燒死，私心發見。若是別人家的牛被燒死其將何如？書中引用《漢成帝詔書》卻給人留下了一種心神自安的感覺，有這樣關心百姓的好皇帝，人民才能安居樂業。

## 巽卦第五十七

巽，小亨，利有攸往，利見大人。

《巽》卦小亨通，有利於所有的行動，有利於去見大人。大人指九五。

《巽》卦是風為入，在六子卦中是長女。屬陰。陰能從陽所以「利見大人」。

「劉沅曰：序卦，旅而無所容，故受之以巽。陰伏陽下曰巽。五月陰生，天道的小而亨，沈潛卑巽，人心以小而亨。五中正互離，本卦之大人也。」陽大陰小，故《巽》卦小亨。

【原文】彖曰：重巽以申命，剛巽乎中正而志行，柔皆順乎剛，是以小亨，利有攸往利見大人。

【譯文】《彖辭》曰：上卦《巽》下卦《巽》是三令五申反覆強調君王下達的命令，陽剛在《巽》卦中其位置中正，所以君主的志向能夠順利地進行。初、四兩個陰爻都能順從陽爻，正因為這樣《巽》卦能小亨通。有利於所

有的行動，有利於去見大人。

【釋文】《巽》卦是風，風吹草必動，君主的命令就是風，人隨王法草隨風。「剛巽乎中正而志行」就是說明陰順從陽的道理。

「劉沅曰：重巽，上下皆巽也；申，丁寧重複。巽象在天為風，鼓舞萬物而長養之；在人君為命命，鼓舞萬民而變化之。志行，申命之志得行也。初、四二陰，為成卦之主，而聖人意取陽能巽下，去其過剛；陰能巽上，得主以行，蓋仍剛柔交濟之義。」《巽》卦以陰爻為成卦之主，是與他卦不同之處。

「李士鉁曰：坤為順，巽為長女。得坤初體，長女肖母也。表記云，君命順則臣有順命。穀梁傳曰，為臣而侵其君之命而用之，是不臣也；為人君而失其命，是不君也。故巽之陰爻雖成卦之主，而權必歸於九五，所以正君臣之分，端出化之原也。」這是對陰必順陽的論述，說明以陰為主之卦，而權利必須歸於九五。是臣不侵君權的道理。

「彪謹案，又案：剛巽乎中正，立天下之正位也。志行，行天下之大道也。柔皆順乎剛得志與民由之也。小亨者，不得志獨行其道也」。

【原文】象曰：隨風，巽；君子以申命行事。

【譯文】《象傳》說：風隨著風不斷地吹拂是《巽》卦；君子要遵循所強調的命令從事各項工作。

【釋文】隨從風是服從命令，頂風上是逆天行事，也就是說違背了事物發展變化規律。《巽》卦闡述的是服從

命令，下級服從上級的命令，是順應大自然發展變化之運動規律。

【原文】初六，進退，利武人之貞。象曰：進退，志疑也。利武人之貞，志治也。

【譯文】初六，是進是退，有利於勇猛武士那樣堅守正道。《象傳》說：「進退」是心中產生了疑惑。「利武人之貞」要具備武人般那種剛勇心志。

【釋文】陰的性格憂柔寡斷，遇事往往三心二意，初六就是典型代表，是心理找不到平衡。「張浚曰：柔道常疑，出令而二三其凡安能立天下事？必也外用其權，內濟以果，巽道行矣。聖人特於初發之。」「也令二三其心安能立天下事」是指當權者而言。發號施令者必須果斷。才能確立天下之事。而執行命令者必須做到有令必行，對命令產生懷疑，一定要遭到法律的制裁。

【原文】九二，巽在床下，用史巫紛若吉，無咎。象曰：紛若之吉，得中也。

【譯文】九二，風鑽入床下，史官司巫師紛紛揚揚地叩唸一番吉祥，沒錯。《象傳》說：「紛若之吉」是得到了中爻的位置。

【釋文】要說《易經》迷信，便體現在《巽》卦九二這一爻。旋風是鬼，鑽入床下必須要由巫醫神漢唸咒驅邪，攆走床下之鬼方可吉祥。「紛」是紛紛揚揚。「若」是……樣子「紛若」是巫師紛紛揚揚邊唸咒邊驅鬼的樣子。

「紛若」的樣子能吉祥嗎？分明是在蔑視史巫，而前

人釋易不惜筆墨大做文章，可見迷信餘毒之深。九二是光明，初六是黑暗，有光明得中初陰必從之，吉祥由九二得中而自得，並非史巫的作用。要《易經》去偽存真，應以《易》理釋義，去其邪痞。取其精華而我用。

九二與九五正應，九五之風鑽入九二床下兩陽不相感而相斥，故用史巫排斥。

【原文】九三，頻巽，吝。象曰：頻巽之吝，志窮也。

【譯文】九三，一次又一次頻繁地刮風有吝難。《象傳》說：「頻巽之吝」是心願全部喪失掉了。

【釋文】九三不中雖得正位與上九兩剛相併是陽剛太過。「劉沅曰：三居兩巽之間，一巽方盡，一巽又來，故象頻。」一陣風接一陣風接連不斷。是志向達到了窮盡之地。「荀爽曰：乘陽無據，為陰所乘，號令不行，故志窮也。」

【原文】六四，悔亡，田獲三品。象曰：田獲三品，有功也。

【譯文】六四，悔恨消亡，田中打獵獲取三種動物。《象傳》說：」「田獲三品」有功勞。

【釋文】六四成卦之主，和下面三爻共事九五之君。一爻為一品，「田獲三品」而六四的功勞就在「田獲三品」。

【原文】九五，貞吉，悔亡，無不利。無初有終，先庚三日，後庚三日，吉。象曰：九五之吉，位正中也。

【譯文】九五，貞正吉祥，沒有不得利的事情。沒有

初起而有結終。庚日沒到先發庚三日，庚日過後又延庚三日，吉。《象傳》說：「九五之吉」是位置得中得正。

【釋文】《巽》卦以陰為成卦之主，其性柔。而九五是一卦之君，行其權也。中正之君所以天下吉祥。沒有不利的地方。風是命令，要做到有令必行，必須發揮金的作用。金能剋木，天下草木無不要順從金的威力。金的威力無窮無盡。庚金往這一站，其威儡力便能影響到頭三天和後三天，真可謂所向披靡。天干共有十位，甲木是頭，金能剋木，木被金滅而無初；癸水為終，金能生水而有終。水得金生前途無量。所以吉也。

「惠士奇曰：甲木為仁，庚金為義。門內之治恩掩義，故蠱象父子；門外之治義斷恩，故巽利武人。太玄斷首，次七日庚斷甲，我心孔碩，測日庚斷甲，義斷仁也。」金主義，言風最講義氣，濕物見風而乾，濕熱之物見風而不蠱壞。

「李士鉁曰：庚與甲對。十干始於甲，更於庚。蠱為事之始，故用甲。所謂終則有始也。巽為申命，重申其命，故用庚。所謂無初有終也。先三日為之告誡，後三日為之丁寧，詳而能斷，義的成仁，故吉。」

【原文】上九，巽在床下，喪其資斧，貞凶。象曰：巽在床下，上窮也。喪其資斧，正乎凶也。

【譯文】風進入床下，如同喪失了一把齊物的斧子。貞正而有凶。《象傳》說：「巽在床下」是往上已走到了盡頭。「喪其資斧」堅持正義要有凶了。

【釋文】「華學泉曰：巽德之制，以剛中為制；巽以

行權，以剛中為權。上居巽極，失剛中之德，無其制，無其權，貞凶矣。」《易》的爻位取吉凶，上九卦之終，陽剛走到了盡頭，必須得變，再堅持正義條件不允許，有凶了。窮上必反下，故鑽入床下。風是大自然中的產物，床下何風之有。已經是被遮擋的不成風了，故有凶。

## 兌卦第五十八

兌，亨，利貞。

《兌》卦亨通，利於正義。

《兌》卦屬金，位在正西，時處正秋，在六子卦中是少女。卦象沼澤。故《兌》卦為澤。

「項安世曰：亨利貞自是三德，非利在於貞也。玩說的利貞，其義可見。」「利貞」是對貞正有利，其次是說其《兌》卦本身具備貞。

「劉沅曰：說卦云，說萬物者莫說乎澤。澤，潤生萬物，物無不說。兌為口，說情見乎外。序卦，巽者入也，入而後說之，故受之以兌。」

【原文】象曰：兌，說也。剛中而柔外，說以利貞，是以順乎天而應乎人。說以先民，民忘其勞。說以犯難，民忘其死。說之大，民勸矣哉！

【譯文】《彖辭》說：《兌》卦是說。二、五兩陽爻得中三與上爻是陰而處在卦外。所以《兌》卦是說。並以利於貞正，這是因為陰能順從陽與人事相適應。凡事以天下人的喜悅為先，有了喜悅人們就忘了一天的勞累，高興地投入到艱險當中，不顧及危難，捨生忘死。喜悅的意義十

分偉大，她能鼓勵人民啊！

【釋文】「說」同悅。《兌》卦是說（喜悅）古「兌」、「說」同。「說」（ㄕㄨㄟˋ）是話（ㄩㄝˋ）是喜悅，在《兌》卦中二義同時存在。少女美麗，人人見了人人高興；少女口才很好，很會說話。《彖辭》對喜悅的闡述，說明了《兌》卦所起到的作用。遇事先說在前面，人們心悅誠服，可以忘掉疲勞，事要犯到了難處，透過口說以後，人們卻忘掉了死。「說」可以用來自勸和勸說別人。

《兌》是陰卦，以三爻、上爻兩陰為成卦之主，上爻在天位，所以「順乎天」；三爻在人位，所以「應乎人」。劉沅說：「內中正外和說，天理順即人心安，是以順天而應人也。」

「李士鉁曰：卦象口開，說之象。人有喜悅，必見乎外，內能誠實，外則和柔，說之道也。乾坤元而六子不元者，乾坤生六子，六子不相生也。他卦有元者，他卦或體乾德，或得坤道，不似六子之純乎子。子得稱為元乎？」「元」為始，乾坤是天地之始，六子無元正如馬其昶所說「即無初有終之意」。

「歐陽修曰：所以能使民忘勞與死，非順天應人則不可。由是見小惠不足的說人，而私愛不可以求說。」

【原文】象曰：麗澤，兌；君子以朋友講習。

【譯文】《象傳》說：美麗的沼澤地是《兌》卦；君子要和朋友一起相互講演學習。

【釋文】沼澤地的美麗可以充分體現大自然的和諧。上有飛鳥，下有游魚，水旁有草，草中有動物。萬物互相

產生感應，相益彌彰。蘇軾說：「取其樂而不流」《本義》
云：「兩澤相麗，互相滋益。」朋友坐在一起，講演學習，
其樂無窮。

「張洪之曰：學不講不通，不習不熟。橫渠講易，程
子撤虎皮罷講；朱陸同講鵝湖，象山發明義利之喻，基於
所習，切中學者隱微深病，朱極佩贊。朱子重學問，陸子
尊德性。陽明擴其說，合良知致知二義，為致良知，並期
於知行合一。一時講學風行，多入道者。」

【原文】初九，和兌，吉。象曰：和兌之吉，行未疑
也。

【譯文】初九，和氣喜悅吉祥。《象傳》說：「和兌之
吉」行動起來不存有疑惑。

【釋文】「李士鉁曰：體說之初，居於下者無所爭，
遠於陰者無所繫，如平旦陽和之氣，赤子沖和之德，無雜
無妄，無感無觸，說之本，和之致也。」初九是陽氣初
生，陽和之氣備，和德而成「和兌」。和是《兌》之本，
喜悅之根。

「馬其昶曰：利者義之和。利，於時屬秋，初曰和
兌，四曰有喜，皆象所謂利也。利則行無阻凝。王輔嗣
謂，剛中故利貞。初四利，二五貞也。」初爻、四爻對
應，初和四喜，合和之喜所以一切有利。

【原文】九二，孚兌，吉，悔亡。象曰：孚兌之吉，
信志也。

【譯文】九二，只要有誠信才能喜悅吉祥，有悔恨也
消亡了。《象傳》說：「孚兌之吉」是相信自己的心願。

【釋文】陽得中為心實，守誠信。人心不誠萬惡之根，九二能守成信效忠於九五，是《兌》卦的核心。

「李士鉁曰：互成中孚，故二五皆言孚。說之本，在乎孚，實德誠感。初之說在內，二之說則見於外。誠中形外，然見於面，盎於背，施於四體。四體不言而喻，孚兌之謂也。」二言孚誠信於君主，五言孚誠信於天下，人與人之間講誠信，才能有天下之最大的誠信。誠信是作人的根本。聖人倡導之。

「馬其昶曰：貞者事之幹，二五剛中為幹皆曰孚，皆象所謂貞也。孚積於中，剛陽不變則人信其志，而失位之悔亡。說之大，解順天應人，必有孚為本。孟子曰友身而誠，樂莫大焉，孚之謂也。革之順天應人，亦取象於兌說其九四入兌體。曰悔亡，曰有孚，曰吉，曰信志，皆與此同。民不信其志，而能忘勞忘死，未之有也。是二之孚兌，兌之本也。五之孚於剝，兌之用也。」「貞」是正，孚是正中之大正。天下有沒有誠信，就是衡量天下有沒有大正。天心正而誠信自在其中，天心不正，欺詐誆騙橫行矣。

【原文】六三，來兌，凶。象曰：來兌之凶，位不當也。

【譯文】六三，過來聽我說，凶。《象傳》說：「來兌之凶」是位置不得當。

【釋文】六三不中不正，不講誠信，順口胡說，見人就要說，所以凶。

六三是成卦之主，現出了小人之本性，憑三寸不爛之

舌，花言巧語的打動人心，坑繃拐騙，九二、六三是正與邪，說字領域的典型代表。「劉沅曰：三為說主，應上之柔。在上下二兌間，位不當。凡外物之可說者，皆感之而來。我開其隙，物遂乘之而入。非物之來，實已有的來之也。欲動而失其性，妄說於人，故凶。」

【原文】九四，商兌未寧，介疾有喜。象曰：九四之喜，有慶也。

【譯文】九四，商量著說由於事情還未有安寧，隔離開得病的根源，有喜事。《象傳》說：「九四之喜」有值得慶賀的事情。

【釋文】九四脫離下《兌》，來到上《兌》介居上、下兩兌之間，剛入上卦，所以商量著說。商量之意不強加於人，說得有道理，收到了好的效果，才有喜慶。

「王弼曰：介，隔也。三為妄說，將近至尊，四的剛德載而隔之，匡內制外，是以未寧閑邪介疾，宜其有喜也。」九四之商，目的是隔離六三，六三之妄說乃是一種疾患。不讓六三接進九五，乃是國家的喜慶之事。

「馬其昶曰：漢志云，商之為言彩也，物可就可章度也。四介三五之間，章度其兌而不敢寧，不惟有疾瘳之喜，且能慶及天下，初和兌，無疾者也。四商兌，以剛制說，能遠疾者也。天下之疾，未有不由說而生者，孟子曰，生於憂患，死於安樂。」

【原文】九五，孚於剝，有厲，象曰：孚於剝，位正當也。

【譯文】九五，對陰剝陽之人講誠信，有非常厲害的

關係，《象傳》說：「孚於剝」是位置正確適當。

【釋文】九五，用誠信去說服上六，不要剝陽。小人害君子不擇手段，而君子卻用誠信去說服小人，九五體現《彖》曰「說以先民，民志其勞，說以犯難，民忘其死。」說話的作用是勸民的極好方式。

君主講誠信，國民不能不講誠信，國家大臣公侯都能做到講誠信，社會上誠信之風才能得以盛行。國家的興衰與誠信有著十分密切地關係。「有厲」是說有厲害關係，不可不慎重對待。

「程傳曰：九五得尊位而處中正，盡說道之善矣，而聖人復設有厲之戒，蓋小人者，備之不至，則害於善。剝者，消陽之名，以五在說時，而密比上六，雖舜之聖，且畏巧言令色，安得不戒也？說之惑人易入而可懼也如此。」小人害正，不以正人之說服而停止其害，有明者悅服而暗中使壞者，所以「有厲」。「有厲」二字不可輕視也。

「劉沅曰：剝謂上六，陰能剝陽，故曰剝有厲者，事固可危，而心亦能危之也。惟剛中正能危之。舜畏巧言令色，其危乃興也。二五剛中皆言孚，而悔亡，有厲不同；象曰信志，曰位正當，明乎在下之自信者志，在上之可危者位也。」

【原文】上六，引兌。象曰：上六引兌，未光也。

【譯文】上六，引導人說話。《象傳》說：「引兌」是不光彩的做法。

【釋文】上六為了光彩，引導人去說話。意思是叫人

按著他的意願去說話，這是說道中之大忌。

人的意志如何，只有說出來人們才能知道。君主能讓天下人說話才是好君主；天下人不說話，君主引導人們去說，不能算好君主；天下人把話說出來了，君主反而不聽，也不是好君主。三種情況，頭一種是好的，君主能聽天下人說話，是把天下人裝在了自己的心目中。

上六是陰，主暗昧。引導人們按著他的意願去說，有如新聞媒體的記者來鄉下瞭解情況，村幹部事先安排好幾個人，告訴他們應怎樣去說，這樣一來，說出來的情況並不屬實，這種說話方式稱「引兌」故「未光也。」很不光彩。

## 渙卦第五十九

渙，亨，王假有廟，利涉大川，利貞。

《渙》卦亨通、君王利用有廟，利於渡過大江大河，利於正義事業。

《渙》卦上卦《巽》是風，下卦《坎》是水，李士鉁說：「風行而不居，水流而不停，萬物得風而宣其鬱，得水而除其穢，皆有渙意又以風入水，東風解凍之象；以風乘雨，風雨離披之象，陰陽交通，故亨。身有痞結則血氣不通，心有錮蔽則意見不通，家自為學，國自為政，則教化不通，故渙乃亨也。王指九五，巽為高，互艮為宗廟，聚天下之心而繫於一，即以散天下之私而成大公。萃言假廟，萃於公也，渙言假廟，渙其私也。卦相反而義相通，故其象同。」

【原文】彖曰：渙，亨，剛來而不窮，柔得位乎外而上同。王假有廟，王乃在中也。利涉大川，乘木有功也。

【譯文】《彖辭》說：《渙》卦亨通，《乾》卦九四來到下卦《坤》的中爻，沒有窮盡。陰在外卦得位與上面九五同樣富貴。君王九五利用有廟而君王於是也處在其中，利於跨越江河，是由於乘坐《巽》木有功。

【釋文】《乾》之九四指上卦《巽》而言，《巽》之六四如果是陽便成《乾》卦；而下卦九二要是陰便成《坤》卦，所以《乾》之九四來到《坤》中，是說《渙》卦的前身本是天地《否》卦，《否》卦是天地不交，而《渙》卦才是渙散，離散之義。「陰在外」指六四，《巽》卦以陰為成卦之主，所以六四與九五同樣富貴。君主利用宗廟為的是攏住人心，宗廟起到的作用實際上也就是君主的意願。而君主也包括在一般人之中，無論君主還是平民，都應孝敬祖宗。這樣，人心才不能離散。「在中」指九五得中。張栻曰：「收天下人之心，莫若之宗廟而正王位。王乃在中，所謂中天下而立，定四海之民也。」

【原文】象曰：風行水上，渙；先王以享於帝立廟。

【譯文】《象傳》說：風行動在水面上是《渙》卦；先王為了讓上帝分享人們的心願而建立宗廟。

【釋文】平靜的水面只有在風的吹拂下才能形成波紋；人心只有在上帝的感召下才能夠凝聚。人們的心願只有在宗廟裡才能夠得以抒發。君主為了讓上帝分享人們的心願才建立宗廟。宗廟是凝聚人心的場所，君主同樣是凝聚人心的主宰者。人們孝敬祖宗和遵俸王法是一個道理。

「介石曰：冬月天地閉塞，春風一吹，釋其否結，解其冰凍渙象，王者出民塗炭之後，法此享帝以訓民事君，立廟以教民事親。二者忠孝之道，教化所先也。」冬去春來，東風解凍，王者立廟，教人事親，東風解凍，冰排逐去；教人事親，方成國體。

「劉沅曰：渙者其勢，不渙者其情，先王以享帝而天人之氣可通，立廟而祖孫父子之精神以聚，皆於形渙之中，示人以不渙之道。蓋人與天本無二理，先人與己本無二情。」

【原文】初六，用拯馬壯，吉。象曰：初六之吉，順也。

【譯文】初六，用強壯的馬來拯救我的處境，吉。《象傳》說：「初六之吉」是能順從九二。

【釋文】：「程傳云：六爻獨初不云渙，離散之勢，辨之以早，則不至於渙。初托於剛中之才以拯其渙，如得馬壯以至遠，故吉。渙拯於始，為力則易，時之順也。」初六陰柔不能運動，借助九二的力量以動，渙而不散也。

「李士鉁曰：不入險中不能散其險，不入亂世不能已其亂，初居坎下，位卑力弱，故用拯以馬之壯者。馬謂二，居坎中，為美脊馬，互震亦為馬，陽剛故壯。馬之壯可載人出險，二之剛可救世出險，初承順之以資其力，故吉」下卦《坎》為險，初居坎險之下，不借助九二的力量是出不了險的，初順九二才可吉祥。

【原文】九二，渙奔其機，悔亡。象曰：渙奔其機，得願也。

【譯文】九二，即將渙散的情況之下，急速奔往關鍵的場所，悔恨消亡，《象傳》說：奔到關鍵場所得到了心願。

【釋文】機，機要，關鍵之所在。「江藩曰：周禮春官司几筵，掌五几五席之名物，皆廟中大朝覲，大饗射所用。」「渙奔其機」是九二為參加廟中祭祀，急於奔走的關鍵時刻，必須趕在廟會祭祀沒有解散之前，才能達到心願。

「馬其昶曰：奔為奔走，詩謂駿馬奔走在廟，鄭箋，俱奔走而來在廟中助祭。即所謂奔其機。二五皆得中，五為在中主祭之王，二奔走助祭者。當渙時，能享帝立廟，故得願。宗廟中以有事為榮也。剛來不窮，故失位之悔亡」五為祭祀的主人，二領天下人齊來助祭，而走得很急的樣子，說明當渙之時，要攏住人心必須通過祭祀來完成。感動了上帝，才能渙而不散。

【原文】六三，渙其躬，無悔。象曰：渙其躬，志在外也。

【譯文】六三，散其私出在自己身上，無悔恨。《象傳》說：「渙其躬」心願在外卦。

【釋文】六三為下卦之終，心裡能想著外卦，說明有遠大的志向。外卦是君主所居之處，是國家的象徵，去掉私心，一心為公，一心想著國家，沒有悔恨。說明六三之偉大。

「劉沅曰：渙其躬，散釋己身之私也。三獨有應，居坎而在險外，近與巽風相接，渙然冰釋，有濟渙之志而能

下人者也。外對內言，躬為內，天下為外。外卦水遇風而渙，三與上應，志在捨己從人。」六三能捨己從人表達了聖人之心。天下捨己從人者深得聖人之心。

「李士鉁曰：三居身中，互艮亦出躬。三位在內而志在外。老子曰，外其身而身存。又曰，人之大患，為吾有其身。果不私其身，則無可患。位雖不中，亦自無悔。渙其躬無我之謂，渙其群無人之謂。惟無我則得我，惟無人則得人矣。」「渙其躬」是心中無我，心中想著的全是他人，亦天下之人。這是何等地高尚「惟無我則得我」心中無我得到的卻是良心的安慰，天下人的認同。這是等價交換的原則。好心能得好報。

【原文】六四，**渙其群，元吉。渙有丘，匪夷所思。**
**象曰：渙其群元吉，光大也。**

【譯文】六四，解散少數人結成的朋黨，開始大吉。渙散時也會有高出地平面的土包，不像平常人們所想像的那樣。《象傳》說：「渙其群元吉」光明不斷地擴大。

【釋文】「語類云：當人心渙散之時，各相朋黨，不能混一。惟四能渙小人之私群，成天下之公道，所以元吉。」四為陰，與小人同類，最知小人心者，身居君主手下，其能解小人之朋黨，所謂「解鈴還須繫鈴人」。

「劉沅曰：坤為朋，象群；互艮為小，象丘，居陰得正，下無私應。渙天下之朋黨私見，乃聚天下之公理，渙中有聚，非常人之思所及，下二句承上讚美之。」六四能做到平常人所想不到的事情，是由於其位置決定的。除君主外六四可管理天下政事。六四能「渙其群」實屬難得。

　　「馬其昶曰：說文，渙，流散也。水之流散，遇丘則止。五互艮山而在水上，渙有丘象。當渙時，天下皆思得一尊以統御之，如得山而障水。國風下泉，思治也。序詩者云，下民不得其所，憂而思明王賢伯也。此非第夷者之所思。蓋勢均則不相下，力敵者必求逞。戰國房喜為韓王曰，大國惡天子，而小國利之。惡有天子，此天下之所以渙也。六四得位承五，今欲渙中求聚，必下求賢才，上奉明君，渙其群則賢才出矣。呂覽說此爻云渙者賢也，釋義不釋詞，言四乃賢者，能渙其群，故其佐亦多賢也。佐賢，謂六二變九二。」六四之賢是出於《乾》，天以下爻變陽而來。而佐賢者是六二變九二。由《否》之不交而《渙》散其私所得到的結果。這是平常人所想像不到的事情。

　　《渙》卦是散，從初爻到四爻，爻爻為不散付出代價。初用「拯馬壯」九二「渙奔其機」，六三「渙其躬」，六四「渙其群」天下一心之象。聖人心也。學《易》不學藝，先學聖人心。人有聖人心，黃土變成金。

　　【原文】九五，渙汗其大號，渙王居，無咎。象曰：王居無咎，正位也。

　　【譯文】九五，號令傳出來就像渾身滲出的汗水，君王居位心府，汗水渙散全身，沒錯。《象傳》說：「王居無咎」是位置正當。

　　【釋文】「胡瑗曰：汗者膚腠之所出，出則宣滯癒疾。九五居尊，能出號令，布德澤使天下皆信於上，所以居位而無咎。」人患感冒，汗出則癒。君主發出號令天下一片

歡呼，能使閒散之心隨號令而凝聚。這是不會錯的。

「劉沅曰：坎水巽風散之，汗象。巽命為號，五居尊，故為大號。人身風鬱於內則疾而無汗，風散於外則汗而疾癒。天下猶一身也，王者布德行惠，宣天下幽郁，使之霑濡。渙者大號，而不渙者天下之人心也。權統於尊，德正其位，故無咎。」國家猶人一身，君主是心臟，血液流遍全身，而百骸靈活，汗出在表而內裡卻無病。九五是《渙》卦中心。九五「正」天下必正。

【原文】上九，渙其血去逖出，無咎。象曰：渙其血，遠害也。

【譯文】上九，驅散體內淤血，使之遠遠地離去，沒錯。《象傳》說：「渙其血」是為了遠離禍害。

【釋文】「陳世熔曰：血流行於周身，凝則為害，故須渙。天地之氣以散而通，人身之氣以散而暢。」人身之血氣宜渙散流通，不宜凝結聚集。大自然也同樣如此，天地之氣通而成《泰》，鬱結不通而成《否》。

「劉沅曰：坎為血卦，上應六三巽風散之象渙血。上當渙時，居高遠險，三與之應，以陽剛處渙之外，不惟自免於難，亦能脫人之難來者當去，近者當逖，入者當出，總以遠害為主。夫人情之渙也，非權勢私黨所能一，必以剛正為濟渙之本，順理為濟渙之才，得至中至正之道而後可。初之吉為順二，二悔亡為順五，三志外不私其身，四渙群不徇乎人，五則濟渙之主以天下為一身，上超然遠害，皆以解散為言」「血」指下卦《坎》水而言。《坎》為險為陷。是淤結之血。上九離下卦最遠，是「遠害

也。」

## 節卦第六十

節，亨，苦節不可貞。

《節》卦亨通，殘苦地節制不可能正。

節是約束、限制，適宜條件下的約束是亨通的，萬物在發展變化過程中相互制約，限制而同時向前發展。沒有限制的素質是不存在的，因為這種約束、限制是自然形成的；如果人為的約束限制就不能說成是貞正，這種限制必定要超出範圍。「劉沅曰：澤以容水，水賴澤汲之以為限。凡物相資而有限制，皆取此象。制其過以止於中，故亨。若若太進而不當乎天理人情，則曰苦節。坎伏離，故曰苦。自節則拂其性不可常，節人則逆其情不可通，故不可以為貞。」

水在澤中是《節》卦，上卦《坎》水受到下卦《兌》澤的節制而水不能流通。過分地節制謂苦節，由於過分「而不當乎天理人情」違背天理人情的節制不可能正，是說只要過分，就不是正義，正義的節制是適中的。

【原文】象曰：節，亨，剛柔分而剛得中。苦節不可貞，其道窮也。說以行險，當位以節，中正以通。天地節而四時成。節以制度不傷財，不害民。

【譯文】《彖辭》說：《節》卦亨通，分《乾》卦九三上升《坤》中九五，分《坤》卦六五下處《乾》卦六三，二、五兩爻陽剛得中，若過分地節制不可以貞正，由於過分地節制失去了道德。下卦說而上行和上卦《坎》相遇，

位置適當能相互約束，陽得中正上下相通。天地相互制約四個季節自然形成，約束要成為一項制度。這樣，可以不傷財，不害民。

【釋文】「歐陽修曰：節者，人之所利也。節而太過，持於己不可久，雖久而不可施於人，故異眾以取名。貴難而自刻者，皆苦節也。」做人是要有節制的，無論約束自己還是約束別人都不可過分。「貴難而自刻者」雖是種美德，也在苦節之例。

「劉沅曰：天地生化萬物，不外四時，而陰陽有節，四時乃成。王者經世宰物必賴民財而制度為節，民財乃足，皆得乎中也。此明節之亨無取乎苦意。制，法制；度，則也。分寸尺丈引曰五度。坎互震行險象。坎為通，本卦兌坎，互震艮，有四時象。」地天《泰》卦小往大來，「剛柔分」而成《節》卦，是天地（即陰陽）相互節制之意。國有國法，鄉有民約。而作為一個人來講，一舉一動都要有個約束和規範，無論是人還是物，節制要適中。天地節而適中四個季節才能形成。國家法律、制度制定的適中，國富而民強。所以，丁晏解釋說：「傷財未有不害民者，聖人於節傳發之。懼其朘削剝民，煩苛害政，節而制之，斯害可漸除而民有生望矣。唐太宗曰，君依於國，國依於民，刻民以奉君，猶害肉以充腹，腹飽而身斃，君富而國亡矣。斯言痛切，千古之龜鑑也。」

【原文】象曰：澤上有水，節；君子以制數度，議德行。

【譯文】《象傳》說：沼澤地上有水，是《節》卦；

君子應用所制定的禮教約束自己，表明自身的道德和行為。

人性本身就是指德性而言，人的道德行為十分重要。有德之人行為舉止言談之間都可以表現出來。人有不居道德而營私謀利者，「節制」就顯得十分必要了。

節制有兩種，一種是自節，自己約束自己；一種是強行對其進行節制，用外力加以節制，國家的法律就是這一種。君子能自節而小人卻不然。小人對自己的言行並不節制，卻用無理蠻橫的手段去節制別人。這就需要國家有嚴明的法制制度了。

「劉沅曰：水無窮而澤有限，以有限畜乎無窮，節之使不虛不溢，故為節。適中而不渝如竹之有節，故曰節。數有多寡，度有隆殺，制為品節，使貴賤上下各安其分，德存於心，行見於事，商度擬議以求其中節，內外交飭之道也。」

【原文】初九，不出戶庭，無咎。象曰：不出戶庭，知通塞也。

【譯文】「初九，不出房門，沒錯。象曰：「不出戶庭」深知社會上通與塞的道理。

【釋文】「王申子曰：當止即止，其知通塞之君子乎？繫辭專以慎密言語說之，兌體故也。（彪謹案：能縝密乃能知通塞。知其不能通則止塞而不出，正所以為縝密。）能縝密者是有深知遠見。掌握當退當進之機。不出家門是自守清白之時，不可與世人交往才能無咎。

「馬其昶曰：乾坤易之門，乾爻唯九三出乾入坤。初

二皆不出者，初得位有應，其不變無咎，蓋閉關自治之時也；二之失位無應，不變則凶。」《乾》天《坤》地是六十四卦出入之門。天地有《節》而四時成，《節》卦初爻「不出戶庭」是天地《節》之必然也。初要不變只好「不出戶庭」。

【原文】九二，不出門庭，凶。象曰：不出門庭凶，失時極也。

【譯文】九二，不出院門有凶。《象傳》說：「不出門庭凶」失掉寶貴的時間太長了。

【釋文】「劉沅曰：二為澤水盛溢之當疏拽之。且居中應五，又互震行，而遇艮止，壅滯不出，時可為而不為，邦有道而貧賤，徒自全而無功於人，失其時中之道。極，中也。」二爻處《坎》之中，《坎》水本應流淌不止今有水不出院門，是耽誤了寶貴的時間。

「馬其昶曰：本爻後值陽爻為戶，有閉塞之象；前值陰爻為門，有開通之象。同人初九出門同人；隨初九，出門交有功。皆以六二在前也。大壯九四，藩絕不羸，以六五在前也。今六三在前，是亦重門洞開之時，九五當位以節，中正以通，四承之則亨，二獨塞而不與之應，所以凶也。凡制數度，議德行，皆隨時以制之議也。時其當變，未有能獨違者。二有剛中之德，其致凶者，正坐不知時變耳。」隨時應變是《易經》的宗旨。九二沒有作到隨時應變，所以凶也。

【原文】六三，不節若，則嗟若，無咎。象曰：不節之嗟，又誰咎也！

【譯文】六三，不能自節的樣子出現以後，卻感到嘆息，沒有錯。《象傳》說：「不節之嗟」又有誰能說這是錯誤呢！

【釋文】「橫渠易說云：但能嗟其不節有補過之心，則亦無咎」人沒有不出錯的，貴在知錯就改。

「劉沅曰：三居兌說之極，其心易肆、互震知懼，蓋欲憂之，可以無咎。兌口接坎加憂故象嗟。以不節為嗟，必能節矣。又誰咎之！」無論說話還是講演，易有不受節制之時，何況居《兌》說之極。有互卦《震》時時提醒自己，有錯便能及時地改正過來。是不會出現過錯的。

【原文】六四，安節，亨。象曰：安節之亨。承上道也。

【譯文】六四，安然地節制著自己，亨通無阻。《象傳》說：「安節之亨」是承受上面九五的道德。

【釋文】水性潤下，六四能安然地節制著自己，全是九五的作用。九五一國之君，六四是君主手下第一大臣，有君主的約束，國正天心順，這裡在闡述陰順陽。臣從君，地球圍繞太陽轉動的道理。

「九家云：言四得正奉五，上通於君」。

「程傳云：節的安為善，強守而不安，則不能常。」「安」者平也。是萬物尋找平衡的道理，找到平衡則「安」，國泰民安。

「項安世曰：六四順受九五之節，而得其亨。亨自上為之，故曰承上道。此所謂制數度也。」君主頒佈法律、制度、國家憲法是為了天下平安，讓天下人無論上、下都

能找到自身的平穩，這就是《節》卦。

【原文】九五，甘節，吉，往有尚。象曰：甘節之吉，居住中也。

【譯文】九五，甘甜美好地節制，吉祥。行動到哪裡哪裡高尚。《象傳》說：「甘節之吉」是佔居中間位置。

【釋文】九五是《節》卦中心，闡述「天地節而四時成，節的制度，不傷財，不害民。」的道理。說明了國有節制（即制度）才能高尚，這個節制必須適中，強調了「苦節，不可貞」的道理。

「節以制度」是說制定法律要適「度」。必須符合實際情況。《節》卦四、五、六三爻爻爻得位，「得位」就是得到了適當的位置。用在制度上就是說符合實際情況，要把各項制度落實到實際當中叫作「居位中也」。

「王弼曰：為節之主，不失其中，不傷財，不害民也。為節不苦，非甘而何？」王弼強調了「不失其中」就是說節制要適中。

「程傳云：所謂當位以節，中正的通者也，在己則安行，天下則說從，其功大矣。」不當其位。不謀其政。九五當位，天下說從。天下高興的事節制適度，人人安分守己，以歌太平。

「錢一本曰：往，謂通之以節天下。」「往」字是「到……去」的意思。「往有尚」是說天下節到哪裡，哪裡就有高尚。

「李光地曰：居中有由中之義。水之由中而出者，其味甘也。」水由中而出者是井泉之水也。井泉之水是聚地

中之水，其味甘甜。井泉之水養人之道，是國家的象徵。

【原文】上六，苦節，貞凶，悔亡。象曰：苦節貞凶，其道窮也。

【譯文】上六，受到十分嚴厲地節制，而心中十分地痛苦，堅持正義而有凶。悔恨消亡了。《象傳》說：「苦節貞凶」是節制之道達到了極點。

【釋文】上六是外卦之終，受到了十分嚴厲地節制。「苦節」即節制的痛苦。上六是在說明「苦節不可貞」。所以「貞凶」的道理。上六能堅持正義而凶，是為堅持正義而獻身的人樹碑立傳。說明人可死，而正義不可滅。

「沈該曰：居外無位，守一介之節，為自苦難行之行，以修其身，可以無悔。然非通人達士可與立制議者也。」

「華學泉曰：天下有時值其窮，不得不苦其節者。聖人著不可貞之義於象，所以貴通人之節；設貞凶悔亡之教於象，所以明固窮之操。」

上六苦節是對堅守正義的讚美之詞，身居苦節之時，心懷正義而面對天下，雖有凶何足道哉！

「其道窮也」是指沒有出路，其身被節，其志難伸，上六雖是陰爻，能做到「貞凶」是其可貴之事。不論大人物還是小人物。只要能為正義而獻身，為人類光明作出貢獻，就應給予肯定。


## 中孚卦第六十一

中孚，豚魚吉，利涉大川，利貞。

《中孚》卦，用豬、魚作祭品吉祥，利於過大江大河、利於作正義事業。

《中孚》卦，中指心中。孚，是誠信。上卦《巽》是謙遜，下卦《兌》是說，無論說話和做事一定要誠實，守信用。祭祀上帝和祖先不論祭品的貴賤，只要心中誠實、守信用才能吉祥。

《巽》卦是木，主仁。是風，主命令。《兌》是喜悅，無論是說話還是頒佈命令，只要仁慈，誠實有信用，才會使人高興而感到喜悅。

「李綱曰：卦爻有胎卵孚保之象。胎生之多者莫如豬，卵生之多者莫如魚。豚魚吉者，聖人仁心感物。及於胎卵，其政則所謂不覆卵不殺胎，取鳥獸魚鱉必避其孕乳之時是也。」李綱的解釋是用動物比作人心，動物尚能如此人心又將何如？

「劉沅曰：卦二陰在內，四陽在外，二五之陽皆得中。以二體言，為中實；以六爻言，為中虛。中虛則無私，中實則無妄，故曰中孚。又說以應上，巽以順下，亦孚義。序卦，節而信之，故受這以中孚。豚魚生大澤中，見則風至。古風者以為信。生氣潛於水中。坎中一陽生物之祖。風未起而豚魚已知，氣機之動早潛孚矣。感人於末到之先，相孚於既刑之後，則吉。」

【原文】象曰：中孚，柔在內而剛得中。說而巽，孚乃化邦也。豚魚吉，信及豚魚也。利涉大川，乘木舟虛也。中孚以利貞，乃應乎天也。

【譯文】《象辭》說：《中孚》卦，內卦一陰和外卦一

陰處在上、下卦之內，而兩陽爻得到了中爻的位置。下卦喜悅而上卦謙遜，誠實守信用乃能教化國家。豬、魚作繁品吉，是誠信體現在豬魚身上。利於過大江大河是出於船身是空的。心中誠實守信用有利在正義事業上，才能順應天的意志。

【釋文】《中孚》卦，「柔在內」是虛心，人要虛心，才能守信用；「剛得中」是中實，心中誠實，守信用。豬和魚是最誠實能守信用的動物。說明天下之物都是誠實的，有信用的。九三剛中是君主誠實、能守信用；九二剛中是臣子誠實，能守信用。只有這樣天下人才能誠實，講信用。

人的誠實與信用乃是大自然的本質，大自然之所以能夠形成，乃是誠實、守信用的結果。所謂天道，就是誠實、守信用之道。「王又樸曰：無妄動而以健行，天之德也，故備四德。中孚說而以柔人，人之道也，故言利貞。」

世界上只有人心深不可測，有誠與不誠之說。「曾國藩曰：人必中虛不著一物，而後能真實無妄。蓋實者不欺之謂也。人之所以欺人，所以自欺者，以心中別著私物也。不欺者心無私著。是故天下之至誠，天下之至虛者也。靈明無著，物來順應，是之謂虛，是之謂誠而已矣。」

【原文】象曰：澤上有風，中孚；君子以議獄緩死。

【譯文】《象傳》說：沼澤地上有風是《中孚》卦；君子對犯罪應反覆合議，該緩死者一定不死。

【釋文】「議」是指審議案件，相當現代法律的合議廳。「獄」是指刑罪案件。「議獄緩死」反覆審議案情，該不死的犯罪一律不死，現代刑罪緩期執行者都不死。《中孚》講誠信不冤枉一個好人，張洪之說：「議獄者，入中之出；緩死者，求其死中之生。漢宣時，路溫舒上尚德緩刑書言，斷者不可復續，死者不可復生。仁人之言也。舜好生之德，洽於民心，故罪疑惟輕，功疑惟重。與其殺無辜，寧失不經。皆合中孚象矣。」

【原文】初九，虞吉，有它不燕。象曰：初九虞吉，志未變也。

【譯文】初九，在神主牌位前禱告則吉，心中存有其他雜念不會平安。《象傳》說：「初九虞吉」是心願未有改變。

【釋文】虞，指虞祭之主，即祭祀時所立的牌位。燕，安。《中孚》卦是表達心中誠實、守信用的卦象。初九是祭祀之初，在神主牌位前表白心願。要表達內心的誠信，不可以存有私心雜念，心存疑慮是不誠實的表現，所以「有它不燕」。要說《易經》迷信，這裡應是第二處書寫迷信的地方。吉與不吉向神主禱告便能決定一切嗎？這是種不符合事實的描寫。初九「志未變也」是說初九的心志不可改變，初九一變，誠實和守信用便是一句空話。所謂誠信是始終如一，堅定不移的，不可以產生疑慮。透過迷信思想現象，要抓住堅守誠信的本質。才是《易經》所要表達的思想。

「孔穎達曰：燕，安也。」「劉沅曰：汪氏注以虞為

祭。按儀禮，葬之明日，始虞曰：哀薦裕事，再虞曰哀薦
虞事，三虞曰哀薦成事。檀弓曰：葬日虞，弗忍一日離
也。故既葬，日中而虞，間日一祭，凡日三虞以將其哀慕
之誠。即虞之後則卒哭，喪祭易為吉祭。初孚無處誘，猶
虞哀無他慕，故曰志未變。有它不燕，申虞吉之義。葬後
痛親之形神無所聞而若有見聞，故再三祭以招之。至誠孚
幽，此為最切，而不燕、未變之詞乃有歸著。水者天地之
生氣，風則氣之鼓萬物者。君子於人亦然，本至誠到虛之
心，以與天下相見，一以公心無私之見行之，得權則天下
一家，失權則應求善類。」

【原文】九二，鳴鶴在陰，其子和之。**我有好爵，吾
與爾靡之。**象曰：其子和之，中心願也。

【譯文】九二，白鶴在蔭蔽處發出喜悅地鳴叫聲，小
鶴也應和著鳴叫了起來，大鶴說我這裡有好酒，我和你共
同享受。《象傳》說：「其子和之」是發自內心的心願。

【釋文】爵，盛酒器具。靡，浪費，消費掉的意思。

「劉沅曰：鶴為澤鳥，感秋而鳴。兌為澤為正秋。互
震善鳴。二陰位在艮山下、兌澤中故曰在陰。二與初同德
同體，設為相孚相說之言。」秋天黃金季節，遍地是黃
金，所以「感秋而鳴」豐收在望是誠實信用之功，九二是
下卦之主，是九五之臣。這裡是在說明「同聲相應，同氣
相求，水流濕，火就燥。雲從龍，風從虎。聖人作而萬物
覩。本乎天者親上，本乎地者親下，則各從其類也」。這
是《文言》中的一段話。所謂「中心願也。」即「各從其
類也」。

「李士鉁曰：艮為小子，子指三。孚之本訓為鳥抱卵。二以陽色陰，有伏卵象。三在其中，故象其子。上下卦兩口相對，故和之。一體相合，自然感召，孚以天也。爵猶天爵。二陽剛得中而在臣位，故有好爵。我，吾二自謂。爾，謂三。好爵，人所同好，我有之，我願與爾共之也。一說爵，酒杯也。九二坎爻為酒，震仰盂為杯。詩曰，我有旨酒，嘉賓式燕以敖，同樂之謂也。」

【原文】六三，得敵，或鼓或罷，或泣或歌。象曰：或鼓或罷，位不當也。

【譯文】六三，遇到故人，是擊鼓攻打敵人還是罷兵歸回本營，若是打了敗仗會泣不成聲；若是打了勝仗便會唱起歌來。《象傳》說：「或鼓或罷」是位置不適當。

【釋文】六三是《兌》卦之終，遇到了上卦《巽》風。風吹澤水蕩起了波紋，《兌》卦屬金，《巽》卦是木，金剋木，是敵人。

「本義云：所謂上九，信之窮也。三陰柔不中正，以居說極而與之為應，故不能自至。」上九、六三正應，並不是敵。要說是敵，是由於上九居敵國不可成親。六三是陰虛，不中不正不守信用。

【原文】六四，月幾望，馬匹亡，無咎。象曰：馬匹亡，絕類上也。

【譯文】六四，月亮幾乎圓滿，失去了同行的馬，沒有錯。《象傳》說：「馬匹亡」是繼絕了同類的關係，向上迎合九五。

【釋文】陽是太陽，陰指月亮。每月十五日為望，十

五的頭一天或頭二天可稱「月幾望」說明六四接近旺盛階段。馬指六三，六三和六四是同類。六四為迎合九五，斷絕了與六三的關係。「劉沅曰：絕其私類，上巽於五，人臣無私，與君一體，故無咎。」

【原文】九五，有孚攣如，無咎。象曰：有孚攣如，位正當也。

【譯文】九五，有誠信就像手腳痙攣伸展不開的樣子。沒有錯。《象傳》說：「有孚攣如」是位置適當。

【釋文】「劉沅曰：九五中孚之主，所謂孚乃化邦者也。五中實，故有孚。巽繩互艮手，故象攣如。陽剛中正居尊，以至誠孚於天下，使天下之人心固結攣如而不可解。不特初二易孚，並三四不易孚者皆孚。」九五一國之君，君主講誠信，臣子焉敢虛偽，二爻五爻一條心，才能化成天下。

【原文】上九，翰音登於天，貞凶。象曰：翰音登於天，何可長也！

【譯文】上九，山雞振翅鳴叫，叫聲達到了天上，堅持正義有凶。《象傳》說：雞的叫聲上了天，怎麼會長久呢！

【釋文】「虞翻曰：巽為高，為雞，雞稱翰音。」

「李士鉁曰：五六天位，六在天上，乘巽風之高，以飛求顯，以鳴求應，虛聲遠播，誠儲存內衰，實之不存，名安能久？二得中在下，則在陰而干和，自晦者其德愈彰。上不中在上則登天而貞凶，自炫者其實愈喪。中庸曰，君子之道，暗然而日章，九二之謂也；小人之道，自

然而日亡，上九之謂也。」

## 小過卦第六十二

小過，亨，利貞。可小事，不可大事。飛鳥遺之音，不宜上，宜下，大吉。

《小過》卦亨通，利於貞正，可以做些小事，不可以做大事業。鳥飛時留下來的聲音，不適宜到上面去，適宜到下面去，大吉。

《小過》卦小有越過之意。上、下四陰有如鳥翅，中間二陽有如鳥身，是飛鳥之象。「王弼曰：上愈無所適，下則得安。愈上則愈窮莫若飛鳥也。」

「李士鉁曰：大過中有四陽，二五之陽，據有中位，而不相遇，以陽為主，故大過。小過外有四陰，二五之陰，據有中位，而不相遇以陰為主，故小過。二五柔小，陰小陽大，陰得中，故可小事；三四剛大失中，陽失位不中故不可大事。震為鵠，為鳴。卦體外偶內奇，像鳥張翼，故稱飛鳥。身內止而外動，亦飛之象。以鳥之小，過乎高山，不見其形，但聞其聲，若更上飛，必遇天風撼撻，故不宜上；若下飛山下，飲啄得所而身安矣。」

【原文】彖曰：小過，小者過而亨也。過以利貞，與時行也。柔得中，是以小事吉也。剛失位而不中，是以不可大事也。有飛鳥之象焉，飛鳥遺之音，不宜上，宜下大吉。上逆而下順也。

【譯文】《彖辭》說：《小過》卦，凡是小事能越過而亨通無阻。只要能通過就有利於正義事業，因其能與時間

共同行走。二五兩爻陰得中位，正由於這種情況，做些小事是吉祥的。陽爻雖剛健由於失去了應有的位置而不得中，正出於此種情況，是不可以去做大事的。上下兩邊是陰爻，有飛鳥的卦象嗎？鳥飛時能聽到它遺留下來的聲音，不適宜往上去，適宜往下來，大大吉祥。往上飛是逆理而行，只有往下來才順應道理。

【釋文】陽大陰小，《小過》指陰而言。二、五兩爻一卦之主，由於二、五皆陰故言《小過》。《小過》卦是說小人物可以去做些小事，不可以去做大事業。基於此，可以往下來不可以往上去。這是萬物發展變化的一種規律。《小過》有小心走過之意。《小過》者，小心地過。陰是黑暗，前途不明，世道乖張，小事可吉。

【原文】象曰：山上有雷，小過；君子以行過乎恭，喪過乎哀，用過乎儉。

【譯文】《象傳》說：山上有雷聲轟鳴是《小過》卦；君子的行為要過於恭敬，喪事要過於哀思，一切費用應過於節儉。

【釋文】《象傳》中的「恭」、「哀」、「儉」是對君子的嚴要求，高標準。不僅恭、哀、儉，而要過於恭、哀、儉。能不能作到恭、哀、儉，是對每一個人道德品質的檢驗。「張洪之曰：恭、哀、儉三者人每失於不及，君子必過之，以防行毀診驕，喪敗於易，用敝於奢，此皆當過者也。」

「劉沅曰：君子不隨俗好，若小有過焉。恭、哀、儉、行、喪、用之本也。過似非正，然矯時弊而適中，無

過也。震動而於止有節，故象如此。」人的言行舉止要有節制，能夠嚴格要求自己的人才是有道德之人，對自己要求越嚴格，說明其道德越是高尚。

「彪謹案：曾子執親喪，水漿七日不入口，是過乎哀也。」

「又案：君子維持世道，則不可過；而矯正風俗，則有取乎過，此象所言，蓋為救時而設。」今有男網友被女網友誆進酒吧，一頓飯消費上萬元，可謂奢之過也，要論儉之過，其人一定會對天狂笑！

【原文】初六，飛鳥以凶。象曰：飛鳥以凶，不可如何也！

【譯文】初六，高飛的鳥要有凶。《象傳》說：「飛鳥以凶」咎由自取，旁人不會有什麼辦法！

【釋文】初六的陰居陽不中不正，《小過》只宜下，而初六在下反而要高飛，其凶是自取。陰本主靜，處艮止之初不可動也，動必有凶。

「項安世曰：初，上二爻陰過而不中，是以凶。以象觀之，初上皆當鳥翅之末，初在艮之下，當止反飛，以飛至凶；上當震之極，其飛已高，初動成離，則離於綱罟。」

【原文】六二，過其祖，遇其妣。不及其君，遇其臣，無咎。象曰：不及其君，臣不可過也。

【譯文】六二，越過祖父，遇到祖母，沒有趕上君主，遇到了君主手下的大臣。沒錯。《象傳》說：沒有趕上君主是臣不可超過君主

【釋文】六二是《小過》卦的中心，闡述了陰過陽的道理。

六二，六五正應，六二要去見六五，九三為陽是父，九四是祖父，六二越過九四，來到六五，六五是陰，是祖妣。見到祖妣，卻沒有見到君主，是「不及其君」。遇其妣是「遇其臣」，王妃即臣也。「劉沅曰：陽之在者父象，尊於父者祖象。四在三上，祖也。五陰而尊，祖妣也。陰過乎陽，曰小過。二五相應者也，而皆陰，二越三與四之陽，而與五遇，為過其祖而遇其祖妣，以類相從，雖過而非過也。古重昭穆，孫婦禮當附於祖姑。六二柔順中正，過與不及皆得手中，此小過最善之爻。」這裡闡述的古人墓葬的禮儀（即埋葬順序）這種禮儀是任何人都不可改動的。從而形成天地發展變化規律。

「鄭果曰：祖何以可過？祖為先公，孫可以為天子也。天無二日，民無二王。堯一日未崩，舜一日不為天子，臣不可過君之義也。瞽瞍不為天子，而為天子父。書云，祇戴見瞽瞍是父不可過也，祖之可過者，世遠無嫌也。周公制禮，追王太王，王季，上祀先公以天子之禮，所以為成文武之德也。」這段文字是對「臣不可過也」的解釋。先人重視禮儀，對此解釋得十分詳盡，書中還有馬其昶和彪謹案的解釋各具特色，特錄如下共欣賞之：

「馬其昶曰：遇者相親遇，指比應爻，所謂近而相得者也。合二體而論應，二之越四應五，有過其祖，親其妣之象。儀禮，祖父祖母權期，父在為母權期，父卒為母齊哀三年，服制稱情以立文。妣之服，重於祖而無嫌者也，

祖尊母親。家人之義，親親為重，此可過者。也就內體而論比，九三一陽，為君在上，初、二兩陰，為臣比於下，有不及其君，親其臣之象。二以初為臣，猶之旅以初童僕，朝廷之義，尊尊為重，二之退居三上，是臣不可過君也。易例子應爻陽在陰下，有如貴下賤之情；此爻之陰，則以承陽為順，乘剛為逆。二之柔得中，是以過不及皆無咎。」

「彪謹案：臣不可過四字，為千古之臣子之大防，深得文王服侍之忠義。拘幽操云，臣罪當誅，天王聖明，是不及其君，臣不可過也，率殷之叛國以事紂，是遇其臣也。孔子贊為至德，在文王只以誠孚於中，行其心之所安，亦曰無咎而已。推之關岳、諸葛皆能守臣不可過之義者。」

【原文】九三，弗過防之，從或戕之，凶。象曰：從或戕之，凶如何也！

【譯文】九三，不要越過陽爻，對下面二陰爻不能不加以防備，從下面上來的二陰爻說不定隨時會進行傷害活動，凶。《象傳》說：「或從戕之凶」又會怎麼樣呢！

【釋文】戕，傷害。初、二兩陰爻要路過九三，九三居有戒心，防陰爻的傷害，「弗過」是不要越過。大自然的發展變化，不以人的意志為轉移的，不讓過也得過，所以「凶如何也」！

「劉沅曰：從謂二陰從三後也。三以陽居陰上，為艮止主爻，故可以防陰之過，而惟恐其不防。如何，言凶之甚，明其不可不防也。」後面隨從上來的是小人，小人的

傷害，防不勝防。這是《小過》卦中之所以要小心地過的道理。

「楊增新曰：小人宜防不宜從，從之未有不遇其戕者。不獨忌我為戕，即愛我，用我亦、為戕，故所以不可不慎也。」君子交遠離小人不可與小人交往，即使小人非常親近我，甚至可以為我使用，防小人之心不可不慎重。

【原文】九四，無咎，弗過遇之。往厲心戒，勿用永貞。象曰：弗過遇之，位不當也。往厲心戒，終不長也。

【譯文】九四，沒有錯，不要越過這裡，在這裡就能相遇了，往前去十分危險，必須加以防備，不能意氣用事，才能長久地保持正確。《象傳》說：能在這裡相遇是位置不適當。往前去十分危險，形勢終歸不會長久了。

【釋文】九四闡述的是陰順從陽的道理，正義掌握在臣子手中，如果九四順從六五，國家的命運十分危險。九四不去，六五來所從九四，不能意氣用事體現在這裡。「弗過遇之」是在九四的位置上遇到了六五，九四沒有意氣用事，正義才能得以施行。才能長久地持續下去。往前去情況十分危急。必須戒備。因為前面是六五的位置。天下正義事業的大事在六五那裡不得以實行。昏暗的君主不容以貞正。有九四的貞正，這種局面不會長外地持續下去。這裡闡述的是「可小事，不可大事。」「不宜上，宜下」的道理。「李士鉁曰：遇合之道，必出於正。合以不正，後必不終，當陰過乎陽之時，不可前往求悅於陰，當靜守其正也。」

【原文】六五，密雲不雨，自我西郊。公弋取彼在

穴。象曰：密雲不雨，已上也。

【譯文】六五，天下佈滿了烏雲、就是不下雨，這密雲來自於西郊，公侯用帶繩的箭射中了巢穴中的鳥。《象傳》說：「密雲不雨」是雨停止在雲的上面了。

【釋文】弋，古代一種帶繩的箭。彼，指鳥。「密雲不雨」是有雲不下雨，寫出人們盼望下雨的心情。「自我西郊」密雲來自於西郊。暗指西岐。公侯能射中穴中鳥，是可小事，不可大事也。飛鳥不可擊追，國家大事公侯不去管，閒來野外射鳥，政事荒廢，世道乖張。

西伯侯封地岐山，謂西岐，「自我西郊」，意思是天不下雨的責任來自於西岐，是我沒有盡到作臣子的責任，沒有勸說好君主施善政於天下。紂王的殘暴如同天不下雨，天下大旱，禾苗枯萎，百姓處疾苦之中。九四是西伯侯，「臣不可進也」。也只好讓六五密雲之中不能下雨。

「馬其昶曰：巢穴通稱，禹貢有鳥鼠同穴之山。公謂王季也。竹書紀年屢求周公季歷伐西落鬼伐余無戎，伐始乎之戎，皆克之。又書周公伐翳徒之戎，獲其三大夫來獻捷。後漢書西羌傳所敘亦同。公弋取彼在穴，指此也。曰取彼在穴，則飛鳥之凶非公之弋可知矣。其凶也，其自離之也。文王繫易將終，於殷周興亡之際，三致意焉。已上，謂陰已上隮，本可致雨，以下為二陽所阻，巽風湯之，但為密雲而已。五本王位，殺王而言公者，臣不可過也。執守臣節以終，故澤不被於天下。卦名小過，正取此義。三分有二以服事殷，文王不自有其至德，百以歸之王季。嗚呼！忠孝之情，斯為極矣。」

這段文字，抒發了對文王的讚美之詞。六五是《小過》中心。陰之所以過陽，是處陰盛陽衰之時，全卦以陰為主，天下一片黑暗。所以「可小事，不可大事」。「不宜上，宜下」。

　　【原文】上六，弗遇過之，飛鳥離之，凶，是謂災眚。象曰：弗遇過之，已亢也。

　　【譯文】上六，沒有相遇已經超過很遠，不能相遇如同飛鳥離開了巢穴，有凶，這是在說有災會發生。《象傳》說：「弗遇過之」已經上升得太高了。

　　【釋文】眚，眼疾，指災。亢，高。上六《小過》之終，卦的上面，是「不宜」之地，所以凶也。王弼曰「過至於亢，將何所遇？飛而不已，將何所托？災自已至，復何言哉！」

　　「劉沅曰：災，天殃；眚，人禍。是謂災眚，欲人之畏災眚而自警。一曰已上，一曰已亢、蓋陰之在上，戒其過盛也。宜下不宜上，君子處小人多之時，固當讓卑；小人當黨類盛眾之時，又豈可處逞乎？」

## 既濟卦第六十三

　　既濟，亨，小利貞，初吉終亂。

　　《既濟》卦亨通，有利於小事之貞正，開始吉祥最後有混亂現象發生。

　　《既濟》是已經達到了目的。上卦《坎》水其性下潤，下卦《離》火其性上達。水火相互補益，從中獲益。所以，亨通。小事有利於貞正。由於水火有相剋之性，時間

一長，便會各自混亂。所以，初吉終亂。

「劉沅曰：水火者，乾坤之大用。坎離得乾坤之正體，真陰真陽互藏其宅，天地所以變日月所以明，萬物所以生。既濟則水火合璧，五氣凝精，故萬物無不濟也。其所以濟，則中氣為之。故既濟者，陰陽大樞也。序卦，有過物者必濟，故受之以既濟。謂有餘而後濟耳。坎離得乾坤之正位，在人為性命保合，在天地為生化不窮，故亨。事當即濟，其初固吉，積久弊生，其終必亂，申明所以小利貞之故。」

水是《乾》之陽精，藏在《坤》宅；火是《坤》之陰精藏在《乾》宅。《既濟》是水火互補構成天地。天地萬物離不開水火。有了水火萬物才能「保合太和乃利貞」。所以劉沅說是「乾坤之大用」。六十四卦卦氣的流向是從下向下，氣由初爻生，至上爻而反。《既濟》上卦是水，水性雖潤下，而水的運動方向是由下向上升，對下卦的火影響不大。才能達到相互補益的作用。

「李士鉁曰：火惟炎上而在下，水性潤下而在上，水火相交，剛柔相濟。火上有水則不烈，水下有火則不沉，故為既濟。卦畫三陰三陽，各得其正，天下既平，萬事既定之象也。既、未二卦，皆取離之中爻者，取其明不取其險也。初吉指下卦，柔得中而有應；終亂指上卦、陽陷於陰也。夫亂生治，治生亂，雖曰天道，其中有人事焉。未治之先，人莫不振精神的求治，既治之後，則志滿意足而傲慢生，故治之亂，亂之始也。古人言雖休勿休，不自以為終，視天下治如未治。視其學成如未成，故有古而無

亂。易非言終之必亂，謂自以為終者之必亂也。」

《既濟》之義是既以達成的意思。在六十四卦中，惟《既濟》卦六個爻位，爻爻得正。深悟《既濟》之義：1.天體已構成。2.大自然已形成。3.萬物各得其所。4.事事可成。

萬物（或事物）的發展和變化是有規律性的，達到了《既濟》時空條件情況下便可以產生。這個標準只有大自然本身才能掌握。是有利因素和不利因素的作用；是有利條件和不利條件的相互結合的產物。「初吉終亂」是萬物發展變化一種自然規律。無論時間長短。無論什麼事物，是神聖不可改變的真理。初不吉，萬物難以達成；終不亂，萬事萬物理以產生變化。

【原文】彖曰：既濟亨，小者亨也。利貞、剛柔正而位當也。初吉，柔得中也。終止則亂，其通窮也。

【譯文】《彖辭》說：既已相互補益則能亨通，是說小的事物亨通。利於貞正，是陽剛和陰柔分別在上下兩卦的位置適當。開始能吉是陰柔得中。到最後結束時就開始混亂，是水火的作用已經達到了盡頭。

【釋文】萬事萬物只有在陰陽五行之氣相互補益的情況下才能亨通，是《易經》所要闡述的中心論點。利於貞正，是陽剛和陰柔分別在上下兩卦的位置適當，所謂「位置」是時空條件。是萬事萬物能不能找到平衡的焦點。

開始吉祥是陰柔得中，陰是質，是物。是「形而不者」得到適宜條件，所以「吉」也。到最後混亂是水火的作用沒有了。水火的作用是「形而上者」「形而上者謂之

道」。「道」是規律，或指道路與道理。喪失了規律，道路、道理必然混亂。

【原文】象曰：水在火上，既濟；君子心思患而預防之。

【譯文】《象傳》說：水在火上面是《既濟》卦；君子應思考禍患的產生及時地加以預防。

【釋文】「劉沅曰：水火交而功用行，相濟中即伏相害之機，故宜防患，坎陷象患，離明象防。思以心言，預以事言。既濟之患在於無形，思之而後知，知之而即防，則濟者乃長濟也。聖人於既濟多戒辭，非思患預防者，安能保其終。」

「張洪之曰：終亂，指陽五陷坎險也。內互未濟，濟亦難保。禍亂之機，多萌於極盛之時。欲保既濟，非居安思危不為功。惟聖人能以德維持於不衰。「《既濟》卦，事之成，成功之後不衰敗，只有一種辦法，用道德進行維持，可以永處不敗之地。說穿了就是要順應天理，只有順應了大自然發展變化的運動規律，才能維護萬物之平衡，以保長久不衰。事物的發展是有規律的，超過限度必然要走向反面。要能把握住事物向前發展的這個度，是很難的事情，也只有聖人才能做到。

【原文】初九，曳其輪，濡其尾，無咎。象曰：曳其輪，義無咎也。

【譯文】初九，拉車過河時應用力拉車輪子，車尾被水浸濕不要緊，沒有錯。《象傳》說：「曳其輪」的意義是沒有錯的。

【釋文】曳，拉。濡，沾濕。「宋衷曰：初在後，稱尾。」初為一卦之始，「稱尾」者，不是卦氣順序，而是上下順序。

「李士鉁曰：輪所以濟，車有輪，舟亦可有輪。輪者，水火之交，陰陽之用也。日月運行而為晝夜，日月亦輪也。天地旋轉而為世界，天地亦輪也。方書云，心火在上，腎水在下，脾胃為輪。胃氣升則腎水隨升，心火可以不燥。脾氣降則心火隨降，腎水可以不寒。此人身中之輪也。易於終篇繫的既未，明陰陽之所交也。」這種解釋，妙極！把天體運轉的道理描繪得如花似玉，透徹無比。

【原文】六二，婦喪其茀，勿逐，七日得。象曰：七日得，以中道也。

【譯文】六二，婦人丟失了車上的圍障不用去尋找，七天就可以重新得到。《象傳》說：「七日得」，是由於得中的道理。

【釋文】「鄭康成曰：茀，車蔽也。」

「馬其昶曰：詩，翟茀以朝。疏云，茀，車蔽也；婦人乘車不露見，為隱伏，茀也。三互坎，盜也；便於其中，有喪茀之象。勿逐，言二、五正應，用此中道，勿變也。婦人夜行以燭，無燭則止而不行耳。由此推之。范文子言，外守必有內憂，盍釋楚為外懼？是既濟時喪茀勿逐之義也。」

【原文】九三，高宗伐鬼方，三年克之，小人勿用。象曰：三年克之，憊也。

【譯文】高宗攻桿鬼方，三年取得勝利，小人不能利

用。《象傳》說：三年取得勝利，太疲乏了。

【釋文】「汲郡古文云：武丁三十年伐鬼方，次於荊。三十四年，王師克鬼方，氐人來賓。」武丁就是高宗，征伐異族三年才取得勝利，極言時間之長。「氐人來賓」是水火既濟之義。由敵就變友，由未濟而達既濟。

「乾鑿度云：高宗者，武丁也。殷道中衰，高宗內理國政，以得民心，挾救衰微，伐征遠方，三年而醜惡消滅，王道成，殷人高而宗之，文王挺以校易，勸德也。」用高宗的道德勸說天下、說明只有道德才能長保既濟。要想王道長久不衰，必須具備高尚地道德。

「淮南王疏云：鬼方，小蠻夷；高宗，殷之盛天子也。以盛天子伐小蠻夷，三年而後克，言用兵之不可不重也。」這裡是說軍隊對於國家來說是十分重要的。軍隊的強弱是國家盛衰的象徵。殷國之大。征服一個小部落，卻用三年時間，說也了國力的衰弱，高宗理政「挾救衰微」而「王道成」是高宗之道德起了作用。」

「潘士藻曰：蓋盛世勸民之難也。小人居盛不慮其衰，成功不慮其難，故戒以勿用。」國家越是興盛，小人越要抬頭，守業之難，就小人難防，君主沒有孫悟空的眼力，小人得勢矣。所以聖人戒曰：「小人勿用」。

「折中云：高宗，商中興之君，自未濟而既濟者也。既濟於三言之者，內卦之終，則無濟矣；曰克之，已然之辭。未濟於四言之者，至外卦之初，方圖濟也，曰震用，方然之辭。既濟之後，則當思慮防，故小人勿用。戒與師同。」高宗是中興之君，所以三爻言之，是下卦之終將進

上卦。入《坎》險之前先除隱患。《未濟》卦四爻言之，是上卦之初，《未濟》之中，中興《未濟》變《坎》險為通途。「三年有賞於大國」，「志行也」。

「劉沅曰：夏曰獫鬻，商曰鬼方，週曰獫狁，漢曰匈奴。坎，北方幽險之地。三與上六為應，故曰鬼方。坎險在前，故三年方克。高宗中興，振衰亂，自未濟而既濟，且三年後克，故的黷警黷武者。三以剛居離明之終，有戰克象。」

【原文】六四，繻有衣袽，終日戒。象曰：終日戒，有所疑也。

【譯文】六四：用上等優質的繒采製做成華麗的衣服也有穿破舊的時候。每天都應該有戒備。《象傳》說：「終日戒」是產生了疑惑。

【釋文】繻，華麗的帛。袽，破舊衣服。

「陸希聲曰：繻亦作襦，飾之盛。袽，衣之蔽。」

「石介曰：美服有時而敝，如當既濟，則亦有未濟。故終日防，慎而戒，疑其有敝。」穿上華麗的服飾如同既濟卦，時間一長而變得破舊，就到了未濟之時。為了防止破舊，天天對衣服的保管十分謹慎小心，恐怕有一時保管不好「終日戒也」。六四是天下第一大臣，說明了其憂國憂民之心。《既濟》之時，只要存有這種精神，國運將久不衰。

【原文】九五，東鄰殺牛，不如西鄰之禴祭，實受其福。象曰：東鄰殺牛，不如西鄰之時也。實受其福，吉大來也。

【譯文】東鄰居家祭祀殺牛，不如西面鄰家簡簡單單地進行祭祀，能實實在在地享受到幸福。《象傳》說：「東鄰殺牛不如西鄰之節儉準時而實受其福，吉祥大來。

【釋文】禮記云：君子不以菲廢禮，不以美沒禮，君子苟無禮，雖美不食。馬易曰，東鄰殺牛，不如西鄰之禴祭，實受其福。鄭注云，離為牛，坎為豕。禴祭者用豕。殺牛而凶，不如殺豕受福；奢而慢。不如儉而敬也。」祭祀表誠心，不在祭品厚薄。只要心理找到平衡，便可得到安慰。這是《易經》宣揚迷信的第三次描寫。

【原文】上六、濡其首、厲。象曰：濡其首厲，何可久也。

【譯文】上六，水已經沒過頭部了，危急得厲害。《象傳》說：「濡其首厲」怎麼會長久地活下去呢。

【釋文】《既濟》卦終，說明「終亂」。荀爽說：「處高居盛必當復危，故曰何可久。」王弼說：「既濟道窮，之於未濟，則首先犯焉。」上六是《既濟》到《未濟》的銜接點，「濡其首」與《未濟》初六「濡其尾」首尾相接。成「0」環運動。《未濟》之終則是《屯》卦之始，《未濟》「濡其首」是天地氤氳之象，及至《屯》及天地交。

## 未濟卦第六十四

未濟，亨。小狐汔濟，濡其尾，無所利。

《未濟》卦亨通。小狐狸差不多渡過河了，尾巴被水沾濕了，沒有得利的地方。

《未濟》卦是未有達成。六爻爻爻不得位，萬物質沒

有形成規律，物質找不到平衡。

「劉沅曰：未濟，事未成之時也。火上水下，不相交則不成功用，六爻皆失位。故曰未濟。序卦，物不可窮也，故受之以未濟終焉。既濟則勢已窮，未濟尚可望其濟。以此終之，變易無窮之理也。坎為狐，陽陷陰中，上應六陰，亦無所利。」《坎》卦在下，水上行，其性下潤，火同時上，火勢上揚，不能相交。

「李士鉁曰：未濟，欲濟而尚未濟也。水火互相為用，究則水火各歸其根，此既濟繼以未濟也。既濟者，人道之終，猶事物已成之後。未濟則未終，生生不已而無窮，故易終於未濟寓變通不窮之意。」《未濟》卦是指事物沒有達成之前，按事物發展規律，《未濟》後應是《既濟》，《易經》把《未濟》放要最後，說明萬物發展變化並沒有結束，還繼續在向前發展，達到一定程度以後，得到了適宜的時空條件，事物還可以達成。這是大自然循環不已的一種運動規律。

【原文】象曰：未濟，亨，柔得中也。小狐汔濟，未出中也。濡其尾，無攸利，不續終也。雖不當位，剛柔應也。

【譯文】《彖辭》說：《未濟》卦亨通，六五陰柔得中，小狐狸差不多渡到了河岸，是沒有走出中爻。尾巴沾濕了，沒有得利的地方，是由於處在未濟還沒有達到既濟之終點。雖然所處的位置不適當，卦中六爻陰陽各自有應。

【釋文】「胡炳文曰：天地終始，皆水火相為用也。易不終既濟，而終未濟，易不可窮也。未濟非不濟也，未

焉耳。既濟之中互未濟，未濟之中互既濟，非惟見時變之
相為反覆，而水火互藏其宅，復於是見之。」

《既濟》中互卦是《未濟》，是上、下互錯水火相互
為用的道理。水中有火嗎？天氣越加炎熱，水蒸氣越往上
升，是火支配了水，水因火而容。萬物之循環作用離不開
水火「非惟見時變之相為反覆」。

「劉沅曰：柔得中，謂六五。未出中，謂九二。不續
終，謂有始無終。任剛之過，剛柔應，謂六爻雖皆失位，
然各相應，猶能同心協力以圖濟也。天地無不濟之時，人
事則復盛而滿，往往不濟。夫物之生死變化，二氣屈伸，
終者始之，始者終之，跡有榮枯，氣無終極。聖人欲人長
保其濟以存天心，而後氣化不得而奪之，有恃以生死者，
以維世道於無窮。未濟之時，未嘗教人急於求濟。而可濟
與否，審於其時。聖人因物付物而無心，不強其濟而已可
濟矣。」凡事不可急於求濟，待時而動就是「審於其時」。
濟於不濟，是大自然的安排，也就是運動規律所促成，非
人力所能做到的。當您有事沒達到心願時，就應知道《易
經》中還有一卦叫做《未濟》。

「馬其昶曰：易者，變易之義。卦體靜，剛柔失正，
未濟也；爻象動，陰陽皆老，可變化而成既濟也。有人
事，歷代君相之所經營，聖賢之所訓迪，凡以求其濟焉
耳。易明天道，而實生於人事。以未濟終，世運之所以日
新而無窮也。」

【原文】象曰：火在水上，未濟；君子以慎辨物居
方。

【譯文】《象傳》說：火處在水的上面是《未濟》卦；君子要慎重地分辨物類使之各居一方。

【釋文】「王弼曰：辨物居方，令物各當其所。」大自然的形成就是物類各當其所。人類生存在社會當中，實際上就是各當其所；從一個人的本身來講，要能把所涉及到的事物使其達到各當其所，便能看出一個人的素質和才能。「辨物居方」應是對天下的君主而言。君主要能做到「辨物居方」，國家就能從未濟達到既濟。朱震說：「有辨然後有交，辨的正其體，交以致其用，未濟中含既濟之象。」著先應辨物之性，固其物之體，然後才能交以致用，使用之達到各居一方。《女人花》這部電視劇的最後一集，編劇的匠心就突出了民國的領導人沒做到「辨物居方」使民國陷入未濟而不能自拔。正如劉沅所說「未濟者，心欲強其相濟，則反為害。君子知之，固加敬慎。辨其物性，使各類聚；居以其方，使各群分。如水火之不相射而不相害，不強其濟而已可濟矣。」

「任啟運曰：乾坤交而萬物生，方以類聚物以群分，離代乾居上，坎代坤居下，上下各居其所，天道之自然也。君子法之，慎物辨方使之群分；慎居其方，使之類聚。人道之當然也。大象傳終此，其有平天地之思乎？仲尼之志，堯舜之也，皆以天地為量也。」古人用天地的形成衡量萬事，使之萬事萬物各自都能找到平衡，人們稱之為聖人之心。天地之心只有一個生字；聖人心只有一個平字，要做到天下太平，其道理只有一個，物類各得其所。天下物類能各得其所，稱太平盛世，即萬物各自找到了平

衡。

【原文】初六，濡其尾，吝。象曰：濡其尾，亦不知極也。

【譯文】初六，小狐過河沾濕了尾巴，有吝難。《象傳》說：「濡其尾」是小狐不知最終會達到什麼結果。

【釋文】《未濟》初六是《既濟》上六「濡其首」和「濡其尾」是首尾相接，《既濟》上卦《坎》到《未濟》下卦《坎》難出險也。意思是初六當變，不變會有吝難。「姚配中曰：六爻失正，急當自化。不化，故吝。」《未濟》六爻爻爻失正，應急早自化，小狐不能急中應變，不知會產生什麼結果，吝難難免。

【原文】九二，曳其輪，貞吉。象曰：九二貞吉，中以行正也。

【譯文】九二，拉這個車的輪子，貞正吉祥。《象傳》說：「九二貞吉。」是處在卦的中爻，品行端正。

【釋文】九二之曳「其輪」就是《既濟》卦中初九之「曳其輪」，《未濟》之互卦是《既濟》，九二是互卦初爻，故曰：曳「其輪」。「曳其輪」的真正含義並非是拉車輪子。而是闡述天地、萬物發展變化之運動規律，這個規律就是「○」環運動。《未濟》是天地、萬物還沒有找到的平衡，「形而上者謂之道」是「形而上者」還沒有達成。所以，《未濟》之「曳其輪」沒有放在初爻，而放在了互卦之初爻說明《未濟》不會長久持續下去，從《未濟》可以達到《既濟》。

初六是不知會達到什麼結果而有吝難，九二是「中以

行正也」，到了《未濟》的中間是會有行正的，九二就是行得正。有《乾》陽之正所以「貞吉」，是作正事吉。

「馬其昶曰：中未有不正，不必當位為正，故曰中的行正。二五不以當位為重，此亦通例也。」《易經》理論的重點就是「得中」，「得中」的意思就是找到了平衡的位置。是萬物尋求平衡的中心。只要「得中」便能成就大事業，在六爻卦中，有兩個中爻一個是君主的位置，一個是大臣的位置，君臣相互為用，是統領天下的中心。

【原文】六三，未濟，征凶，利涉大川。象曰：未濟征凶，位不當也。

【譯文】六三，未有達成，跡象凶，利於渡過江河。《象傳》說：「未濟征凶」是位置不得當。

「劉沅曰：三居坎上，將出坎險，可以濟矣，而陰柔未濟，若往必凶。上應陽剛，互離為舟，以浮坎上，又變爻為巽，木在水上，故象利涉大川，六爻皆不當位，以此爻處坎之極，上又互坎，當上下卦變易之際，而承乘皆剛，所處又剛，居下體之上，力弱不足以濟，位不當為尤甚，故獨言未濟征凶。」先言「可以濟矣」是由於處在《坎》卦上爻；其不知互卦又入《坎》險矣。

「馬其昶曰：卦名未濟，似利涉川，以火動而下也。中互既濟，水上火下，三居水火之交，故反利涉。火勝激水，曳輪而行，其象已具於易。以製器者尚其像，此類是也，六三變即為鼎。北堂書鈔引韓詩外傳云，孔子使子貢適齊，久而未回，孔子占之遇鼎，謂弟子曰，占之遇鼎，無足而不來。顏回曰，卜而鼎無足，必乘舟而來矣。賜果

至。孔子所占，當是鼎之未濟。其辭曰，鼎耳革，其行塞，鼎以耳行，孔子謂鼎無足而不來，是據本爻耳革行塞為說。顏子以謂乘舟，是據變爻利涉為說也。易於六三多言不當位。未濟六爻皆不當位，而聖人於其尤甚之六三，兩繫其占，示人值此時位宜改行也。所以為全書諸爻之不當位而凶者發其凡也。」

【原文】九四，貞吉，悔亡。震用伐鬼方，三年有賞於大國。象曰：貞吉悔亡，志行也。

【譯文】九四，作正事吉祥，悔恨消亡振奮士氣用來攻打鬼方，三年取得勝利，賞給一個大國去做諸侯。《象傳》說：「貞吉悔亡」是志向得到了實行。

【釋文】九四堅持正義能夠吉祥，是由於處於上互《坎》之中爻。明言《未濟》實言《既濟》，說明從《未濟》可達《既濟》。

「劉沅曰：以九居四，宜有悔矣。然出坎入離，陽則文明，是能濟險者。以剛居柔，柔者臣職，剛者臣才，上近虛中文明之君，奮其戡亂濟世之才，信傳寵固，其象如此。四變為震，故曰震。下乘坎，故曰鬼方。既濟剛在離上、主兵者也，故言高宗。此剛離下，將兵者也，故不言高宗。既濟鬼方在上，仰而攻之，克之難，故曰憊；此者鬼方在下，易於屈服，故賞也。濟險之志得行，猶在未濟中，故言志。」

「李士鉁曰：震者，臨事而懼，震動恪恭之意也。未濟之九四，即既濟之九三，皆以陽爻居坎險，故亦用此爻以伐鬼方。既濟之三，以陽居陽，是君伐之；未濟之四，

以陽居陰，是臣用君命伐之。君勤遠略，非君德之美；臣伐遠方，則臣力之勤。故三年既克，賞與大國之封也。陽稱大，外卦稱國。賞以春夏，震爻為春，離卦為夏，受賞之時。」五爻是君，四爻是臣。九四上互之中，又是君主之位，是臣受君命。《未濟》之四即《既濟》之五，故三年克之，是從《未濟》達《既濟》之義。

「馬其昶曰：上卦三爻，辭義相承。四貞吉悔亡，武功也；五貞吉無悔，文德也。易示人趨吉避凶之方。所謂吉凶，不任之天而主之人，故尤喜言貞吉、貞凶。可見禍福無不自己求之者。未濟一卦三言貞吉，其勸深矣。」

《既濟》也好，《未濟》也好，是大自然陰陽五行之氣的運動規律所促成，不以人的意志為轉移，而人事的吉凶禍福，是由人的作為所促成，人有思想、有智慧，如果能按著事物發展變化的規律辦事，不存有私心雜念，不會有凶。所謂吉凶，順理則吉，逆理則凶。人為之也。道德高尚的人，可能逢凶化吉，寬宏大量的人可以不遇危難。即使有凶，於心無愧，心理自然平衡。殺人兇犯，逃在外面晝夜不安，其凶就在眉睫。《易》之「貞吉」勸人多做好事、正事，心存正義，邪痞不染。遠離小人，清高一世，此乃作人的根本。

【原文】六五，貞吉，無悔。君子之光，有孚吉。象曰：君子之光，其暉吉也。

【譯文】六五，貞正吉祥，沒有悔恨。君子的光榮，有誠信就吉。《象傳》說：「君子之光」像陽光一樣吉祥。

【釋文】「劉沅曰：柔中得坤體，故貞，離明，故光。

虛中應坎，故孚。貞吉以一己中正之德言，孚吉以君臣際合之美言。日光曰暉德盛孚人，如離曰朗照，物皆被光。」所謂「中虛」之德，是心中裝有天下人民。六五「貞吉」是其位置決定的。不居其位，不謀其政，六五之尊，誠信於天下人民，像太陽的光輝一樣普照四方。

【原文】上九，有孚於飲酒，無咎。濡其首，有孚失是。象曰：飲酒濡首，亦不知節也。

【譯文】上九，在酒席桌上講誠信，沒有錯。由於過量地飲酒汗水沾濕了頭部，雖有誠信卻失去了正事。《象傳》說：飲酒讓汗水淋濕了頭部是不知道節制自己。

【釋文】「虞翻曰：是，正也。六位失正故有孚失是。若紂王沈湎於酒，以失天下也。」紂之沈迷酒色以失國政。天下人亦有沈迷酒色以失正道。其原因就是不能節制自己。能不能節制自己，是君子和小人的分水嶺，君子以此受人尊重；小人以此則玩世不恭。

## 繫辭上傳

【原文】天尊地卑，乾坤定矣。卑高以陳，貴賤位矣。動靜有常，剛柔斷矣。方以類聚，物以群分，吉凶生矣。在天成象，在地成形，變化見矣。

【譯文】天體尊貴，地球卑小，《乾》卦和《坤》卦就制定出來了。低小和崇高的排列，貴賤的位置就決定了。陽動陰靜有一定的常規，陽為剛陰為柔的性質則分辨出來了。每一方的氣候各不相同，適合各個方位的物類分別地聚集在一起，有吉有凶的現象產生了。在天的範疇內

可以看到影像，在地的範疇內可以見到形狀，天地的變化從中便可以發現了。

【釋文】《繫辭》是對《易經》的全面說明。開頭便闡述了《乾》、《坤》兩卦的由來。天之所以尊貴，天是陽精。地之所以低下地是陰柔，陽大陰小。動指陽，靜指陰，所以稱陽為剛，稱地為柔。由於地的溫柔才能生有萬物。「方」指天各一方，一方水土一方一人，是方以類聚。這山全是松樹，那山全是白楊，即物以類聚。人以分群，就會產生爭鬥，「吉凶生矣」。「在天成象」指陰晴雨雪，「在地成形」指山川湖泊。

「蘇軾曰：天地一物也，陰陽一氣也。或為象，或為形，所在之不同。故在之云者，明其一也。象者，形之精華，發於上者也。形者，象之體質，留於下者也。未嘗不出於一而兩於所在也。故在天成象，在地成形，變化之始也。」「在天成象」是「形而上者」，「在地成形」是形而下者。上者是「道」，是規律，是變化的道理所在。下者是「器」物，是質，是物資。「出於一而兩於所在也」。天地是物，陰陽是氣，物在氣的運籌下產生變化。

「蔡清曰：此是從有易後，而追論未易之先，以見畫前之有易也。乾坤貴賤等名物，非聖人鑿空所為，皆據六合中所自有者，而摹寫出之耳。」「畫前之易」是指太極混元一氣歷史時期。是宇宙大爆炸使時間和空間得以形成，六合概念從而產生。陰陽五行之氣開始分化，天體既已構成。地球上有了人類以後，《易經》便在中國土地上創造出來。《易經》是中華民族文化的始祖，居五經之

首，學好《易經》應是每個中國人的責任。

【原文】是故剛柔相摩，八卦相盪。鼓之以雷霆，潤之以風雨。日月運行，一寒一暑。

【譯文】由於剛和柔相互摩擦感應，制定出八卦的相互動盪。雷聲一響像天上在打鼓，風雨飄搖使大地一片濕潤，日月往返運行，致使天氣一冷一熱。

【釋文】「剛柔」是指物性，因為物性相互感應，才把其運用到八卦裡面。天空中的雷聲，風雨都是萬物質相互感應的道理產生出來的。天氣的冷熱是日月交替產生的結果，這些都是制定八卦的理論基礎。

「彪謹案：天機之自動，就新學發明之機器可以喻知。機器發動之原始，彼此關切摩擦處，可見剛柔相摩之理。舟車輪轉，皆由熱力大氣驅之運行，無遠弗屆，可悟八卦相盪之理。」這是對八卦原理產生的進一步說明。

【原文】乾道成男，坤道成女。乾知大始，坤作成物。

【譯文】《乾》卦是形成男性的道理，《坤》卦形成是女性的道理。《乾》卦知道太極的開始，至於《坤》卦才會有成物。

【釋文】《易經》把天體的形成和萬物的產生看成是同一個道理，男是有天性，女是有地性。

《乾》卦知道天地，萬物都是從什麼時候開始，《坤》卦只能是由《乾》卦的演化產生出來的物體。「大始」是指天地的開始，天最大，應是天的開始。天始於太極。有《乾》之時沒有物，「元、亨、利、貞」是構成物和質的

四大因素，「元」是含有質之氣的開始。所以《乾》知大始，有物之時《坤》先成。《坤》成於宇宙大爆炸。所以《坤》作成物。

劉沅說：「始者始其氣，成者成其質，大者全備之意未成之始，非有造作，故言之。已成之後，有形可見，故言作。物莫不有始，乾道施生，凡物之始皆始焉，是為大始。無不秉乾之始而始者是物之始，乾皆知之也。物莫不有成，坤道養育，凡物之成皆賴焉，是坤實作之，無不由坤作而成者，是物之成，坤皆作之也。」

「彪謹案：一畫開天是大始，地大物博是成物。」成物就在一畫之中。

【原文】乾以易知，坤以簡能，易則易知，簡則易從。易知則有親，易從則有功。有親則可久，有功則可大。可久則賢人之德，可大則賢人之出。易簡，而天之理得矣。天下之理得，而成位乎其中矣。

【譯文】《乾》卦是從變化中知道一切，《坤》卦是以簡簡單單的順從中就能夠完成一切。變化是從《易》理的規律中才知道的，正由於簡單變化才容易順從。從變化中知道只有「易知」才會有親近和感應，只有變化的順從才能作出功效。產生親近感應的可以長久地持續下去，有了實際功效便可以越來越大。只有持久才能看出賢人的道德，只有盛大才能看出賢人的功業。從簡單變化的道理中而得到了天理的變化。大自然發展變化的道理得到了。而卦體中的天、地、人的位置就在其中了。

【釋文】「李士鉁曰：為物不二，故其心易。無為而

成，故其事簡。」成物的道理十分簡單，那就是從物的中心部位產生變化。這種變化，是自然而然地形成，不是外力強迫造成的。說其「簡單」就在這裡。

「馬其昶曰：易知易從，謂天地之知能無險阻也。體仁故有親，利物固有功。乾交坤而不息故可久，坤承乾而廣生故可大。」仁慈是天地、萬物質之本性，只有仁慈可親才能久，只有產生了實際功效才能可大，是《坤》承《乾》的道理。

「姚配中曰：賢人，法乾坤者。自強不息可久之德也。厚德載物，可大之業也。此以人事明乾坤之易簡也。」賢人懂天地之仁德，得天地構成之理，知怎樣做人的道理。所以，可久可大。

「劉沅曰：天下理得，言萬變不越乎此理成位乎中，則人合天地之道者也。右第一章，言天地為易之原，自然之理象，萬物不能遺。乾坤理氣，人皆備之，文王作易所以首乾坤，欲人法天地的修身也。」天地的道理就是做人的道理，人能掌握這個道理，便可以順從天理的行人事，潔身自好。

【原文】聖人設卦觀象，繫辭焉而明吉凶，剛柔相推而生變化。是故吉凶者，失得之象也。悔吝者，憂虞之象也。變化者，進退之象也。剛柔者，晝夜三象也。六爻之動，三極之道也。

【譯文】聖人設立六十四卦，透過觀看卦象和每一卦、每一爻上所標的卦辭說明吉凶，陽爻陰爻相互推演便能產生變化，吉凶就在變化中顯現出來了。吉凶是用來說

明是有獲得還是有損失。卦中的悔吝是有憂慮的象徵。卦爻的變化是用來說明是應該前進還是後退。卦中的陰陽有白晝和夜晚的象徵，六個爻的變動情況是天、地、人三方面共同的道理。

【釋文】「李鼎祚曰：謂伏羲始作八卦文王觀六十四卦、三百八十四爻之象、而繫屬其辭。」

「劉沅曰：聖人設卦明其象，復觀象繫辭，示人的吉凶之道，順理則吉，違理則凶，欲人因吉凶以悟至理，非教人昧理而趨吉避凶也。其言吉凶者，由理有失得也。言悔吝者，由昧理而憂虞也。易辭之吉凶悔吝，固自人而分也。易象之變化剛柔，固自天地而出也。」

天道自然之象，吉凶禍福中有人為之事也，天道有凶，人知之則可化凶為吉，凶事避之不為，是人懂得變化之理。（這是事先預測的好處）是禍躲不過的說法是錯誤的。關於「順理」「逆理」的說法實屬人性所關，對事、對物由於觀察點的不同而人心各異，行動起來才會千差萬別，是福是禍，實踐是檢驗真理的標準。

「王夫之曰：初二地位，三四人位，五上天位。每位必重。氣之陰陽，形之柔剛，性之仁義交至，而成乎全體大用也。然而不能皆見於用，故一時之所值所占，則道著焉。當其時處其地，擇其進退。天之災祥，地之險易，人事之順逆，因而決焉。三極得失之理，於斯顯矣。」

【原文】是故君子所居而安者，易之序也。所樂而玩者，爻之辭也。是故君子居則觀其象而玩其辭，動則觀其變而玩其占，是以自天祐之，吉無不利。

【譯文】人的舉止行為十分安穩，是適應了天地時空素質的變化順序。值得高興的應去玩弄卦爻，卦爻可以告訴你應該在家裡安居樂業，還是應該行動起來到外面去改變一下現狀。有上天的保祐，沒有不吉利的事情。

【釋文】上天不會保祐每一個人，也不會損傷每一個人，是人的自身素質與大自然中的時空素質的有機結合，才會使人安居樂業，大自然的時空素質決定著每一人的生存和命運，是萬物在相互感應中宇宙射線和物資射線產生的作用。

【原文】象者，言乎象者也。爻者，言乎變者也。吉凶者，言乎其失得也。悔吝者，言乎其小疵也。無咎者，善補過也。

【譯文】象辭是說明卦象的。爻詞是說明變化情況的。吉凶是對損失和獲得的解釋。悔吝是說有點小毛病。無咎能善於補足過失。

【釋文】「劉沅曰：凡言動之間，善則得，不善則失。小不善為疵，不明乎善而誤入為過。覺其小不善欲改而未及改，於是有悔。覺其小不善猶可及改而不能改，於是有吝。言象言變，不外乎吉凶悔吝之辭，即吉凶的示人從理。悔未純吉，吝未純凶，言小疵，欲人並此無之也。能改以從善，故無咎。善者，嘉其能補過也。」

【原文】是故列貴賤者存乎位，齊大小者存乎卦，辨吉凶者存乎辭，憂悔吝者存乎介，震無咎者存乎悔。是故卦有大小，辭有險易。辭也者，各指其所之。

【譯文】卦有六個爻位，按著貴賤的順序排列在卦

中，陽大陰小能不能與卦位對齊就體現在每一卦當中。辨別吉凶可以在爻辭中找到，在憂慮過程中是悔、是吝存在著細小的差別，在不加考慮的行動中雖無咎卻存著悔。

卦有陰卦、陽卦，陽卦大，陰卦小，辭分卦辭和爻辭，無論卦辭還是爻辭，都有艱險和平易之分。在每一爻的詞裡面，都指明了其所處的位置。

【釋文】震，動。介，細小。齊，排列對齊。

卦位的確定是一、三、五為陽爻，二、四六為陰爻。卦象在爻位上的表示方法是陽用九陰用六。陽居陽、陰居陰為得位，陽居陰、陰居陽為失位。吉凶悔吝就是根據所處位置和相鄰上、下爻的厲害關係確定下來的。

【原文】易與天地準，故能彌綸天地之道。仰以觀於天文，俯以察於地理，是故知幽明之故。原始反終，故知死生之說，精氣為物，遊魂為變，是故知鬼神之情況。

【譯文】《易經》理論與天地的構成與運動規律是相同的，所以能普遍地、全面地、細流地、充分地說明天體運轉的道理。

古人們每到夜晚總是要到外面去觀察天上的星星，整日裡埋頭各地四處察看地形。這樣便瞭解到陰陽屬性的來源，從中體會到陰陽變化無始無終，從無始無終的規律中知道了人為什麼會死，為什麼會生的道理。天地之精其實就是氣，人得精氣才能生，人死以後，精氣散了，化作遊魂跑掉了，又返回到大氣當中，透過這些變化，就知道了鬼神的情況。

【釋文】準，標準、準則。彌綸，全面包括。原始反

終，原來開始反而是終結，即無始無終。

《易經》來源於人們的實踐活動，透過觀天察地「知幽明之故，知生死之說」「遊魂為變」是種錯覺，人死如燈滅並沒有什麼魂，人若果真有魂，那些屈死亡靈的仇，不用活人去報，其魂便可以自行去報仇。所謂「鬼神之情狀」並非鬼神的作用。在預測學中，克我的那種五行確定為「官鬼」。是說在人類社會上只有陽間的官府和陰間的鬼神能把我克制住。其實在五行學說中，物類相剋是自然屬性，各自在運轉規律中必須有生剋的道理存在，人身素質（即形而下者）與大自然中的五行運動規律（即形而上者）是息息相關的，在時空條件的作用下便會產生生助拱合或者是刑沖剋害的自然現象。並非有什麼鬼神故意為之。《易經》的理論並非是「鬼神」的理論。「是故知鬼神的情狀」與《易》理不符，是古人意識形態的產物，難怪人們把《易經》說成是迷信了。

「京房曰：準，等也。彌，徧也。」

「虞翻曰：綸，絡。謂易在天下，包絡萬物。」

「劉沅曰：彌者，彌縫之無有罅隙，大無不包也。綸者，條理之極其分明，細無不析也，二句總冒下文。」

「劉向曰：天文地理，人情三效，存於心則聖智之府。」

「張惠言曰：陰為幽，陽為明也。」

「韓伯曰：死生者，始終之數也。」

「彪謹案：天地之所以為天地，皆陰陽之氣為之。聖人觀天察地，即知陰陽所以然之理。非聖知其熟能之：老

子言無名天地之始，有名萬物之母，是原始也。萬物芸芸，各復歸其根是反終也。觀卦爻之死生而通其理，即知人物之死生。」

「本義云：易者陰陽而已，幽明、死生、鬼神皆陰陽之變，天地之道也。陰精陽氣，聚而成物，神之伸也。魂遊魄降，散而為變，鬼之歸也。」《本義》把陰陽變化說成是鬼神變化，「陰精陽氣」是理念之顛倒，陽者為精，陰者是氣，精氣為物，氣為質，由質而成物。「神之伸」為精所至，非為鬼神也。散而為變是形物三散，形變質不變，散脫而已，並非鬼能歸也。

【原文】與天地相似故不違。知周乎萬物而道濟天下，故不過。旁行而不流，樂天知命，故不憂。安土敦乎仁，故能愛。

【譯文】《易經》的道理與天地運轉的道理相類似（暗合），所以《易經》與天地的道理並不違背。《易經》能全面地系統論述萬物發展變化的道理，使這個道理普遍通行於整個天下，並沒有一點過分。往旁邊行走趕不上時代的潮流，只有喜歡大自然的人才能知道生命的價值，這樣的人是不會憂慮的。安靜的土壤裡存在著敦厚的仁慈，萬物就是在這敦厚的仁慈中互相愛護。

【釋文】天體的運轉有規律是磁場的作用，萬物的發展變化有規律是天體的作用。《易經》就是根據這個道理展開論述的。這個道理即符合大自然的發展變化，又符合人事的發展變化。水如果向四周擴散並不能形成河流，人如果不在正確的道路上行走，是趕不上時代的潮流。這就

是萬物發展變化的道理。土壤是最敦厚仁慈的了，萬物才能在土壤中生長出來，這就是說天性就是人性，天德即是人的道德，天理即是人的道理。

【原文】範圍天地之化而不過，曲成萬物而不遺，通乎晝夜之道而知，故神無方而易無體。

【譯文】天地在其固定的範圍之內進行演化決不會有絲毫的超過，即使不公正地形成萬物而決不遺漏一點。通曉弄明白晝夜變化的道理從而知道陰陽變化。所以，神的出現沒有固定方位，而《易經》的變化沒有一定形體。

【釋文】曲，不合道理，不公正的。「劉沅曰：范，鑄金之模。圍，圍繞其外。曲，猶偏，偏旁幽曲之處皆成就之也。晝夜顯而易見，而其所以然，即幽明死生鬼神之秘，天地萬物之變化存焉。神者化之主宰，方則有所，體則有形也。」「神」是化之主宰。變化由神來主宰。在《易經》中，能不能變化，決定於所處的位置及時間，有應無應，各種條件所決定的，沒有一處說這是神叫它如何如何。可見這種說法是站不住腳的。要說「神」是構成天體的常經；是構成人體的常經；同樣是構成萬物的常經；即可理解成是構成物體的神韻，是形成變化的韻律和拍節。使合乎大自然的狀況，大自然中的萬物，各自有各自的神韻，這種神韻，構成了大自然的無比壯觀，給人們留下了不可磨滅的印象。

【原文】一陰一陽之為道。繼之者善也，成之者性也。仁者見之謂之仁，知者見之謂之知。百姓日用而不知，故君子之道鮮矣。

【譯文】一陰一陽是萬物發展變化的規律，按著這個規律向前發展是繼承善良，這種善良在各正性命之後便成為萬物各自具有的性質，仁慈者把這種善良稱之為仁，知道這種善良的人才能說成是知，平常百姓天天在動用這種善良卻不知道這是怎麼一回事，這就使君子的道德更加光彩了。

【釋文】一陰一陽是陰陽在一個單元裡面的平衡。是構成物質的基本容量。陰長陽消陽長陰消，陰陽不均物質找不到平衡。萬物的形成能各正性命，就是一陰一陽為單位所起到的作用。一陰一陽不斷地向前發展，這種現象稱做善。一個「善」字是形成萬物的基本性質，不善不能成物，即使成物，也不是好物。

「通書云：大哉乾元，萬物資始，誠之源也。乾道變化，各正性命，誠斯立焉。純粹至善者也。」質的本身就是一個誠字。「誠」是萬物之源，由「誠」而至「善」。

「二程遺書云：天以生為道。元者善之長，萬物皆有春意，便是繼之者善也。」天以生為道，天性本善，元者善之長，天是「元」的產物。

「來知德曰：仁知，即君子。見，發見也。性於人身，渾然一理，無聲無臭，惟仁者發見於惻隱則謂之仁，知者發現於是非則謂之知，而後所謂性善方有名狀也。」人各有性，是善是惡只有在相互感應中才可以發見。所謂聖人生性善也。體善之心發見於天下，天下善性勃然而起。是「方的類聚」也。

【原文】顯諸仁，藏諸用，鼓萬物而不與聖人同憂，

盛德大業至矣哉。富有之謂大業，日新之謂盛德，生生之謂易，成象之謂乾，效法之謂坤，極數知來之謂占，通變之謂事，陰陽不測之謂神。

【譯文】大自然處處顯示著一個「仁」字，「仁」字卻巧妙地隱藏在天下人的日用之中。它鼓勵萬物精神奮發，卻不去與聖人共同憂慮。天下的盛德和偉大事業自然而然地達到了宇宙間富有天體，這就是大業，日日更新不斷地向前發展，這就是盛德。生而又生這就是變化，在天成象叫做《乾》卦，能採用有效的方式發揮《乾》的功能叫作《坤》。用盡了蓍策之數可知未來之事叫作占，通曉卦爻的變化情況叫作人事，陰陽變化不可預料就是神。

【釋文】天地萬物顯示著「仁」，人們天天接觸到仁，是「仁」鼓舞著大千世界。天體就是在「仁」字中產生。這種道德無法估量《乾》天《坤》地，生態變化，全在其中。「極數」指用盡五十之數。遠古占卜術，採用五十顆蓍草進行推衍的方式。人事就體現在這五十顆蓍草當中。

【原文】夫易廣矣，大矣。以言乎遠則不禦，以言乎邇則靜而正，以言乎天地之間則備矣。

【譯文】《易經》所涵蓋的一切太廣泛了，要說它遠沒有止境，要說它近則一片安靜而又純正，要說在天地之間，沒有它不具備的全包括在內了。

【釋文】「虞翻曰：禦，止也。有天地人道焉，故稱備也。」

「劉沅曰：廣乾中無不含，大者外無不包。遠，推暨。邇，謂身心。天地之間，凡事幽顯皆是。言萬有之

理，無不備具也。」

【原文】夫乾，其靜也專，其動也直，是以大生焉。夫坤，其靜也翕，其動也辟，是以廣生焉。

【譯文】《乾》卦，靜止不動之時十分專一，展開行動之時無比正直，正因為如此，才創生出最大的宇宙。《坤》卦，靜止不動時能和光氣相合，展開運時能大開仁慈，正因為如此才廣生萬物。

【釋文】「劉沅曰：乾坤各有動靜，實止一氣之為。專，以其凝一者言。直，以其健行者言。翕者藏乾之機，辟者遂乾之化。乾陽實，故以質言曰大，大者足以包乎地之形。坤陰虛，故以量言曰廣，廣者足以容乎天之氣也。」

「馬其昶曰：專者，光托氣顯而終古不變。直者，光行至速，無遠弗屆也。翕者，光氣不相離。辟者，氣得光靈，而分散以生萬物也。」

【原文】廣大配天地，變通配，四時，陰陽之義配日月，易簡之善配至德。

【譯文】《易經》廣大與天地相匹配，天地的變通與春、夏、秋、冬相匹配，《易經》中陰陽的意義與日月相匹配，《易經》這種簡單的善良理論與道德相匹配。

【釋文】《乾經》是論述天體形成及萬物發展變化的學說，其「廣大」指宇宙時空而言，有宇宙則有《易經》，《易經》是宇宙的代言人。從開天闢地到地球毀滅，其《易經》之道永恆其中。廣乎？遠乎？深乎？歸根結底其《易經》是在闡述「仁」、「義」與「道德」。

「方潛曰：此段申六爻之動，三極之道也」一卦有六個爻，論述天、地、人三才之事，其時間之長沒有終止，從一分一秒開始，直到永遠、永遠。這長度和廣度無法估量。即「三極之道」。

【原文】子曰：易其至矣乎！夫易，聖人所以崇德而廣業也。和崇禮卑，崇效天，卑法地。

【譯文】孔子曰：《易經》的理論已達到至善至美了！《易經》是聖人崇尚道德從而擴展各種事業。智慧貴在崇尚道德，禮節貴在謙讓低下，崇高應效法天德，低下應效法地德。

【釋文】天德的高尚能廣生萬物，光被四表而不圖服達；大地的低下而是經常被人畜踩在腳下，無怨無悔卻能養育萬物，這樣的道德不值得效仿嗎？

【原文】天地設位，而易行乎其中矣。成性存存，道義之門。

【譯文】天上地下的位置確定了，而天地的變化就在當中運行開來了，天地的演變給萬物形成了個性，這種個性就叫做天性，天性的存在，而是永遠地存在下去，就這樣打開了道德、仁義的大門。

【釋文】「劉沅曰：天地之德，在人曰性，成體而成之。不愧為人，必由成性。人能體天地的成德，則為成性。存存，存而又存，敬修不息也。道義之門，道義皆從此出。道，理之總名。義，道之散著。在天地亦在吾身，萬事萬理莫不本於性，即莫本於天地也。此承上勗人學易以成性。」

道德仁義，出於天地，出於《易經》。人效法之，稱之為人性、實為天性。天地賦予性不可不珍惜，故要學《易》。學《易》者深知修身養性的道理，讓道德仁義走進千家萬戶的大門。

【原文】聖人有以見天下之賾，而擬諸其形容，象其物宜，是故謂之象。聖人有以見天下之動，而觀其會通，以行其典禮，繫辭焉以斷其吉凶，是故謂之爻。

【譯文】聖人看到天下白晝黑夜變化的奧秘，用陰陽比擬的方式表現出變化的形態，與實際的物象十分適宜，這就是《易經》中的卦象。聖人看到了日月星辰的變動，把看到的情況融會貫通到八卦當中，用來施行祭祀和各種禮儀當中，把卦中每一爻都標上吉凶，供占斷使用，所以把它說成是爻。

【釋文】天下的動靜存於六爻當中，看人為了看到天下人的各種舉動是否能夠行得通，以保證人們的各種禮儀活動，就在每一爻上標上吉凶，按著這種吉凶行事的就說成是爻。這裡是在闡述由實踐活動驗證爻辭的吉凶。

每一個爻位是吉是凶，是在實踐活動中總結出來的，聖人把看到的情況融會貫通，透過祭祀的禮儀活動來驗證卦爻是吉是凶。

【原文】言天下之至賾，而不可惡也。言天下之至動，而不可亂也。擬之而後言，議之而後動，擬議以成其變化。

【譯文】《易經》中的卦象是用來表達天下繁雜深奧的事物，而不可以使人產生厭煩的心理。《易經》中的卦

爻是用來說明陰陽變動的運動規律，必須合乎情理不可以混亂。用陰陽模擬而後加以說明。說明以後陰陽才會有變動。透過模擬和說明兩種方式便形成了《易經》陰陽變化的哲理。

【釋文】「吳澄曰：象顯天下至幽之義，名言宜稱，人所易知，自不至厭惡其瀆。辭載天下至多之事，處決精當，人所易從，自不至棼亂其亂。」

「二程遺書云：擬度而設其辭，商議以察其動。舉鳴鶴以下七爻，擬議而言者也。餘爻皆然也。」這段文字說出了《易經》是實踐活動的經驗之談。《易經》的發展過程是「擬度而設其辭，商議以察其動」。並非席堡而書成。

【原文】鳴鶴在陰，其子和之，我有好爵，吾與爾靡之。子曰：君子居其室，出其言善，則千里之外應之，況其邇者乎？居其室，出其言不善，則千里之外違之，況其邇者乎？言出乎身，加乎民。行發乎邇，見乎遠。言行君子之樞機。樞機之發，榮辱之主也。言行，君子之所以動天地也。可不慎乎？

【譯文】《中孚》卦九二的爻詞說：「鳴鶴在陰，其子和之。我有好爵，吾與爾靡之。」子曰：君子住在家裡，說出話善良美好，遠在千里以外的人聽到以後也會不折不扣地響應，更何況近在身邊的人呢？一個人坐在屋子裡，嘴裡說出了不善的語言，遠在千里之外的人聽到後也會違背他的心願，更何況近在身邊的人呢？言論是從自己的口中說出來的，要施加於廣大民眾，行為好壞在近處發生，

而能產生很大的影響，同樣可以顯現在遠方。言論和行動是一個人的中樞神經，中樞神經的發揮，是榮譽和恥辱的主要標誌。人的榮譽和恥辱可以驚天動地，不謹慎行嗎？

【釋文】這是對萬物相互感應的有力說明，人的榮辱取決於言行。用人的言行說明大自然中萬物都是這樣相互感應。動物如此，植物如此，有機物皆如此。這是天地永恆的一條真理。《易經》的擬議就體現在這裡。

「劉沅曰：此示人的擬議之道，略舉七章以見義。中孚九二，言聲氣相通，物我同情。君子幽居獨處，與人何關？然居室出言，如戶動於樞，矢發於機，感應最捷。善則榮，不善則辱。極之，感動天地亦由此。此所的必須擬議也。」

【原文】同人，先號咷而後笑。子曰：君子之道，或出或處，或默或語。二人同心，其利斷金。同心之言，其臭如蘭。

【譯文】《同人》卦九五爻詞說：「先號咷而後笑」子曰：「君子為人處世的法則，或者外出做事，或者孤身獨處；或者沉默寡言，或者大發議論，只要二人心意投合，如同利刃劈斷金屬。心意相同的人，說出來的話就像蘭花釋放出來的香味。芬芳襲人。

【釋文】《同人》卦有心意相同之意。九五先號咷是考慮六二不與同心，她身邊有三陽相近。「後笑」是由於用大部隊打敗同類以後，六二沒有變心兩人才能相遇。說明「二人同心，其利斷金。同心之言，其臭如蘭。」

【原文】初六，藉用白茅，無咎。子曰：苟錯諸地而

可矣。藉之用茅，何咎之有？慎之重也。夫茅之為物薄，而用可重也。慎斯術也以往，其無所失矣。

【譯文】《大過》卦的初六爻辭說：「藉用白茅，無咎」孔子說：祭祀物品放在地上就可以了，如果再用白茅鋪在地上，會有什麼錯呢？只能說明十分慎重。白茅是微薄並不貴重的物品，其作用卻十分貴重。用這種慎重的方法去進行祭祀，必定會沒有過失吧。

【釋文】《大過》卦「棟橈」其至要原因就是由於初、上兩爻是陰所致，但初六不可化陽，要想初六不變而無咎，「藉用白茅」這是補過舉動。這裡用來說明「擬之而後言，議之而後動，擬議以成其變化。」的論述。

【原文】勞謙，君子有終，吉。子曰：勞而不伐，有功而不德，厚之至也。語以其功下人者也。德言盛，禮言恭。謙也者，致恭以存其位者也。

【譯文】《謙》卦九三的爻辭說：「勤勞謙遜，君子保持謙虛的美德始終如一，吉祥。孔子說：「勤勞的人自己不誇耀自己，有功勞而不自以為是，是敦樸憨厚的美德。說其有功並能甘居人下，說明其道德盛大，說明其禮節恭謹。所謂謙虛，就是致力於恭敬，以保存應有的地位。

【釋文】孔子對九三爻辭的解釋，也是對《謙》卦的解釋。九三是《謙》卦的論述中心，也是《謙》卦之重要一爻。在《謙》卦中惟有九三是陽，陽為大，是君主象徵，君主不在六五，而下處九三，是體現君主的謙虛。《地山謙》卦，本來大地上只有山是高的，今山卻處在大地的下面，體現了山的謙虛。大地上山最高；社會上王最

大，君王就如同大山，這是卦義，爻義擬議的最高境界。
聖人如此示人，以示道德、仁義的重要性。

【原文】亢龍有悔。子曰：貴而無位，高而無民，賢
人在下位而無輔，是以動而後悔也。

【譯文】《乾》卦上九爻辭說：「無龍有悔」。孔子說：
尊貴的人都沒有得到實位，處在崇高的位置上卻得不到百
姓的擁護和愛戴，賢明的人在下面卻不去輔助他，這樣行
動起來必定會有悔恨。

【釋文】《乾》卦是天，爻爻都是龍的象徵，也就是
君王的象徵。處在上九的王位，是卦的終點，高高在上，
雖貴卻失中，就是偏離了人民大眾的核心。得不到人民的
愛戴和擁護，基於此，無人輔助。一個光桿司令，他的行
動怎麼能沒有悔恨呢？這裡說明了《乾》卦上九的卦象，
「象其物宜是故謂之象」的擬議構思。闡明「聖人有以見
天下之動，而觀其會通」在卦中所產生的作用。

【原文】不出戶庭，無咎。子曰：亂之所生也，則言
語以為階。君不密失臣，臣不密則失身，幾事不密則害
我。是以君子縝密而不出也。

【譯文】《節》卦初九爻辭說：「不出戶庭，無咎」。
孔子曰：禍亂之所以產生，往往是由語言引起的。君主的
語言不縝密就會失去臣子，臣子的語言不縝密就會喪失生
命，機密大事不縝密禍害就會形成，所以君子為了縝密不
致於洩露機密而不出戶庭。

【釋文】《節》卦就是節制自己，初九「不出戶庭」
說明能節制自己，是《節》卦的中心。節制是固定不可變

的，節制之初，決不可變，一變則不節矣。而九二到了不該節制自己的時候，而九二卻堅持不變，其結果初吉而二凶。

《繫辭》對初九的解釋是在說明「言天下之主動，而不可亂也。擬之而後言，擬議以成其變化。」的理論基礎。

【原文】子曰：作易者其知盜乎！易曰，負且乘，致寇至。負也者，小人之事也。乘也者，君子之器也。小人而乘君子之器，盜思奪之矣。上慢下暴，盜思伐之矣。慢藏誨盜，冶容誨淫。易曰，負且乘，致寇至，盜之招也。

【譯文】孔子說：《周易》的作者大概知道強盜的心裡活動吧，《易經》說：「負且乘，致寇至」背負重物而坐在車上，要招致匪徒的搶劫，負重載物本是小人的事務，乘坐的車輛是君子的器具。作為一個小人而坐在君子的車上，盜匪當然會謀取搶劫，車上坐著的人漫不經心不慎用臣子，臣子一定會殘暴。這樣一來，定然會招致外國前來征伐。輕漫的收藏會引誘來小偷，妖豔地打扮會引誘來淫亂。《易經》說「負且乘，致寇至」強盜是被招來的。

【釋文】負，背在背上。乘，坐車。慢，輕漫。藏，隱藏。誨，教誨，引誘。冶容，妖豔地打扮。

孔子對《解》卦六三爻詞的解釋，是對「聖人有以見天下之動，而觀其會通」的說明。就是為了達到「言天下之至賾，而不可惡也。言天下之至動，而不可亂也」的目的。

《解》卦六三，是陰居陽位，小人坐在君子的車上。

「董仲舒曰：乘車者，君子之位也。負擔者，小人之事也。此言居君子之位，而為庶人之行者也，其患必至也。」這個「患」是咎由自取。小人「負且乘」而招致小人來搶劫是小人招來小人，「方次類聚也」。這事放在君主身上，會有亡國之憂。充分地說明了天下之動不可亂的道理。

【原文】大衍之數五十，其用四十有九。分而為二的象兩。掛一以象三，揲之以四以象四時。歸奇於扐的象閏。五歲再閏，故再扐而後掛。天數五，地數五。五位相得，而各有合。天數二十有五，地數三十。凡天地之數，五十有五，此所以成變化而行鬼神也。乾之策二百一十六，百四十有四。凡三百有六十，當期之日。兩篇之策，萬有一千五百二十，當萬物數也。

【譯文】演算蓍草的顆數是五十，推衍時取出一顆，只用四十九顆，把四十九顆蓍草任意分作兩堆以象徵兩儀（陰陽）。然後從這兩堆蓍草中任取一根，掛在左手小指間，象徵天、地、人三才。再以四為單位分別數兩堆蓍草，每堆的餘數或為一，或為二，或為三，或為四，而不能超過四，象徵春、夏、秋、冬四個季節。把第三營兩堆蓍草於餘數放在別處，說明曆法中每年的餘數歸聚而閏。五年一個閏年，所以將兩組餘數合起來之後再分。天數是五個奇數，地數是五個偶數。五個數相加各有一個和。天數（一、三、五、七、九）相加其和為二十五，地數（二、四、六、八、十）相加其和為三十，天數，地數的總和是五十五。這天地數總和就形成了掛爻變化的依據。

乾卦數推算總數為二百一十六策。坤卦為一百四十四策，乾坤兩卦共三百六十四卦，相當一年的天數。《周易》上下經六十四卦共一萬一千五百二十策，相當萬物的數字。

【釋文】這段文字論述古人占卜的方法，體現了太極是一，兩儀是陰陽。卦一象三才。揲四以象四季。「歸奇於扐」的象閏年。三百六十以象一年，而萬以上的數字象徵萬物。古人利用這種方式闡述天體演變過程。

「劉沅曰：衍，推衍也。推天地之數以統萬物，故曰大衍，河圖之數五十有五，而言五十者，五行以土為母。五、十土生成之數，舉此可以讀金木水火。乘之而得五十，故以為筮數。」

【原文】是故四營而成易。十有八變而成卦。八卦而小成。引而伸之，觸類而長之，天下之能事畢矣。

【譯文】所以，透過「分二、掛一、揲四歸奇」這四營的過程而筮成《易經》。由十八次變化而成一卦，九次變化而成三爻為小成，從一卦引而向前延伸至六十四卦，其義類無窮無盡，凡是天下能做到的事情全包括在內了。

【釋文】「陸績曰：分二，一營。掛一，二營。揲四，三營。歸奇，四營。謂四度營為。」四營是指四個步驟。

「馬其昶曰：揲蓍之事，四度經營，乃成一變，三變之後，乃知其為七，為八，為九，為六。故荀慈明曰，營者，謂七八九六也。言所以營者，營此而已。」

「本義云：八卦小成，謂九變而成三畫，得內卦也。」

【原文】顯道神德行，是故可與酬酢，可與祐神矣。

子曰：知變化之道者，其知神之所為乎？

【釋文】《易經》顯示的道理是神的道德在行動，因此運用《周易》可以應對人類社會上一切需求，可以用來幫助人們解脫精神上帶來的苦腦。孔子說：知道了《易經》變化的人，大概知道神的作為了吧。

【釋文】《易經》講天理，就是大自然發展變化的道理，人們不懂這個道理，才說成是神顯示的道理。現代科學證明磁場和電磁波是構成天體的核心力量，天體的構成不是神仙的作用，這裡把《易經》的變化說成是神顯示的作用，無疑是在把《易經》理論全盤否定。古人崇神靈，是時代背景所決定的，在科學極不發達的時代，弄不懂的事情自然要歸著於神了。大展出版社出版一本《周易自然觀》，書中作者說「《易經》中沒有神的位置。」

【原文】易有聖人之道四焉，以言者尚其辭，以動者尚其變，以製器者尚其象，以卜筮者尚其占。

【譯文】《易經》中有聖人四種表現方法：用文字表達力求準確精煉，在行動上注重變化規律，在制定物體是崇尚其形象，在用其測時崇尚占斷實效。

【釋文】「辭」指文辭。「尚其辭」崇尚文辭，力求達到準確，精煉。「變」指變化規律。「製器」，製是制定。器指物體。「象」，指形象。

「劉沅曰：辭變象占，近於術數。特明其為聖人之道，欲學者盡心乎此。以，用也，製器，始結繩網罟之類，尚象，離井鼎之類。占，吉凶悔吝等語。並言卜筮，卜亦不外陰陽變動也。聖人之道，無所不包，而著於日用

事物。言必衷道以該萬變，動不離道不越乎中，製器者，形下之器，亦形上之道所寓，依類取象，不失乎正以前民用。卜筮者，所以求適於彰往察來，示人去取」。

【原文】是以君子將有為也，將有行也，問焉而以言，其受命也如響，無有遠近幽深，逐知來物。非天下之至精，其敦能與於此？

【譯文】每當君子有所作為有所行動的時候，就會用《易經》占問吉凶而按其卦意行事，卦象就像傳達出的命令，而求占者立刻響應不管遠近，幽隱、深沉的事情都能知道它的來源。若不是天下最精深的道理，怎麼能作出這種事情。

【釋文】《易經》是天下最精深的理論，因為它能知「來者」。由於宇宙間物質的演化是有一定規律的，《易經》就是抓住了這個規律在世代人的不斷努力下達到了驚人的效果，《易經》是實踐的產物，並非憑空想像出來的，中華民族發展的歷史也是《易經》發展的歷史。《易經》所展現出來的理論基礎，充分體現了中華民族的聰明智慧和創新精神。

【原文】參伍的變，錯綜其數。通其變，逐成天地之交。極其數，遂定天下之象。非天下之至變，其敦能與於此？易無思也，無為。也寂然不動，感而逐通天下之故。非天下之至神，其敦能與於此？

【譯文】天數五，地數五的三次變化錯綜複雜。這種錯綜複雜的變化數字中，通向了大自然的變化，於是形成了天地種種不同的自然現象，著草的顆數推衍到最後，於

是確定了天下的形象。若不符合大自然的變化，怎麼能和天地現象相符呢？

《易經》沒有思想，沒有隨心作欲的作為，寂寞寧靜、動與不動的卦象，卻能亨通天下一切道理，若不是天下有真實地神奇，怎麼能與這些現象相符呢？

【釋文】這段文字，是對推衍著占的肯定，用數字表示大自然的變化，是《易經》，一大發明，難怪當代人寫出了《數字化和生存》這樣的書。電子計算機的發明，打開了數字化的大門。《易經》應是這門科學的始祖。

【原文】夫易聖人之所以極深而研幾也。唯深也。故能通天下之志。唯幾也，故能成天下之務。唯神也，故不疾而速，不行而至。子曰易有聖人之道四焉者，此之謂也。

【譯文】《易經》，聖人之所以用極深奧地道理研究其微妙地陰陽變化，唯有這種深奧地道理，才能通向天下人的心願。唯有這種微妙地變化才能成為天下人當務之急。唯有神的作用，才能在不用急速去做的情況下事事速成。不用採取任何行動而目的卻達到了。孔子說：《易經》有聖人之四種道理，說的就是這個道理。

【釋文】幾，細微。疾，迅速。急速。聖人之道四，指前文所講的。「以言者尚其辭以動者尚其變，以製器尚其象，以筮者尚其占。」

「劉沅曰：至精，至變，至神，皆聖人之道，而易有之。明聖道以教人，以杜夫逐數昧理之流。特指出四者為聖道，聖人固不以象數而顯也。其作為四者，皆本至精、

至變、至神之德，而後足的訓世於無窮。學者即四者以求本源，必思何以能精能變能神，性分之功不容緩。即辭變占象，亦不敢的易示之，而慎於用，本於正，悉在其中，此夫子之意也。無思節，明明言易，或竟說到聖人心體上去，殊非。又易字及卜筮字，自兼蓍龜。大衍章言筮不言龜，蓋以揲筮之法，象數顯然，即易見者示人，至龜神妙難宣，故不復言。」

【原文】天一，地二。天三，地四，天五，地六。天七，地八。天九，地十。子曰：夫易何為者也？夫易開物成務，冒天下之道，如斯而已者也。

【譯文】天數一地數二，天數三地數四，天數五地數六。天數七地數八，天數九地數十，孔子說：《易經》是用來作什麼的呢？《易經》是敞開物性，成就天下一切事務，包容天下一切道理，也就是這樣罷了。

【釋文】這裡闡述天數、地數排列順序，這個順序出自於《河圖》。是陰陽五行形成之數。

「郭雍曰：天數五地數五者，此也。漢志言天以一生水，地以二生火，天以三生木，地以四生金，天以五生土。故或為且一至天五為五行生數，地六至地十為五行成數。」天一生水地六成之。天七成火與地二併。地八成木與天三併。天九成金與地四併。地十成土於中與天五併。這種五行生成之數，是從《河圖》黑白洞之數總結出來的。「本義云：此言天地之數陽奇陰偶，即所謂河圖者也。其位一六居下，二七居上，三八居左，四九居右，五十居中。」

「劉沅曰：漢律曆志天一至神也，六十四字相連，後乃錯簡，故程子正之。天地止一理一氣，為太極所聚。後人分而為二，謂有體有用。而天地止理氣之凝一，五行皆天地所生成，曷嘗自為功用？聖人即形象以窮其源，則象數皆鱗爪也。」

「劉沅曰：設為問答以起下文。開物，發明物理。成務，成就事務。」

【原文】蓍是故聖人以通天下之志，以定天下之業，以斷天下之疑。是故蓍之德圓而神，卦之德方以知，六爻之易以貢。

【譯文】聖人為了溝通用天下人的心願，用其決定天下人的事業，決斷天下人的疑難，由於蓍數的推衍道德圓滿而神奇，卦的道德是通向四面八方內含無窮智慧。六爻所標明的意義透過變化便能告知吉凶。

【釋文】「德圓」指功能圓滿，無所遺漏。「德方」，指所向有方，無論什麼地方，沒有達不到心願的。「貢」，告知。

【原文】聖人以此洗心，退藏於密，吉凶與民同患。神以知來，知以藏往。其孰能與於此哉？古之聰明睿智，神武不殺者夫。是以明於天之道，而察於民之故，是興神物，以前民用。聖人以此齊戒，以神明其德夫。

【譯文】聖人以此種方式洗滌修養心志，退藏在隱秘之處，和平民百姓共同憂患在吉凶的人事之中，卦的神奇就是用來知道未來情況，這種睿智深藏著早已過去的事情，一般人又怎麼能作到這些呢？古人留下來的聰明智

慧，是神仙武夫厄殺不了的，用這種方式說明天的道理，體察民間的一切事物，蓍占這樣興盛起來了，可以給老百姓在行事之前判斷其是吉是凶，聖人用這種方式齋戒身心，用神明表明自身的道德。

【釋文】「龔原曰：洗心，莊子所謂疏瀹其心。」

「語類云：退期待於密，是主靜處，未見於用，所以寂然不動也。卦爻所載，聖人已言之理皆在，是藏往。困此理以推未來之事，是知來。」

「何楷曰：未至之幾曰來，可知之理曰往。」

「劉沅曰：神知本相為用，聖人先有此神知之德，而後能作易，欲人求之於其本也。心有覺而性無為，故聖人亦必先心。密，宥密，人身太極之所，所謂中也，退藏以養其體，而用無不該。此時吉凶未兆，而其理已涵於宥密。神以知事之將來，知心藏理之既往。聰明以耳目言，睿智以心思言。神武不殺，禁患於無形，極嘆聖人以心易闡為易，性量之大也。」

【原文】是故闔戶謂之坤，闢戶謂之乾。一闔一闢謂之變，往來不窮謂之通。見乃謂了象，形乃謂之器，制而用之謂之法。利用出入，民咸用之謂之神。

【譯文】緊緊關住門窗的是坤，通通敞開門窗的是乾。一關一開就是變化，往來不斷地展開運動是通。能夠看見的就是象，只要有形就稱作是物體，製作器物供人使用叫做法。利用的功效是出入方便。人們經常接觸的事物卻全然不知是怎麼回事，就叫做神。

【釋文】《坤》是陰，指氣或質。氣、質有形，而不

會運動。靜靜待在那裡就像緊關閉門窗。《乾》是陽、指光、電、磁場之類。無形體，善於運動同進速度極快，專能開啟氣、質的門窗。開啟的過程就是變化的過程。陰在陽的作用下展開運用，叫陰陽互通。由於陰陽互通。能使氣、質不斷地壯大，由微觀到宏觀。以無形到有形，能看到這種形就是象。有了形象便形成了物體。製作物體供人使用叫法，最好的法就是利。用法不知法就是神。

【原文】是故易有太極，是生兩儀，兩儀生四象。四象生八卦，八卦定吉凶，吉凶生大業。

【譯文】《易經》的最初階段叫做太極，在太極階段中漸漸地生出兩儀，在兩儀階段中漸漸地生出四象，在四象這個歷史階段裡八卦便產生了。用八卦測定吉凶，在吉凶的演化中天體便形成了。這是宇宙中最大的業務。

【釋文】太極之初什麼也沒有，用圖形表示只是一個大圓圈。這是中國最古老文化中的一個「0」。所以，數學中的「0」應是中國最先發明的。「無中生妙有」，元素的各種質就從這「0」中開始生長。《乾》卦中的「元」指的就是這種素質。說「元」是始，由於其發展過程是從無到有，從稀到密，由濃密而達到爆炸。宇宙大爆炸就是由太極分化成兩儀。兩儀指陰陽，各種質凝聚在一起。隨爆炸而四分五裂，宇宙火球迸發四射，天體由此產生。空間和時間也由此產生。這火球不光是質，裡面含有熱、光、磁、電，叫陰中含陽。由於有了空間，火球在空間運行，叫陽中含陰。在地球上面，形成春夏秋冬的變化，而四象就指春夏秋冬。夏至生陰，是老陽生少陰，冬至生

陽，是老陰生少陽，「四象生八卦」，八卦是萬物象徵，有了四象才能生萬物。有萬物然後有吉凶。吉凶是天體運轉的象徵。所以生大業。

「乾鑿度云：孔子曰，易始於太極、太極分而為二，故生天地。天地有春夏秋冬之節，故生四時。四時各有陰陽剛柔之分，故生八卦。八卦成列。天地之道立，雷風水火山澤之象定矣。」

「一行大衍論云：三變皆剛，太陽之象。三變皆柔。太陽之象。一剛二柔。少陽之象。一柔二剛，少陰之象。」

「本義云：一每變二，自然之理也。易者陰陽之變。太極者，其理也。兩儀者，始為一畫，以分陰陽，四象者。次為二畫，以分太少八卦者，次為三畫，而三才之象始備。」

《易經綜述》浙江人李洲在《八卦的誕生》中說：「八卦始源是無極」「0」、其根源是太極「0」。無極「0」是鴻蒙未開、時空也未誕生。什麼都無；太極「0」宇宙開始誕生。開初只有渾沌一氣在升騰。無極「0」虛無元炁，生機未動；太極「0」不是無，是內涵著「1」，生機將動未動之際。既動就化作陰陽，兩儀出矣！從《河圖》的白洞、黑洞轉化為有結無結的繩。無結為陽 —（$1° = 1$、$2° = 1$）有結為陰 --（$2^1 = 2$）。陰陽兩儀組成了第一層次的「0」。由兩儀變成第二層次的同「0」四象。兩陽兩陰組成「0」。（$2^2 = 4$）出現了 ==（太陽）、==（太陽）、==（少陽）==（少陰）。用三陰三陽組成第三層次的同「0」（$2^3$

＝8）。出現了 ☰ 乾（天），☷ 乾地，☵ 坎（水），☲ 離（火）艮（止）☳ 震（雷），☱ 兌（澤），☴ 巽（風）的八卦，到了八卦已有四個層次（$2^0＝1$，$2^1＝2$，$2^2＝4$，$2^3＝8$）。八卦實質上是三位二進制的八種編碼符號的組合。如六個爻組成就是八八六十四卦，是二進制六位數全部編碼。」

【原文】是故法象莫大乎天地，變通莫大乎四時，懸象著明莫大乎日月，崇高莫大乎富貴。備物致用，立成器以為天下利，莫大乎聖人。

【譯文】效法形象取物沒有比天地更大的了，再大的變通沒有比春夏秋冬再大的了，天空中懸象最明顯的沒有能比得上太陽和月亮了。崇高的事業沒有能比得上富貴的了。具備物資以致達到應用，創造出器具以便對天下有利，沒有能比聖人更偉大的了。

【釋文】「虞翻曰：聖人，神農，黃帝、堯舜也。」

天體的運轉，是宇宙中最大的了，沒有天體的運轉，難有四時變化，沒有天體的運轉，難有白晝與夜晚，沒有天體的運轉，日月何以能明。沒有天體的運轉，萬物從何而生。天體運轉是什麼？是規律，是道德。深悟天體運轉才能守規律，尚道德。人生是什麼？規律與道德乃耳。

【原文】探賾索隱，鉤深致遠，以定天下之吉凶，成天下之亹亹者，莫大乎蓍龜。

【譯文】探討陰陽的奧妙，索求天地的幽隱，鉤取大自然的淵深，以致萬物之道的遙遠用心，決定天下的吉凶，成為天下勤勉的事業，最靈驗的占卜方法，未能比得

上蓍草和龜殼了。

【釋文】蓍草是用來專門進行預測的一種草，傳說只有伏羲皇帝墓前才長有這種草。龜的壽命最長，通曉陰陽，古人十分崇拜的靈龜。把它說成是神物。

【原文】是故天生神物，聖人則知。天地變化，聖人效之。天垂象，見吉凶，聖人象之。河出圖，洛出書，聖人則之。

【譯文】天上能給人間生長出蓍草和靈龜，聖人便能知道這其中的奧妙，天地產生各種變化。聖人用卦的方式效仿之。天上顯示出的各種現象，由這些現象可以發現是吉是凶。聖人用取象的方法模似之。龍馬跳出孟河，身上畫有天圖，神龜浮出洛河，背上畫有圖書，只有聖人才能知道。

【釋文】《易經》成為迷信的犧牲品，與書中的傳奇般地描寫有關。

天地之心與聖人之心息息相關。天的意圖聖人都知道，聖人的睿智與聰明是上天賜予的。古之聖人如果見到今天的人們跑到月亮上去了又會怎麼說呢？實踐出真知，一切經驗之談都是在實踐中摸索了來的。蓍草和靈龜如此珍貴，而蓍草和靈龜預測的方法為什麼失傳了呢？漢代京房發明了《火珠林》預測方法，比蓍草和靈龜還要準確。事物是不斷地向前發展的。唯心的說法是佔不住腳的。

【原文】易有四象，所以示也。繫辭焉，所以告也。定之以吉凶，所以斷也。易曰：自天祐之，吉無不利。子曰：祐者，助也，天之所助也，順也。人之所助者，信

也。履信思乎順，又以尚賢也，是以自天祐之，吉無不利也。

【譯文】《易經》存有上面所說的四種現象，用這四種現象展示《易經》，再用文字標出來告訴人們卦象的意義，吉凶就確定下來了，利用這種可以判斷一切事情。《易經》說：有來自上天的保祐，一切吉祥沒有不順利的事情。孔子說：保祐是幫助，上天所幫助的人是能順從天意的人，人們所幫助的，必定是能堅守誠信的人。履行誠信，考慮能不能順從天道，又能用這些標準崇尚賢德。所以這是來自上天的保佑。吉無不利。

【釋文】《易》有四象，即老陽老陰少陽少陰，如同人類社會上的父母和兒女，卦象用以示人，擬議成人類社會上的父母和兒女，說明天地變化有吉凶，再用卦辭加以說明，可以判斷人事中的一切事務。這裡有天的保祐嗎？《易經》說「自天祐之」是來至天的保祐。上天保祐的人是順從天理的人，人們願意去幫助的人都是守信的人。只有守信用才能順從天理，這是在闡述天人合一的思想。要想得到吉祥，幹什麼都順利，必須順從天理。

【原文】子曰：書不盡言，言不盡意。然則聖人之意其不可見乎？子曰：聖人立象以盡意，設卦的盡情偽，繫辭焉以盡其言，變而通之以盡利，鼓之舞之以盡神。

【譯文】孔子說：書面上的文字不能完全表達《易經》所要表達的語言，用語言文字說不清楚《易經》所要表達的內容。這樣一來聖人的思想不是見不到了嗎？孔子說：聖人用立象的方法能把《易經》的內容全表達出來，設立

卦爻用來表達一切情況，在卦爻上標上卦辭幫助說明卦義。卦爻的變化才能亨通，用來儘量達到有利。鼓動發揚使之儘量達到神奇。

【釋文】《易經》的獨特之處，就是利用卦象表達思想，這是中華民族一大發明。立象通向天體的階梯，把人們帶入宇宙空間。瞭解陰陽的幾微變化。「通書云：聖人之精，畫卦以示，聖人之蘊，因卦以發。卦不畫，聖人之精不可得而見。微卦，聖人之蘊殆不可悉得而聞。易何止五經之原？其天地鬼神這奧乎！」聖人畫卦，可以驚天地而泣鬼神。鬼神難以知道的事情，人們在卦象中可以看出端倪。

【原文】乾坤，其易之縕邪？乾坤成列，而易立乎其中矣。乾坤毀，則無以見易。易不可見，則乾坤或幾乎息矣。

【釋文】《乾》卦、《坤》卦，是《易經》中的絲絮嗎？這絲絮形成規律地排列而變化卻永遠立於其中。絲絮毀滅難以再看見其變化。變化看不到，這新舊絲絮幾乎毀滅了。

【釋文】《乾》是陰陽，是老陰老陽、少陰少陽不斷變化的象徵。「縕」就是新、舊交雜在一起的絲絮。有絲絮則有變化，無絲絮則無變化。這就是《易經》。

【原文】是故形而上者謂之道，形而下者謂之器，化而裁之謂之變，推而行之謂之通，舉而錯之天下之民謂之事業。

【譯文】促成形體上面的因素叫做道，形體構成下的

實物叫作器。演化作用透過裁決以後叫做變化。在各種條件的推動下產生行動叫作通。取此變化通之理而施行於天下百姓叫作事業。

【釋文】「道」是事物發展變化的一種規律，一種道理。是種條件所促使下的因素。是陽在物質內所起的作用。所以說成「形而上者」。「器」是指物。由質的不斷發展形成是陰。所以說成是「形而不者」。這種道理和規律在大自然中推而行之。陰陽協調共同起作用。產生變化，這種變化促使了大自然的形成能形成功用的叫做事業。就和人們開創什麼事業一樣。這種事業要透過舉措才能完成的。大自然同樣是這個道理 。「橫渠易說云：一陰一陽不可以形器拘，故謂之道。乾坤成形，而下皆易之器。乾坤交變，因約裁其變而別之，致謂之變。」「因約裁其變」是因制約裁定其度。

「姚配中曰：易形而上，在天成象，見乃謂之象。易形而下，在地成形，形乃謂之器。道，陰陽之道也。」

「楊增新曰：化，謂天地自然之化，天地之化，萬有不齊，聖人因而裁製之，是之謂變。推而行之，協人情，合物理，毫不阻礙，後人不知製作之原，輕言變法，必不可行也。」「自然之化，萬有不齊」而聖人用卦爻裁之，把自然變化移到爻之上，這樣「推而行之都合人情合物理，卻能和大自然息息相通，這和歷史上的《戊戌變法》之類在道理上並不是一回事。

【原文】是故夫象，聖人有以見天下這賾，而擬諸其形容，象其物宜，是故謂之象。聖人有以見天下之動。而

觀其會通、以行其典禮，繫辭焉以斷其吉凶，是故謂之
爻。

【譯文】這裡再說立象，聖人有用來發現天下的深
奧，而比擬成各種各樣的形象，使形象與其實物各相適
宜，就叫做象。聖人一發現天下的運動情況，把看到的情
況融會貫通到八卦當中，用來施行祭祀和各種禮儀，把卦
中每一爻都標上吉凶用來進行判斷。所以說成是爻。

【譯文】這段文字與前面雷同，疑前人傳抄之誤。

【原文】極天下之賾者存乎卦。鼓天下之動者存乎
辭。化而裁之存乎變。推而行之存乎通。神而明之存乎其
人。默而成之，不言而信。存乎德行。

【譯文】天體運行的深奧道理全部存留在六十四卦當
中，凡是能鼓動天下運動的道理都保留在卦辭當中，促使
萬物變化的作用裁制在每一個卦爻當中，使之存在著變
化。透過推衍而實行之使卦爻相互溝通。使卦象無比神奇
而表明各種現象都在存在於每個人當中。

【釋文】《繫辭上傳》的結尾，是對「形而上者之謂
道，形而下者謂器」的說明。這裡所闡述的卦象、變化、
會通、天下之動是「形而上者」，只有人是「形而下者」。
「形而上者」是動力，是靈魂。是變、是會通、是一切行
動的主宰。最後歸結到「默而成之，不言而信，存乎德
行。」用不著有任何故意，在特定的環境中，在一定的
時間促使下，各自默默地得以形成，是福是禍，是吉是
凶，用不著人們口中去說，自然而然地就會相信，這是為
什麼？因為這裡有道德在默默地運行。

地球外圍被一層厚厚的大氣層包裹著，這大氣層與地球上的萬物息息相關。大氣是物資釋放出來的，反過來它卻統治著萬物的一切行動。大氣裡的物質成分和萬物所具備的素質是一致的，只不過一個有形，一個無形。無形左右著有形。有形與無形息息相通。人的感冒、疾病與氣候有關，月亮的圓缺與婦女的月經有關，海水的漲落與月亮的作用有關。大自然十分神奇，《易經》同樣神奇，而人的命運更是十分神奇。

## 繫辭下傳

【原文】八卦成列，象在其中矣。因而重之，爻在其中矣。剛柔相推，變在其中矣。

【譯文】八卦有順序地排列，天地間各類物象全包括在內了，因其預測的必要反覆重疊而成六十四卦，三百八十四爻便盡在基中了。陽爻、陰爻相互推衍，變化的道理就由此產生了。

【釋文】八卦是八種自然現象，遠遠滿足不了占卜的需要。由八卦推衍成六十四卦，是《易經》二進制的一次飛躍。陰陽兩種屬性體現在三百八十四爻當中，其變化是無窮盡的。

【原文】繫辭焉而命之，動在其中矣。吉凶悔吝者，生乎動者也。剛柔者，立本者也。變通者，趣時者也。吉凶者，貞勝者也。天地之道，貞觀者也。日月之道，貞時者也。天下之動，貞夫一者也。

【譯文】在卦爻上標明爻辭用來指明吉凶，適時行動

的道理便在其中了。「吉」、「凶」、「悔」、「吝」的產生是由於變化行動的結果。卦中的陰陽是確立一卦的根本。變化會通是適應一切活動的最佳時機。人事吉凶的規律，只要堅守正道就能獲勝。大自然的變化規律，只要顯示出貞正道理，便會受到人們仰慕。太陽月亮的運轉規律，貞正光明才能普照天下。天體運行中的一切行動，就體現在貞正這一個道理之上。

【釋文】「通書云：吉凶悔吝生乎動。噫！吉，一而已，動可不慎乎？」動必行正，不正則不動，這是作人的原則。

「劉沅曰：可以動而動，吉所從生。來可動而動，凶悔吝所從生。本，變通之本。時，當然之時。剛柔乃陰陽之質，不易之體，所以立變通之本者也。事物無定，而理有一定，隨時變通以適於中，趨時者也。故慎乎動而本立，時當則恆吉，否則恆凶。」人動趨時，勿忘貞正，為貞正趨時，嘉之會也。

「本義云：順理則吉，逆理則凶。其正而常者，亦一理而已矣。」

【原文】夫乾，確然示人易矣。夫坤，隤然示人簡矣。爻也者，效此者也。象也者，像此者也。爻象動乎內，吉凶見乎外。功業見乎變，聖人之情見乎辭。

【釋文】《乾》卦，明確地表明了天的變化情況，《坤》卦，悠然地告訴著一個十分簡單地道理。卦爻就是模仿這種簡單明瞭的形象來設置的。爻上面的卦氣動在卦內，而吉和凶則體現在卦外的人事上面。功德和事業由世態變化

顯現出來的，而聖人的心情就體現在爻辭上面。

【釋文】天有陰陽雨雪，示人十分明確地有春夏秋冬，看似簡單，而卦爻效仿天地，可知天時、人事，這其中奧妙，只有一個道理，「貞夫一者也」。聖人的卦辭能體現聖人的心情，是聖人善知天理也。

【原文】天地之大德曰生。聖人之大寶曰位，何以守位曰仁，何以聚人曰財。理財正辭，禁民為非曰義。

【譯文】天地最偉大的道德是生。聖人最偉大的寶物是崇高的地位，怎樣才能守住崇高的地位，叫做仁慈。怎樣才可以聚攏人心，叫做給予人民財，管理好財物，端正自己的言行，禁止百姓為非作歹，叫做道義。

【釋文】「徐乾曰：位也者，立德之機也。勢也者，行義之杼也。聖人蹈機握杼，使萬物順，人倫正，六合之內各意其願，其為大寶，不亦宜乎？」

「劉沅曰：天地一生理生氣所凝聚，故德至大。唯一生字，是所以為易簡也。聖人體天地生生之德，非位不顯，得位而道濟天下，故為大寶。仁心，即天地生生之心也。」

「陸績曰：人非財不聚，故聖人觀象製器備物盡利，以業萬民而聚之也。」

【原文】古者包犧氏之王天下也，仰則觀象於天，俯則觀法於地，觀鳥獸之文，與地之宜，近取諸身，遠取諸物，於是始作八卦，以通神明之德，以類萬物之情。

【譯文】遠古時期伏羲氏統治天下，他每天總是抬頭觀察天象，低頭察看大地的形狀，觀察飛鳥和走獸身上皮

毛的紋理和地理氣候相不相適宜。和他居住相近的人，他總是研究人身上各個部位，發現遠處的物體也不放過，總是攝取有用的東西，於是創作出了八卦，用來貫通神明的道德。用類似比擬的方法表達萬物的情形。

【釋文】「白虎通云：古之時未有三網六紀，民人但知有母，不知有父，飢即求食，飽即棄餘，茹毛飲血而衣皮葦。於是伏羲仰視象於天，俯察法於地，因夫婦，正五行，始定人道，畫八卦以治天下。」由此可見，八卦應是文字的雛形。

「劉沅曰：包，本慮字，讀作庖，古作庖羲，亦曰伏羲。古讀包如孚看，故庖、慮、伏通。天垂象，故曰象。地法天，故曰法，震巽風雷，坎離日月，艮山兌澤，坎水離火之類，象天法地者也。鳥獸之文，乾馬坤牛，離鶵巽雞之類。地之宜，山澤高卑，水土之宜之類。取諸身，乾首坤腹，震足巽股之類。取諸物，乾為金玉，坤為布釜之類。始作入卦，則兩間自然之易，畫八卦也。六十四卦皆伏羲所定，六十四卦不外八卦，故止言作八卦。非上作八卦，文王始演為六十四也。觀下文所取諸卦可知。德幽難測故曰通，情雜難辨故曰類。此段總冒下文。」

【原文】作結繩而為罔罟，以佃以漁，蓋取諸離。包犧氏沒，神農氏作；斫木為耜，揉木為耒，耒耨之利，以教天下，蓋取諸益。日中為市，致天下之民，聚天下之貨，交易而退，各得其所，蓋取諸噬嗑。

【譯文】伏羲氏編結繩索製作成羅網，用來打獵捕魚，可能是由於得到了離卦的啟發吧。伏羲死後，神農氏

興起了，他把樹木砍下來做成犁頭，弄彎木棒做成犁柄，將用犁除草耕地的便利傳播給天下百姓，這可能是受到了益卦的啟發吧。他規定出中午作為敘集市的時間，招致人們聚集天下的財貨互相交換，然後各自散去，使每個人都能得到所需要的物品，這可能是受到《噬嗑》卦的啟發吧。

【釋文】人類初期，處《屯》、《蒙》狀態，聰明人畫出卦象，用作語言交流，人們擁護他作皇帝，即稱庖犧氏。又有聰明人發明了木犁，人們擁護他，稱他為皇帝，這是在說明人類的發展，順從了天意，天心就是人心，天德即是人德。天地之仁，存乎人心。這是大自然向前發展的一個規律。

【原文】神農氏沒，黃帝、堯、舜氏作，通其變，使民不倦。神而化之，使民宜之。易窮則變，變則通，通則久。是以自天祐之，吉無不利。黃帝、堯、舜垂衣裳而天下治，蓋取諸乾坤。

【譯文】神農氏死後，黃帝、堯、舜相繼而起，會通天下之事，產生了很大地變化。使天下不知疲倦地向前進取，神奇般地改變了現狀。使人們適應這些變化，有變化才能行得通，行得通才能堅持持久。原因來自上天的幫助。有了上天的幫助才能吉祥，沒有不順利的。黃帝、堯、舜讓人們穿上了衣裳使天下達到了大治，可能是由於受到了《乾》、《坤》兩卦的啟發吧。

【釋文】人類社會的不斷發展，是人類認知向前發展的結果，天上有雲，便能遮住太陽的光芒，炎熱的氣溫便

可以得到涼爽，人們身上圍了獸皮，太陽曬不到皮膚，下雨淋不著皮膚，穿衣的概念便會產生。大地上長出一片花草，大地打扮得十分美麗，為了達到美觀，人的衣服不斷地進步，由用草作成的蓑衣發展到圍獸皮，由獸皮發展到織布做衣裳，這裡便體現著「窮則變，變則通，通則久」的道理。

【原文】刳木為舟，剡木為楫；舟楫之利，以濟不通。致遠以利天下；蓋取諸渙。服牛乘馬，引重致遠，以利天下，蓋取諸隨。重門擊柝，以待暴客，善取諸豫。斷木以杵，掘地為臼；臼杵之利，萬民以濟；蓋取諸小過。弦木為弧，剡木為矢，弧矢之利，以威天下，蓋取諸睽。

【譯文】把樹木鑿空做成小船，再用細木做成船槳。這樣，便有利於渡過江河，要想遠出便可有利於天下。這可能是受到《渙》卦的啟發吧。人們騎牛騎馬，載重物可以直達遠方，使人們行走便利天下，這可能是受到《隨》卦的啟發吧。人們設置了多重房門並敲擊木梆巡查過夜，用來預防盜賊的侵入，可能受到《豫》卦的啟發吧。人們斫斷木頭製做搗杵，鑿坑石塊製作搗臼，人們這樣做可以得到飲食上的便利，這可能是受到《小過》卦的啟發吧。用繩將木條拉彎做成弓，砍削木棒做成箭頭，利用弓箭可以威震天下，這可能是受到《睽》卦的啟發吧。

【釋文】刳，掏空。剡，削尖。服牛乘馬：騎牛騎馬。引重，拉重物。重門，安裝幾道門。柝，古人準備夜裡打更敲打的梆子。暴客，盜賊。杵，舂米棒槌。臼，舂米器具。濟，得到好處。

人類的發展與進步，與卦象有著密不可分的聯繫，卦象是人類智慧的結晶，人們從中悟出了很多道理。—橫是陽，是一個男人。-- 橫是陰，是一個女人，肚子裡懷著孩子便是兩個人。

【原文】上古穴居野處，後世聖人易之以宮室；上棟下宇，以待風雨；蓋取諸大壯。古之葬者，厚衣之以薪，葬之中野，不封不樹，喪期無數；後世聖人易之以棺槨，蓋取諸大過。上古結繩而治，後世聖人易之以書契，百官以治，萬民以察，蓋取諸夬。

【譯文】遠古時期，人們居住在山洞裡，後世聖人改變了那種狀況，建築房屋居住，上有棟樑下有椽宇，用來遮風擋雨，可能是受到《大壯》卦的啟發吧。古人埋葬死人，只用柴草厚厚地裹覆屍體，拋在荒野中，不用土覆蓋，也不植樹。辦喪事沒有一定期限。後世聖人發明棺槨，可能是受到了《大過》卦的啟發吧。上古用繩子繫結的方法計算，後世對人發明了文字才改變了這種習俗。百官能用文字處理公務，萬民用文字記憶各種瑣事，這可能是受到《夬》卦的啟發吧。

【釋文】由於人類社會不斷地向前發展，卦象已經不適應社會發展的需要了。象形文字應運而生，甲骨文應是最早的文字了。由結繩記事到甲骨文的誕生，這可是一個大的變化。從穴居野處到建造房屋，說明人的智慧隨著社會的進步在不斷地向前發展。「變通者，趨時者也。」所謂變通，就是隨著時間的變化而產生變化。

「劉沅曰：棺槨之作，自黃帝始。」黃帝製作棺槨受

《大過》卦的啟發,「正易心法云:頤,大過反對,頤養生,大過送死。」《大過》卦「謝枋得曰:大過全體坎穴,初上坤爻上下皆土。木在土中。棺槨象。」「鄭思尚曰:大過乃始乎巽陽,終乎兌陰卦。二陰畫包四陽體,是拱其陽穴聚之於內。送死大事,必得外拱其陰,內聚其陽之地以葬之,則死者入而悅矣。古者葬之中野,聖人以棺槨取大過寓葬法於言外。」

「白虎通云:後世聖人,謂五帝也。」

「說文序云:倉頡取諸夬,以造書契。」

「鄭康成曰:事大,大結其繩。事小,小結其繩。以書木邊,言其事,刻其木,謂之書契,各持其一,後以相考合。」所謂書契就是在木上刻出的記號,《夬》卦象書契,上一陽象木棒,下五陽象刻之記號。

【原文】是故易者象也。象也者像也。彖也者材也。爻也者,效天下之動者也。是故吉凶生而悔吝著也。陽卦多陰,陰卦多陽,其故何也?陽卦奇,陰卦耦,其德行何也?陽一君而二民,君子之道也。陰二君而一民,小人之道也。

【譯文】《周易》這本書就是象徵,所謂象徵就是模擬萬事萬物的形象表達思想內容,彖辭是解釋全卦的意義和構成方式,卦爻是效仿大自然的生發和變動情況。這樣一來,吉凶產生了悔吝也顯著地表現出來了。八卦當中,陽卦陰爻多,陰卦陽爻多,這是什麼原因呢?陽為奇數(單數)陰為耦數(雙數)。這說明他們是什麼樣的德性呢?陽卦一個君主養兩個平民,是君子的道德;陰卦是兩

個君主養一個平民，是小的道德。

【釋文】材，體材。在六十四卦中，陽指君子，陰指小人。《彖》是對卦辭的解釋。也是對卦象的解釋。《易》是沒有形體的，用立象的方法說明事物。這是《易經》的獨特之處。

【原文】易曰：憧憧往來，朋從爾思。子曰：天下何思何慮？天下同歸而殊途，一致而百慮，天下何思何慮？曰往則月來，月往則日來，日月相推而明生焉。寒往則暑來，暑往則寒來，寒暑相推而生焉。往者屈也，來者信也，屈信相感而利生焉。尺蠖之屈，以求信也。龍蛇之蟄，以存身也。精義入神，以致用也。利用安身，以崇德也。過此以往，未之或知也。窮神知化，德之盛也。

【譯文】《易經》中《咸》卦九四爻詞說：憧憧往來，朋友爾思」。孔子說：天下的事物有什麼可思念和憂慮的呢？天下事物只有一個目的而不過是所走的道路各不相同。千思百慮也只不過是一種觀念。天下的事物有什麼可思念和憂慮的呢？太陽落下去了，月亮就出來了。月亮不見了，太陽便會升起來。太陽和月亮的交替運行便產生了光明。冬天過去了夏天就會到來，夏天過去了冬天就會到來，冬夏相互轉換便形成了歲月。往是退縮，來是伸展，退縮和伸展相互感應便產生了利益。尺蠖將身子收縮，目的是為了求得伸展。龍蛇冬眠，是為保全生命。精研義理，是為達到神而化的境界，目的是在於實際的應用。用所學到的知識安頓自身，目的是為崇尚道德。再往深了說，大概是沒人能知道了。只有用盡了心神才能通曉萬物

的變化，這是種隆盛的美德。

【釋文】一個人生活在世界上，其目的是什麼呢？這個回答可能會千奇百怪。孔子說「同歸而殊途」不管你怎麼去想，最後要歸結為一個道理，「利用安身，以崇德也」只有「窮神知化，」才能「德之盛也」。「本義云：精研其義，至於入神，屈之至也。然乃所以為出而致用之本。利其施用，無適不安，信之極也。然乃以為入而崇德之資。內外交相養，互相發也。」

【原文】易曰：困於石，據於蒺藜，入於其官，不見其妻，凶。子曰：非所困而困焉，名必辱。非訴據而據焉，身必危。既辱且危，死期將至，妻其可得見邪？

【譯文】《易經》中《困》卦六三爻辭說：「困於石，據其蒺藜，入其宮，不見其妻凶。」孔子說：「困窮於不妥當的處所，其名聲必然會遭到陷害。陷入這種狀況，滅亡的日期既將來臨，哪裡會見到妻子呢？

【釋文】這是在闡述客觀條件及自身所處的周邊環境對人產生的厲害關係。人的遭遇是不可選擇的，而人的處境是可以選擇的，六三是《坎》險之終，不中不正，其危之必然。如果身存君子之正，或許有救。如行小人之事，處在這種環境中可危可嘆。

【原文】易曰：公用射隼於高墉之上。獲之無不利。子曰：隼者禽也。弓矢者器也。射之者人也。君子藏器於身，待時而動，何不利之有。動而不括，是以出而有獲，語成器而動者也。

【譯文】《易經》中《解》卦上六爻辭說：「公用射隼

於高墉之上。獲之無不利。」孔子說：惡鷹是飛禽，弓箭是武器，射殺惡鷹的是人。君子將武器藏在身上，等待有利時機而進行行動，哪裡會有什麼不利的地方呢。如果行動毫不遲疑，出手必定會有收穫。這就是說事先就應具備現成的武器而隨時可以展開行動。

【釋文】身藏利器是胸有成竹，見隼而射是待時而動。說明了人具有真材實學的重要性。人生在世，為什麼活著，其目的只有一個，藏德於身，行德於世，箭是藏之德，射隼是行之德。沒箭難射惡鷹。惡鷹死，善類安。天下太平。

【原文】子曰：小人不恥不仁，不畏不義，不見利不勸，不威不懲。小懲而大戒，此小人之福也。易曰：屨校滅趾無咎。此之謂也。善不積不足以成名，惡不積不足以滅身。小人以小善為無益而弗為也，以小惡為無傷而弗去也，故惡積而不可揜，罪大而不可解。易曰：何校滅耳凶。

【譯文】孔子說：小人不知羞恥，不明仁德，不畏正理，不行道義，不看見利益就不會勤勉向上，不受到威脅不會恐懼。小的懲罰會有大的戒備，這是小人的福氣。《易經》中《噬嗑》卦初九爻辭說：「屨校滅趾無咎」說的就是這個道理。不去積累善良是不會成名的，不積累兇惡的人是不會毀滅自身的。小人總以為小的善良不會有什麼利益，所以不去做善事，把小的惡習看成是無關大體的事。所以不能把惡習去掉。積累到無法掩蓋的地步罪大而不可解脫。所以《易經》中《噬嗑》卦上九的爻辭說「何

校滅趾凶」。

【釋文】所謂「小」心中裝不下「大」的概念。小人成不了君子，是人身素質決定的「小懲而大誡」是小人之福。所以小人必須要用刑罰嚴格要束的。國家的刑罰就是「禁民而非」。民是大概念，小民不是小人。小人是民中之小也。

【原文】子曰：危者，安其位者也。亡者，保其存者也，亂者有共治者也。是故君子安而不忘危，存而不忘亡，治而不忘亂。是以身安而國家可保也。易曰其亡其亡，繫於苞桑。

【譯文】孔子說：危險總是在平安的位置上產生，滅亡總是出現在生存者當中，混亂的局面總是會在安定的時候。所以，君子在平安的環境中不要忘了危險，生存的時候不要忘了會有死亡，安定的日子裡不要忘了天下還會有大亂。只有這樣，可以永遠保持身體安全，國家的昌盛也就保住了。正如《易經》中《否》卦九五爻辭所說「其亡其亡，繫於苞桑」。

【釋文】《易經》是陰陽變化之書，陰陽即大自然也，大自然的變化有人心乎？其大自然的變化就是人心的變化。人心隨大自然的變化而變化。聖人主張安不忘危，存不忘亡，治不忘亂，是人定勝天的思想，一碗噴香的米飯存放的時間久了必定腐亂，要能把米飯存放在冰櫃裡，總也不會變質。這就是存不忘亡的思想。國家長治久安，如能考慮到她會滅亡，便會加強法制，嚴懲腐敗，永保清平世界，國家就永遠不會滅亡。

【原文】子曰：德薄而位尊，知小而謀大，力少而任重，鮮不及矣。易曰：鼎折足，覆公餗，其形渥凶。言不勝其任也。

【譯文】孔子說：才德淺薄而身居尊位，知識窄小而圖謀大事，力量微小卻擔當重任，這樣是很少不遭災禍的。正像《易經》中《鼎》卦九四的爻辭說「鼎折足，覆分餗，其形渥凶」就是說做官不勝任。

【釋文】人有做官不勝任者，還有勝任者不能做官的現象。其原因何在，是所處的位置及周邊環境決定的，也就是客觀條件所造成。宋代高俅做了高官，才有《水滸傳》的故事流傳於世。《鼎》是國家的象徵，鼎腿折了，鼎身倒了，是亡國之象。國家滅亡，是用人不當。「王符曰：德不稱其任，其禍必酷。能不稱其位。其殃必大。」

【原文】子曰：知幾其神乎？君子上交不諂，下交不瀆，其知幾乎？幾者，動之微，吉之先見者也。

【譯文】孔子說：能事先預知細微變化的人其智慧一定很神奇了吧，君子向上交往不巴結奉承，向下交往不累慢待人，這樣便可以知道事物的細微變化了。所謂「幾」是指細微之變化。是吉凶的事先顯示。

【釋文】細微變化，只有大腦反應靈敏的人才能做到。觀察細微變化，不是為了巴結奉承，也不是輕慢對待別人。而是熱衷一實事求是。君子不計較吉凶，而能誠信待人，而小人見機行事是為利己而不惜傷害他人。

【原文】君子見幾而作，不俟終日。易曰：介於石，不終日，貞吉。介如石焉，寧用終日？斷可識矣！君子知

微知彰，知柔知剛，萬夫之望。

【譯文】君子發現細微變化馬上行動，不會遲疑成天等待。《易經》中《豫》卦六二爻辭說：「介於石，不終日，貞吉」。堅固得像石頭嗎？寧可用一天的時間，斷然可以識破的！君子能知微秘能知明顯，能知柔靜也能知剛健，是萬民的期望的。

【釋文】細微的變化，事之行，能知在事發之前，是機敏的人，這樣的人深明事理，發現事之苗頭，便知來龍去脈，慧根很深，這樣的人才是萬民所期望的。

「介如石」是心裡堅硬的像石頭。「不終日，貞吉」不到一天辦完這件事可以吉祥。「寧可終日」寧願用一天時間，這裡說明了一絲不苟的事業心。

【原文】子曰：顏氏之子，其殆庶幾乎？有不善，未嘗不知。知之，未嘗復行也。易曰：不遠復，無祇悔，元吉，天地絪縕，萬物化醇；男女構精，萬物化生。易曰：三人行。則損一人，一人行，則得其友。言致一也。

【譯文】孔子說：顏回這個弟子，是接近完美的人了。稍有過失，沒有他不知道的，一經警覺就不會再犯。《易經》中《復》卦初九爻辭說：‘不遠復，無祇悔，元吉。」天地二氣纏綿交密，萬物相感化育醇厚完美，陰陽構精相交合，萬物化育而生。所以《易經》中《損》卦六三爻辭說：「三人行，則損一人。一人行，則得其友。」這是在說天下事理必須專心達到統一。

【釋文】天地致一之理，陰陽相合也。「不遠復」是不到遠處去復，凡事由近及遠，近不能合，遠無及矣，人

事也是同樣道理，凡事由小到大，小事不為然，大事難為之也。人能慎小事，大事不會離則。「致一」乾，始終一致。

【原文】子曰：君子安其身而後動，易其心而後語，定其交而後求。君子修此三地者，故全也。危以動，則民不與也。懼以語，則民不應也。無交而求，則民不與也。莫之與，則傷之者至矣，易曰：莫益之，或擊之，立心勿恒，凶。

【譯文】孔子說：君子應先使本身安定，然後才可以有所作為，自己心平氣和後才能發表言論。首先確定交往對象，然後對人有所要求。君子能修養這三種美德，接人待物才完美無缺。自己陷入危險而對外還要展開行動，民眾不會擁護。內心懷有疑懼還要對外發表言論，民眾不會響應。本來不會交往反而對人有所要求，民眾就不會與你合作。人們不與你合作，傷害就會隨之到來，所以，《易經》中《益》卦上九爻辭說：「莫益之，或擊之，應心勿恆凶。」

【釋文】「立心勿恆」是心不專一，朝三暮四，心要專，身必安。心神不安，其本不立，其根不存，人無根本，事事難成。聖人教人處世之根本，是衡量一個人人身素質的標準。然則，學習和修身就顯得十分重要了。

【原文】子曰：乾坤，其易之門邪？乾，陽物也。坤，陰物也。陰陽合德而剛柔有體，以體天地之撰，以通神明之德，其稱明也，雜而不越，於稽其類，其衰世之意邪？

【譯文】孔子說：《乾》、《坤》兩卦是《易經》的門戶嗎？《乾》是陽物，《坤》是陰物。陰陽之性相互配合，由此而產生各種剛柔的形體。用以體現天地間的一切作為，用以溝通神明的道德。《易經》中每卦的卦名看起來繁雜，然而並不超越其應具備的範圍。要去考察這些卦名象徵的事物屬於哪些方面，可能是殷末衰敗時的情況吧。

【釋文】《乾》、《坤》是天地間一切變化的大門。說明天體變化皆來自《乾》、《坤》。《乾》、《坤〉是組成六十四卦的精髓。其精髓就是「元、亨、利、貞」。天體就由這四個字所構成。

「衰世」指殷紂末期，聖人看到衰世的黑暗，無法補救，便研究起了六十四卦。《彪謹案》中說「衰世，即文王與紂之世。文王囚於羑里，而於國家發憂患之思，故作彖爻辭，以明天人之道。」

【原文】夫易，彰往而察來，而微顯闡幽，開而當名，辨物正言，斷辭則備矣。其稱名也小，其取類也大。其旨遠，其辭文。其言曲而中，其事肆而隱。因貳以濟民行，以明失得之報。

【譯文】《易經》闡明的是歷史的教訓而體察未來。把深奧道理闡述出來，並能說明幽隱奧秘的精華，把六十四卦的各爻擺佈開來安上適當名稱。用來辨別物象發表正確的議論。判斷事物的卦辭、爻辭便具備了，卦象，爻象的名稱雖小，而涉及的類別卻很大，其宗旨深遠其言辭文雅，其道理曲折而中肯，其事理不顧及一切而十分隱秘。憑借《乾》、《坤》兩卦的卦義，道德來普濟天下人的行

動。申明得失的報應。

【釋文】「本義云：肆，陳也。」

「俞琰曰：報，應了。」

「彰往」是弄明白過去的教訓，「察來」仔細地審察未來。「微顯闡幽」是指把細微的變化顯現出來，用來說明暗藏著的道理。「開而當名」指展開卦中六爻的位置標上準確的名稱，用來辨別事物，使之符合天地運轉規律的道理。只有這樣，才能準確地具備判斷吉凶的爻辭。爻辭的名稱看起來很小，它卻是天體運轉規律的集中體現，同時也是人生道理的集中體現。是人類社會道德的指路明燈，也是作人的唯一標準。按這個標準行事則吉，違背這個標準則凶。這就是「其稱名也小，其取類也大。其旨遠，其辭文。其言曲而中，其肆事而隱。因貳以濟民行，以明失得之報」的真正含義。

【原文】易之興也，其於中古乎？作易者，其有憂患乎？

【譯文】《易經》的興起，是在中古商的末期嗎？作《易經》的人大概心中懷有憂患嗎？

【釋文】上古為穴居、結繩時期，這裡的古指商周時期。

「鄭康成曰：文王為中古，囚而演易。」

「劉沅曰：中古謂庖氏，對洪荒言。上古民情渾樸，不古嗜欲漸開，聖人憂世慮患，作易以詔將來。欲人知聖人憂患之心，體之的自修也。」

【原文】是故履，德之基也，謙，德之柄也。復，德

之本也。恆，德之固也。損，德之修也。益，德之裕也。困，德之變也。井，德之地也。巽，德之制也。履，和而至，謙，尊而光，復，小而辨於物。恆，雜而厭。損，先難而後易。益，長裕而不設。困，窮而通。井，居其所遷。巽，稱而隱。履以和行。謙以制禮。復以自知。恆以一德。損，以遠害，益以興利，困以怨，井以辨義，巽以行權。

《履》卦是道德的基礎。

【譯文】《履》卦是辨義，巽人行權。《謙》卦是施行道德的把柄，《復》卦是道德的根本，《恆》卦是鞏固道德的前題，《損》卦是修整道德的途徑，《益》卦是加強道德的方法，《困》卦是檢驗道德的標準，《井》卦是堅守道德的處所，《巽》卦是展示道德的制宜，《履》卦是使人和順能達到終點，《謙》卦是謙慮待人從而使道德尊貴光明，《復》卦是在細節小事上分辨善惡。《恆》卦是在雜亂環境中而不厭倦。《損》卦是困難在前而後十分容易。《益》卦是增長德性長期富裕沒有虛假造作。《困》卦是困到極點便可亨通。《井》卦是安於居所而施恩澤於他人。《巽》卦是順情入理而隱藏不見。《履》卦是用來和順行事，《謙》卦是用來制定禮儀，《復》卦是用來表達自知之明，《恆》卦是教人始終如一，《損》卦是克制自己遠離禍害。《益》卦是益人益己增強福利。《困》卦是發憤圖強，不要怨天尤人，《井》卦是教人伸辨義理，《巽》卦是順合時宜，施行權力。

【釋文】這段文字是對上文的論證，對作者是否有憂

患分三層進行說明。

「劉沅曰：一德，無二不息。忿欲害身性，損以遠之。利，謂益德益世之事。這害興利，一身之得失，生民之利繫焉。損惡益善，其利不窮，非尋常避害趨利之比。怨已而不怨人，則困伸。權者，隨時處中也。」

又曰：三陳九卦，明君子反身修德，以處憂患之事也。九德成已成人，無往不易。聖人不能無憂患，恃所以處憂患者，盡其道而已。六十四卦無非教人修德，略舉九卦以示。二節之也字，三節而字，四節以字，義次顯然。學者即九卦而精之，可以通全易。」

「吳汝綸曰：九家易云，所以說此九卦者，聖人履憂，濟民之所急行也。故先陳其德，中言其性，後敘其用，以詳之也。西伯勞謙，殷紂驕暴，臣子之禮有常，故創易道輔濟君父者也。然其義廣遠幽微，孔子指撮，解此九卦之德，合三復之道，明西伯之於紂，不失上下。九家此文，於文王作易之本，可謂能得其要矣！」

【原文】易之為書也，不可遠，為道也屢遷。變動不居，周流不虛。上下無常，剛柔相易。不可為典要，唯變所適。其出入以度，外內使之懼。又明於憂患與故，無有師保，如臨父母。初率其辭，而揆其方，既有典常。苟非其人，道不虛行。

【譯文】《易經》作為一本天書不可以遠離《易》道，《易》理也曾屢屢遷移，變化和運動從不停止。六合之內上下周流，剛和柔相互交易變化。不可以將其作為僵化的經典要籍，唯有因時變化，用來預測外部事務和人的內

心，使人知道畏懼守法，又能明白憂患意識。它使人沒有師長保護，卻如同在父母身邊一樣。初學時就必須認真遵循《易經》的卦辭，仔細揣度《易》文的方法原則。既然有了完備的經典，就不能學非其人，《易》道是絕不會虛行一場的。

【釋文】六虛，六合。指整個時空。率，遵循。揆，揣度。

「孔穎達曰：言陰陽周遍流動，在六位之虛。位本無體，因爻始見，故言虛也。」卦爻之虛即天體之虛，六爻之變即六合之內時空之變也。

【原文】易之為書也，原始要終，以為質也。六爻相雜，唯其時物也。其初難知，其上易知，本末也。初辭擬之，卒成之終。若夫雜物撰德，辨是與非，則非其中爻不備。噫！亦要存亡吉凶，則居可知矣。知者觀其彖辭，則思過半矣。

【譯文】《易經》作為天書，原指大氣的開始以陰陽的變化為重要的結終，從中闡明質的變化。一卦當中有六個爻位，陰陽混雜唯一的標準是時間和事物的處所之間所產生的關係。初爻是事物的開始，開始的情況很難知道。上爻是事物的結束，結束的情況很容易知道。這就叫作本末關係。初爻的卦辭擬定以後，就可以一直寫到上爻了，要用繁雜的事物說明其性質和道德，辨明是是是非，必須要具備中間的四個爻位，噫！要想知道存亡吉凶嗎？必須由這四個爻才能知道。然後再看《彖》辭，卦義就可以懂得超過一半了。

【譯文】《易經》是由氣開始展開論述的。由氣變到質變，由質變到物變，物有變其事便在其中了。一卦六個爻位，而中間四爻極其重要，互卦就是中四爻確定的，每爻的吉凶與存亡，就體現在主卦與互卦之間，這是事物所處的地理環境，周邊條件和時間因素的可靠依據。「噫！」字，起到了加強注意力的作用，說了中四爻是表達事物的中樞神精。「六爻相雜，唯其時物也」六合之內萬事萬物的變化，就是時間在促使著變化。時間、空間作用是《易經》變化的唯一作用。「質」就是由這樣變化而變化。

【原文】二與四同功而異位，其善不同。二多譽，四多懼，近也。柔之為道，不利遠者。其要無咎，其用柔中也。三與五同功而異位。三多凶，五多功，貴賤之等也。其柔危，其剛勝邪？

【譯文】二爻與四爻的功能相同而地位不同，其善良的程度也不相同。二爻往往多榮譽，四爻往往多有恐懼。這是四爻距離五爻很近的緣故。陰柔的運動規律是不利於離陽爻遠的，陰爻的要不想有過錯，它的功用的適中最好。（陰居二、五兩爻不以陰論）三爻與五爻功用是相同的，而地位卻不相同。三爻往往多遭凶險，五爻往往多有功勞，這是兩爻的貴賤位置所決定的。所謂陰柔就是危險，所謂陽剛就是強勝。

【釋文】二爻和五爻感應，五為君，二為臣。四居五之下，五君而四臣，二、四爻同朝為臣，所以「二與五同功」四離五近而二離五遠，所以「異位」。四離五近，在君主的監視下所以「多懼」。二爻為貴妃娘娘的位置，所

的多譽。三、五都是陽爻所以「同功」。三不得中位，凶之多也。五為天下君，故「多功」這是由於身份貴賤的緣故。

【原文】易之為書也，廣大悉備。有天道焉，有人道焉，有地道焉。兼三材而兩之，故亡。六者非它也，三材之道。道有變動，故曰爻，爻有等，故曰物。物相雜，故曰文。文不當，故吉凶生焉。

【譯文】《易經》這本書內容博大精深沒有所不具備的，有天體運行的規律，有人們吉凶的規律，有地球運轉的規律。天、地、人三才中每一才有兩個爻位，故每一卦六個爻。六個爻所表示的沒有別的意思，是三才所包涵的道理。規律是有變化的，所以顯示在爻上，爻是有差別的，所以叫做物象，物象錯綜複雜，所以叫做理性的文飾，理性的文飾不得當，吉凶的現象便產生了。

【釋文】這是在闡述天人合一的思想理念。所謂三才之道，都是一種天然理性，天地的產生是一個道理，天地的運轉也是一個道理，萬物出生在天地之間，萬物的產生和天地共存同樣是一個道理。人是萬物的代表，人性就是物性。「吳澄曰：爻者，交也，以爻而變也。」爻的變化就是天、地、人的變化。人的思想總是隨著時代潮流的變化而產生變化，時代潮流是隨著時間所形成的，時間是什麼？時間是演化天、地、人的熔爐。在這個熔爐裡，沒有個別的例外。爻就能把演化的形象顯現出來，這是由於《易》理迎合了大自然發展變化之運動規律。在世代人的不斷努力下，把制定好的理論基礎套在卦爻上，透過反覆

實踐，吉凶的定義確如實地反映出來，這是中華民族智慧的結晶，是自然科學的一座豐碑。

【原文】易之興也，其當殷之末也，周之盛世邪？當文王與紂之事邪？是故其辭危，危者使平，易者使傾。其道甚大，百物不廢。懼以終始，其要無咎。此之謂易之道也。

【譯文】《易經》的興起，應當是殷商的末期，西周興旺崛起的時期吧。是在書寫當時文王與紂王之間的事情吧。所以《易》辭中大多數具有危機感。要使危機感達到平和，應當是《易》理所導致的傾向，這其中的道理太大了，千奇百怪的物體沒有一處是作廢的。恐懼和危機感是無始無終的，要能在十分重要的關鍵處作到無過錯，這就是說已經掌握了《易經》的道理

【釋文】卦辭的恐懼與危機乃大自然之恐懼與危機也。人心存恐懼或危機乃是人類社會的恐懼與危機也。「韓伯曰：保其存者亡，不忘亡者存。有其治者亂，不忘危者安。懼以終始，歸於無咎。安危之所由，爻象之大體也。」

【原文】夫乾，天下之至健也。德行恆易以知險。夫坤，天下之至順也，德行恆簡以知陰。能說諸心，能研諸侯之慮。定天下之吉凶，成天下之亹亹者，是故變化云為，吉事有祥。象事知器，占事知來。

【譯文】《乾》卦是天下達到最強健的象徵，其道德品行恆久不變，在與陰平等交換時能知艱險。《坤》卦是天下最能達到順從的象徵道德品行恆久簡單而能深知阻隔

之所在。《易經》的道理，能使天下占卜的人心情喜悅，能研討出天下諸侯心裡在想些什麼。有測定天下的吉凶得失。能成就天下人勤勉不息的各項事來。透過卦象的變化可以說出應該怎樣去做。凡是吉事總會有祥和的徵兆，用卦象便可知物體是如何形成的，凡占卜眼前之事一定會知道事情的未來。

【釋文】「德行恆易」指道德的運行常久不變，就是「德行」。始終堅持平等交換是「恆易」。這是體現「一陰一陽之為道」的道理。「德行恆簡」而陰之道德始終不變，體現在「恆簡」永遠堅持這樣一個原則，就是一個「順」字，十分簡單。陰能順陽沒有多少的限制，《乾》陽之「恆易」卻顯得十分重要了，「等價交換」便成了萬古不變的法則。

【原文】天地設位，聖人成能。人謀鬼謀，百姓與能。八卦以象告，爻象以情言。剛柔雜居，而吉凶可見矣。變動以利言，吉凶以情遷。是故愛惡相攻而吉凶生。遠近相取而悔吝生，情偽相感而利害生。

【譯文】天地設立了上尊下卑的位置，聖人效仿之而作《周易》闡明其功能。使人的謀慮與鬼神相通，尋常百姓也能利用《易經》的功能。八卦用象徵的方法表達思想，卦爻和《象》辭用比擬的方式說明卦義。剛爻和柔爻混雜在一起，從它們身上可以發現吉凶。卦爻的變動是採用有利、不利的形勢來表達，吉凶的形成是採用合不合情理的概念來進行衡量。因此這就使得愛與惡的情感相互攻擊，而吉凶便從中顯示出來。用每個爻位的遠近攝取是悔

是否，從真實還是虛偽的情感中利害關係便產生了。

【釋文】「人謀鬼謀」是說人想要幹什麼，鬼想要幹什麼。「百姓與能」就是尋常百姓也能參與其中。全句的意思是無論人有什麼樣的計謀，鬼有什麼樣的計謀，就是尋常百姓只要利用《易經》進行預測，都可以測得出來。

「八卦以象告」用立象的方法告之，「爻象以情言」用卦體所處的真實情況加以說明。「變動以利言」這是《易經》中首次提到「利」的作用。萬物在產生變化時，有利條件和不利條件同時發生作用，在所處時空條件的作用下，是有利條件有利，還是不利條件有利，決定於客觀因素和主觀因素兩個方面。

【原文】凡易之情，近而不相得則凶。或害之，悔且吝。將叛者，其辭慙，中心疑者其辭枝。吉人之辭寡，躁人之辭多。誣善之人其辭游，失其守者其辭屈。

【譯文】凡是《易經》的情況，兩相接近而情感卻不能相得則有凶。或是遭到外來的傷害，而蒙愛悔恨和吝惜。不守信用的人內心有愧，在說話時總是表現出來，由於內心有愧，所以語言枝離破碎。吉祥的人話語很少，急躁的人話語就多，說好人壞話的人說出來游浮不定。神所失守的人說起話來總是委屈。

【釋文】這段文字闡述八卦是體現人情多險阻的有利工具。人情險阻體現在「愛惡相攻而吉凶生」的上面。可「惡」必有凶，可「愛」也會有凶，由於「近而不相得則凶」。所謂親近就是相愛，新近不相愛反而會有凶。

《繫辭》為避免人情多險阻的客觀事實，告誡世人識

別人心，透過對方的言辭來瞭解他（她）的內心。眼睛是心靈的窗戶，語言是敞開心扉的大門。

人情多險阻，世態多寒涼，人生曲折路，吉凶不平常。

## 說卦傳

「劉沅曰：隋志，秦後易失說卦三篇，漢宣時，河內女子發老屋得之。今說卦止一篇而別出，隋志殆混言之。繫辭能通論經義，此則專明八卦之義，原其所起，究諸物象，故曰說卦傳。

【原文】昔聖人之作易也，幽贊於神明而生蓍，參天兩地而倚數，觀變於陰陽而立卦，發揮於剛柔而生爻，和順於道德而理於義。窮理盡性以致於命。

【譯文】昔有古人創作《易經》，神靈在暗地裡進行幫助，便長出了一種蓍草，用三根蓍草象徵天數，用兩根蓍草象徵地數。所以有「三天兩地」的說法。透過觀看天氣的陰晴變化設立卦象發揮出陽剛陰柔之兩種氣體，從而產生卦爻。卦理的演變順從道德，從而和萬物之性，從而賦予了萬物之生命。

【譯文】參，同叁。倚，靠。「劉沅曰：天數奇，地數偶。三其奇之數，一三，二三，三三，而陽九天數盈焉。一與二合為三，三與二合為五，五與二合為七，七與二合為九，固不離乎參兩之數。一三為三，二三為六，三三為九，三九陽之正位，而六亦天地之合也。以三合二為五，以五合為十，要不離乎參兩之意。蓋依河圖之數而

起，凡數皆自此推也。」

又曰：神明居幽，聖人以易道通之，故曰幽贊。贊，助也。生蓍，生揲蓍之法。」

《易經》的占斷，說穿了就是在玩弄數字。奇數陽，偶數陰，在十天干裡，一與元合，陽合陰；二與七合，陰合陽；三與八合，陽合陰，四與九合，陰合陽；五與十合，陽合陰。十二地支裡面，一、三、五、七、九、十一，六位是陽，二、四、六、八、十、十二，六位是陰。地支有六合，同樣是陽數合陰，陰數合陽。宋代邵康節受到《繫辭》的啟發，寫出了《鐵板神數》、《梅花易數》兩本書，就是在宣揚數的作用。

「本義云：窮天下之理，盡人物之性，而合於天道。此聖人作易之極功也。」這兩句話是《周易本義》對《易經》的讚美。劉沅的解釋十分詳盡。他說：「乾坤生八卦，八卦生五十六卦。卦成而剛柔有體，時位不同，聖人發揮其義故有爻。道，理之在天地也。德，則人之德義，義事物之宜。上理字條理，不理字義理。理散於萬物，而性具於人，命則主宰之在天者。窮，極其精，爻也，皆本天地神明之德，而非強為。天道具於人為德，著於事為義。聖以易示，使人不乖於天，不逆於人，不紊於心事。學者究物理以自盡其性，深造精微以極於天命之本然，則不負作易之教矣。此第一章，為下十章總冒，但就可河圖十數略標參兩之義，而諸說自無不該矣。

又曰：道德義理性命，一理而異名。道統言之，天人所共。德就人言，義即事言。和之順之理之就易言，窮理

句就學者言。性即理也，在天曰命，在人曰性，本天而為性者，一本也。率性而散見於萬物者，萬殊也。窮究事物之理返求諸身，性盡命立，則天命原在吾身矣。此中有許多工夫，夫子約言之，是在學者深思而自得也。」

劉沅的這兩段論述，闡明了道德、義理、性命的根源。原本「一理而異名」。宇宙間萬事萬物，各自有各自的運行規律，遵循這個規律，就是道德，就是義理，即而成為一種準則，違背了這個準則，就是不道德、失義理的行為。萬物的性質就是道理，這個道理，對天體來說叫做天命，對萬物來說叫做性命。萬物聚積各居性命，其實質就是天理。

道德一詞，並不是單純為人而言，萬物各自有各自的道德，只不過人的道德表現得十分突出，因為人有靈魂的動物，意識可以隨時改變。因此，道德就顯得十分重要了。

所謂義理，就是正義之道理。天體的構成和運轉是有著其正義之道理的，太陽永恆普照環宇，這就是它的正義，地球環繞太陽運轉是地球之正義，月亮繞地球運轉是月亮的正義，只有人的正義沒有太陽、地球、月亮那樣一絲不苟。永恆不變。所以主張正義對人來說就十分必要了。

性，統稱天性。實際上是宇宙物資質的成分所固有的性質。太陽的性質是不停地向放射光離子，地球的性質是生長萬物。火性上揚，水性不潤。萬物各有各的性質，只有人的性質各不同，是出於 DNA 差異的緣故。

命，是「窮理盡性」的產物，所謂「窮理」就是萬物演化之道理，無窮無盡之理。陰陽和順萬物而生，即生就有命，所謂「盡性」盡一切之可能而成其性，萬物的演化進程就是盡一切之可能而成其性。所以，物生即有命，命中必具其性。「性命」是相輔相成的統一體。

人的性命，是時間、空間素質的有機結合物。並不單純是父精母血的交合作用。人生在世，千差萬別，其品性好壞，命長命短，是吉是凶，決一於時間素質，空間素質，父母素質，祖父母素質，外公外婆的素質，無論是直接關係，還是間接關係，都有關係。

【原文】昔者聖人作易也，將以順性命之理。是以立天之道曰陰與陽，立地之道之曰柔與剛，立人之道曰仁與義。兼三才而兩之，故易六畫而成卦。分陰分陽，迭用柔剛，故易六位而成章。

【譯文】古代聖人作《易經》，為了順應性命的道理，才設立出天道，說它是陰和陽，設立地的道理，說成是柔與剛。設立出人的道理，說成是仁與義。天、地、人三才中一才佔有兩個爻位，所以六畫而成為一卦。在六畫卦中分陰爻陽爻，反覆運用剛柔。所以，《易經》六十四卦每卦都是六個爻位而成章法。

【釋文】「鄭康成曰：聖人，謂伏羲文王也。易者，陰陽之象，天地之變化，政教之所生。」

「劉沅曰：上言性命，謂盡人以合天。性就人言，命就天言。此則以性命太極之真也。性命者，乾坤之正，乾陽在人為性，坤陰在人為命。性命合而成一太極。太極無

形，而理氣之動靜者有性命。性命者，乾健坤順之自然凝精者也。陰是氣也，剛柔質也，仁義德也，皆此性命之理所發現，其實一而已。聖人姑以此為三才之道，以性命之原不可見。發即可見者以明易所由生也，兼字分字用字不著力，就造化說，不就易說。三才共此性命，非有勉強造作，就性命之著於天者，陰陽易見，以此立天道。著於地者，剛柔顯聖，以此立地道。成於人者，仁義該括，以此立人道。天地人同此性命之理，知合者來嘗不分，則知分者實未嘗不合。合者何？性命也。性，乾之理。命，坤之理。純粹而無滓者性，凝一而渾厚者命。先天性命合一，乾坤所以為一元。後天性命分寄，乾坤所以判高卑。得天地之正者唯人。性，天理也。命，天根也。仁則葆乎性，義者節其命之正。一念剛柔，仁義之體以分。太極渾涵，仁義之體以固。一如天地之陰陽剛柔，分著其用，未嘗不共成其功也。天陽而有陰，地柔而有剛，可見性命不可偏廢。仁義則人所以承天地者，故三才必兩兼而其義始備。分以對待言，迭用以流行言。剛柔亦有分，陰陽亦有迭，互文為義耳。易之陰陽剛柔，全法天地的立人事之則，要無非順性命之理。由性以該命，天人所以合。命濁性漓，天人所以分。性命者，天地之元，五行之粹，而人心之正也。」

【原文】天地定位，山澤通氣，雷風相薄，水火不相射，八卦相錯。數往者順，知來者逆，是故易逆數也。

【譯文】天地有了固定的位置，山澤相互通氣，雷風互相搏擊，水火不相入而相資，八卦上下交錯。卦數往後

去是順，要想知道未來情況便是逆數，所以說《易經》是逆數也。

【釋文】「劉沅曰：山脈流於澤而為水泉，澤氣開於小而為雲雨，其氣通也。

又曰：此伏羲先天八卦也。乾老於南，坤老於北，乾坤定子午之位。西此多山，東南多水，艮居西北為氣之所始，兌居東南為氣之所注。風起於西南，陰氣初盛。雷動於東北，陽氣初盛。陰陽二氣相薄而鼓其機，故巽居西南，震居東北。日生於東，月生於西，故坎居西離居東，有天地即有此自然這理氣，故為先天。相錯者，言先天卦位對待之中，已有流行之氣也。一有天氣，即有此象，不假安排。」

這是在說明先天八卦的起因，乾上坤下，定天地之位，離東坎西，是日月之門，震起東北，生陽之地，巽居西南，陰盛之鄉，東南有兌，澤水甚多。西北有艮，西北多山。打開中國的地形圖，西北多山，東南臨海，先天八卦方位與中國地形多相吻合，說明了古易的所有數的順序是從小到大。如預測點是 0，數字從預測點向四面八方延伸，離得越遠數字越大，無論是從哪個方位來的數字，都是逆數。預測的原理就是尋找平衡，哪個方位不平衡，產生傾斜便有凶災。「知來者逆」是說凡是卦中預測出來的事物都是逆數，所以《易經》八卦的預測是在尋找逆數。

【原文】雷以動之，風以散之，雨以潤之，日以烜之，艮以止之，兌以說之，乾以君之，坤以藏之。

【譯文】雷是鼓動萬物的，風是吹拂萬物的，雨是滋

潤萬物的，太陽是普照萬物的，艮是阻止萬物的，兌是使萬物喜悅的，乾是統治萬物的，坤是包藏萬物的。

【原文】帝出乎震，齊手巽，相見乎離，致役乎坤，說言物兌，戰乎乾，勞乎坎，成言乎艮。

【譯文】萬物生長出於震卦，到了巽卦百草齊全。夏天由離卦主管，萬物明媚，光輝燦爛。到了立秋坤土役養萬物，到了秋分萬物成熟，無不喜悅。立冬之時乾卦之位，陰陽開戰。坎是冬至，慰勞萬物之時。立春是艮，一年歲功此完成。

【釋文】這是闡述文王後天卦位。帝，指一年當中四個季節的當旺之氣。

「劉沅曰：此文王後天卦也。帝，主宰萬物者也。八者皆帝之所為，故以帝冠之。出者，自隱而顯，始可形見也。齊才，旁通周遍，無物不到也。相見者，光輝明盛，彼此燦然無隱也。致，猶委也，委役於萬物不養也。土旺於四季，尤旺以夏秋之交，為中央土，故生秋金而養乾陽之氣。說者，萬物皆成，各說其生也。戰者，陽金老而陰氣盛，相搏而戰也。勞，慰勞休息之意。成，完全也。由出而齊而相見者，帝之鼓乎出機。而致役則由出以向夫入。由說而戰而勞者，帝之鼓乎入機。而成者又由人以向夫出。義詳下文。」

【原文】：萬物出平震，震東方也。齊乎巽，巽，東南也，齊者也，言萬物之潔齊也。離也者明也。萬物皆相見。南方之卦也。聖人南面而聽天下，向明而治，蓋取諸此也。坤也者，地也。萬物皆致養焉，故曰：致役乎坤。

兌正秋也，萬物之所說也，故曰：說言乎兌。戰乎乾，乾西北之卦也，言陰陽相薄也。坎者，水也。正北方之卦也，勞卦也，萬物之所歸也，故曰：勞乎坎。艮東北之卦也，萬物之所成終而所成始也。故曰：成言乎艮。

【譯文】萬物的產生出在《震》卦，《震》卦是東方。萬物長齊了便是《巽》卦，《巽》卦在東南。「齊」字是說萬物已經十分整齊了。《離》卦是光明，只有光明，萬物才能互相看得見。《離》是南方八卦。聖人面向南坐著。傾聽天下的大事，是面向光明來治理國家，就是採取這種方法。《坤》卦是地球，萬物就是在地球上得到生養。所以說，需要出勞力的事都來源於《坤》卦。《兌》卦是秋天，萬物生長成熟而感到十分喜悅。所以萬物都高興地說秋天到啦！陰陽發生戰爭的時候是《乾》卦，《乾》卦是說陰陽相對地減少了。《坎》卦是水。正北方之卦，是勞動卦，萬物都回到了所應回到的地方。所以說勞動成果是《坎》卦。《艮》卦是東北方之卦，萬物到這裡結束而又能在這裡開始。所以一年歲功在這裡完成，就是《艮》卦。

【釋文】後天八卦，是時間和空間兩大指示器。《震》卦，正東方。春分季節。《巽》卦，東南方，立夏季節。《離》卦，正南方，夏至季節。《坤》卦，西南方。立秋季節。《兌》卦正西方，秋分季節。《乾》卦，西北方，立冬季節。《坎》卦，正北方，冬至季節。《艮》卦，東北方，立春季節。一年在《艮》卦結束，「萬物之所以成終之所以成始也。」

【原文】神也者，妙萬物而為言也。動萬物者，莫疾乎雷。橈萬物者，莫疾乎風。燥萬物者，莫熯手火。說萬物者，莫說乎澤。潤萬物者，莫潤乎水。終萬物始萬物者，莫盛乎艮。故水火相逮，雷風不相悖。山澤通氣，然後能變化。即成萬物也。

【譯文】所謂「神」是指能處使萬物奇妙而說的。使萬物萌動沒有此雷聲更快的了。使萬物搖動，沒有比風更迅速的了，使萬物乾燥，沒有此火更熱的了，使萬物喜悅，沒有此沼澤更吸引人的了。使萬物受到濕潤，沒有水性更敏捷的了，使萬物結束並能在結束中重新開始，沒有此艮的作用更大的了。所以水火相濟，雷風不相違背，山澤互相通氣，然後產生變化，萬物得以形成。

【釋文】大自然中萬物奇妙，各自存有各自的神韻，這種神韻是大自然的鬼斧神二。萬物相互感應產生的結果。有神的作用嗎？神的概念，劉沅說「以其存於萬物之表，而行於萬物之中，不可以端倪求之，跡象窺之也。」現代人理解神，已經不神了。人的精神就是神「兩眼有神」是人的兩眼素質純真。這樣理解神應是最科學的了。這段文字把八卦的象徵說成是神，只有神才能形成萬物。無疑是一種精神夾鎖，封建社會的產物。

【原文】乾健也。坤順也。震動也。巽入也。坎陷也。離麗也。艮止也。兌說也。

【譯文】《乾》卦剛健，《坤》卦柔順。《震》卦震動，《巽》卦是鑽入。《坎》卦深陷，《離》卦美麗。《艮》卦停止，《兌》卦喜悅。

【釋文】從這段文字往下是對八卦物象的闡述。八卦物象繁雜，申明八卦就是萬物的象徵。

【原文】乾為馬。坤為牛。震為龍。巽為雞。坎為豕。離為雉。艮為狗。兌為羊。

【譯文】《乾》卦作為馬。《坤》卦作為牛。《震》卦作為龍。《巽》卦作為雞。《坎》卦作為豬。《離》卦作為野雞。《艮》卦作為狗。《兌》卦作羊。

【釋文】這一節是闡明動物類象。

【原文】乾為首。坤為腹。震為足。巽為股。坎為耳。離為目。艮為手。兌為口。

【譯文】《乾》卦為頭部。《坤》卦為腹部。《震》卦為腳。《巽》卦為大腿。《坎》卦為耳朵。《離》卦為眼睛。《艮》卦為兩手。《兌》卦為嘴。

【釋文】這節是闡明八卦象徵人體各個部位。

【原文】乾天也，故稱乎父。坤地也，故稱乎母。震一索而得男，故謂長男。巽一索而得女，故謂之長女。坎再索而得男，故謂之中男。離再索而得女，故謂之中女。艮三索而得男，故謂之少男。兌三索而得女，故謂之少女。

【譯文】《乾》卦是天，相當於父親。《坤》卦是地，相當於母親。《震》卦一陽在初爻的位置上，是長子。《巽》卦一陰在初爻的位置上，是長女。《坎》卦一陽在二爻的位置上，是中男。《離》卦一陰在二位的位置上是中女。《艮》卦一陽在三爻的位置上，是少男。《兌》卦一陰在三爻的位置上，是少女。

【釋文】這一節是闡明八卦人倫的象徵《乾》、《坤》是父母，生有三男三女。

「索」是線索，求索，尋找。男性索陽爻，女性索陰爻。「一索」在初爻上找到了陽（陰）爻；「再」，一而再，再而三的再。指二。「再索」在二爻上找到了。「三索」在三爻上找到了。

《震》由《坤》而生，所以「索於初」。《巽》由《乾》而生，所以「索在初」。《坎》由《坤》所生，所以「索在二」。《離》由《乾》所生，所以「索在二」。《艮》由《坤》所生，所以「索在三」。《兌》由乾而生，所以「索在三」。

【原文】乾為天，為圜，為君，為父，為玉，為金，為寒，為冰，為大赤，為良馬，為老馬，為瘠馬，為駁馬，為木果。

【譯文】《乾》卦是天，為圓的，為君王，為父親，為玉石，為金屬，為寒冷，為冰塊，為大紅馬，為好馬，為老馬，為瘦馬，為雜色馬，為樹上果食。

【原文】坤為地，為母，為布，為釜，為吝嗇，為均，為子母牛，為大輿，為文，為眾，為柄。其於地也黑。

【譯文】《坤》卦是地，為母親，為布匹，為鍋，為吝嗇，為平均，為帶有小牛的母牛，為車，為文采，為民眾，為杷柄。也表示黑色。

【原文】《震》卦為雷，為龍，為玄黃，為旉，為大涂，為長子，為決躁，為蒼筤竹，為萑葦。其於馬也，為善鳴，為馵足，為作足。為的顙，其於稼也，為反生。其

窮為健，為蕃鮮。

【譯文】《震》卦是雷、龍、黑黃色、開花、大路、長子、果決躁動、青竹、蘆葦、以馬來說是善於鳴叫的、後腿是白色的、路得快的、額上有白色的馬。以莊稼來說戴甲而生的。達到極點具有剛健、繁盛而新鮮。

【釋文】玄黃，黑黃混雜的顏色。旉，同敷，花朵。大涂，大路。決躁，急速。蒼筤竹，青色的幼竹。萑葦。蘆葦反生，戴有甲殼出土的幼芽。

【原文】巽為木，為風，為長女，為繩直，為工，為白，為長，為高、為進退，為不果、為臭。其於人也，為寡髮，為廣顙，為多白眼，為近利市三倍。其究為躁卦。

【譯文】《巽》卦是樹木、風、長女、直繩、工匠、白色、長遠、高、進退、不果斷，氣味。以人來說是禿頭、寬額、眼白多。從商獲利，有急躁的象徵。

【原文】坎為水，為溝瀆，為隱伏，為矯輮，為弓輪。其於人也，為加憂，為心病，為耳痛，為血卦，為赤。其於馬也，為美脊，為亟心，為下首，為薄蹄，為曳。其於輿也，為多眚，為通，為月，為盜。其於木也，為堅多心。

【譯文】《坎》卦是水、溝渠、隱伏、使其變直、使其變彎，弓和輪，就人來說增加憂慮，心病，耳痛，人血，紅色。就馬來說脊樑美好，性急，低頭，薄蹄，拖蹄。就車來說，破車，通暢。月亮，強盜。對木來說堅硬盤多枝杈。

【原文】離為火，為日，為電，為中女，為甲冑，為

戈兵。其於人也，為大腹，為乾卦。為鱉，為蟹，為贏，為蚌，為龜。其於木也，為科上槁。

【譯文】《離》卦是火，是太陽，是閃電，是中女，是盔甲，是武器和軍隊。對人來說，是大腹。又是乾燥的卦。還是鱉、蟹、螺、蚌龜，對木來說是空心而且樹枝乾枯。

【原文】艮為山，為徑路，為小石，為門闕，為果瓜，為閽寺，為指，為狗，為鼠，為黔喙之屬。其於木也，為堅多節。

【譯文】《艮》卦是山，小路，小石頭門樓，果實，看門人，手指，狗，老鼠，狼一樣的山中野獸。對木來說堅硬而多枝節。

【原文】兌為澤，為少女，為巫，為口舌，為毀折，為附決。其於地也，為剛鹵，為妾，為羊。

【譯文】《兌》卦是沼澤地，是小女孩，是巫婆神漢，是打嘴仗，是毀壞斷折，是格外決定。在土地方面是鹽鹵地，是男人小妾，是羊。

【釋文】綜上所述，《說卦傳》上說八卦就是萬物的象徵。懂得了八卦的道理，就懂得了萬物發生、發展、變化之道理。

《說卦傳》說出了地球上生命的來源及形成的道理，從而揭示出性與命的關係。以及大自然的無比神奇。


## 序卦傳

「劉沅曰：略舉一端之理，以明文王序卦之意。來氏

謂，恐後人雜亂其序而然。胡煦曰：先儒多以畫卦中陰陽之多少計前後之序，全無補於易理。知言哉！」

**【原文】**有天地然後萬物生焉。盈天地之間者唯萬物，故受之以屯，屯者，盈也。屯者，物之始生也。物生必蒙，故受之以蒙。蒙者，蒙物之稚也。物稚不可不養也，故受之以需。需者，飲食之道也。飲食必有所訟，故受之以訟。

**【譯文】**有天地以後萬物開始產生了，盈滿天地間的只有萬物，繼《乾》、《坤》二卦以後由《屯》卦來承受。《屯》卦就是盈滿。《屯》卦是闡述萬物剛一開始時的情況。萬物剛一開始出生，必定是蒙昧無知，是指物之小而幼稚。物要小不可不養，所以由《需》卦來接受。《需》卦是飲食方面的道理，由飲食上必定會引起爭執，所以《需》卦後面由《訟》卦來接受。

**【釋文】**《序卦傳》是闡述六十四卦的順序，這個順序從開天闢地說起，萬物始生、發展、壯大盡在其中。萬物初生理智低下，最先懂得的道理就是吃。吃是生的需要，由吃更可產生爭執。口舌、官訟由此而生。稚，同稚幼稚。不懂道理，只知道吃。人類社會由蒙到後蒙為最初階段。

**【原文】**訟必有眾起，故受之以師。師者眾也，眾必有所比，故受之以比。比者比也，比必有所畜，故受之以小畜。物畜然後有禮，故受之以履。履而泰，然後安，故受之以泰。

**【譯文】**爭訟必然要引起群起，所以，接著是《師》

卦，《師》卦是人多勢眾。人多必然會有所親附，故接著
是《比》卦。《比》卦是親附，親附定會積蓄，故接著是
《小畜》。有了積蓄便要講禮儀，故接著是《履》卦。《履》
卦就是禮的意思。人們尊重禮儀，天下就會太平，故接著
是《泰》卦。

【釋文】由於社會不斷地向前發展，人們懂得了社會
公德，這是人類發展的第二階段。

【原文】泰者通也。物不可以終通，故受之以否。物
不可終否，故受這以同人。與人同者，物必歸焉，故受之
以大有。大有者不可以盈，故受之以謙。大有而能謙必
豫，故受之以豫。

【譯文】《泰》卦是萬事亨通。物不可能長久地通下
去，故接著是《否》卦。物不能總是否閉不順，所以接下
去是同人。與人同心者財富必定會來，故接著是大有。大
有者不可以自滿，故接著是謙。大有而又能謙虛一定會
樂，故接著是豫卦。

【釋文】社會公德形成以後，天下一片太平。物資達
到極大豐富以後，封建社會逐步形成。這是人類社會發展
的第三階段。

【原文】豫必有隨，故受之以隨。以喜隨人者必有
事，故受之以蠱。蠱者事也。有事而後可大，故受之以
臨。臨者大也。物大然後可觀，故受之以觀。可觀而後有
所合，故受之以噬嗑。嗑者合也，物不可以苟合而已，故
受之以賁。賁者飾也，致飾然後亨則盡矣，故受之以剝。

【譯文】樂必定有追隨，所以接著是《隨》卦。樂意

追隨他人享受的會發生事端。所以接著是《蠱》卦。《蠱》卦是壞事，壞事整治沒有了，事業可以作大。故接著是《臨》卦。《臨》卦是大，事物光大以後才會可觀，所以接著是《觀》卦。可觀而後人們可以契合，故接著是《噬嗑》卦。嗑就是契合，物不可能達到總是契合。故接著是《賁》卦。《賁》卦是文飾，文飾亨通以後就會過頭，所以接著是《剝》卦。

【釋文】隨著人類大腦理智的不斷發展君子和小人的分化越來越大，人不為已，天誅地滅的思想統治著每一個人的心靈，由《泰》到《否》就是這種思想的氾濫。聖人為挽救時弊發出了《同人》的呼喚。《同人》是人人相同，人心相同，害人如害已，人人平等。蠱是壞事，無論人心還是社會隨著時間的延伸，必定會產生大的變化。《臨》卦是大。「大」指大變化。變化大才能可觀。可觀是人心所欲，所以人心與人心才能契合。

【原文】剝者，剝也。物不可以終盡，剝窮上反下，故受之以復。復則不妄矣，故受之以無妄。有無妄然後可畜，故受之以大畜。物畜然後可養，故受之以頤。頤者，養也。不養則不可動，故受之以大過。物不可以終過，故受之的坎。坎者，陷也。陷必有所麗，故受之以離，離者麗也。

【譯文】《剝》卦是往下削。物不可以永遠削下去，削到最後會從上面反到下面，所以接著是《復》卦。回復到正確的軌道上來就不會妄動了，所以接著是《無妄》。不妄動就能積累財富，所以接著是《大畜》。有了足夠的

財富便可以養育，所以接著是《頤》卦。《頤》卦是養育的意思，不養育就不能行動，所以接著是《大過》卦。物不可以總是這樣過了頭，所以接著是《坎》卦。《坎》卦是深陷下去，深陷下去一定要有攀附，所以接下去是《離》卦。《離》卦是麗，是攀附。

【釋文】上經到此結束。上經主要闡述天體的構成和人類社會起源。人類起源於萬物形成以後，《屯》、《蒙》時期。劉沅說：「上篇始乾坤而終坎離，天地為萬物之父母，坎離得乾坤之中氣。伏羲的乾南坤北定子午，而文王以坎離代乾坤，明乎造化自然之功用如此也。」

【原文】有天地然後有萬物，有萬物然後有男女，有男女然後有夫婦，有夫婦然後父子，有父子然後有君臣，有君臣然後有上下，有上下然後禮儀有所錯。

【譯文】有了天地以後，就有了萬物。有了萬物以後，就有了男女。有了男女以後，就有了夫婦。有了夫婦以後，就有了父子，有了父子以後，就有了君臣。有了君臣以後，就有了上下。有了上下以後，禮義信仰就在上下關係中產生了。

【釋文】錯，同措。施行。這是對人類社會關係的綜合論述。下經講地貌，就從這裡開始。

【原文】夫婦之道不可以不久也，故受之以恆。恆者久也，物不可以久居其所，故受之以遯。遯者退也，物不可終遯，故受之以大壯。物不可終壯，故受之以晉。晉者進也，進必有所傷，故受之以明夷。夷者傷也，傷於外者必反於家，故受之的家人；家道窮必乖，故受之以睽。

睽者乖也，乖必有難，故受之以蹇。

【譯文】夫妻關係不可以不長久，所以接著是《恆》卦。《恆》卦是永恆不變。物不可以永恆不變，所以接著是《遯》卦。《遯》卦是退避的意思，而物不可的總是退避，所以接著是《大壯》。物不可以總是壯下去，所以接下去是《晉》卦。《晉》卦是前進，前進中一定會受到傷害，所以接著是《明夷》卦。夷就是傷害的意思，在外面受到傷害一定要返回家中，所以接下去是《家人》卦。家道貧窮了，做事必定乖違，所以接下去是《睽》卦。《睽》卦是乖違的意思。乖違必定會遇到難處，所以接著是《蹇》卦。

【釋文】夫妻關係建立以後，就要有家庭，家庭是人類社會最小單位。上經人居野處，知母而不知父，下經是人類社會一大進步。夫妻關係由隨意結合的形式發展到「不可不久」所以封建社會，女人死了男人，不可再行出嫁領兒女度過終生。死後男女必須合葬。當代社會自由戀愛，結婚離婚都不受限制，似乎回到了遠古社會，但其性質截然不同。

【原文】蹇者難也，物不可終難，故受之以解。解者緩也，緩必有所失，故受之以損，損而不已必益，故受之以益。益而不已必決，故受之的夬。夬者決也，決必有遇，故受之以姤。姤者遇也，物相遇而後聚，故受之以萃。萃者聚也，聚而上者，謂上升，故受之以升。升而不已必困，故受之以困。困乎上者必反下，故受之以井。井道不可不革，故受之以革。革物者莫若鼎。故受之以鼎。

**主器者莫若長子，故受之以震。**

【譯文】《蹇》卦是難，事物不能總難，所以接著是《解》卦。《解》卦就是緩解，緩解必然會有損失，所以接著是《損》卦。《損》失不停止定會轉向有益，所以接著是《益》卦。增益不止定然會潰決，所以接著是《夬》卦。《夬》卦是決，潰訣定能有相遇，所以接著是《姤》卦。《姤》卦是遇，物遇而後才能聚在一起，所以接著是《萃》卦。《萃》卦是聚集的意思。聚集而向上發展，就叫做升。所有制接著是《升》卦。不停地上升必然會被困住，所以接著是《困》卦。《困》在上面必然會反到下面，所以接著是《井》卦。《井》水要經常掏清，所以接著是《革》卦。《革》新物品的器具莫有此鼎更好的了，所以接著是《鼎》卦。《鼎》是祭器，祭祀的主持應是長子，所以接著是《震》卦。

【釋文】《易經》是闡述萬物變化的書，而《序卦傳》對萬事萬物的變化作了詳細地說明。宇宙間的萬事萬物的發展變化是多層次多方位的，時間是永恆的，其變化是無常的。在無常的變化中卻有著一定運動規律。這個規律就是道。「一陰一陽之為道」指的是等價交換的原則。《震》動過頭必有《艮》止；《蹇》難到一定程度必須緩解。損失到一定程度必定會受益。這其中的「道」就是尋找平衡。萬物都在尋找平衡，所謂的萬事就是產生在尋找平衡的過程當中。「天下太平」就是說天下的萬事萬物都達到了平衡，人平不語，水平不流。

【原文】震者動也，物不可以終動，止之，故受之以

艮。艮者止也，物不可以終止，故受之以漸。漸者進也，進必有所歸，故受之以歸妹。得其所歸者必大，故受之以豐。豐者大也，窮大必失其居，故受之以旅。旅而無所容，故受之以巽。

【譯文】《震》卦是震動，物不可以總在震動，是要停止的，所以接著是《艮》卦。《艮》卦是止，物不可以總是靜止，故接著是《漸》卦。《漸》卦是慢慢地在進入，進入必有歸宿，所以接著是《歸妹》卦。有了良好的歸宿，事業便可以作大，所以接著是《豐》卦。《豐》卦是大，貧窮的太大了，必定會失掉居住的地方，所以接著是《旅》卦。《旅》行者無有容身的地方，所以接著是《巽》卦。

【釋文】凡事相對而言，《序卦傳》的論述就體現了這一點。宇宙間沒有絕對的動，也沒有絕對的靜，都是在相互起作用。宇宙飛船從地球上飛進太空，這種動是急迅速的了。而宇航員安靜地待在船艙中卻一動沒有動。這叫動中有靜。《艮》山是靜止不動的，而在這山上卻從石縫中長出了小草，這叫做靜中有動。大自然的奇妙就體現在這裡，神的概念也就在這裡產生。《易經》中的動變，也就是大自然的動變。這中間就體現在一個「化」字上。

【原文】巽者入也。入而後說之，故受之以兌。兌者說也，說而後散也，故受之以渙。渙者離也。物不可以終離，故受之以節。節而信之，故受之以中孚。有其信者必行之，故受之以小過。有過物者必濟，故受之以既濟。物不可窮也，故受之的未濟終焉。

【譯文】《巽》卦是鑽入的意思，鑽入到可以容身的地方自然高興，所以接著是《兌》卦。《兌》卦是喜悅和高興，高興而後必定會有消散的時候，所以接著是《渙》卦。《渙》卦是散的意思，散是離散，物不可以總是離散，所以接著是《節》卦。有節制的人言行就會有人相信，所以接著是《中孚》，《中孚》卦是誠信，有誠信者必實行之，所以接著是《小過》，有過一定會得到成功，所以接著是《既濟》。《既濟》是已經達成，而萬物的運動是不可能窮盡的，所以接著是《未濟》。六十四卦至此結束了。

【釋文】下經闡述地貌，說明大自然的進化及人類社會的發展。黃震說「上經是開闢以來經制之象，下經人道之始。正家以及天下之象。」下天之事本同一理。家道窮必乖，國家也是一個道理，困其上者必反下。上層建築感到貧乏，下面百姓會怎麼樣呢？《井》卦就闡述了這個道理。說明人類社會每受到一次挫折才能得到一次發展。物不革難以成器，井不修難有清水。人類社會就是在不斷地改革中向前挺進。

劉沅說《連山》首艮，《歸藏》首坤。這是人類向前發展的象徵。《連山》首艮。是人們對山的印象深，因人們就居住在山洞裡。山洞是人的保護神。《歸藏》首坤，是人們只知有母，不知有父。母親是一大家族的撐門人。《周易》把《乾》、《坤》放在首位，這是人類理智發展的象徵。說明人類的思維由簡單向複雜方面發展。由淺層次的認識轉化到深層次的認識。這是人類歷史的一大飛躍。

## 雜卦傳

「韓伯曰：雜卦者，雜糅眾卦，錯綜其義或以同相類，或以異相明也。」

「中說云：予贊易至序卦曰，大哉時之相生也，達者可與幾矣。至雜卦曰，旁行而不流，守者可與存義矣。」

【原文】乾剛坤柔，比樂師憂。

【譯文】《乾》卦屬性為陽而剛。《坤》卦屬性為陰性柔而弱。《比》卦歡樂，《師》卦擔憂。

【釋文】《比》卦九五一陽居君位，統領五陰多，陽剛得正得中是上統下。君王正大光明，天下一片繁榮，人民安居樂業十分敬從。不能不樂。

《師》卦九二一陽在下，二爻是人民百姓之位，雖然九二得中得正，卻領導不了六五君爻。而六五雖有君位，沒有軍權，成天擔心九二會奪取君位，怎麼能不憂慮呢？

【原文】臨觀之義，或與或求。

【譯文】《臨》卦、《觀》卦的意義，還是參與，還是相求。

【釋文】《臨》卦二陽在下，順卦位上行，上四爻之事皆能參與。這是陰陽相應的道理。

《觀》卦二陽在上，陽氣上行，下四爻之事不能參與，只參以心相求。

【原文】屯見而不失其居，蒙雜而著。

【譯文】發現《屯》卦沒有失去居住的場所，《蒙》卦複雜而十分顯著。

【釋文】《屯》卦二陽爻居初、五兩爻，初雖不中卻得正位，五陽得中得正為「不失其居」。

《蒙》卦二陽位居二爻、六爻，即不得中又不得位，顯得雜亂而十分顯著。

民國元年在《立春占年考》中得《蒙》卦，孫中山的革命功名卓著，由於得了《蒙》卦，情況就複雜了。革命政權兩次被篡奪。

【原文】震起也。艮止也。

【譯文】《震》卦奮起向上。《艮》卦靜止不動。

【釋文】《震》卦一陽在下奮起而上行故言起。《艮》卦一陽在上，以到了終點故止也。

【原文】損益，盛衰之始。

【譯文】《損》卦《益》卦是興盛、衰亡的開始。

【釋文】《損》卦是損下益上，下卦《乾》損九三益上卦《坤》使上卦《坤》變成《艮》卦。原來是《地天泰》卦演化成《損》卦。《泰》卦是興盛之卦；《益》卦是損上益下，《天地否》卦，上卦《乾》損九四一陽益下卦《坤》。所以上卦成《巽》卦，下卦成《震》卦。《天地否》即衰亡之卦。

【原文】大畜時也，無妄災也。

【譯文】《大畜》是在闡明其時間，《無妄》是在說明災害。

【釋文】《大畜》卦下卦三陽《象》曰「剛健篤實，輝光日新其德」陽剛得時而旺。是在表明其時。

《無妄》卦上卦《乾》三陽在上，《象》曰「剛自外

來而為主於內」，「其匪正有眚」《無妄》卦之所以有災是由於三陽處在外卦。

【原文】萃聚而升不來也。

【譯文】《萃》卦是聚而《升》卦之陰不往下來。

【釋文】《萃》卦二陽爻在上卦，能招致下卦之陰聚到一起；《升》卦二陽爻在下卦，沒有召聚上卦陰往下來的能力。所以上卦陰不往下來。

【原文】謙輕而豫怠也。

【譯文】《謙》卦輕鬆而《豫》卦是懶惰鬆懈。

【釋文】《謙》卦謙虛，《象傳》說「君子以裒多益寡，稱物平施」。用自己多餘的素質補益其他不足的素質，這本來就是一種很輕鬆的事情，而這種輕鬆絕大部分人卻難以做到。

《豫》卦是樂。《象傳》說「先王的作樂崇德，殷薦之上帝，以配祖考。」先王作樂是為了崇尚道德。隨著時代的變遷，作樂也改變了初衷。竟成為尋歡作樂，這種尋歡作樂荒廢朝政，變得懶惰鬆懈。所以「豫怠也」。

【原文】噬嗑食也，賁無色也。

【譯文】《噬嗑》卦是往口中吃，《賁》卦是文飾卻不見顏色。

【釋文】《噬嗑》卦，《彖》曰「頤中有物曰噬嗑」是吃象。《賁》卦《彖》曰「賁亨，柔來文剛，故亨。分剛上而文柔；故小利，有攸往。天文也。文明以止，人文也。觀乎天文，以察時變。觀乎人文，以化成天下。」《賁》卦之文飾，是闡述《地天泰》卦「柔來文剛」、「分

剛上而文柔」。下卦《乾》中爻一陰是由上卦《坤》上六分出來的。這是在說明天體演變過程，也是萬物演化過程。所以無色。

【原文】兌見而巽伏也。

【譯文】《兌》卦可以看見而《巽》卦伏藏不見。

【釋文】《兌》卦是喜悅。體現在內心，表現在外表，可以看得見。

《巽》卦是風，是鑽入。由於無形所以伏藏看不見。

【原文】隨無故也，蠱則飭也。

【譯文】《隨》卦是無緣無故地去隨從，《蠱》卦是整治。

【釋文】《隨》卦是指陰隨時而行。春種夏鋤秋收冬藏之類；《蠱》卦指整治敗壞風俗或人身上存在的壞事。所以，爻辭有「干母之蠱」，「干父之蠱」。飭，整治。

【原文】剝爛也，復反也。

【譯文】《剝》卦是爛掉。《復》卦是由上反下。

【釋文】「劉沅曰：剝一陽窮於上，復一陽生於下，如碩果爛而墜地其核中之仁又復生矣。」

【原文】晉晝也，明夷誅也。

【譯文】《晉》卦是指白晝，《明夷》卦是滅。

【釋文】《晉》卦《象》曰「日出地上」、「晝日三接」；《明夷》卦《象》曰：「明入地中」、「以蒙大難」所以誅滅也。

【原文】井通而困相同也。

【譯文】《井》卦是人們通用的飲水設施，而偏重偏

和《困》卦相遇。

【釋文】《井》卦是人養生三本，本應吉祥，《序卦傳》說「困乎上者必反下，故受之以井」。《井》卦來於《困》卦，所以凶也。上層建築的困乏，導致下層百姓的貪困，這是客觀事物發展的必然規律。

【原文】咸速也，恆久也。

【譯文】咸卦迅速而成，《恆》卦永久不變。

【釋文】《咸》卦《彖》曰「二氣感應以相與，止而悅」所以迅速也；《恆》卦《彖》曰「恆，久也。」、「天地之道，恆久而不已」所以久也。

【原文】渙離也，節止也。

【譯文】《渙》卦是離散，《節》卦是制止。

【釋文】離是離開而散，渙有散意；止是停止、制止、而節是節制、其義相同。

【原文】解緩也，蹇難也。

【譯文】《解》卦是緩解，《蹇》卦是困難。

【釋文】《解》卦《彖》曰「雷雨作而百果草木皆甲坼。解之時大矣哉」是緩解之意。

《蹇》卦《彖》曰「蹇，難也，險在前也。見險而能止」所以難也。

【原文】睽外也，家人內也。

【譯文】《睽》卦外卦為主，《家人》卦內卦為主。

【釋文】論家道以女人為主。《睽》卦二陽失正，婦不正，家道乖離。六五是一家之主，有女欺男之象。「外」指外卦五爻。

《家人》卦二陰爻得正，有正家的本領。六二是一家之主，「內」指內卦二爻。

【原文】否泰反其類也。

【譯文】《否》卦、《泰》卦是兩種相反的差別。

【釋文】《易經》中陽為光明是君子；陰為黑暗是小人。《泰》卦是「小往大來」而《否》卦是「大往小來」，兩類人物正相反也。

「關朗曰：君子泰則小否，小人泰則君子否。」

「劉沅曰：陽與陽為類，陰與陰為類。小往大來，大往小來。各反其類也。」

【原文】大壯則止，遯則退也。

【釋文】《大壯》卦陽氣在下而能止，《遯》卦是陽氣在上而退出。

【釋文】《大壯》卦四陽在下，不能輕易而動，「止」指待時而動。不貿然行動。

《遯》卦四陽在上，卦氣上行為退。

【原文】大有眾也，同人親也。

【譯文】《大有》能得眾多人，《同人》相近相親。

【釋文】《大有卦》一陰能得眾陽，為得眾。劉沅說：「大有，有者大也。同人之離在下，人心也。大有離在上，君心也。日光下照，庶類繁昌。君心不交，賢才匯出。人物之盛，君皆有之。故為大有。」

《同人》卦一陰在下，正如劉沅所說「同人之離在下，人心也。」六二得中得正，家道興，家人相親也。《同人》卦，上卦天，下卦火《離》火是人心，天下人同心同

德相愛相親。

【原文】革去故也，鼎取新也。

【譯文】《革》卦是去掉舊的東西，《鼎》卦是取出新的東西。

【釋文】《序卦傳》「井道不可不革，故受之以革」。李士鉁曰「井曰取而不竭，鼎曰用而常新」。言《革》之去故也。

《鼎》卦古人指做飯用的鍋。「李士鉁曰：鼎者變物之器，水火不變化不能成食，陽陰不變化不能成物。學問不變化，不能造道；政事不變化，不能利民。」所以說「鼎取新也」。

【原文】小過過也，中孚信也。

【譯文】《小過》卦是過，《中孚》卦是信任。

【釋文】「馬其昶曰：過乎中為過，積乎中為信。」所謂「中」是正。過正後為過，只有正才能取得人的信任。

【原文】豐多故也，親寡旅也。

【譯文】《豐》卦多指原來就有的，要說親人很少應是旅遊在外的人。

【釋文】《序卦傳》「得其所歸者必大故受之以豐」。「多故」是故人來歸。

【原文】離上而坎下。

【譯文】《離》卦是火，火苗上炎而《坎》卦是水，水性下潤。

【釋文】《離》卦是人心。人心都在人心上。與火性

上焰同理。

【原文】小畜寡也，履不處也。

【譯文】《小畜》卦陰太少了，《履》卦一陰不是其居住的場所。

【釋文】「李光地曰：一陰畜眾陽則寡，而為力也微。一陰履眾剛則危，而不敢寧處。」

【原文】需不進也，訟不親也。

【譯文】《需》卦不向前進，《訟》卦不相親近。

【釋文】《需》卦《彖》曰「需，須也。險在前也。剛健而不陷，其義不困窮矣。」須字，即等待。所以不進也。《訟》卦是爭訟、口舌。所以不親也。

【原文】大過，顛也，姤，遇也。柔遇剛也。

【譯文】〈大過〉卦陰陽顛倒，《姤》卦是遇，陰柔遇到了陽剛。

【釋文】「沈起元曰：陽以陰為宅，陽過盛而陰衰，宅不能容，陽安所活？速救之乃亨，故大過為死卦。人之死，皆由陰不能養陽而強陽飛越也。」《姤》卦象曰「姤，遇也，柔遇剛也。」一陰在下上行能遇五剛。

【原文】漸女歸待男行也。頤養正也，既濟定也。

【譯文】《漸》卦女人出嫁，待男方禮定以後才可以進行。《頤》卦是養正，《既濟》卦是陰陽各得其位，萬事萬物已經確定。

【釋文】《漸》卦是風在山上，不能很快地行走，山是男方，拿出采禮後方可進行。《頤》卦，《象》曰：「養正則吉也」。《既濟》卦《彖》曰：「剛柔正而位當」所以

定也。

【原文】歸妹之終也。未濟男之窮也。

【譯文】《歸妹》卦女人出嫁是終身大事。《未濟》卦是男人的作為窮盡到了極點。

【釋文】《歸妹》卦《彖》曰「天地不交，萬物不興。歸妹，人之終始也。」《未濟》卦《彖》曰「無攸利，不續終也。」

【原文】夬，決也，剛決柔也。君子道長，小人道憂也。

【譯文】《夬》卦是水決口，水把土坎沖開。象徵君子前途遠大，小人前途憂慮重重。

【譯文】所謂君子，是指有正義感之人。而《易經》中之君子，多指君主。君主領導有正義感之人打天下，保國家，是人類社會的主導力量。

小人是指害正之人。所謂「害正」，而是為一己私利不擇手段，人類社會上的一種惡勢力。《夬》卦上六一陰爻，指的就是這種惡勢力。下面五陽爻上長，光明和正義佈滿人間，小人和惡勢力無處藏身。

# 參考書目及姓氏一欄表

| | | | | | | | |
|---|---|---|---|---|---|---|---|
| 左 傳 | 荀 子 | 呂氏春秋 | 荀 悅 | 干 室 | | | |
| 禮 記 | 蔡 譯 | 班 固 | 虞 翻 | 何 妥 | | | |
| 國 語 | 春申君 | 白虎通 | 王 弼 | 盧 氏 | | | |
| 戰國策 | 焦延壽 | 漢 志 | 姚 信 | 李 賢 | | | |
| 莊 子 | 京 房 | 應 劭 | 干 室 | 周 子 | | | |
| 子夏傳 | 桓 寬 | 朱 移 | 韓 伯 | 蘇 軾 | | | |
| 陸 賈 | 劉 向 | 袁太伯 | 徐 乾 | 曾 鞏 | | | |
| 誼 誼 | 說 苑 | 王 充 | 王 肅 | 楊 時 | | | |
| 韓詩外傳 彭宣 | | 王 符 | 管 輅 | 王 昇 | | | |
| 淮南子 | 王 駿 | 楊 振 | 王 弼 | 朱 震 | | | |
| 董仲舒 | 杜 鄴 | 許 慎 | 姚 信 | 李 光 | | | |
| 史 記 | 谷 永 | 乾鑿度 | 姚 信 | 李 綱 | | | |
| 東方朔 | 揚 雄 | 鄧康成 | 杜 預 | 沈 該 | | | |
| 王 裒 | 劉 歆 | 魏伯陽 | 何 秀 | 陸 震 | | | |
| 孟 喜 | 魯 恭 | 荀 爽 | 蜀 才 | 郭 雍 | | | |
| 房玄令 | 呂大臨 | 陸 震 | 馮 椅 | 隆德明 | | | |
| 二程遺書 | 張 弼 | 王宗傳 | 孔穎達 | 橫渠易說 | | | |
| 郭 雍 | 姚 寬 | 崔 憬 | 歐陽修 | 楊萬里 | | | |
| 李中達 | 李鼎祚 | 周敦頤 | 朱 子 | 趙汝楳 | | | |
| 陸希聲 | 王安石 | 本 議 | 徐 幾 | 正易心法 | | | |
| 程 傳 | 語 類 | 文天祥 | 胡 瑗 | 龔 原 | | | |
| 張 栻 | 俞 琰 | 范仲淹 | 楊 時 | 蔡元定 | | | |

胡一桂　劉　牧　郭中孝　呂祖謙　主申子
歐陽修　五　昇　趙彥肅　胡炳文　石　介
朱　震　李舜臣　熊良輔　阮　雍　李　網
項安世　邵　寶　通　書　張　浚　陸九淵
王守仁　呂　柟　屈大均　王念孫　吳汝綸
楊　慎　毛奇令　沈夢蘭　鄧　昊　陳士元
李光地　阮　元　王樹枏　來知德　晏斯盛
劉　沅　張洪之　歸有光　胡　煦　恆　解
錢一本　華學泉　王引之　方大鎮　楊名時
蘇秉國　左光斗　朱　軾　許桂林　王　宣
方　苞　朱駿聲　何　楷　惠士奇　卞　斌
周易折中　沈起元　姚配中　周義述義　徐文靖
馬其昶　刁　包　錢大昕　李士鉁　王夫之
姚　鼐　朱兆熊　顧炎武　孔廣森　彭申甫

國家圖書館出版品預行編目資料

古易今詁 / 周洪太著
——初版，——臺北市，大展，2014 [民 103.012]
面；21公分一（易學智慧；24）
ISBN　978-986-346-049-7（平裝）
1.易經　2.研究考訂
121.17　　　　　　　　　　　　　103020107

# 古 易 今 詁

著　　　者／周洪太
責任編輯／趙志春
發 行 人／蔡森明
出 版 者／大展出版社有限公司
社　　　址／臺北市北投區（石牌）致遠一路 2 段 12 巷 1 號
電　　　話／（02）28236031，28236033，28233123
傳　　　真／（02）28272069
郵政劃撥／01669551
網　　　址／www.dah-jaan.com.tw
E-mail／service@dah-jann.com.tw
登 記 證／局版臺業字第 2171 號
承 印 者／傳興印刷有限公司
裝　　　訂／承安裝訂有限公司
排 版 者／菩薩蠻數位文化有限公司
授 權 者／山西科學技術出版社
初版 1 刷／2014 年（民 103 年）12 月
定價／450元

大展好書　好書大展
品嘗好書　冠群可期